化学工业标准汇编

橡胶及塑料软管

2003

中化化工标准化研究所
中国标准出版社第二编辑室　编

中国标准出版社

图书在版编目(CIP)数据

化学工业标准汇编. 橡胶及塑料软管/中化化工标准化研究所等编. —北京:中国标准出版社,2002
ISBN 7-5066-2996-8

Ⅰ. 化... Ⅱ. 中... Ⅲ. ①化学工业-标准-汇编-中国②橡胶-标准-汇编-中国③塑料软管-标准-汇编-中国 Ⅳ. TQ-65

中国版本图书馆 CIP 数据核字(2002)第 085911 号

中国标准出版社出版
北京复兴门外三里河北街 16 号
邮政编码:100045
电话:68523946 68517548
中国标准出版社秦皇岛印刷厂印刷
新华书店北京发行所发行 各地新华书店经售
*
开本 880×1230 1/16 印张 26¼ 字数 797 千字
2003 年 3 月第一版 2003 年 3 月第一次印刷
*
印数 1—2 000 定价 **80.00** 元
网址 www.bzcbs.com

出 版 说 明

我社曾于1996年出版过《化学工业标准汇编　胶管　胶带　胶布》，由于近年来化工标准化事业发展迅速，化工类标准发生了很大的变化——部分标准被修订，部分国家标准调整为行业标准；部分强制性标准确定为推荐性标准；部分国家标准被废止；新制定了一些标准。因此，原有的汇编本已不能适应上述情况的变化。

为了使汇编的内容更加全面充实，并且更方便读者查阅和使用，我们把1996年版的汇编按照胶管、胶带、胶布的分类分别出版，书名有变化。此次出版的这本《化学工业标准汇编　橡胶及塑料软管　2003》汇集了截止到2002年10月底发布的有关橡胶及塑料软管的国家标准和行业标准，本册共收集标准68项，其中国家标准40项，行业标准28项。

本汇编收集的国家标准的属性已在本目录上标明(GB或GB/T)，年代号用四位数字表示。鉴于部分国家标准是在国家标准清理整顿前出版的，现尚未修订，故正文部分仍保留原样；读者在使用这些国家标准时，其属性以本目录上标明的为准(标准正文"引用标准"中标准的属性请读者注意查对)。

本汇编目录中，凡标准名称用括号注明原国家标准号"(原GB ××××—××××)"的行业标准，均由国家标准转化而来，这些标准因未另出版行业标准文本(即仅给出行业标准号，正文内容完全不变)，故本汇编中正文部分仍为原国家标准。与此类似的专业标准、部标准转化为行业标准的情况也照此处理。

本次汇编包括的标准，由于出版年代的不同，其格式、计量单位以及技术术语存在不尽相同的地方。在汇编时，没有对其做出修改，而只对原标准中内容上的错误以及其他明显不妥之处做了更正。

标准号中括号内的年代号，表示在该年度确认了该项标准，但没有重新出版。

本汇编由中化化工标准化研究所供稿。

中国标准出版社

2002年10月

目　录

注：1　本汇编收集的国家标准的属性已在本目录上标明(GB 或 GB/T)，年代号用四位数字表示。鉴于部分国家标准是在国家清理整顿前出版的，故正文部分仍保留原样；读者在使用这些国家标准时，其属性以本目录上标明的为准(标准正文"引用标准"中标准的属性请读者注意查对)。行业标准的情况也照此办理。

2　本汇编目录中，凡标准名称后用括号注明原国家标准号"(原 GB ××××—××××)"的行业标准，均由国家标准转化而来。这些标准因未另出版行业标准文本(即仅给出行业标准号，正文内容完全不变)，故本汇编中正文部分仍为原国家标准。与此类似的专业标准、部标准转化为行业标准的情况也照此处理。

中华人民共和国国家标准

压缩空气用橡胶软管（2.5 MPa以下）

GB 1186—92

代替 GB 1186—81

Rubber hose for compressed air(up to 2.5 MPa)

本标准参照采用国际标准 ISO 2398—1987《压缩空气用工业橡胶软管(2.5 MPa 以下)》。

1 主题内容和适用范围

本标准规定了压缩空气用橡胶软管(以下简称空压胶管)的产品分类、技术要求、试验方法和检验规则等。

本标准适用于工作温度在－20～＋45℃输送工作压力在2.5 MPa以下的工业用压缩空气。采矿和建筑工程用压缩空气。采矿(不包括煤矿)和建筑工程用压缩空气并有良好耐油性能的橡胶软管。

2 引用标准

GB 321 优先数和优先数系

GB 528 硫化橡胶拉伸性能测定

GB 1690 硫化橡胶耐液体性能试验

GB 3512 橡胶热空气试验方法

GB 5562 胶管胶层物理试验方法

GB 5563 胶管液压试验方法

GB 9573 橡胶、塑料软管和软管组合件尺寸测量方法

GB 9574 橡胶、塑料软管和软管组合件试验压力、爆破压力和设计工作压力的比率

GB 9575 橡胶、塑料软管内径尺寸和长度公差

GB 9576 橡胶、塑料软管贮存、选择、使用和维修指南

GB 9577 橡胶、塑料软管标志、包装和运输规则

3 产品分类

3.1 型号和级别

1型 适用于输送工业压缩空气

a级 最大工作压力为0.6 MPa

b级 最大工作压力为0.8 MPa

c级 最大工作压力为1.0 MPa

2型 适用于输送采矿和建筑工程压缩空气

c级 最大工作压力为1.0 MPa

d级 最大工作压力为1.6 MPa

e级 最大工作压力为2.5 MPa

3型 适用于输送采矿(不包括煤矿)和建筑工程用压缩空气并有良好耐油性能的橡胶软管

国家技术监督局1992-06-09批准　　1993-06-01实施

c级　最大工作压力为1.0 MPa

e级　最大工作压力为2.5 MPa

3.2　规格尺寸

3.2.1　1型、2型、3型软管的公称内径尺寸和公差以及2型、3型软管外胶层最低厚度应符合表1的要求：

表1　　mm

1型		2型,3型		
公称内径	公差	公称内径	公差	外胶层最低厚度
5	±0.5	12.5	±0.75	1.5
6.3	±0.75	16		
8		20		
12.5		25	±1.25	
16		31.5		
20		40	±1.5	2.0
25	±1.25	50		
31.5		63[1)]		
40	±1.5	80[1)]	±2	
50		100[1)]		

注：① 在特殊要求其他尺寸时，由供需双方协商解决。对表1范围内的非表1所规定的产品尺寸应从GB 321中R 20系列选取，公差按下一相邻的较大尺寸公差规定；对大于或小于表1范围的产品尺寸应从GB 321中R 10系列选取，公差应符合GB 9575规定。

1）适用于2型c级、2型d级、3型c级软管。

3.2.2　2型、3型软管的推荐外径尺寸见附录。

3.3　长度及公差

软管切割长度和公差应符合GB 9575的规定。

3.4　产品标记

标记内容：产品名称　型号　级别　规格　标准号

标记示例　空压胶管　1-b-25　GB 1186

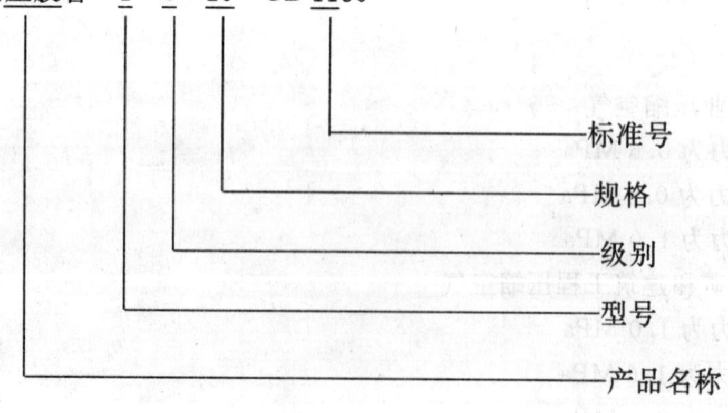

4　技术要求

4.1　软管耐压性能要求应符合表2和表3的规定。

表 2

软管型号	试验压力与工作压力的比率	最小爆破压力与工作压力的比率
1 型	2.0	4.0
2 型,3 型	2.5	5.0

4.1.1 1 型符合 GB 9574 中 3 型软管的规定。

4.1.2 2 型、3 型符合 GB 9574 中 4 型软管的规定。

表 3

软管型号		1 型 a、b、c 级	2 型 c 级 3 型 c 级	2 型 d 级	2 型 e 级 3 型 e 级
设计工作压力,MPa		0.6、0.8、1.0	1.0	1.6	2.5
试验压力,MPa		1.2、1.6、2.0	2.5	4.0	6.3
最小爆破压力,MPa		2.4、3.2、4.0	5.0	8.0	12.5
试验压力下	直径变化率,%	—	±10	±10	±10
	长度变化率,%	—	±8	±8	±8

4.2 软管的其他性能应符合表 4 的要求。

表 4

性 能 项 目		指 标	
		内胶层	外胶层
拉伸强度,MPa 1 型	≥	5.0	6.0
2 型,3 型	≥	7.0	10.0
扯断伸长率,% 1 型	≥	200	250
2 型,3 型	≥	250	300
热空气老化 1 型 70℃×72 h 2 型,3 型 70℃×168 h			
拉伸强度变化率	%	±25	±25
扯断伸长率变化率	%	−30～+10	−30～+10
耐液体性能,70±1℃ 72_{-2}^{0}h 体积变化率 ΔV,%		0～15	—
2 型(1 号标准油)		30	75
3 型(3 号标准油)		(浸油后不得出现龟裂)	(浸油后不得出现龟裂)
各层间粘附强度,kN/m			
1 型	≥	1.5	
2 型,3 型	≥	2.0	

4.3 软管的外观质量应符合 GB 1189 的规定。

5 试验方法

5.1 软管耐压性能试验按 GB 5563 进行。

5.2 软管内外层胶的物理性能试验按 GB 528、GB 5562 进行。

5.3 软管的内外层胶的热老化性能试验按 GB 3512、GB 5562 进行。

5.4 软管的外胶层的耐液体性能试验按 GB 1690、GB 5562 进行。

5.5 软管各层间粘附强度试验按 GB 5562 进行。

5.6 软管规格尺寸按 GB 9573 规定测量。

6 检验规则

6.1 该橡胶软管由制造方的检验部门成批验收，每批不多于 5 000 条，每批产品出厂必须附有质量合格证。

6.2 软管应逐条检查外观和尺寸。

6.3 同一型号不同规格为一批，每批软管中选一种规格为代表，任取一条检查各项物理性能，并进行耐压试验。不足一批时，每月至少作一次试验。

6.4 如物理机械性能检验有一项指标或耐压试验不合格，应在该批产品中另取双倍试样对不合格项目进行复试，复试后如其中一个试样仍有一项指标不合格时，则该批产品为不合格品。

7 标志、包装、运输、贮存、选择、使用和维修

7.1 如用户方无特殊要求，按 GB 9577 和 GB 9576 规定执行。

7.2 软管在符合本标准和 GB 9577 和 GB 9576 规定的条件下，贮存期不超过一年。

附 录 A

表 A1　2 型和 3 型软管的推荐外径尺寸　　mm

公称内径	外　　径		公差
	2 型 c 级，3 型 c 级	2 型 d 级、e 级，3 型 e 级	
12.5	22.5	22.5	±1.25
16	26	26	
20	32.6	32.6	
25	37.6	37.6	±1.5
31.5	44.1	47.5	
40	52.6	56	±1.75
50	66	70	
63	79	83	
80	96	100	±2
100	116	124	

注：外径按内径和由 R 10 优先数系中选取的软管壁厚计算。

附加说明：

本标准由中华人民共和国化学工业部提出。

本标准由全国橡胶与橡胶制品标准化技术委员会橡胶软管分技术委员会归口。

本标准由沈阳橡胶工业制品研究所、青岛第六橡胶厂负责起草。

本标准主要起草人王宝珠、严松枫、王维相、王文杰、王剑志。

中华人民共和国国家标准

焊接及切割用橡胶软管 氧气橡胶软管

GB 2550—92

代替 GB 2550—81

Specification for hose for equipment for gas welding, cutting and related processes —Oxygen rubber hose

本标准参照采用国际标准 ISO 3821—1977《焊接——类似气焊作业用柔性软管》。

1 主题内容与适用范围

本标准规定了氧气橡胶软管的技术要求和试验方法等。

本标准适用于-20～45℃环境中焊接和切割输送氧气用的橡胶软管(以下简称软管)。

2 引用标准

GB 528 硫化橡胶拉伸性能的测定

GB 1189 橡胶软管外观质量

GB 3512 橡胶热空气老化试验方法

GB 5563 胶管液压试验方法

GB 9576 橡胶、塑料软管和软管组合件选择、贮存、使用和维修指南

GB 9577 橡胶、塑料软管和软管组合件标志、包装和运输规则

3 产品结构和尺寸

3.1 结构

软管应由内胶层、增强层和外胶层组成。

3.2 规格尺寸

软管的规格尺寸及公差应符合表 1 的规定。

表 1

mm

公称尺寸及允差			胶层厚度不小于	
公称内径	内径允差	长度允差	内胶层	外胶层
6.3	±0.55	软管全长的 1%	1.5	1.2
8.0	±0.60			
10.0	±0.60			
12.5	±0.65			

注：软管的长度由供需双方协商解决。

3.3 产品标记

标记内容：产品名称、规格、标准代号。

国家技术监督局1992-06-09批准 1993-06-01实施

标记示例：

氧气橡胶软管 8 GB 2550

GB 2550——标准代号

8——规格

氧气橡胶软管——产品名称

4 技术要求

4.1 制造软管用胶料的物理机械性能应符合表 2 的规定。

表 2

性能项目		指标	
		内胶层	外胶层
拉伸强度，MPa ≥		5.0	6.0
扯断伸长率，% ≥		250	300
热空气老化（70℃、72 h）	拉伸强度变化率，%	−25～+25	
	扯断伸长率变化率，%	−30～+10	

4.2 软管的耐压性能应符合表 3 的规定。

表 3 MPa

工作压力	试验压力	最小爆破压力
2.0	4.0	6.0

4.3 软管在规定的试验压力下应不漏水，无局部凸起及其他异常现象。

4.4 软管的外观质量应符合 GB 1189 的要求。

5 试验方法

5.1 软管胶料的拉伸强度和扯断伸长率测定按 GB 528 规定执行。

5.2 软管胶料的热空气老化试验按 GB 3512 规定执行。

5.3 软管的液压试验按 GB 5563 规定执行。

6 检验规则

6.1 软管应由制造方检验部门成批检验，每批产品出厂必须附有质量合格证。

6.2 软管应逐条检查外观和尺寸。

6.3 软管胶料物理性能及软管耐压性能为抽检项目。每个检查批规定为 5 000 条（按每条 30 m 计）。如企业月产量不足 5 000 条，则每月检查不得少于一次。

6.3.1 胶料物理性能应符合表 2 中各项规定，如有一个不合格项目应在同批胶料中另取双倍试样，对不合格项目进行复试，复试后如其中一个试样仍有一项指标不合格时，则该批胶料不能用于生产。

6.4 每批软管任选一种规格为代表，任取一条进行液压、爆破试验，如试验不合格时，应在产品中另取双倍试样进行复试，复试后如其中一个试样不合格时，则该批产品为不合格品。

7 标志、包装、贮存和使用

7.1 输送氧气的橡胶软管外胶层应为蓝色。

7.2 软管应有不易脱落的下列标志：

a. 标准编号；

b. 制造厂名称或商标；

c. 产品规格。

7.3 每两个相邻完整标记之间距离 X 不应超过 3 m。

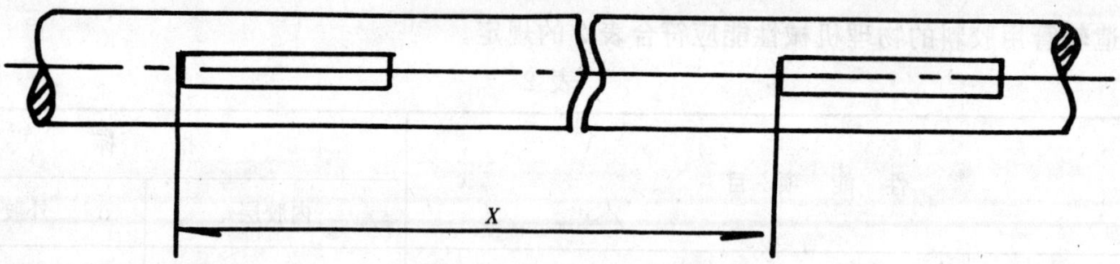

7.4 软管的包装和运输按 GB 9577 规定执行。

7.5 软管的选择、贮存、使用和维修按 GB 9576 规定执行。

附加说明：

本标准由中华人民共和国化学工业部提出。

本标准由全国橡胶与橡胶制品标准化技术委员会橡胶软管分技术委员会归口。

本标准由化学工业部沈阳橡胶工业制品研究所和青岛第六橡胶厂负责起草。

本标准主要起草人严松枫、王宝珠、王维相、王剑志、王文杰。

中华人民共和国国家标准

焊接及切割用橡胶软管
乙炔橡胶软管

GB 2551—92

代替 GB 2551—81

Specification for hose for equipment for gas welding, cutting and related processes —Acetylene rubber hose

本标准参照采用国际标准 ISO 3821—1977《焊接——类似气焊作业用柔性软管》。

1 主题内容与适用范围

本标准规定了乙炔橡胶软管的技术要求和试验方法等。

本标准适用于－20～45℃环境中焊接和切割输送乙炔用橡胶软管(以下简称软管)。

2 引用标准

GB 528 硫化橡胶拉伸性能的测定

GB 1189 橡胶软管外观质量

GB 3512 橡胶热空气老化试验方法

GB 5563 胶管液压试验方法

GB 9576 橡胶、塑料软管和软管组合件选择、贮存、使用和维修指南

GB 9577 橡胶、塑料软管和软管组合件标志、包装和运输规则

3 产品结构和尺寸

3.1 结构

软管应由内胶层、增强层和外胶层组成。

3.2 规格尺寸

软管的规格尺寸及公差应符合表 1 的规定。

表 1 mm

公称尺寸及允差			胶层厚度 不小于	
公称内径	内径允差	长度允差	内胶层	外胶层
6.3 8.0 10.0	±0.55 ±0.60 ±0.60	软管全长的 1%	1.5	1.2

注：软管的长度由供需双方协商解决。

3.3 产品标记

标记内容：产品名称、规格、标准代号。

标记示例：

国家技术监督局 1992-06-09 批准　　　　1993-06-01 实施

乙炔橡胶软管　8　GB 2551

——标准代号
——规格
——产品名称

4　技术要求

4.1　制造软管用胶料的物理机械性能应符合表 2 的规定。

表 2

性能项目			指标 内胶层	指标 外胶层
拉伸强度,MPa		≥	5.0	6.0
扯断伸长率,%		≥	250	300
热空气老化（70℃、72 h）	拉伸强度变化率,%		－25～＋25	
	扯断伸长率变化率,%		－30～＋10	

4.2　软管的耐压要求应符合表 3 的规定。

表 3　　MPa

工作压力	试验压力	最小爆破压力
0.3	0.6	0.9

4.3　软管在规定的试验压力下应不漏水,无局部凸起及其他异常现象。

4.4　软管的外观质量应符合 GB 1189 的要求。

5　试验方法

5.1　软管胶料的拉伸强度和扯断伸长率测定按 GB 528 规定执行。

5.2　软管胶料的热空气老化试验按 GB 3512 规定执行。

5.3　软管的液压试验按 GB 5563 规定执行。

6　检验规则

6.1　软管应由制造方检验部门成批检验,每批产品出厂必须附有质量合格证。

6.2　软管应逐条检查外观和尺寸。

6.3　软管胶料物理性能及软管耐压性能为抽检项目。每个检查批规定为 5 000 条(按每条 30 m 计)。如企业月产量不足 5 000 条,则每月检查不得少于一次。

6.3.1　胶料物理性能应符合表 2 中各项规定,如有一项不符合规定应在同批胶料中另取双倍试样,对不合格项目进行复试,复试后如其中一个试样仍有一项指标不合格时,则该批胶料不能用于生产。

6.4　每批软管任选一种规格为代表,任取一条进行液压、爆破试验,如试验不合格时,应在产品中另取双倍试样进行复试,复试后如其中一个试样不合格时,则该批产品为不合格品。

7　标志、包装、贮存和使用

7.1　输送乙炔的橡胶软管外胶层应为红色。

7.2 软管应有不易脱落的下列标志：

a. 标准编号；

b. 制造厂名称或商标；

c. 产品规格。

7.3 每两个相邻完整标记之间距离 X 不应超过 3 m。

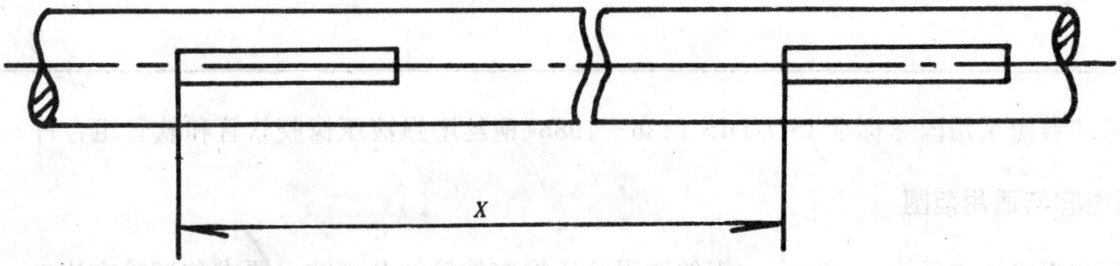

7.4 软管的包装和运输按 GB 9577 规定执行。

7.5 软管的选择、贮存、使用和维修按 GB 9576 规定执行。

附加说明：

本标准由中华人民共和国化学工业部提出。

本标准由全国橡胶与橡胶制品标准化技术委员会橡胶软管分技术委员会归口。

本标准由化学工业部沈阳橡胶工业制品研究所和青岛第六橡胶厂负责起草。

本标准主要起草人严松枫、王宝珠、王维相、王剑志、王文杰。

中华人民共和国国家标准

钢丝增强液压橡胶软管和软管组合件

GB/T 3683—92

代替 GB 3683—83

Rubber hoses and hose assemblies—Wire reinforced hydraulic type

本标准参照采用国际标准 ISO/DIS 1436—1985《钢丝增强液压橡胶软管和软管组合件》。

1 主题内容与适用范围

本标准规定了内径为 5～51 mm 钢丝增强液压橡胶软管的各项技术要求和试验方法。

本标准适用于使用普通液压液体(如矿物油、可溶性油、油水乳浊液、乙二醇水溶液及水等)、工作温度范围为－40℃到 100℃的钢丝增强液压橡胶软管。

本标准不适用于蓖麻油基和酯基液体。

本标准不包括对端部管接头的要求,仅规定了软管和软管组合件的性能。

2 引用标准

GB/T 1690 硫化橡胶耐液体性能试验方法

GB/T 5562 胶管胶层物理试验方法

GB/T 5563 胶管液压试验方法

GB/T 5564 胶管低温弯曲试验方法

GB/T 5568 高压胶管脉冲试验方法

GB/T 9571 橡胶、塑料软管 静态条件下耐臭氧性能的评定

GB/T 9573 橡胶、塑料软管和软管组合件 尺寸测量方法

GB 9574 橡胶、塑料软管和软管组合件 试验压力、爆破压力和设计工作压力的比率

GB/T 9575 橡胶、塑料软管内径尺寸和长度公差

GB/T 9576 橡胶、塑料软管贮存、选择、使用和维修指南

GB/T 9577 橡胶、塑料软管标志、包装和运输规则

3 产品分类

3.1 型号

1 型:一层钢丝编织的液压橡胶软管;

2 型:二层钢丝编织的液压橡胶软管;

3 型:二层钢丝缠绕加一层钢丝编织的液压橡胶软管。

1T 型:软管增强层结构与 1 型相同,在组装管接头时不切除或部分切除外胶层;

2T 型:软管增强层结构与 2 型相同,在组装管接头时不切除或部分切除外胶层;

3T 型:软管增强层结构与 3 型相同,在组装管接头时不切除或部分切除外胶层。

3.2 结构

所有型号的软管均由耐液体的合成橡胶内胶层、一层或多层钢丝增强层及耐天候性能优良的合成

国家技术监督局1992-12-12批准　　1993-10-01实施

橡胶外胶层组成。外胶层外也可增添织物辅助层加固。

3.3 尺寸

成品软管的内径、增强层外径和成品软管外径应符合表1的要求。

表 1

mm

公称内径	软管型号		1 型				1T 型			2、3 型				2T、3T 型		
	内径		增强层外径		成品软管外径		成品软管外径	外胶层厚度		增强层外径		成品软管外径		成品软管外径	外胶层厚度	
	最小值	最大值	最小值	最大值	最小值	最大值	最大值	最小值	最大值	最小值	最大值	最小值	最大值	最大值	最小值	最大值
5	4.5	5.4	8.9	10.1	11.9	13.5	12.5	0.76	1.52	10.6	11.7	15.1	16.7	14.1	0.76	1.52
6.3	6.1	6.9	10.6	11.7	15.1	16.7	14.1	0.76	1.52	12.1	13.3	16.7	18.3	15.7	0.76	1.52
8	7.7	8.5	12.1	13.3	16.7	18.3	15.7	0.76	1.52	13.7	14.9	18.3	19.8	17.3	0.76	1.52
10	9.3	10.1	14.5	15.7	19.1	20.6	18.1	0.76	1.52	16.1	17.3	20.6	22.2	19.7	0.76	1.52
10.3	9.9	11.1	15.3	16.4	19.8	21.4	18.9	0.76	1.52	—	—	—	—	—	—	—
12.5	12.3	13.5	17.5	19.1	22.2	23.8	21.5	0.76	1.52	19.0	20.6	23.8	25.4	23.1	0.76	1.52
16	15.4	16.7	20.6	22.2	25.4	27.0	24.7	0.76	1.52	22.2	23.8	27.0	28.6	26.3	0.76	1.52
19	18.6	19.8	24.6	26.2	29.4	31.0	28.6	0.76	1.52	26.2	27.8	31.0	32.5	30.2	0.76	1.52
22	21.8	23.0	27.8	29.4	32.5	34.1	31.8	0.76	1.52	29.4	31.0	34.1	35.7	33.4	0.76	1.52
25	25.0	26.4	32.5	34.1	36.9	39.3	36.6	0.76	1.52	34.1	35.7	38.5	40.9	38.9	1.07	2.16
31.5	31.3	33.0	39.3	41.7	44.5	47.6	44.8	1.02	2.03	43.3	45.6	49.2	52.4	49.6	1.27	2.54
38	37.7	39.3	45.6	48.0	50.8	54.0	52.0	1.27	1.54	49.6	52.0	55.6	58.7	56.0	1.27	2.54
51	50.4	52.0	58.7	61.9	65.1	68.3	65.9	1.27	1.54	62.3	64.7	68.3	71.4	68.6	1.27	2.54

注：① 表 1 的尺寸与 GB/T 9575 中规定的公称内径及允许范围不同，但符合美国汽车工程师协会标准(SAE)所规定的尺寸，后者现广泛用于世界各国。

② 如有其他尺寸的产品要求，可由供需双方商定。

3.4 同心度

在同一截面不同部位测量管壁厚度，其公差值不大于表2所列数值。

表2

mm

公称内径	管壁厚度差
小于6.3(含6.3)	0.8
小于22(含22)	1.0
大于22	1.3

3.5 长度及公差

3.5.1 软管应按买方规定的长度供货，软管长度公差为±1%或者±3 mm，取其中较大值。

3.5.2 如用户方无特殊要求，在交货时，不同软管长度的百分比如下：

13 m以上的软管不得少于65%；

7.5～13 m的软管不得多于35%；

1～7.5 m的软管不得多于10%；

软管长度不得小于1 m。

3.6 产品标记

标记内容：名称、型号、规格、标准号。

标记示例：

钢丝液压胶管 1 16 GB/T 3683

标准号

规格

型号

名称

4 技术要求

4.1 软管的设计工作压力应符合表3的要求。

表3

内径 mm	设计工作压力，MPa		内径 mm	设计工作压力，MPa	
	1、1T型	2、3型，2T、3T型		1、1T型	2、3型，2T、3T型
5	21.0	35.0	19	9.0	16.0
6.3	20.0	35.0	22	8.0	14.0
8	17.5	32.0	25	7.0	14.0
10	16.0	28.0	31.5	4.4	11.0
10.3	16.0	—	38	3.5	9.0
12.5	14.0	25.0	51	2.6	8.0
16	10.5	20.0			

4.2 软管的试验压力和最小爆破压力与设计工作压力的比率应符合GB 9574中3型的要求。如表4所

示。

表 4

软管型号	试验压力与设计工作压力比率	最小爆破压力与设计工作压力比率
1、2、3 型 1T、2T、3T 型	2.0	4.0

4.3 软管应在大于(或等于)表 5 规定的最小弯曲半径和小于(或等于)设计工作压力的条件下进行工作。

表 5

mm

内　径	最小弯曲半径	内　径	最小弯曲半径
5	90	19	240
6.3	100	22	280
8	115	25	300
10.0	130	31.5	420
10.3	140	38	500
12.5	180	51	630
16	205		

4.4 在设计工作压力下软管的长度变化不得超过($^{+2}_{-4}$)%。

4.5 软管及软管组合件的脉冲试验应符合表 6 的要求。

表 6

软管型号	内径 mm	试验压力与设计 工作压力比率	试验温度 ℃	脉冲次数 ≥
1、1T 型	25(含 25)以下 31.5(含 31.5)以下	1.25 1.00	93±5	15 000
2、3 型 2T、3T 型	5,……,51	1.33	93±3	200 000

试验时,内径小于并包括 22 mm 者应弯曲 180°,内径大于 22 mm 者,可平直或弯曲 90°。

软管组合件在上述试验过程中应无泄漏或其他异常现象。

4.6 软管的其他性能要求应符合表 7 的要求。

表 7

项目		指标
低温弯曲性能	−40±3℃	不泄漏
	恢复至室温后进行耐压试验	不龟裂
耐油性能(3 号油、100±2℃、70±2 h) 内、外胶层体积变化,ΔV%		0～100
粘附强度[1],kN/m ≥ 内胶层与增强层、外胶层与增强层		2.5
耐臭氧性能 (40±2℃,50±5 pphm,70±2 h)		放大 2 倍不出现龟裂
泄漏试验		不得泄漏和损坏

注:1) 16 mm 以上(含 16 mm)软管做粘附强度试验。

4.7 软管不允许有气泡、裂口、海绵、脱层、裸露钢丝等异常现象。如有特殊要求者,应由买方和制造厂协商确定。

5 试验方法

5.1 软管的尺寸和同心度按 GB/T 9573 方法测量。

5.2 软管的液压性能试验按 GB/T 5563 规定执行。

5.3 软管和软管组合件的脉冲性能试验按 GB/T 5568 规定进行。

脉冲试验进行过程中,如接头拔脱或邻近接头 25 mm 以内处发生任何损伤,应视作接头引起的损坏,可将此胶管舍弃,重新取样试验,应记录故障形式和位置。

如脉冲试验进行到尚未达到规定要求之前,由于不可避免的原因停机 24 h 以上,当重新开始试验时,可能在接头连接处会出现流体的轻微渗透,这一现象如在 30 min 内自动消失,则不视为试验失效。

5.4 软管组合件的泄漏试验应按 GB/T 5563 的规定执行。

试验时用组装管接头时间不超过 30 天的、未经老化的两个橡胶软管组合件,使其承受相当于 70% 最小爆破压力值的试验压力值,保持压力 5～5.5 min,橡胶软管应无泄漏或其他损坏迹象。

此项试验可视为破坏性试验,试验后试样报废。

5.5 软管低温弯曲试验按 GB/T 5564 进行。

内径 22 mm(含 22 mm)以下者弯曲 180°;

内径 25 mm(含 25 mm)以上者弯曲 90°。

5.6 软管内外层胶耐液体性能试验按 GB/T 1690 和 GB 5562 规定执行。

5.7 软管各层间粘附强度试验按 GB/T 5562 规定执行。内胶和增强层粘附强力试样按 GB/T 5562 中图 2 制备。剥离宽度为 $5^{+0.2}_{0}$ mm,外胶与增强层粘附试样按 GB/T 5562 中图 1 或图 3 制备。

5.8 软管耐臭氧性能试验按 GB/T 9571 规定执行。

6 检验规则

6.1 软管应由制造厂的检验部门成批检验，每根橡胶软管产品出厂时必须有质量合格证。

6.2 同型号的软管划为一批，每批数量不多于 50 000 m。

6.3 软管的外观质量和规格尺寸应逐根检查。

6.4 软管的液压性能试验应每批进行一次。不足一批时应每月检验不少于一次。

6.5 同型号软管任选一种规格进行脉冲和泄漏试验，出厂前必须进行一次检验。

6.6 软管的低温弯曲性能，出厂前必须进行一次检验。

6.7 软管的耐臭氧性能，出厂前必须进行一次检验。

6.8 软管的耐液体性能，每批进行一次检验。

6.9 软管的层间粘附强度，出厂前必须进行一次检验。

上述试验如有不合格者，应在该批软管中取双倍试样进行不合格项目的复试，复试后如有一项指标不合格时，则该批软管为不合格品。

7 标志、包装、运输、贮存、选择、使用和维修

7.1 除软管两端必须封头外，其标志、包装和运输应符合 GB/T 9577 的要求。

7.2 软管的贮存、选择、使用和维修应符合 GB/T 9576 的要求。

7.3 软管在符合本标准和 GB/T 9577 和 GB/T 9576 要求的条件下，制造厂应保证胶管从出厂日期起，在不超过 1 年贮存期内，其性能仍符合本标准的规定。

附加说明：

本标准由中华人民共和国化学工业部提出。

本标准由全国橡胶与橡胶制品标准化技术委员会橡胶软管分技术委员会归口。

本标准由化学工业部沈阳橡胶工业制品研究所负责起草。

本标准主要起草人王宝珠、李东平、严松枫、王维相、于凯辉。

中华人民共和国国家标准

橡胶、塑料软管及软管组合件液压试验方法

GB/T 5563—94

Rubber and plastics hoses and hose assemblies —Hydrostatic testing

代替 GB 5563—85

本标准参照采用国际标准 ISO/DIS 1402—1991《橡胶、塑料软管及软管组合件——液压试验》。

1 主题内容与适用范围

本标准规定了软管在充压条件下进行耐压性能、管体变形及爆破压力的测定方法。

本标准适用于内径 $\phi 2 \sim \phi 51$ mm 的软管(包括软管组合件),不适用于特殊形状的软管。

2 引用标准

GB 2941 橡胶试样环境调节和试验的标准温度、湿度及时间

GB/T 9573 橡胶、塑料软管和软管组合件 尺寸测量方法

GB 9574 橡胶、塑料软管和软管组合件 试验压力和爆破压力与设计工作压力的比率

3 一般要求

除另有规定外,全部试验都应在标准试验室温度下进行(见 GB 2941)。

4 仪器设备

4.1 压力表:每次试验都要选择校正过的 1.5 级压力表,并使试验压力在满标压力读数的 15%～85%之间。

4.2 游标卡尺、卷尺。

5 试样

软管试样的最低自由长度为 600 mm。对于软管组合件,除另有规定外,应采用其成品长度进行试验。试样数量不得少于两根。

6 加压

6.1 一般要求

试验时应采用水或其他适于软管试验的液体作为试验介质,应从试样里排除所有的气体。

6.2 程序

6.2.1 把试验液体充满软管并排出所有空气,同时连接好试验设备,关闭阀门,按规定的升压速率均匀升压。使用压力表(4.1)测量压力,在试验过程中,试样的自由端活动应不受任何限制。

6.2.2 升压速率

a. 软管爆破压力小于等于 12.5 MPa 的,其升压速率为 0.075～0.175 MPa/s。

国家技术监督局1994-01-02批准 1994-10-01实施

b. 软管爆破压力在 12.5～40 MPa 之间的其升压速率为 0.35～1.17 MPa/s。

c. 如果试验压力大于 40 MPa，则应采用一个较高的恒定的升压速率，以便在 120 s 内达到最终的试验压力。

d. 如果达不到这些升压速率，可由委托试验单位与试验单位协商确定一合适的升压速率。

7 低、中压软管液压试验

7.1 静压力试验

采用静压力试验测定软管(包括软管组合件)的性能时，应按 6.2.2 规定施加试验压力，保持压力时间多于 30 s，少于 60 s，在此期间检查试样是否有泄漏、龟裂、起泡、扭转等及其他不正常现象。

除有特殊规定的软管外，试验压力与设计工作压力的关系应符合 GB 9574 中列出的压力比率。

7.2 管体变形值测定

7.2.1 一般程序

在测定软管长度变化、外径变化和扭转变化试验时，应将软管水平放置，施加 0.07 MPa 的静液压使之伸直，在软管的外表面划 3 个参照标记 A、B、C。B 标记在近于软管全长中间位置，距 B 250 mm 的两侧标记 A、C。每一标记应是软管圆周上的一段弧线，沿软管的外表面划一母线，该母线应与三弧线垂直(见图 1)。

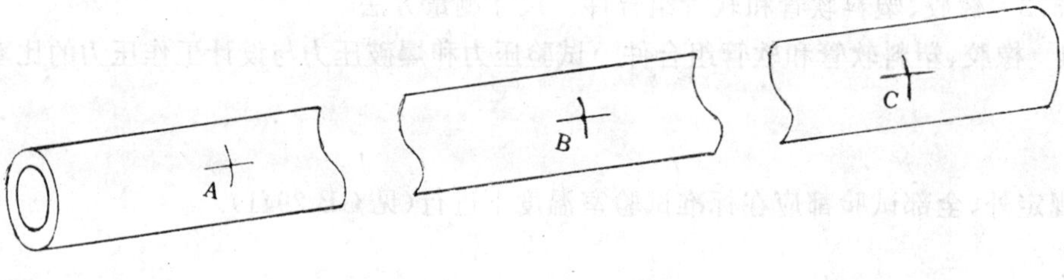

图 1 尺寸稳定性测定

在 0.07 MPa 的初始压力下，在参照标记处进行有关测量(见 7.2.2、7.2.3、7.2.4)，以 6.2.2 规定的速率升压到规定的试验压力，保持该压力 1 min 后，尽量快完成测量，以免延长试验时间。

7.2.2 长度变化

用卷尺分别在初始压力和试验压力下测量两个最外侧参照标记 A、C 之间的长度 L_0、L_1，精确度为 ±1 mm。

长度变化率 ΔL 用初始长度的百分数来表示，按式(1)计算：

$$\Delta L = \frac{L_1 - L_0}{L_0} \times 100 \qquad \cdots\cdots(1)$$

式中：L_0——初始压力下测得的两个最外侧参照标记间的距离，mm；

L_1——规定试验压力下测得的两个最外侧参照标记间的距离，mm。

7.2.3 外径变化

外径变化可用卷尺测量圆周长，精确到 1 mm；也可用游标卡尺直接测量。

a. 圆周长度变化法

用卷尺(4.2)分别在初始压力(0.07 MPa)和规定的试验压力下,测量每 3 个参照标记(A、B 和 C)处的圆周长。

外径变化率 ΔC 用初始直径的百分数来表示。按式(2)计算:

$$\Delta C = \frac{\Sigma C_1 - \Sigma C_0}{C_0} \times 100 \qquad \cdots\cdots(2)$$

式中:ΣC_0——初始压力下测得的 3 个参照标记处的圆周长总和,mm;

ΣC_1——规定试验压力下测得的 3 个参照标记处的圆周长总和,mm。

b. 直接测量法

用游标卡尺分别在初始压力和规定试验压力下,在每 3 个参照标记处垂直测量两个外径。

外径变化率 ΔD 用初始直径的百分数来表示,按式(3)计算:

$$\Delta D = \frac{\Sigma D_1 - \Sigma D_0}{D_0} \times 100 \qquad \cdots\cdots(3)$$

式中:ΣD_0——初始压力下在参照标记处测得的 6 个外径总和,mm;

ΣD_1——规定试验压力下在参照标记处测得的 6 个外径总和,mm。

如遇争议以 b 法为准。

7.2.4 扭转

在受压情况下,如果软管发生扭转,以参照标记连成的初始直线就会呈螺旋状(见图 2)。

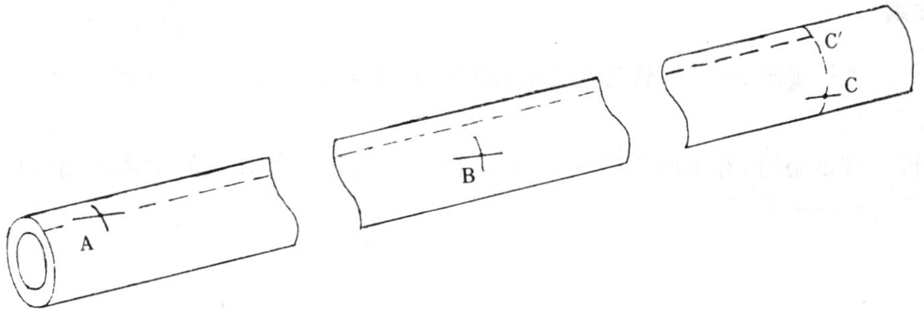

图 2 扭转量测定

在规定的试验压力下,在标记 A 处沿软管母线方向划一直线与标记 C 处的圆弧相交于 C′,然后用卷尺测得圆弧 CC′的长度 S,精确到 1 mm。

每米软管的扭转量 T,用角度数来表示,单位为度每米。按式(4)计算:

$$T = \frac{360S}{C_c L} \qquad \cdots\cdots(4)$$

式中:S——CC′弧长,mm;

C_c——参照标记 C 处的圆周长,mm;

L——参照标记 A、C 间距离,mm。

7.2.5 扭曲

扭曲是指软管某一部分在试验压力下与初始压力(0.07 MPa)下两管接头中心之间连线的最大偏离程度。试验过程中,可以用一根绷紧的帘线来确定两管接头中心之间的连线。

扭曲量以最大偏离点到连线的距离来表示,试验结果精确到 5 mm。

7.3 爆破压力试验

以6.2.2规定的升压速率升压，达到规定的最小爆破压力或软管爆破为止，如果在试验过程中压力中断，则试样报废。

记录试验压力。

8 高压、超高压软管液压试验

8.1 静压力试验

按7.1规定执行。

8.2 管体变形值测定

按7.2规定执行。

8.3 爆破压力试验

选择适宜升压速率，在小于60 s的时间内将软管充压至规定的爆破压力，直至软管爆破为止。如果试验压力在软管爆破前中断，则试样报废。

记录试验压力。

8.4 泄漏试验

8.4.1 试样

试样应是扣压管接头后不少于1 d，不超过30 d的软管组合件。

8.4.2 程序

使试样承受相当于70%的规定最小爆破压力的静液压，保持5±0.5 min后降至零。再升至规定的试验压力，保持5±0.5 min，检查试样，不得出现泄漏或其他不正常情况。该试验视为破坏性试验，试验后试样应报废。

9 试验失效准则

在软管组合件进行爆破试验时，管接头拔脱或在距管接头25 mm内出现的爆破不应视为软管的爆破，应在试验报告中记录。

在软管进行爆破试验时，在距端部接头25 mm内或相当于软管外径的距离内出现破坏，无论哪种情况都应重新进行此项试验。

10 试验报告

进行的每项试验的试验报告包括下列内容：

a. 采用的试验方法。

b. 试验的试样数量、试样长度。

c. 试验压力和升压速率。

d. 试验介质(除水之外)。

e. 每项试验每个试样获得的试验结果。

f. 如果试样破损，记录破损的位置和类型。

g. 试验时出现的异常情况。

h. 试验人。

i. 审核人。

j. 试验日期。

附加说明：

本标准由中华人民共和国化学工业部提出。

本标准由全国橡胶与橡胶制品标准化技术委员会橡胶软管分技术委员会归口。

本标准由沈阳第四橡胶厂负责起草。

本标准主要起草人脱锐、苗素霞、于凯辉、吕和仁、王维相。

中华人民共和国国家标准

橡胶、塑料软管低温曲挠试验

GB/T 5564—94

代替 GB 5564—85

Rubber and plastics hoses—Subambient temperature flexibility tests

本标准参照采用国际标准ISO 4672—1988《橡胶、塑料软管低温曲挠试验》。

1 主题内容与适用范围

本标准规定了测定橡胶、塑料软管在低温下保持适宜曲挠性能的两种试验方法。

方法A：低温刚性试验适用于内径25 mm以下(包括25 mm)的非折叠型软管，此法是测定在标准试验室温度下软管刚度的增量，以比较软管的曲挠性能。

方法B：低温弯曲试验适用于内径100 mm以下(包括100 mm)的软管。

2 引用标准

GB 2941 橡胶试样环境调节和试验的标准温度、湿度及时间

GB/T 5563 软管液压试验方法

GB 9868 橡胶获得高于或低于常温试验温度通则

3 方法A 低温刚性试验

3.1 试验装置

3.1.1 扭矩轮直径为软管弯曲半径的2倍或软管公称内径的12倍，轮上装备可使软管绕着轮子弯曲并保持切线方向的合适装置。另外还装有应变仪和图表记录仪，用以测量扭矩，精确至±3%。

3.1.2 低温箱内装有搅拌器，测温装置和直径50 mm的软管导向辊(见图)。

国家技术监督局1994-01-02批准　　1994-10-01实施

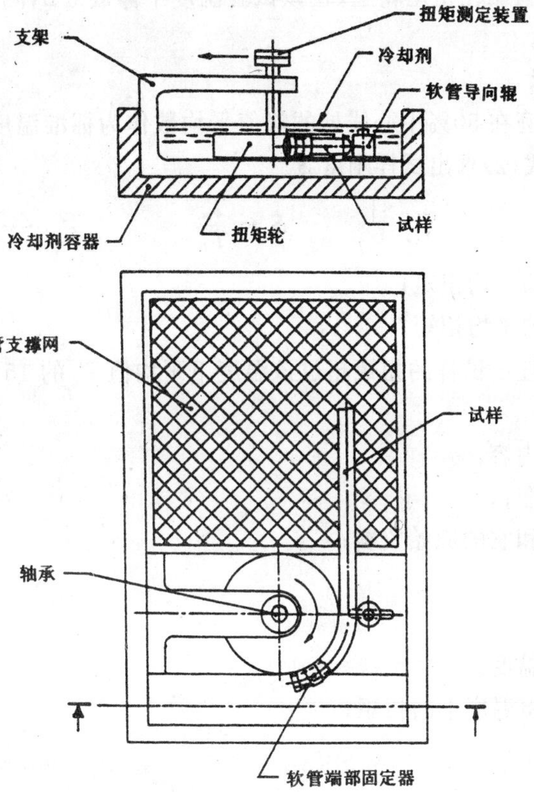

低温刚性试验装置图

3.1.3 冷却液不得影响待试软管，应当按 GB 9868 规定使用。

适宜的冷却液可以是加入碎干冰(固体二氧化碳)的甲醇或乙醇。如果设计的装置能使用气体冷却介质试验而获得与液体冷却介质同样的试验结果，则也可使用气体冷却介质。

3.2 试样

3.2.1 试样类型

从待试软管上截取试样，截取的长度为：

$$L = \pi R + 2d \qquad (1)$$

式中：L——试样长度，mm；

R——符合相应产品标准规定的软管弯曲半径，mm；

d——软管外径，mm。

3.2.2 数量

每次试验至少要使用 3 个试样。

在软管生产后的 24 h 内不得进行此项试验。

3.3 试验温度

试验应取下列温度之一进行：

0±2℃；－10±2℃；－25±2℃；－40±2℃；－55±2℃。

或者按有关产品标准确定的其他低温进行试验。

3.4 试验程序

将软管试样一端紧固在扭矩轮一侧的夹持器上，将伸直的或弯曲的软管试样自然地围靠在扭矩轮上。

在 GB 2941 规定的标准试验温度下测定试样围绕扭矩轮 180°时的扭矩，扭转时间为 12±2 s。

往低温箱中充入冷却剂使其达到所需试验温度，将软管试样一端紧固在扭矩轮一侧的夹持器上，将伸直或弯曲的软管自然地围靠在扭矩轮上，在该试验温度下停放 6 h，测定软管试样围绕扭矩轮 180°的扭矩，扭转时间为 12±2 s。

3.5 试验结果计算及表示

以 3 个试样的扭矩轨迹在 50％中心线处的峰值平均数作为标准温度下的平均扭矩 T_0 和试验温度下的平均扭矩 T_t，再代入式(2)求出试样刚度 S。

$$S = \frac{T_t}{T_0} \qquad (2)$$

式中：T_t——试验温度下的平均扭矩；

T_0——标准温度下的平均扭矩。

如果每个试验温度下任一试样的扭矩超过该温度下平均值 T_t 的 15％，则应重新试验。

3.6 试验报告

试验报告应包括下列内容：

a. 引用的本国家标准；

b. 软管的详细说明和它的原始资料；

c. 试样尺寸；

d. 所用的冷却液；

e. 标准温度和试验温度；

f. 在标准温度和试验温度下的扭矩；

g. 刚度计算值；

h. 试验日期；

i. 试验者。

4 方法 B 低温弯曲试验

4.1 试验装置

4.1.1 外径为软管最小弯曲半径 2 倍的芯轴或者弧度至少为 180°的辊轴。如果未规定软管最小弯曲半径，则芯轴或辊轴的外径应为软管公称内径的 12 倍。

4.1.2 低温箱，应能保持规定的温度。

4.2 试样

从要进行试验的软管上截取试样，截取的长度要适量以保证在环绕芯轴 180°外，试样两端应留有适当长度，以便能安装固定。

完成试验后，试样报废。

4.3 试验温度

试验应取下列温度之一进行：

0±2℃；－10±2℃；－25±2℃；－40±2℃；－55±2℃。

或者按有关的产品标准确定的其他低温进行试验。

4.4 试验程序

将芯轴和试样在选定的试验温度下置放于低温箱，停放时间为 6 h，在低温箱里不要取出，将内径 22 mm 以下(包括 22 mm)的软管试样围绕芯轴弯曲 180°，在 10±2 s 的时间内完成，内径大于 22 mm 的软管试样围绕芯轴弯曲 90°，也在 10±2 s 的时间内完成。

在试验内径大于 22 mm 的软管试样时，允许在低温箱外面进行试验，但是要注意在试验时不得使试样的温度上升。

观察软管内胶层和外胶层是否有龟裂或破坏的现象。

在弯曲后，使软管试样恢复到环境温度，并按 GB/T 5563，对软管试样进行所规定的试验压力试验，观察软管试样是否出现外胶层和内胶层的龟裂或破坏现象。

4.5 试验报告

试验报告应包括下列内容：

a. 引用的本国家标准；

b. 软管的详细说明和它的原始资料；

c. 试样的尺寸；

d. 试验温度；

e. 试样在弯曲后的外观检查结果；

f. 试样在压力试验后的外观检查结果；

g. 试验程序的说明；

h. 试验日期；

i. 试验者。

附加说明：

本标准由中华人民共和国化学工业部提出。

本标准由全国橡胶与橡胶制品标准化技术委员会橡胶软管分技术委员会归口。

本标准由上海橡胶总厂负责起草。

本标准起草人季文才、陈啟宇、周国良、王富生、严松枫。

中华人民共和国国家标准

GB/T 5565—94

橡胶或塑料软管及纯胶管 弯曲试验

代替 GB 5565—85

Rubber or plastics hoses and tubing —Bending tests

本标准参照采用国际标准 ISO 1747—1983《橡胶或塑料软管及纯胶管——弯曲试验》。

1 主题内容与适用范围

本标准规定了橡胶或塑料软管及纯胶管弯曲试验的装置、试样、试验步骤、结果表示、试验报告等内容。

本标准适用于内径尺寸 80 mm 以下的橡胶或塑料软管及纯胶管弯曲性能的测定。

2 引用标准

GB 2941 橡胶试样环境调节和试验的标准温度、湿度及时间

GB/T 9573 橡胶、塑料软管和软管组合件 尺寸测量方法

3 装置

该装置由 A 和 B 两块导板及一轨道组成，导板 A 固定在轨道上，导板 B 则沿该轨道移动，平行于导板 A 并与导板 A 高低一致(见图)。

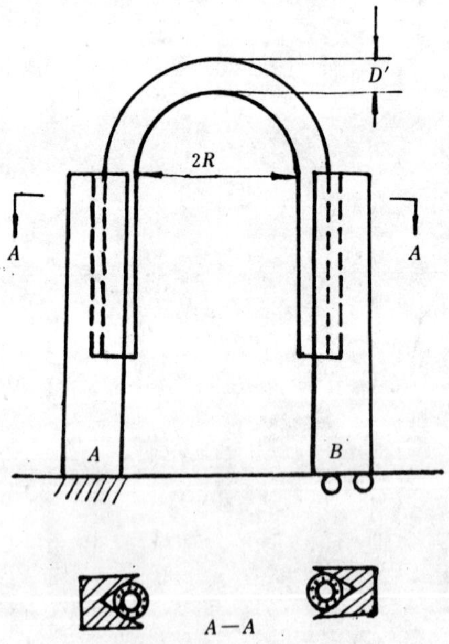

弯曲试验装置示意图

国家技术监督局1994-01-02批准 1994-10-01实施

4 试样

4.1 试样为两根软管。

4.2 试样长度按式(1)计算：

$$L = \pi R + 400 \quad \cdots\cdots (1)$$

式中：L——试样的长度,mm；

R——最小弯曲半径,mm；

400——附加长度,mm。

4.3 试验条件

试验室标准温度和湿度,试验与硫化之间的时间间隔以及试样试验前的调节均按 GB 2941 标准中的有关规定执行。

对比试验应在相同的条件下进行。

5 试验步骤

5.1 采用 GB/T 9573 规定的测量仪器测定软管的平均外径 D。

5.2 按产品最小弯曲半径调节 A、B 导板间距离使之小于试样长度,调节试样呈∩型(如试样有自然弯曲,则顺其弯曲弧),放入两导板之间,调节 B 板使试样达到弯曲半径的要求。

5.3 测量弯曲部分的最小压扁外径 D'。

5.4 如果需要测定试样达弯曲半径时所用力大小应在导板上装测力计测量。

6 结果表示

6.1 变形系数 K 按式(2)计算：

$$K = \frac{D'}{D} \quad \cdots\cdots (2)$$

式中：D'——弯曲部分最小压扁外径,mm；

D——弯曲前试样平均外径,mm。

6.2 变化百分率 T 按式(3)计算：

$$T = \frac{D - D'}{D} \quad \cdots\cdots (3)$$

式中：D'——弯曲部分最小压扁外径,mm；

D——弯曲前试样平均外径,mm。

6.3 取两根软管弯曲试验的算术平均值为试验结果。变形系数取两位小数;变化百分率精确至 0.1%。

7 试验报告

a. 本国家标准代号；

b. 所试验软管的产品标准；

c. 试验温度；

d. 试验数据(如有要求,包括达弯曲半径时所需要的力);

e. 试验人;

f. 审核人;

g. 试验日期。

附加说明:

本标准由中华人民共和国化学工业部提出。

本标准由全国橡胶与橡胶制品标准化技术委员会软管分技术委员会归口。

本标准由沈阳第四橡胶厂负责起草。

本标准主要起草人苗素霞、吕和仁、脱锐、于凯辉、王维相。

中华人民共和国国家标准

UDC 621.643.33
:620.173

GB 5566—85

胶管耐压扁试验方法

Rubber hose—Test method for crush resistance

本标准规定了胶管试样抵抗定量外加压扁负荷性能的试验方法。

本标准参照采用国际标准ISO 2929—1975《油槽车用橡胶管》及英国国家标准BS 5173—1977《胶管试验方法（第三部分）》。

1 试样

在硫化后停放时间不少于24h的胶管成品中抽出1根，并在其任意部位截取平直、光滑、长度为300mm的3段胶管做为试样。

试样需在23±5℃试验室内停放3h（该3h可包括在上述24h之内）以上方可进行试验。

2 设备及工具

2.1 拉力试验机：被测胶管的负荷应在试验机满负荷的15%～85%之间；

2.2 卡尺：精度0.02mm；

2.3 钢板尺：200mm规格；

2.4 换向器（如图）。

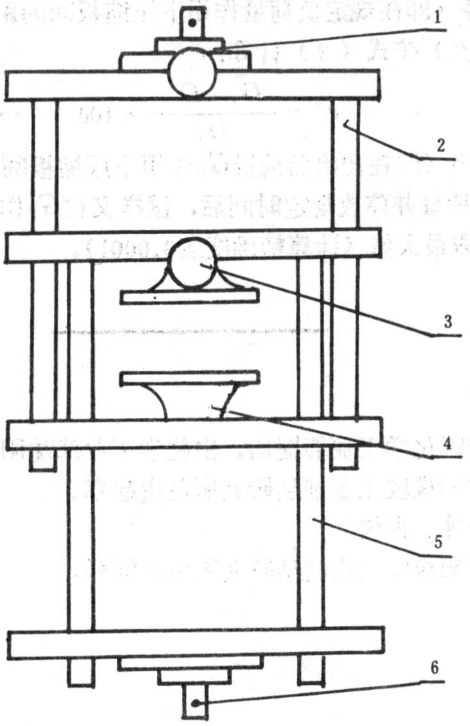

1—上接头；2—下压缩板连杆；3—上压缩板；4—下压缩板；5—上压缩板连杆；6—下接头

注：上、下压缩板尺寸为长×宽×高＝120mm×80mm×10mm。

国家标准局1985-10-26发布

1986-08-01实施

3 试验步骤

3.1 将换向器上、下接头紧固在试验机的上、下夹持器上，调整试验机的平衡装置至负荷指针指于零点。

3.2 在试样上作 1 条与轴线平行且与试样等长的线段，在线段上取A、B、C 3点，B点为中点，A、C各距B为25mm，垂直测量出 3 点所在圆周的 6 个直径，取其算术平均值D_0做为压缩前的胶管外径。

3.3 将试样平放在试验机的两压缩板之间，并使B点在压缩板中部，使试样80mm受到挤压，调整压缩板间的距离为D_0（精确到0.1mm），记录此时负荷表上的初读数G_0。

3.4 开动拉力试验机，以50±5 mm/min的牵引速度压缩，达到规定负荷量G时（即负荷表指示数减去初读数）停机，保持该负荷停放一定时间（按产品标准规定执行),测量压缩板间的距离D(精确到0.1mm)。

3.5 使拉力试验机原速反向运转至负荷为零,停机，停放规定时间（按产品标准规定执行）后再开机至负荷达G_0值，测压缩板间距离D'（精确到0.1mm）。

4 试验结果

试验结果以压缩变形率和压缩永久变形率表示。

4.1 压缩变形率ε（%）按式（1）计算：

$$\varepsilon=\frac{D_0-D}{D_0}\times 100 \quad \cdots\cdots(1)$$

式中：D_0——胶管初始外径（即在初始负荷量G_0下压缩板间距离），mm；

D——胶管压缩外径（即在规定负荷量作用下压缩板间的距离），mm。

4.2 压缩永久变形ε'（%）按式（2）计算：

$$\varepsilon'=\frac{D_0-D'}{D_0}\times 100 \quad \cdots\cdots(2)$$

式中：D_0——胶管初始外径（即在初始负荷量G_0作用下压缩板间距离），mm；

D'——除去规定负荷量并停放规定时间后，试样又在G_0作用下压缩板间的距离，mm。

4.3 3个平行试验结果取最大值（计算精确度达0.0001)。

附加说明：

本标准由中华人民共和国化学工业部提出，由化学工业部沈阳橡胶工业制品研究所归口。

本标准由化学工业部沈阳橡胶工业制品研究所负责起草。

本标准主要起草人徐庆才、张侠。

本标准由化学工业部沈阳橡胶工业制品研究所负责解释。

中华人民共和国国家标准

橡胶、塑料软管及软管组合件真空性能的测定

GB/T 5567—94

代替 GB 5567—85

Rubber and plastics hoses and hose assemblies—Determination of suction resistance

本标准参照采用 ISO/DIS 7233—1990《橡胶、塑料软管和软管组合件——真空性能的测定》。

1 主题内容与适用范围

本标准规定了抽、吸用软管被抽空到规定的负压后，软管内、外表面形状变化的试验方法。

本标准中的 A 法适用于内径为 80 mm 及 80 mm 以下的软管，B 法适用于内径为 80 mm 以上的软管。

2 引用标准

GB 2941 橡胶试样环境调节和试验的标准温度、湿度及时间

3 原理

在规定条件下，用试样模拟抽吸用软管使用条件作降压试验，以保证这类软管能够承受软管内降压使用过程中造成的压差。该项试验的真空度在相关的产品标准中作出规定。

4 试验设备及附件

4.1 设备

真空泵：真空极限达 1.33×10^{-2}Pa。

4.2 附件

4.2.1 真空表（－1.0～0 MPa）。

4.2.2 软管塞：A 法用金属塞；B 法用透明材料制成的密封塞（或透明的密封板）。

4.2.3 照明工具：符合一定亮度的光源。

4.2.4 实心球：A 法用，其尺寸精确到 1 mm，并相当于软管内径 0.9 倍的光滑的实心球。

5 试样

试验软管的最低长度，不包括端部管接头。应当 5 倍于软管的公称内径，或者为 1 m 长度。两者中取其较长者，如果长度不足 1 m，则取整根软管或软管组合件。

6 试样停放

软管在制成后的 24 h 内不得进行此项试验。试验前，试样应在标准试验室温度下（按照 GB 2941 的规定）至少停放 3 h，这一时间可视为产品制成后的 24 h 中的一部分。如用户和生产厂另有协定，则按协

国家技术监督局 1994-01-02 批准　　1994-10-01 实施

定执行。

7 试验程序

7.1 A法

将软管尽可能地平放在一平面上，用金属塞塞住软管一端，使其不漏气，向软管内塞入一实心球，然后将软管的开口端接到附有真空表的真空泵上，在 60 s 之内将软管的内压降到规定的试验压力值，并保持此压力不得少于 10 min。

在保持试验压力的同时，检查软管的外部是否有凹陷或塌瘪的情况，然后将试验软管倾斜，使实心球在整根软管内通过，并检查软管是否有由于内变形而产生的任何障碍。

7.2 B法

在软管的一端安装上透明材料制成的密封塞（或透明的密封板），其一端接到附有真空表的真空泵上，在 60 s 之内将软管的内压降至规定的试验压力值，并不得少于 10 min 内保持此压力。

在保持试验压力的同时，用符合一定亮度的光源，通过透明板检查软管内部情况，并检查软管的外部是否有离层凹陷或塌瘪情况。

8 试验报告

试验报告应包括以下内容：

a. 软管名称和规格；

b. 软管制造日期和批号；

c. 试验依据的标准名称及代号；

d. 试验温度、试验日期、试验方法；

e. 试验结果，详细记录在试验过程中软管外表面有无塌瘪、凹陷等现象，实心球的滚动情况，及软管内部有否脱层、突起、裂口等现象；

f. 试验者；

g. 其他必要的说明。

附加说明：

本标准由中华人民共和国化学工业部提出。

本标准由全国橡胶与橡胶制品标准化技术委员会橡胶软管分技术委员会归口。

本标准由沈阳胶管总厂负责起草。

本标准主要起草人高一翔、严松枫、王立龙。

中华人民共和国国家标准

橡胶、塑料软管及软管组合件无屈挠液压脉冲试验

Rubber or plastics hoses and hose assemblies—Hydraulic impulse test without flexing

GB/T 5568—94

代替 GB 5568—85

本标准参照采用国际标准 ISO/DIS 6803—1991《橡胶或塑料软管及软管组合件——无屈挠的液压脉冲试验》。

1 主题内容和适用范围

本标准规定了橡胶、塑料液压软管和软管组合件的无屈挠液压脉冲试验的要求。

本标准适用于使用中承受脉冲压力的高压液压软管和软管组合件的无屈挠脉冲试验。

本标准不适用于带屈挠的脉冲试验。

2 引用标准

GB 262 石油产品苯胺点测定法

GB 265 石油产品运动粘度测定法和动力粘度计算法

GB 443 L-AN 全损耗系统用油

GB 510 石油产品凝点测定法

GB 786 液压及气动图形符号

GB/T 1690 硫化橡胶耐液体试验方法

GB 3536 石油产品闪点与燃点测定法(克利夫兰开口杯法)

3 试样

3.1 试样应为装有适宜管接头的软管组合件。

3.2 软管试样的弯曲程度和自由长度(即不包括管接头)按下列规定:

软管公称内径,mm	弯曲程度	自由长度 L,mm
>25	90°	$0.5\pi R+2d$
≤25	180°	$\pi R+2d$

注:R——为软管规定的最小弯曲半径;

d——为软管外径,公差为 $^{+1.5}_{0}$ mm。

3.3 软管组合件试样的自由长度测量如图 1 所示:

国家技术监督局 1994-01-02 批准　　1994-10-01 实施

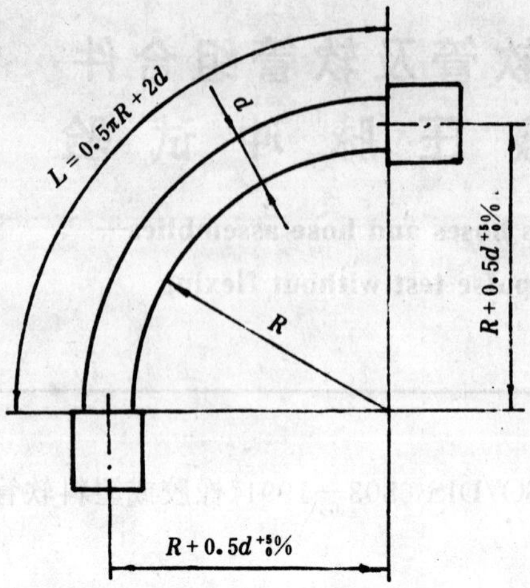

a. 弯曲 90°

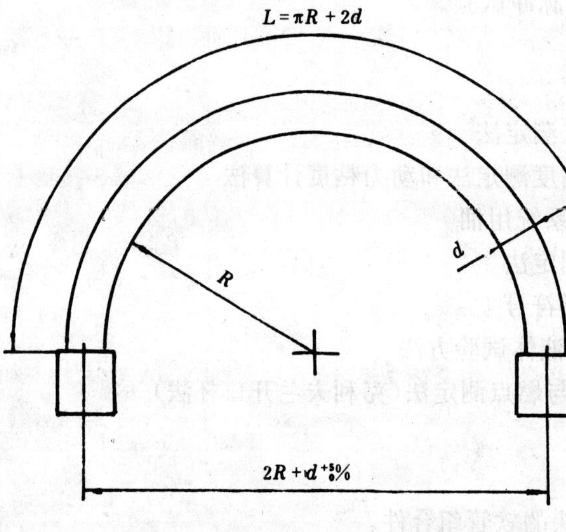

b. 弯曲 180°

图 1 脉冲试验软管连接及自由长度测量

3.4 应试验 4 根同规格软管组合件试样。

4 试验装置

脉冲试验台

4.1 该试验台的典型液压环路(GB 786)应如图 2 所示：

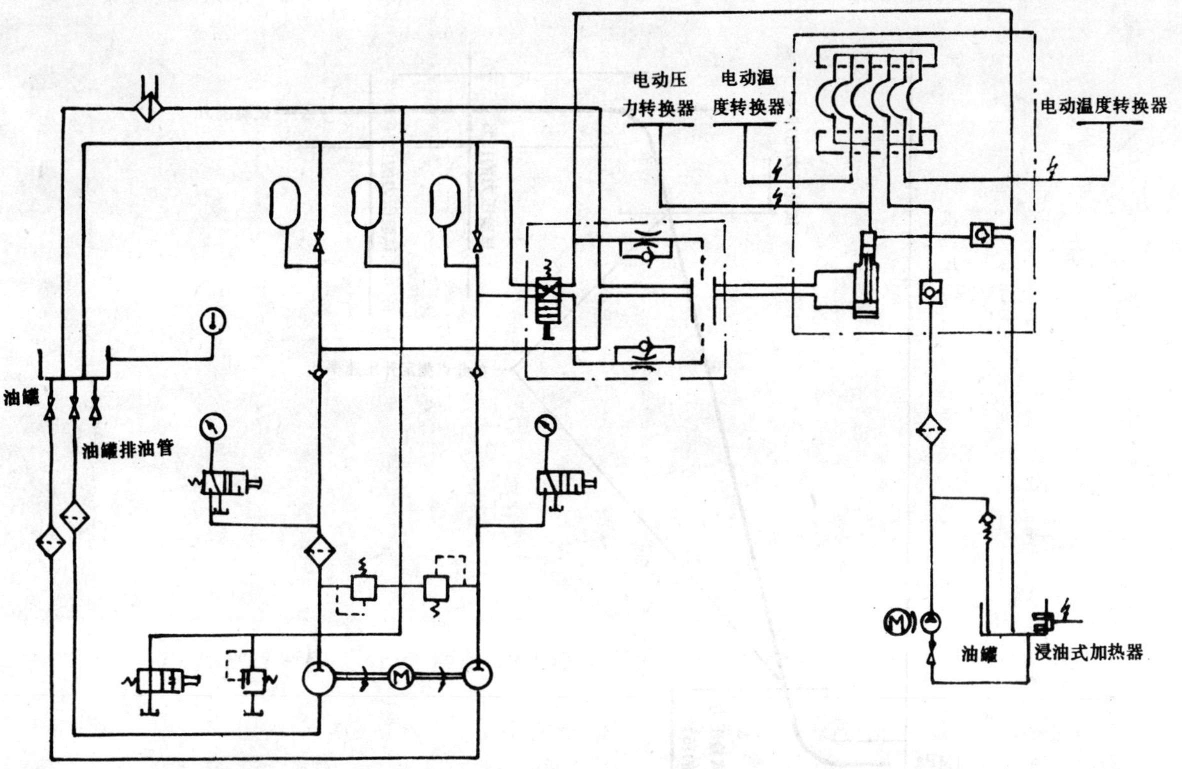

图 2　软管试验装置典型液压环路

4.2　该试验台应能用一种通过试样的循环液压流体，以 0.5 至 1.0 Hz 之间的频率对试样施加一内脉冲压力；

4.3　该试验台试验液体应保持在所需要的试验温度下；

4.4　每次压力周期应在图 3 所示的公差范围内；

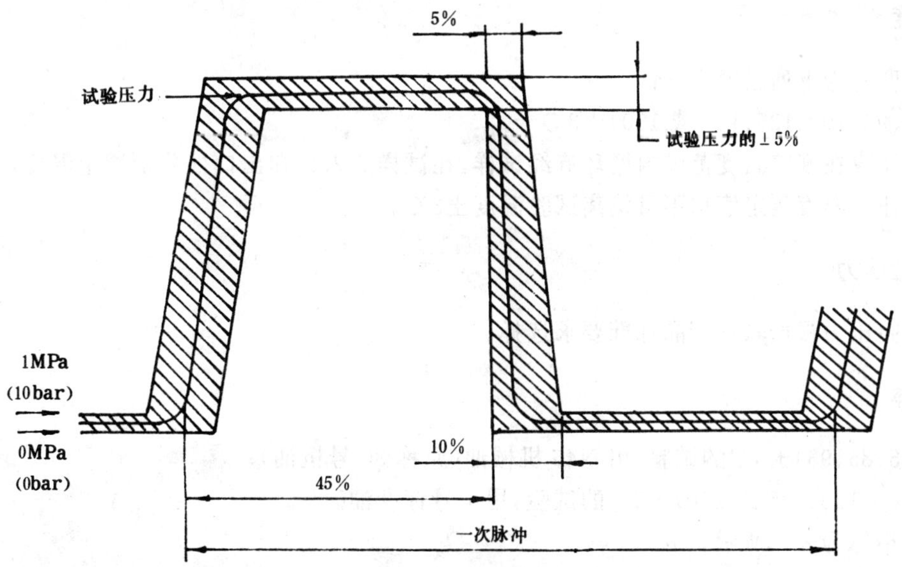

图 3　压力脉冲周期

4.5　压力脉冲周期的第一部分的升压速率应在 350 至 550 MPa/s(3 500～5 500 bar/s)之间。按图 4 所示测定；

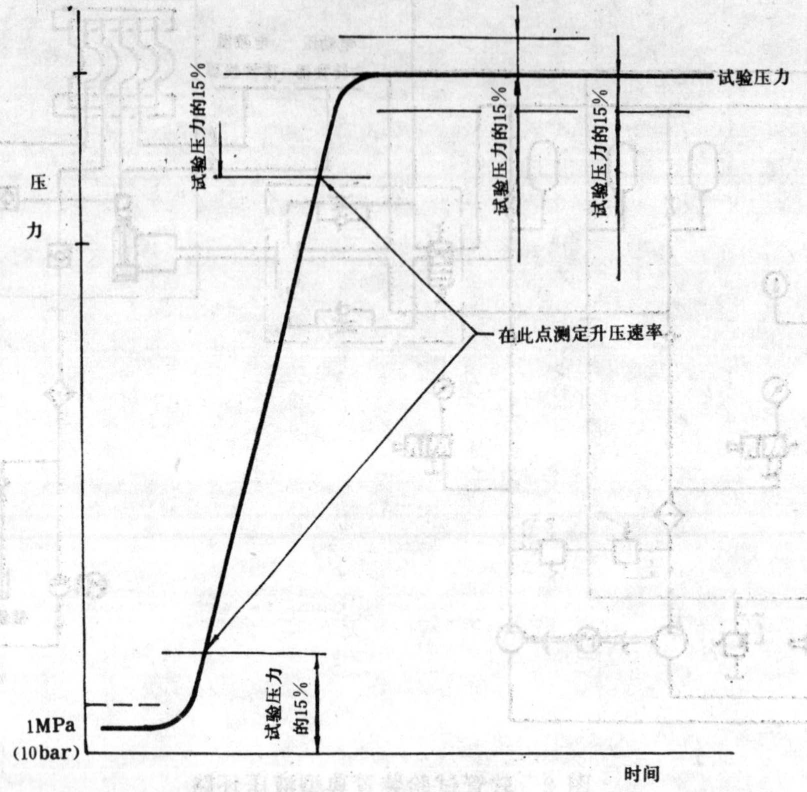

图 4　脉冲试验中升压速率测定

4.6　为了能对照图 3 检查压力周期，需要一台适用的曲线图记录仪。记录仪应具有大于 250 Hz 的固有频率，能精确地控制以得出一个范围在固有频率的 0.05～0.6 倍的频率特性曲线平坦区。

5　试验温度

试验温度应为下列温度之一：

(55、85、93、100、125、135 或 150)±3℃

试验液体应在规定温度范围内循环流经试样。在试样的入口和出口处分别测定温度，取其平均值为试验温度。任一温度测定值均不可偏离试验温度±3℃。

6　脉冲试验压力

脉冲试验压力根据软管产品标准要求选择。

7　试验液体

进行(55、85、93)±3℃的试验，用 N46 机械油(原称 30 号机油)；

进行(100、125、135 或 150)±3℃的试验，用 1 号标准油。

其性能指标为表 1 所示。

表 1 试验液体性能要求

项目	油品种类及标准号		试验方法标准号
	N46(GB 443)	1号标准油(GB/T 1690)	
苯胺点,℃	103±10	124±1	GB 262
运动粘度,mm^2/s	41.4～50.6[1)]	20±1[2)]	GB 265
闪点(开口杯法),℃	≥180	≥240	GB 3536
凝点,℃	<−10		GB 510

注:1) 40℃测定;

2) 100℃测定。

8 试验步骤

8.1 按图 1 要求,将试样安装到试验装置上,调节软管到所规定的弯曲程度,不得扭曲,并排尽内含气体。

8.2 使试验液体温度达到试验温度后,按图 3 要求施加周期性脉冲压力(方形波),按规定的周期数连续进行试验,或一直进行到组合件破坏为止。

8.3 如脉冲试验进行到规定要求之前,由于不可避免的原因停机 24 h 以上,当重新开始试验时,可能在软管和管接头接合处出现流体的轻微渗漏,这一现象如在 30 min 内自动消失,则不视为试验失效。

如果在距管接头 25 mm 内出现故障应当视为管接头的故障,并记录下来。

9 结果表示

9.1 记录破坏时的周期数,如未发生破坏时则记录所完成的周期数;

9.2 损坏判定标准如下:

在试验软管组合件时,由于接头脱落或在距接头 25 mm 处内爆破而发生的损坏,仅能作为组合件组合损坏,应在试验报告中如实记录。

在试验软管试样时,在距管接头处的 25 mm 距离内,或在与软管的外径相等的距离内(两者之中按其值较大者考虑)发生的损坏,都不应视为试样损坏,而应重新进行试验。

10 试验报告

试验报告应包括下列内容:

a. 本国家标准号;

b. 试样软管或软管组合件的全面说明;

c. 试验温度;

d. 试验压力;

e. 升压速率;

f. 试验液体;

g. 脉冲频率;

h. 试样弯曲程度;

i. 每试样达到破坏时的周期数,或所完成的周期数;

j. 每一试样破坏的位置和方式，或试验完成时，每试样的状况；
k. 试验日期。

附加说明：
本标准由中华人民共和国化学工业部提出。
本标准由全国橡胶与橡胶制品标准化技术委员会软管分技术委员会归口。
本标准由化学工业部沈阳橡胶工业制品研究所负责起草。
本标准主要起草人王宝珠、严松枫、王维相。

前　言

本标准等效采用国际标准 ISO 3996:1995《道路车辆—使用非石油基制动液的液压制动系统用制动软管组合件》,是 GB 7127—1986《汽车液压制动软管》的修订版。

本标准与 GB 7127—1986 的主要区别是:

——适用范围发生了变化,由汽车用扩展为道路车辆用(包括汽车、轿车、摩托车等);

——仅对公称内径 3.2 mm 和 4.8 mm 的液压制动软管组合件规定了性能要求,试验程序和标志;

——对软管的结构做出了详细的规定,没有单独对管接头做出规定,而且归类于软管组合件;

——对制动软管组合件,制动软管等明确了定义;

——删去了汽车液压制动软管拉伸试验图示;

——在高温脉冲强度试验中,除了制动软管组合件应在 27.6 MPa 压力下保持 2 min 不得出现泄漏外,还增加了"也不得在低于 34.5 MPa 压力下出现爆破";增加了高温脉冲强度试验:即在 143℃±3℃温度下应至少承受 150 次的压力为 11 MPa+0.50 MPa 的脉冲试验;

——增加了耐动态臭氧性能试验。

本标准自实施之日起,代替 GB 7127—1986。

本标准由中华人民共和国原化学工业部提出。

本标准由全国橡胶与橡胶制品标准化技术委员会软管分技术委员会归口。

本标准负责起草单位:沈阳橡胶研究设计院。

本标准参加起草单位:南京 7425 工厂、上海橡胶总厂、泰州橡胶总厂长力树脂管厂、长春汽车研究所。

本标准主要起草人:王维相、孙克俭、陈启宇、彭微香、朱　熠。

本标准于 1986 年 12 月 30 日首次发布。

ISO 前言

ISO(国际标准化组织)是各国家标准化团体(ISO 成员团体)的世界性联合机构。制定国际标准的工作通常由 ISO 各技术委员会进行。凡对已建立技术委员会的项目感兴趣的成员团体均有权参加该技术委员会。与 ISO 有联系的政府和非政府的国际组织,也可参加此项工作。在电工技术标准化的所有方面,ISO 与国际电工技术委员会(IEC)紧密合作。

技术委员会采纳的国际标准草案,要发给成员团体进行投票。作为国际标准发布时,要求至少有75%投票的成员团体投赞成票。

国际标准 ISO 3996 由 ISO/TC 22 道路车辆技术委员会,SC2 制动系统和装置分技术委员会制定。本第三版代替并废止第二版(ISO 3996:1986),是其技术修订版。

中华人民共和国国家标准

使用非石油基制动液的道路车辆液压制动系统用制动软管组合件

GB/T 7127.1—2000
eqv ISO 3996:1995
代替 GB 7127—1986

Brake hose assemblies for hydraulic braking systems of road vehicles used with non-petroleum-base brake fluid

1 范围

本标准规定了道路车辆液压制动系统用，公称内径为 3.2 mm 和 4.8 mm 的液压制动软管组合件的性能要求，试验程序和标志。

本标准适用于使用符合 GB 12981 规定的非石油基制动液的由帘线增强层和合成弹性体制成的软管和装配上金属管接头的液压制动软管组合件。

2 引用标准

下列标准所包含的条文，通过在本标准中引用而构成为本标准的条文。本标准出版时，所示版本均为有效。所有标准都会被修订，使用本标准的各方应探讨使用下列标准最新版本的可能性。

GB/T 7129—1986 汽车液压制动胶管内容积膨胀测定方法(neq ISO 3996:1978)

GB 12981—1991 HZY2、HZY3、HZY4 合成制动液(neq ISO 4925:1978)

ISO 4926:1978 道路车辆—液压制动系统—非石油基标准液

ISO 7500-1:1986 金属材料—静态单轴向试验机的检验—第 1 部分：拉力试验机

ISO 9227:1990 人工环境下腐蚀试验—盐雾试验

3 定义

本标准采用下列定义。

3.1 制动软管组合件 brake hose assembly

供制动系统用装配有管接头的制动软管。

3.2 制动软管 brake hose

用于制动系统以传输和贮存液体向车辆制动器施加力所用的流体压力介质的柔性导管。

3.3 管接头 end fitting

通过扣压或挤压方式，永久性地装配到制动软管两端的连接件。

3.4 自由长度 free length

制动软管组合件在垂直条件下管接头与管接头之间外露制动软管的直线长度。

3.5 泄漏；爆破 leaks；burst

除通过设计的进口和出口外制动软管组合件内试验液体的损失。

3.6 龟裂 cracking

由环境或应力导致表面的裂缝。

国家质量技术监督局 2000-07-31 批准　　2001-03-01 实施

4 结构

4.1 软管

软管应由一弹性体内衬层，埋置或粘合到内衬层上的两层或多层帘线增强层和一外覆层构成。增强层之间允许有一层缓冲胶片。外覆层应当是能承受长期天候老化而不龟裂的黑色胶料，软管内衬层应当是耐GB 12981规定的非石油基制动液的胶料。

4.2 软管组合件

液压制动软管两侧应装配有永久性的管接头。

5 性能合格试验

试验项目应包括表1列出的全部试验。在进行每一另外的制动软管组合件设计时，都应完成全部的试验项目。软管结构或材料、管接头的扣压或管接头的任何变化都视为组合件设计的变化。不影响软管管接头连接牢固的变化，例如螺纹尺寸、管口尺寸、接头六角形螺母尺寸的变化等则不视为设计变化。

如果是软管组合件构型的原因不能进行如拉伸、屈挠和缩颈试验时，应当采用相同的生产设备和工艺，用相同型别的软管和管接头生产的软管组合件来代替制动软管组合件进行试验。

表1　液压制动软管组合件性能试验和试样要求数量

试样数量	合格试验	条　款
全部	液压试验	6.2
全部1)	缩颈试验	6.3
4	容积膨胀试验，然后爆破试验	6.4、6.5
4	制动液相容性试验	6.6
4	屈挠试验	6.7
4	拉伸强度试验	6.8
4	高温脉冲强度试验	6.12
2	动态条件下耐臭氧试验	6.11
1	低温弯曲试验	6.10
1	盐雾试验	6.13
吸水后试验项目		
4	爆破强度试验	6.9
4	屈挠试验	6.9
4	拉伸试验	6.9

注：试样的总数：36个。

1) 如须切割组合件进行缩颈试验，可采用4根制动软管组合件

6 试验

6.1 试验条件

供性能试验用的软管组合件应当是新的或未使用过的，应当是至少24 h以前制造的产品。试验前4 h应将其置于15℃～32℃温度内调节。

在进行屈挠试验或低温弯曲试验时，安装软管组合件之前，应移开所有外部附件，如固定支架、弹簧

防护罩和金属套管或将长导管缩短，或卸掉外部附件并缩短导管。

除另有规定外，进行所有试验时，试验室温度应在15℃～32℃。

6.2 液压试验

软管组合件在进行液压试验时，压力介质应为惰性气体、空气、水或者采用符合GB 12981规定的制动液。以惰性气体和空气作为压力介质时，试验压力应当在10.3 MPa～14.5 MPa，以水和制动液作为压力介质时，试验压力应当在20.7 MPa～24.8 MPa。

警告：如果使用惰性气体或空气作为压力介质时，应特别小心。因为在规定的压力下如果软管组合件出现损坏，软管内气体或空气逸出就会有产生爆炸的可能性。

保持该压力10 s～25 s。

在该项试验中出现泄漏的软管组合件应当拒收并应做报废处理。

6.3 缩颈试验

6.3.1 试验要求

在制动软管组合件端部接头部位，用图1示出的量规测量软管组合件的缩颈尺寸。量规可由操作者来选择。

缩颈尺寸不应小于图1规定的最小直径 A。

6.3.2 试验程序

采用下列合适的程序：

6.3.2.1 将软管组合件的管接头垂直地固定住，并将符合图1要求的量规的 A 径插入一端的接头，插入深度为量规的全长。在软管组合件另一端重复此项测量。

6.3.2.2 当有些软管组合件的接头形式特殊，有一端管接头不能插入量规时，应使用端部符合图1要求的加长量规。从可以插入的一端达到另一端。

注：如果量规在插入第二个管接头时不能对准，则必须校直软管使量规能插入通过。

6.3.2.3 当有些软管组合件的管接头形式特殊，两端都不能插入量规时，可将软管组合件在距管接头50 mm±2 mm位置上切断，然后用符合图1要求的量规分别对两端接头进行测量。

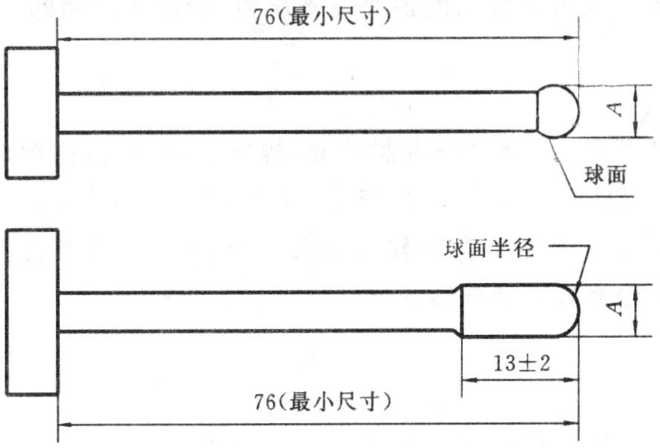

插入量规的标准尺寸 mm

软管公称内径	A(最小)
3.2	2.03
4.8	3.05

图1 软管内径缩颈试验用量规

6.4 膨胀试验

按照 GB/T 7129[1] 规定进行试验，软管组合件的最大膨胀值不应超过表 2 的规定。其试验压力为 6.9 MPa 和 10.3 MPa，试验介质为无添加剂、无气泡的水或制动液。

表 2 软管自由长度的最大膨胀量

软管公称内径 mm	试验压力			
	6.9 MPa		10.3 MPa	
	常规膨胀 (HR) cm^3/m	低膨胀 (HL) cm^3/m	常规膨胀 (HR) cm^3/m	低膨胀 (HL) cm^3/m
3.2	2.17	1.08	2.59	1.38
4.8	2.82	1.81	3.35	2.36

6.5 爆破强度试验

6.5.1 试验要求

用完成内容积膨胀试验后的试样进行试验时，每根软管组合件试样应能承受住表 3 所规定的试验压力(2 min)和最小爆破压力。

表 3 试验压力和最小爆破压力

软管公称内径，mm	试验压力，MPa	最小爆破压力，MPa
3.2	27.6	49.0
4.8	27.6	34.5

6.5.2 试验设备

试验设备由一适宜的压力系统组成，在该系统中，软管组合件应以能控制和计量流体压力的方式进行连接；以手动或者动力驱动的泵，或者贮液罐系统获得所需的压力，并且应当用压力表进行测量。从安全方面考虑，在加压前，应使软管组合件充满水或制动液并使里面所有空气经排气阀排出。

应以 172.5 MPa±69 MPa/min 的速率施加表 3 规定的压力。

因为这类软管组合件要承受表 3 所示的最小爆破压力，所以所选用的管线、开关以及连接件要安全牢固，应适于高压环境工作。

6.5.3 试验程序

将软管试样连接到压力系统，注满水或者制动液，排出所有空气，摇动软管有助于气泡排出。按照 6.5.2 规定的速率施加 27.6 $MPa_{-0.13}^{\ 0}$ MPa 的试验压力并保持 120 $s_{-10}^{\ 0}$ s。在该试验压力周期结束时，以 172.5 MPa±69 MPa/min 的速率升压直至软管爆破。从校准压力表上读取最大压力，读数精确至 0.69 MPa，并记录下此读数作为软管组合件的爆破强度。

6.6 制动液的相容性

6.6.1 试验要求

当软管组合件注满符合 ISO 4926 规定的相容的非石油基制动液，承受 120℃$^{+5}_{\ 0}$℃温度经 70 h～72 h后，软管组合件应满足 6.3.1 规定的缩颈试验要求。

然后软管组合件应承受 27.6 MPa 的压力，承压时间 120 $s_{-10}^{\ 0}$ s；之后继续升压直至软管组合件爆破，最小爆破压力不应低于 34.5 MPa。

6.6.2 准备

6.6.2.1 向容积 0.5 L 的储液箱里充注 100 mL 符合 ISO 4926 规定的相容的非石油基制动液，在储液

采用说明：

1] 在 ISO 3996 中未引用方法标准，而是将方法内容直接写入正文。

箱下面安装一根软管组合件或可安装多根与软管组合件的歧管(见图 2)。

6.6.2.2 向软管组合件注满符合 ISO 4926 规定的相容的非石油基制动液并密封住下端接头。

6.6.3 试验程序

6.6.3.1 将软管组合件垂直放入烘箱。在 120℃$^{+5}_{0}$℃下调节 70 h～72 h,然后冷却至室温,调节 30 min ±5 min。

6.6.3.2 排空软管组合件内制动液,并在 10 min 内,按 6.3.1 和 6.3.2 要求检验缩颈。

6.6.3.3 软管组合件应当在 3 h 内进行 6.5.3 规定的试验。

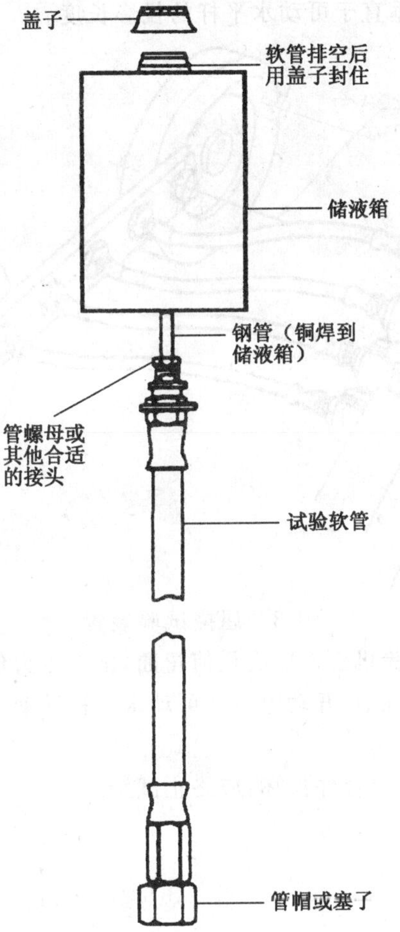

图 2 制动液的相容性试验装置

6.7 屈挠试验

6.7.1 试验要求

任何一根自由长度符合表 4[1] 规定的软管组合件试样,在屈挠试验机上试验的最低寿命应为 35 h。

6.7.2 试验设备

试验设备(见图 3)由转动部分和固定部分组成。转动部分为可动水平杆及通过轴承垂直安装在可动水平杆两端的转盘,转盘的中心与轴承的中心相距 100 mm;固定部分为可调的非动水平杆,该水平杆平行于和转盘中心在同一水平面内的可动水平杆。两个水平杆上都装有可平行安装软管组合件的若干个接头。转盘以 800 r/min＋10 r/min 的速率旋转。因此固定在可动水平杆上的软管端部也以此速率转动,形成直径为 203.2 mm±0.25 mm 的圆形轨迹,而软管的另一端则固定不动。封住可动水平杆上的接头,而非动水平杆上的接头与和液压源相接的歧管是连通的。应采用一个控制开关,以便因软管损

采用说明:

1] 该表为 ISO 3996 图 5 的图注。

坏而液压下降时使试验装置停车。另外还应配置一个记录时间的指示器。

6.7.3 试验程序

6.7.3.1 将567 g±3 g的重物系在软管组合件下端使其垂直，用一游标卡尺或类似的量尺测量软管组合件的自由长度，记录两端接头之间的长度，精确到0.5 mm。

6.7.3.2 给非动水平杆安装可单独调节每根软管组合件长度的装置。在安装到屈挠试验机(见图3)上时，每根软管组合件的投影长度应小于图4所示的松弛时软管组合件自由长度，其松弛量见表4。

由于屈挠试验结果对设定长度时产生的误差非常灵敏，因此该屈挠试验机上每根软管组合件的投影长度应当在规定的范围内。取垂直于可动水平杆的投影长度。

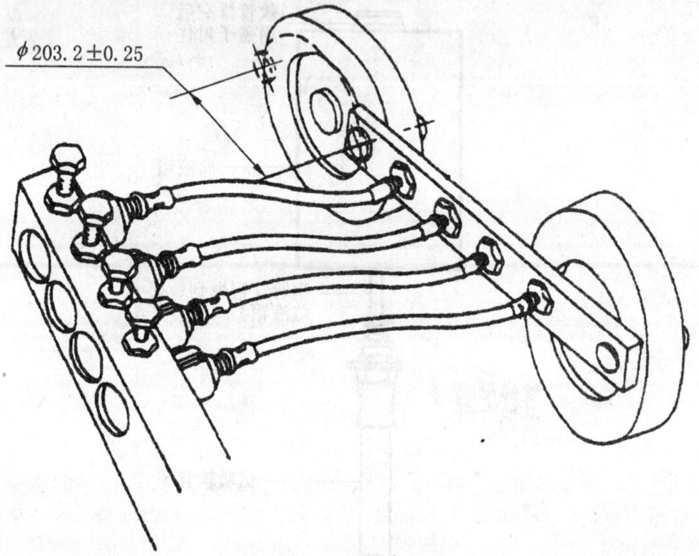

图3 屈挠试验装置

6.7.3.3 把软管组合件安装在试验机上不应有任何扭曲，施加压力值1.55 MPa～1.72 MPa的水或制动液，并打开所有软管和通道排出气泡，开动电机使可动水平杆转动，记录试验的持续时间。定期检查旋转速率。

因泄漏引起压力下降说明软管组合件损坏，应终止试验。

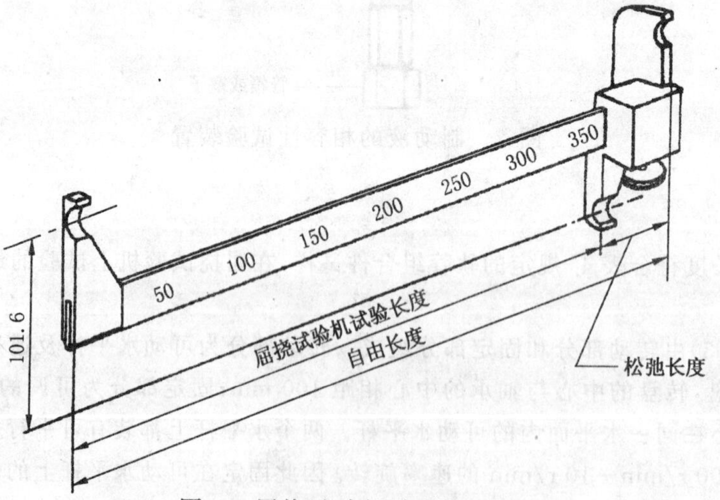

图4 屈挠试验松弛量调整器

6.8 拉伸强度试验

6.8.1 试验要求

所有软管组合件应承受表5规定的最小负荷的拉伸试验而软管和管接头不应出现拔脱或损坏。

6.8.2 试验装置

拉伸试验装置应符合 ISO 7500-1 要求并具有 4.5 kN 的负荷能力。该装置应装有一个能记录试验结束总拉力的记录仪。试样的安装应保证软管和管接头的中心线与装置的拉力方向一致。

6.8.3 试验程序

将软管组合件安装在试验装置上，然后以表 5 给定的速度施加持续增加的拉伸负荷直至损坏时为止。记录软管组合件损坏时的总负荷和损坏形状。

表 4 软管自由长度和屈挠试验松弛量 mm

软管公称内径	自由长度 L	软管松弛量
3.2	200≤L≤400	44.45±0.4
	400≤L≤480	31.75±0.4
	480≤L≤600	19.05±0.4
4.8	250≤L≤400	25.4±0.4

表 5 拉伸分离速度和最小负荷

软管公称内径，mm	拉伸分离速度，mm/min	最小负荷，N
3.2 或 4.8	25±3	1 446
	50±3	1 646

6.9 吸水性试验

6.9.1 试验要求

浸水后的每根软管组合件应能满足爆破强度（见 6.5.1）、屈挠（见 6.7.1）和拉伸强度（见 6.8.1）的所有要求，以此表明制动软管组合件无老化现象。

6.9.2 试验程序

6.9.2.1 将经过完全密封的软管组合件浸入 85℃±2℃ 的热水里 70 h～72 h。

6.9.2.2 将软管组合件从水里取出后，在 10 min 内进行拉伸强度和爆破强度试验；软管组合件从水里取出后在 10 min～30 min 内进行屈挠试验。

6.10 低温弯曲试验

6.10.1 试验要求

目视检查，软管外覆层不应出现龟裂或裂纹。

6.10.2 试验装置

该试验装置为一芯轴，软管内径为 3.2 mm 时，芯轴直径为 76.2 mm^{+1}_{0} mm；软管内径为 4.8 mm 时，芯轴直径为 88.9 mm^{+1}_{0} mm。

6.10.3 试验程序

6.10.3.1 将平直状态的软管连同 6.10.2 规定的芯轴在 −45℃～−48℃ 温度下调节 70 h～72 h。然后仍在此温度下，将软管在 3 s～5 s 内均匀地绕在芯轴上，至少弯曲到 180°。

6.10.3.2 目视检查制动软管的外覆层是否出现龟裂或裂纹。

6.11 动态条件下耐臭氧试验

6.11.1 试验要求

在最为苛刻的应力条件下，目视检查软管的外覆层，不应出现龟裂或裂纹，带箍部位或带箍附近的部位可忽略不计。

6.11.2 试验装置

试验装置示于图 5。

6.11.3 准备

在试验开始前，软管组合件试样应在无应力条件下，于27℃±6℃的温度下至少预调节24 h。

6.11.4 试验程序

6.11.4.1 将软管组合件装配到动态臭氧试验机上，并应满足图5所示的相应位置和屈挠参数。将长度为218 mm±3 mm的软管组合件插入臭氧试验装置上定位销，直至软管组合件接触到定位销底部时为止，用带箍将软管组合件牢固地固定在定位销上。

6.11.4.2 将试验机和软管组合件放置到含有臭氧与空气稳定混合气体的臭氧箱里，臭氧分压为100 mPa±10 mPa(每亿万份体积的空气中含100±10份臭氧)，臭氧箱内空气温度应为40℃±3℃。

6.11.4.3 当臭氧箱内达到规定的臭氧浓度并且在试验机放入臭氧箱的时间不超过1 h的时候，开始进行屈挠试验。屈挠速率应为0.3 Hz±0.05 Hz。屈挠行程应为76.2 mm±2.5 mm。屈挠试验时间应为48 h±10 h。

6.11.4.4 检查软管组合件外覆层的龟裂情况。

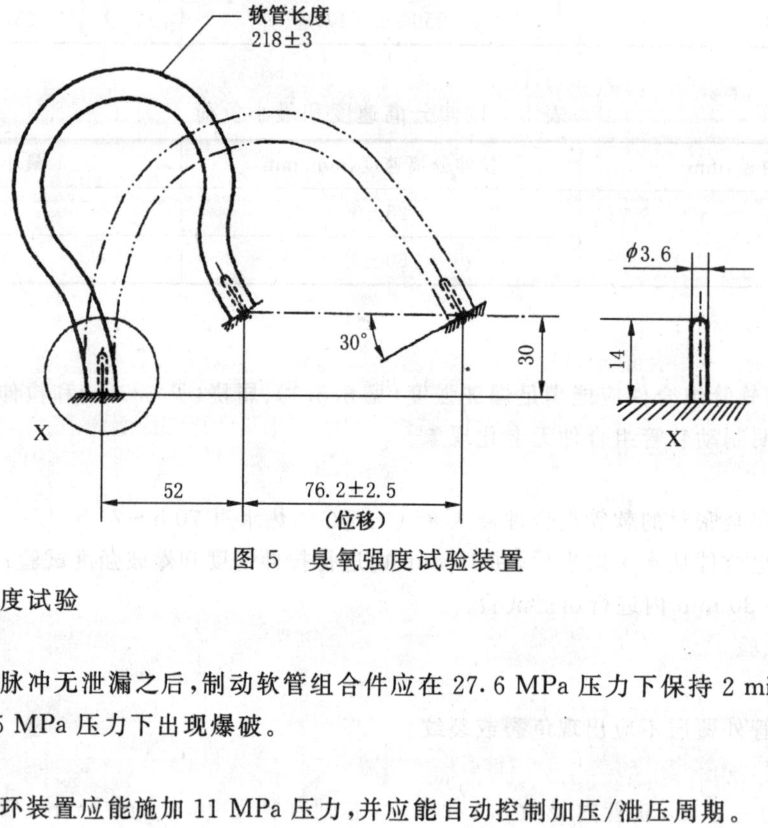

图5 臭氧强度试验装置

6.12 高温脉冲强度试验

6.12.1 试验要求

在承受150次脉冲无泄漏之后，制动软管组合件应在27.6 MPa压力下保持2 min，而不出现泄漏，也不应在低于34.5 MPa压力下出现爆破。

6.12.2 试验装置

6.12.2.1 压力循环装置应能施加11 MPa压力，并应能自动控制加压/泄压周期。

6.12.2.2 一个具有合适的恒温控制装置的加热系统，并能保持143℃±3℃温度的隔热循环空气烘箱。

6.12.2.3 试验压力和爆破强度试验装置应当符合6.5.2要求。

6.12.3 试验程序

6.12.3.1 将软管组合件连接到能产生0～11 MPa的压力循环装置上。

6.12.3.2 将压力循环装置和软管组合件注满符合ISO 4926规定的相容的非石油基制动液，并排出空气。

6.12.3.3 将软管组合件放置在空气循环烘箱内并在30 min内使烘箱温度达到143℃±3℃。

6.12.3.4 向软管组合件施加11 MPa$^{+0.5}_{0}$ MPa的循环内压，时间60 s±6 s，然后降至0 MPa，时间60 s±6 s。应当在2 s内达到规定的压力(0 MPa至11 MPa，11 MPa至0 MPa)。组合件的压力循环应至少进行150次。

6.12.3.5 从烘箱中取出软管组合件，从装置上卸下软管组合件并排出液体。在室温空气中冷却软管组合件，时间至少为 45 min。

6.12.3.6 按 6.5 规定对软管组合件进行试验压力和爆破压力试验。

6.13 盐雾试验

6.13.1 试验要求

经 24 h 暴露试验后，软管管接头试样不应出现金属腐蚀。端部接头部位，由于扣压或打标志而造成保护涂层的破坏，可不考虑腐蚀要求。黄铜管接头由于具有较强的耐腐蚀性，所以不需要进行盐雾试验。

6.13.2 试验装置

使用符合 ISO 9227:1990 规定的试验装置，盐雾试验箱应当能够达到：

a）构件材料不受盐雾的腐蚀；

b）软管组合件支撑或悬挂要与垂直线成 15°～30°（见图 6），并应与水平通过试验箱的盐雾流动方向平行，在同一垂直平面上；

c）软管组合件不应接触任何金属材料或吸油的材料；

d）从软管组合件落下的冷凝液不得再返回到蓄液箱重新雾化；

e）任何来源的冷凝液都不得落在软管组合件上，或者落在液体收集装置中；

f）来自喷嘴的盐雾不能直接喷在软管组合件上。

6.13.3 准备

6.13.3.1 塞住每根软管组合件的端部接头。

6.13.3.2 用质量(5±1)份的氯化钠与 95 份的蒸馏水混合成盐溶液，要采用基本不含镍和铜的氯化钠，其中干组分碘化钠的含量不超过 0.1%(*m*/*m*)，总杂质含量不超过 0.3%(*m*/*m*)。要保证盐溶液在雾化前无悬浮固体。

6.13.3.3 在 $35℃^{+1}_{-2}℃$ 温度下雾化后，要保证收集到的溶液 pH 值在 6.5～7.2 之间，在 25℃±3℃ 温度下测定 pH 值。

6.13.3.4 供给喷嘴 68.9 kPa～172.4 kPa 的压缩空气，喷嘴要清洁无油污无灰尘。

6.13.4 试验程序

6.13.4.1 软管组合件进行连续 $24\ h^{+12}_{0}\ min$ ISO 9227 规定的盐雾试验。

6.13.4.2 调节混合溶液使每个收集器每 80 cm^2 的水平收集面每小时能收集到 1 mL～2 mL 溶液。

6.13.4.3 保持曝露区域的温度为 35℃±2℃。

6.13.4.4 试验结束后，轻轻清洗或将软管组合件浸在流动的不超过 37℃的干净水中，除去其表面的盐垢，然后在空气中干燥 2 min。

6.13.4.5 检验管接头金属的腐蚀情况并记录结果。

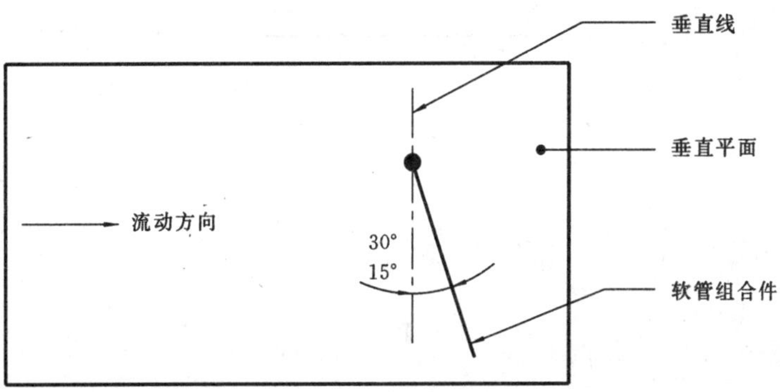

图 6 在盐雾试验时软管组合件定位情况

7 标识和标志

7.1 制动软管

7.1.1 彩色标志线标识

每个软管制造厂可在软管结构中用一条或几条彩色标志线作为标识。也可以用软管外覆层上的凸起花纹或打印(立体的)标记来代替彩色标志纱线。

7.1.2 软管标志

7.1.2.1 每根软管在平行位于软管纵轴的两侧,应至少有两条宽度不小于1.6 mm的清晰的非绿色标识带[1]。其中,一条可以用7.1.2.2规定的条款隔开,另一条可以用制造厂选定的内容隔开。

7.1.2.2 每根软管应用除绿色以外的一种颜色打印上标志,从一个标志符号的末端到下一个标志符号始端的距离不应大于150 mm;用至少3.2 mm高的大写字母(字符)和数字标志出下列内容:

a) 本国家标准编号;

b) 代表软管制造厂的标识(见7.1.1);

c) 用数字表示的制造的年、月、日或年和月(例如:1999-12-26表示1999年12月26日制造);

d) 以mm表示的软管的内径(例如:3.2 mm);

e) "HR"表明是正常值膨胀的液压软管;或者"HL"表明是低膨胀值的液压软管(见表2)。

7.2 制动软管组合件

7.2.1 每一软管制造厂制造的制动软管组合件可以按7.2.2规定的方法在环绕软管组合件带箍上标志,也可以按7.2.3规定的方法按制造厂的选择在制动软管端部接头上打上标志。

7.2.2 软管组合件带箍上应以至少3.2 mm高的印刷体大写字母、数字或符号蚀刻、压刻或打印出下列内容:

a) 本国家标准编号;

b) 制造厂厂名或商标(见7.2.1)。

7.2.3 至少要在一端管接头上,按制造厂的选择,以蚀刻、压刻或打印方式,按7.2.2b)规定标志出至少1.6 mm高的软管组合件制造厂标记。

采用说明:

1] 根据ISO 6120《道路车辆—石油基制动液的液压制动系统用制动软管》的规定,石油基液压油的软管使用绿色标识带。

前言

本标准等效采用国际标准 ISO 6120:1995《道路车辆—使用石油基制动液的液压制动系统用制动软管组合件》。

本标准与 ISO 6120 的主要差异:

——内容积膨胀试验(6.4)的试验方法采用引用 GB/T 7129 标准的方法,而不是将其内容直接写入正文;

——将图 5 的图注调整为表 4。

本标准由中华人民共和国原化学工业部提出。

本标准由全国橡胶与橡胶制品标准化技术委员会软管分技术委员会归口。

本标准负责起草单位:沈阳橡胶研究设计院。

本标准参加起草单位:上海橡胶制品有限公司上海橡胶总厂、南京 7425 工厂、泰州橡胶总厂长力树脂管厂、长春汽车研究所。

本标准主要起草人:王维相、陈启宇、孙克俭、彭微香、朱　熠。

ISO 前言

ISO(国际标准化组织)是各国家标准化团体(ISO 成员团体)的世界性联合机构。制定国际标准的工作通常由 ISO 各技术委员会进行。凡对已建立技术委员会的项目感兴趣的成员团体均有权参加该委员会。与 ISO 有联系的政府和非政府的国际组织,也可参加此项工作。在电工技术标准化的所有方面,ISO 与国际电工技术委员会(IEC)紧密合作。

技术委员会采纳的国际标准草案,要发给成员团体进行投票。作为国际标准发布时,要求至少有75%投票的成员团体投赞成票。

国际标准 ISO 6120 由 ISO/TC 22 道路车辆技术委员会 SC 2 制动系统和装置分委员会制定。

本第二版代替并废止第一版(ISO 6120:1986),是其技术修订版。

中华人民共和国国家标准

使用石油基制动液的道路车辆液压制动系统用制动软管组合件

GB/T 7127.2—2000
eqv ISO 6120:1995

Brake hose assemblies for hydraulic braking systems of road vehicles used with petroleum-base brake fluid

1 范围

本标准规定了道路车辆液压制动系统用公称内径为 3.2 mm 和 4.8 mm 的液压制动软管组合件的性能要求、试验程序和标志。

本标准适用于使用符合 ISO 7308 规定的石油基制动液的由增强层和合成弹性体制成的软管和装配金属接头的液压制动软管组合件。

2 引用标准

下列标准所包含的条文，通过在本标准中引用而构成为本标准的条文。本标准出版时，所示版本均为有效。所有标准都会被修订，使用本标准的各方应探讨使用下列标准最新版本的可能性。

GB/T 7129—1986　汽车液压制动胶管内容积膨胀测定方法(neq ISO 3996:1978)

ISO 7308:1987　道路车辆—储能液压制动器用石油基制动液

ISO 7309:1985　道路车辆—液压制动系统—ISO 标准石油基液体

ISO 7500-1:1986　金属材料—静态单轴向试验机的检验—第 1 部分:拉力试验机

ISO 9227:1990　人工环境下腐蚀试验—盐雾试验

3 定义

本标准采用下列定义。

3.1 制动软管组合件　brake hose assembly

供制动系统用装配有管接头的制动软管。

3.2 制动软管　brake hose

用于制动系统以传输和贮存液体对车辆制动器施加力所用的液体压力介质的柔性导管。

3.3 管接头　end fitting

通过扣压或挤压方式永久性装配到制动软管两端的连接件。

3.4 自由长度　free length

制动软管组合件在垂直条件下管接头与管接头之间外露制动软管的直线长度。

3.5 泄漏;爆破　leaks;burst

除通过设计的进口和出口外制动软管组合件内试验液体的损失。

3.6 龟裂　cracking

由环境和/或应力导致表面的裂缝。

国家质量技术监督局 2000-07-31 批准　　　　2001-03-01 实施

4 结构

4.1 软管

软管应由一弹性体内衬层，埋置或粘合到内衬层上的两层或多层帘线增强层和一外覆层构成。增强层间允许有一层缓冲胶片。外覆层应当是能承受长期天候老化而不龟裂的黑色胶料。内衬层应当是耐ISO 7308规定的石油基制动液的胶料。

4.2 软管组合件

液压制动软管两侧应装配有永久性的管接头。

5 性能合格试验

试验项目应包括表1列出的全部试验。在进行每一另外的制动软管组合件设计时，都应完成全部的试验项目。软管结构或材料、管接头的扣压或管接头的任何变化都视为组合件设计的变化。不影响软管管接头连接牢固的变化，例如螺纹尺寸、管口尺寸、接头六角形螺母尺寸的变化等则不视为设计变化。

如果是软管组合件构型的原因不能进行如拉伸、屈挠和缩颈试验时，应当采用相同的生产设备和工艺，用相同型别的软管和管接头生产的软管组合件来代替制动软管组合件进行试验。

表1 液压制动软管组合件性能试验和试样要求数量

试样数量	合格试验	条　款
全部	液压试验	6.2
全部[1]	缩颈试验	6.3
4	容积膨胀试验，然后爆破试验	6.4、6.5
4	制动液相容性试验	6.6
4	屈挠试验	6.7
4	拉伸强度试验	6.8
4	高温脉冲强度试验	6.12
2	动态条件下耐臭氧试验	6.11
1	低温弯曲试验	6.10
1	盐雾试验	6.13
吸水后试验项目		
4	爆破强度试验	6.9
4	屈挠试验	6.9
4	拉伸试验	6.9

注：试样的总数：36个。

1）如须切割组合件进行缩短试验，可采用4根制动软管组合件

6 试验

6.1 试验条件

供性能试验用的软管组合件应当是新的或未使用过的，应当是至少24 h以前制造的产品。试验前4 h应将其置于15℃～32℃温度内调节。

在进行屈挠试验或低温弯曲试验时，安装软管组合件之前，应移开所有外部附件，如固定支架、弹簧

防护罩和金属套管，或将长导管缩短，或卸掉外部附件并缩短导管。

除另有规定外，进行所有试验时，试验室温度应在15℃～32℃。

6.2 液压试验

软管组合件在进行液压试验时，压力介质应为惰性气体、空气、水或符合ISO 7309规定的制动液。以惰性气体和空气作为压力介质时，试验压力应为10.3 MPa～14.5 MPa；以水和制动液为压力介质时，试验压力应当在20.7 MPa～24.8 MPa。

警告：如果使用惰性气体或空气作为压力介质时，应特别小心。因为在规定的压力下如果软管组合件出现损坏，软管内气体和空气逸出就会有产生爆炸的可能性。

保持该压力10 s～25 s。

在该试验中出现泄漏的软管组合件应当拒收并应作报废处理。

6.3 缩颈试验

6.3.1 试验要求

在制动软管组合件端部接头部位，用图1示出的量规测量软管组合件的缩颈尺寸。量规可由操作者来选择。

缩颈尺寸不应小于图1规定的最小直径A。

6.3.2 试验程序

采用下列合适的程序：

6.3.2.1 将软管组合件的管接头垂直地固定住，并将符合图1要求的量规的A径插入一端的接头，插入深度为量规的全长。在软管组合件另一端重复此项测量。

6.3.2.2 当有些软管组合件的接头形式特殊，有一端管接头不能插入量规时，应使用端部符合图1要求的加长量规，从可以插入的一端达到另一端。

注：如果量规在插入第二个接头时不能对准，则必须校直软管使量规能插入通过。

6.3.2.3 当有些软管组合件的管接头形式特殊，两端都不能插进量规时。这时可将软管组合件在距管接头50 mm±2 mm位置上切断，然后用符合图1要求的量规分别对两端接头进行测量。

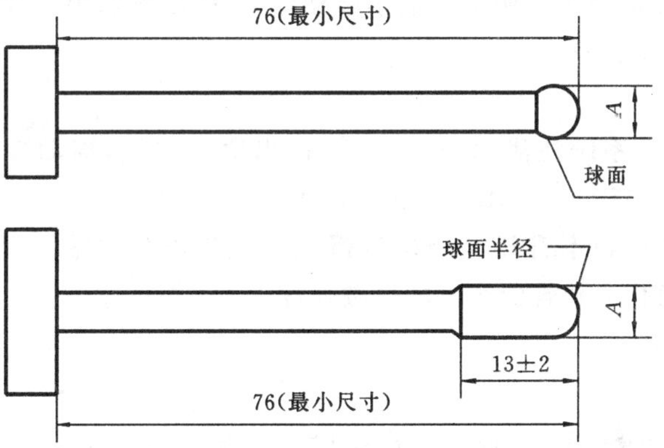

插入量规的标准尺寸 mm

软管公称内径	A(最小)
3.2	2.03
4.8	3.05

图1 软管内径缩颈试验用量规

6.4 膨胀试验

按照 GB/T 7129[1] 规定进行试验，软管组合件的最大膨胀值不应超过表 2 的规定。其试验压力为 6.9 MPa 和 10.3 MPa，试验介质为无添加剂、无气泡的水或制动液。

表 2 软管自由长度时的最大膨胀量

软管公称内径 mm	试验压力			
	6.9 MPa		10.3 MPa	
	正常膨胀 (HR) cm^3/m	低膨胀 (HL) cm^3/m	正常膨胀 (HR) cm^3/m	低膨胀 (HL) cm^3/m
3.2	2.17	1.08	2.59	1.38
4.8	2.82	1.81	3.35	2.36

6.5 爆破强度试验

6.5.1 试验要求

用完成内容积膨胀试验后的试样进行试验时，每根软管组合件试样应能承受住表 3 所规定的试验压力(2 min)和最小爆破压力。

表 3 试验压力和最低爆破压力

软管公称内径,mm	试验压力,MPa	最小爆破压力,MPa
3.2	27.6	49.0
4.8	27.6	34.5

6.5.2 试验设备

试验设备由一适宜的压力系统组成，在该系统中，软管组合件应以能控制和计量流体压力的方式进行连接；以手动或动力驱动的泵，或者贮液罐系统获得所需的压力，应当用压力表进行测量。从安全方面考虑，在加压前，应使软管组合件充满水或制动液并使里面所有空气经排气阀排出。

应以 172.5 MPa/min±69 MPa/min 的速率施加表 3 所示的压力。

因为这类软管组合件要承受表 3 所示的最小爆破压力，所以所选用的管线、开关以及连接件要安全牢固，应适合于高压环境工作。

6.5.3 试验程序

将软管试样连接到压力系统注满水或制动液，排出所有空气，摇动软管有助于气泡排出。按照 6.5.2 规定的速率施加 27.6 $MPa_{-0.13}^{\ 0}$ MPa 的试验压力并保持 120 $s_{-10}^{\ 0}$ s。在该试验压力周期结束时，以 172.5 MPa±69 MPa/min 的速率升压直至软管爆破。从校准压力表上读取最大压力，读数精确至 0.69 MPa，并记录下此读数作为软管组合件的爆破强度。

6.6 制动液的相容性

6.6.1 试验要求

当软管组合件注满符合 ISO 7309 规定的相容的石油基制动液，承受 120℃$^{+5}_{\ 0}$℃温度经 70 h～72 h 后，软管组合件应满足 6.3.1 规定的缩颈试验要求。

然后软管组合件应承受 27.6 MPa 的压力，承压时间 120 $s_{-10}^{\ 0}$ s；之后继续升压直至软管组合件爆破，最小爆破压力不应低于 34.5 MPa。

6.6.2 准备

6.6.2.1 向容积 0.5 L 的蓄液箱充注 100 mL 符合 ISO 7309 规定的 ISO 标准石油基制动液，在储液

采用说明：

1] 在 ISO 3996 中，未引用方法标准，而是将方法内容直接写入正文。

水箱的下面安装一根软管组合件或可安装多根软管组合件的歧管(见图 2)。

6.6.2.2 向软管组合件充注满符合 ISO 7309 规定的 ISO 标准石油基制动液并密封住下端接头。

6.6.3 试验程序

6.6.3.1 将软管组合件垂直放入烘箱。在 120℃$^{+5}_{0}$℃下调节 70 h～72 h,然后冷却至室温,调节 30 min ±5 min。

6.6.3.2 排空软管组合件内制动液,并在 10 min 内,按 6.3.1 和 6.3.2 要求检验缩颈。

6.6.3.3 软管组合件应当在 3 h 内进行 6.5.3 规定的试验。

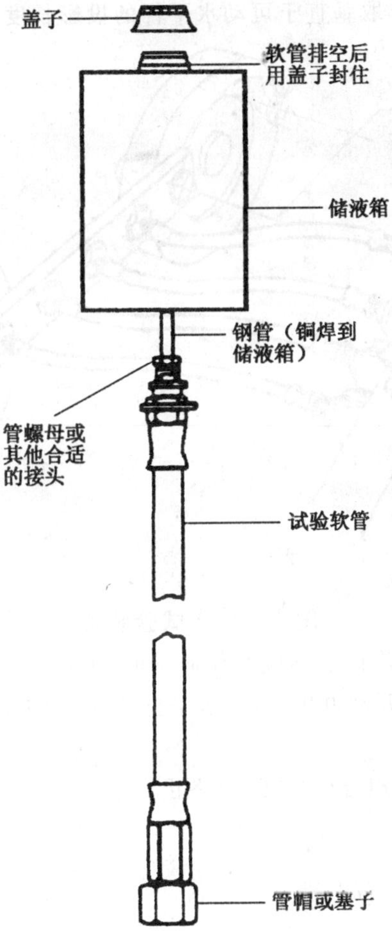

图 2 制动液相容性试验装置

6.7 屈挠试验

6.7.1 试验要求

任何一根自由长度符合表 4[1]规定的软管组合件试样,在屈挠试验机上试验的最低寿命应为 35 h。

6.7.2 试验设备

试验设备(见图 3)由转动部分和固定部分组成。转动部分为可动水平杆及通过轴承垂直安装在可动水平杆两端的转盘,转盘的中心与轴承的中心相距 100 mm;固定部分为可调的非动水平杆,该水平杆平行于和转盘中心在同一水平面内的可动水平杆。两个水平杆上都装有可平行安装软管组合件的若干个接头。转盘以 800 r/min+10 r/min 的速率旋转,因此固定在可动水平杆上的软管端部也以此速率转动,形成直径为 203.2 mm±0.25 mm 的圆形轨迹,而软管的另一端则固定不动。封住可动水平杆上的接头,而非动水平杆上的接头与和液压源相接的歧管是连通的。应采用一个控制开关,以便因软管损

采用说明:

1] 该表为 ISO 6120 图 5 的图注。

坏而液压下降时使试验装置停车。另外还应配置一个记录时间的指示器。

6.7.3 试验程序

6.7.3.1 将 567 g±3 g 的重物系在组合件下端使其垂直,用一游标卡尺或类似量尺测量每根软管组合件的自由长度,记录两端接头之间的长度,精确到 0.5 mm。

6.7.3.2 给非动水平杆安装可单独调节每根软管组合件长度的装置,在安装到屈挠试验机(见图 3)上时,每根软管组合件的投影长度应小于图 4 所示的松弛时软管组合件自由长度,其松弛量见表 4。

由于屈挠试验结果对设定长度时产生的误差非常灵敏,因此该屈挠试验机上每根软管组合件的投影长度应当在规定的限定范围内。取垂直于可动水平杆的投影长度。

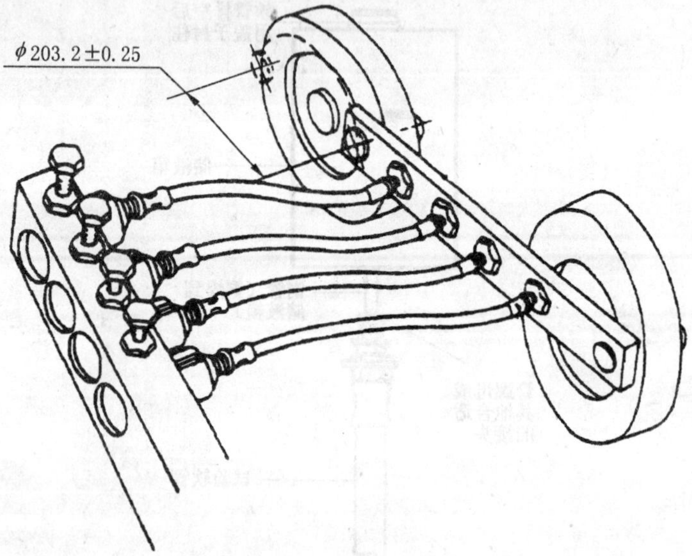

图 3 屈挠试验装置

6.7.3.3 把软管组合件安装在试验机上不应有任何扭曲,施加压力值 1.55 MPa 的水或制动液压力,并打开所有软管及通道排出气泡,开动电机,可动水平杆转动,记录试验的持续时间。定期检查旋转速率。

因泄漏引起压力下降说明软管组合件损坏,应终止试验。

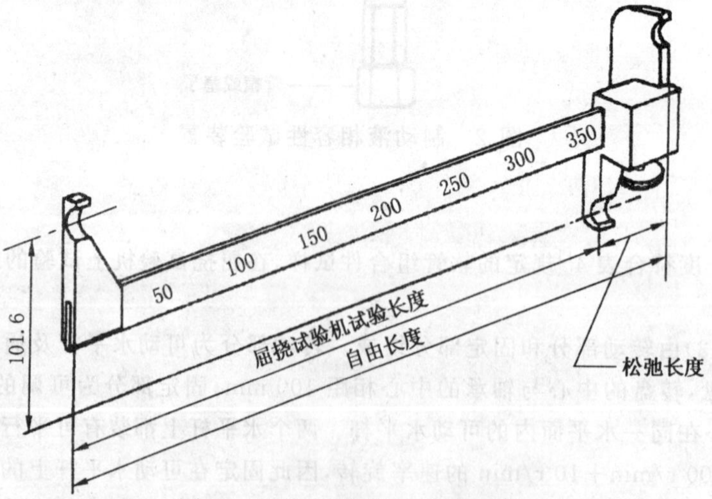

图 4 屈挠试验松弛量调整器

6.8 拉伸强度试验

6.8.1 试验要求

所有软管组合件应承受表 5 规定的最小负荷的拉伸试验而软管和管接头不应出现拔脱或损坏。

6.8.2 试验装置

拉伸试验装置应符合 ISO 7500-1 要求并具有 4.5 kN 的负荷能力。该装置应装有一个能记录试验结束时总拉力的记录仪。试样的安装应保证软管和管接头的中心线与装置的拉力方向一致。

6.8.3 试验程序

将软管组合件安装在试验装置上，然后以表 5 给定的速度施加持续增加的拉伸负荷直至损坏时为止。记录软管组合件损坏时的总负荷和损坏的形状。

表 4 软管自由长度和屈挠试验松弛量 mm

软管公称内径	自由长度 L	软管松弛量
3.2	$200 \leqslant L \leqslant 400$	44.45±0.4
	$400 \leqslant L \leqslant 480$	31.75±0.4
	$480 \leqslant L \leqslant 600$	19.05±0.4
4.8	$250 \leqslant L \leqslant 400$	25.4±0.4

表 5 拉伸分离速度和最小负荷

软管公称内径，mm	拉伸分离速度，mm/min	最小负荷，N
3.2 或 4.8	25±3	1 446
	50±3	1 646

6.9 吸水性试验

6.9.1 试验要求

浸水后的每根软管组合件应能满足爆破强度(见 6.5.1)、屈挠(见 6.7.1)和拉伸强度(见 6.8.1)的所有要求，以此表明制动软管组合件无老化现象。

6.9.2 试验程序

6.9.2.1 将经过完全密封的软管组合件浸入 85℃±2℃的热水里 70 h～72 h。

6.9.2.2 将软管组合件从水里取出后，在 10 min 内进行拉伸强度和爆破强度试验；软管组合件从水里取出后，在 10 min～30 min 内进行屈挠试验。

6.10 低温弯曲试验

6.10.1 试验要求

目视检查，软管外覆层不应出现龟裂或裂纹。

6.10.2 试验装置

该试验装置为一芯轴，软管内径为 3.2 mm 时，芯轴直径为 76.2 mm^{+1}_{0} mm；软管内径为 4.8 mm 时，芯轴直径为 88.9 mm^{+1}_{0} mm。

6.10.3 试验程序

6.10.3.1 将平直状态的软管连同 6.10.2 规定的芯轴在－45℃～－48℃温度下调节 70 h～72 h。然后仍在此温度下，将软管在 3 s～5 s 内均匀地绕在芯轴上，至少弯曲到 180°。

6.10.3.2 目视检查制动软管的外覆层是否出现龟裂或裂纹。

6.11 动态条件下耐臭氧试验

6.11.1 试验要求

在最为苛刻的应力条件下，目视检查软管的外覆层，不应出现龟裂或裂纹，带箍部位或带箍附近的部位可忽略不计。

6.11.2 试验装置

试验装置示于图 5。

6.11.3 准备

在试验开始前，软管组合件试样应在无应力条件下于 27℃±6℃的温度下至少预调节 24 h。

6.11.4 试验程序

6.11.4.1 将软管组合件装配到动态臭氧试验机上，并应满足图 5 所示的相应位置和弯曲参数。将长度为 218 mm±3 mm 的软管组合件牢固地插入在臭氧试验机上定位销直至软管组合件接触到定位销底部时为止，用带箍将软管组合件牢固地固定在定位销上。

6.11.4.2 将试验机和软管组合件放置到含有臭氧和空气稳定混合气体的臭氧箱里。臭氧分压为 100 mPa±10 mPa(每亿万份体积的空气中含 100±10 份臭氧)。臭氧箱内空气温度应为 40℃±3℃。

6.11.4.3 当臭氧箱内达到规定的臭氧浓度并且在试验机放入臭氧箱的时间不超过 1 h 的时候，开始进行屈挠试验。屈挠速率应为 0.3 Hz±0.05 Hz，屈挠行程应为 76 mm±2.5 mm，屈挠试验的时间应为 $48\ h^{+1}_{0}\ h$。

6.11.4.4 检查软管组合件外覆层的龟裂情况。

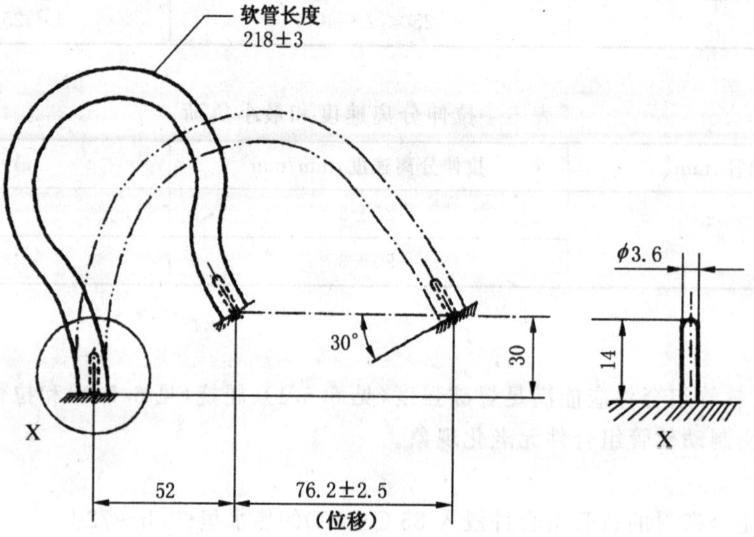

图 5 臭氧强度试验装置

6.12 高温脉冲强度试验

6.12.1 试验要求

在承受 150 次脉冲无泄漏之后，制动软管组合件应在 27.6 MPa 压力下保持 2 min，而不出现泄漏，也不应在小于 34.5 MPa 压力下出现爆破。

6.12.2 试验装置

6.12.2.1 压力循环装置应能施加 11 MPa 压力，并应能自动控制加压/泄压周期。

6.12.2.2 一个具有合适的恒温控制装置的加热系统，并能保持 143℃±3℃温度的隔热循环空气烘箱。

6.12.2.3 试验压力和爆破强度试验装置应当符合按 6.5.2 要求。

6.12.3 试验程序

6.12.3.1 将软管组合件连接到能产生 0～11 MPa 压力的循环装置上。

6.12.3.2 将压力循环装置和软管组合件注满符合 ISO 7309 规定的标准石油基制动液，并排出空气。

6.12.3.3 将软管组合件放置在空气循环烘箱内并在 30 min 内使烘箱温度达到 143℃±3℃。

6.12.3.4 向软管组合件施加 $11\ MPa^{+0.5}_{0}\ MPa$ 的循环内压，时间 60 s±6 s，然后降至 0 MPa，时间 60 s±6 s。应当在 2 s 内达到规定的压力(0 MPa 至 11 MPa，11 MPa 至 0 MPa)。组合件的压力循环应至少进行 150 次。

6.12.3.5 从烘箱中取出软管组合件，从装置上卸下软管组合件并排出液体。在室温空气中冷却软管组合件，时间至少为 45 min。

6.12.3.6　按 6.5 规定对软管组合件进行试验压力和爆破压力试验。

6.13　盐雾试验

6.13.1　试验要求

经 24 h 暴露试验后，软管管接头试样不应出现金属腐蚀。端部接头部位，由于扣压或打标志而造成保护涂层的破坏，可不考虑腐蚀要求。黄铜管接头由于具有较强的耐腐蚀性，所以不需要进行盐雾试验。

6.13.2　试验装置

使用符合 ISO 9227:1990 规定的试验装置。盐雾试验箱应当能够达到：

a）构件材料不受盐雾腐蚀的腐蚀；

b）软管组合件支撑或悬挂要与垂直线成 15°～30°(见图 6)，并应与水平通过试验箱的盐雾流动方向平行，在同一垂直平面上；

c）软管组合件不应接触任何金属材料或吸油的材料；

d）从软管组合件落下的冷凝液不得再返回到蓄液箱重新雾化；

e）任何来源的冷凝液都不得落到软管组合件上，或者落到液体收集器中；

f）来自喷嘴的盐雾不能直接喷在软管组合件上。

6.13.3　准备

6.13.3.1　塞住每根软管组合件的端部接头。

6.13.3.2　用质量(5±1)份的氯化钠与 95 份的蒸馏水混合成盐溶液，要采用基本不含镍和铜的氯化钠，其中干组分碘化钠的含量不超过 0.1%(*m/m*)，总杂质含量不超过 0.3%(*m/m*)。要保证盐溶液在雾化前无悬浮固体。

6.13.3.3　在 $35℃^{+1}_{-2}℃$ 温度下雾化后，要保证收集到的溶液 pH 值在 6.5～7.2 之间，在 25℃±3℃温度下测定 pH 值。

6.13.3.4　供给喷嘴 68.9 kPa～172.4 kPa 的压缩空气，喷嘴要清洁无油污无灰尘。

6.13.4　试验程序

6.13.4.1　软管组合件进行连续 24 h^{+12}_{0} minISO 9227 规定的盐雾试验。

6.13.4.2　调节混合溶液使每个收集器每 80 cm^2 的水平收集面每小时能收集到 1 mL～2 mL 溶液。

6.13.4.3　保持曝露区域的温度为 35℃±2℃。

6.13.4.4　试验结束后，轻轻清洗或将软管组合件浸在流动的不超过 37℃的干净水中，除去其表面的盐垢，然后在空气中干燥 2 min。

6.13.4.5　检验管接头金属的腐蚀情况并记录结果。

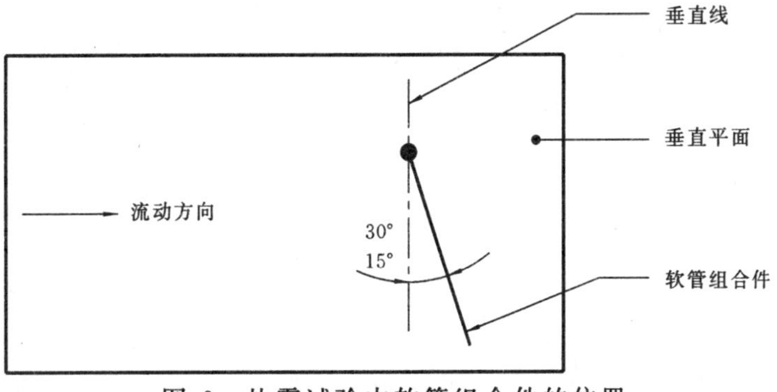

图 6　盐雾试验中软管组合件的位置

7　标识和标志

7.1　制动软管

7.1.1 彩色标志线的标识

每个软管制造厂可在软管结构中用一条或几条彩色标志线作为标识，也可以用软管外覆层上的凸起花纹或打印(立体的)标记来代替彩色标志线。

7.1.2 软管标志

7.1.2.1 每根软管位在平行于软管纵轴的两侧，应至少有两条宽度不小于 1.6 mm 的清晰的绿色的标识带1]。其中，一条可用 7.1.2.2 规定的条款隔开，另一条可用制造厂选定的内容隔开。

7.1.2.2 每根软管应用除绿色之外的一种颜色打印上标志，从一个标志符号的末端到下一个标志符号始端的距离不应大于 150 mm；用至少 3.2 mm 高的大写字母(字符)和数字标志出下列内容：

a) 本国家标准编号；

b) 代表软管制造厂的标识(见 7.1.1)；

c) 用数字表示的制造的年、月、日或年和月(例如：1999-12-26 表示 1999 年 12 月 26 日制造)；

d) 以 mm 表示的软管的内径(例如：3.2 mm)；

e) "HRLHM"表示软管是正常膨胀的液压软管；或者"HL LHM"，表示软管是低膨胀的液压软管(见表 2)。

注：LMH 表示石油基液压制动液。

7.2 制动软管组合件

7.2.1 每一软管制造厂制造的制动软管组合件可以按 7.2.2 规定的方法在环绕软管组合件带箍上标志，也可以按 7.2.3 规定的方法按制造厂的选择在制动软管端部接头上打上标志。

7.2.2 软管组合件带箍上应以至少 3.2 mm 高的印刷体大写字母、数字或符号蚀刻、压刻或打印出下列内容：

a) 本国家标准编号；

b) 制造厂厂名或商标(见 7.2.1)。

7.2.3 至少要在一端管接头上，按制造厂的选择，以蚀刻、压刻或打印方式，按 7.2.2b)规定标志出至少 1.6 mm 高的软管组合件制造厂标记。

采用说明：

1] 根据 ISO 3996 规定，使用非石油液压油的软管的标识条不用绿色。

中华人民共和国国家标准

UDC 621.643.3
:629.113-59

GB 7128—86

汽车气压制动胶管

Rubber hose for automotive air brake system

本标准适用于汽车气压制动胶管（以下简称胶管）。

1 结构和规格

1.1 结构：胶管由内胶层、增强层以及外胶层组成。

1.2 规格尺寸及公差：胶管的规格尺寸及公差应符合表1的规定。

表 1 mm

内径		胶层厚度 不小于		壁厚差 不大于	外径公差
尺寸	公差	内胶层	外胶层		
10	±0.5	1.2	0.8	0.5	±0.5
13					未定

注：① 上表未列入规格或特殊要求，可由使用单位和制造厂协商解决。

② 胶管外径、长度及其公差由使用方规定，经制造厂同意确定。

2 技术要求

2.1 胶管爆破压力，不应低于6.2MPa（63.3kgf/cm²）。

2.2 胶管在1.37MPa（14kgf/cm²）压力，保持3 min的气密试验，应无泄漏。

2.3 胶管经1442N（145kgf）的拉伸试验时，管体不应出现拉断现象。

2.4 胶管在1.37MPa（14kgf/cm²）水压，保持5 min，其长度变化不应超过+5%～-7%。

2.5 胶管在-42±2℃的保温下，保持72h，然后，在此温度下绕在按表2规定的芯轴上弯曲180°，应无龟裂、折断现象。

表 2 mm

内径	芯轴直径
10	90±1
13	100±1

2.6 胶管经低温弯曲试验后，在室温下放置不少于3h进行气密试验，仍应符合本标准2.2规定的要求。

2.7 胶管在臭氧温度为50±5 pphm，温度为40±2℃，保持72h，用7倍放大镜检查外表面应无

国家标准局1986-12-30发布 1987-10-01实施

龟裂现象。

2.8 胶管在常温水中，浸置166^{+2}_{0}h后，应符合本标准2.3规定的要求。

2.9 胶管内、外胶层与编织层之间的粘着强度应不小于1.47 kN/m（1.50 kgf/cm）。（内径13mm和13mm以下的胶管不做粘着强度检验）。

2.10 制造胶管用胶料的物理机械性能应符合表3的规定。

表 3

项目			指标 内胶层	指标 外胶层
拉伸强度，MPa（kgf/cm²）		不小于	6.9（70）	5.9（60）
扯断伸长率，%		不小于	250	300
热空气老化（70℃，72h）	拉伸强度变化率，%		+25～－25	
	扯断伸长变化率，%		+10～－30	
耐油体积变化率，%（橡胶用1号标准介质油，100±1℃，72h）		不大于	100	—

2.11 外观要求

2.11.1 胶管不允许有脱层、起泡、裂纹及海绵现象。

2.11.2 胶管表面允许有因布边留下的痕迹线层波纹、水布皱折和杂质引起的外胶层局部凹凸现象，但其深度或高度不应超过0.5mm，其累计长度不得超过胶管总长的10%。

3 试验方法

3.1 胶管内、外径用精度为0.05mm的游标卡尺测定，长度用米尺测量。

3.2 胶管爆破压力、气密、长度变化试验按GB 5563—85《胶管、胶布试验方法》。

3.3 胶管低温弯曲试验按GB 5564—85《低温弯曲试验方法》。

3.4 胶管粘着强度试验按GB 5562—85《胶管胶层物理试验方法》。

3.5 胶管拉伸试验按附录A的A.1。

3.6 胶管臭氧老化试验按附录A的A.2。

4 验收规则

4.1 胶管应由制造厂技术检验部门成批验收，每批胶管应不多于20 000 m（不足20 000 m以每季为一批），每批产品出厂必须附有产品合格证。

4.2 每批胶管应逐根进行规格尺寸及外观检查。

4.3 每批胶管按表4规定数量抽验，但每季不少于一次。如有不合格者，应在同批胶管中另取双倍试样，对不合格项目进行复试，复试后仍有不合格者，则该批产品为不合格品。

表 4

试验项目	试样数量，根
爆破压力试验	2
气密试验	2
拉伸试验	2
长度变化试验	2
低温弯曲试验	1
臭氧老化试验	1

5 标志、包装、运输、贮存

5.1 胶管应有不易脱落的下列明显标记：

a. 制造厂名或商标；

b. 产品名称、规格尺寸；

c. 制造年、月。

5.2 胶管应盘成卷捆扎包装或以平直捆扎包装。

5.3 胶管在运输和贮存中，应避免阳光直射、雨雪浸淋，保持清洁，避免外界挤压和机械损伤，防止与酸、碱、有机溶剂及影响橡胶质量的物质接触，并距离热源1 m以外。

5.4 贮存胶管的库房应保持通风良好，其温度为－15～＋40℃之间，相对湿度不大于80％。

5.5 胶管在贮存时，垛高不宜超过1.5 m，贮存期间每季倒翻一次。

5.6 在遵守本标准5.3、5.4、5.5情况下，胶管自制造日起，在不超过一年的贮存期内，各项性能指标均应符合本标准要求。

附 录 A
胶管成品试验
（补充件）

A.1 拉伸试验

A.1.1 试样

A.1.1.1 试样长度，在距管头1 m内切取400～420mm。

A.1.1.2 试样两端需要装好金属接头。

A.1.2 试验步骤

将制备的试样用专用夹持器安装在试验机上，开动机器，下端的夹持器速度为25～30mm/min，直至断裂为止。

A.1.3 试验结果

试样应不少于二个，试验结果取其最低值，数据处理按GB 527—83《硫化橡胶物理试验方法的一般要求》。

A.2 臭氧老化试验

A.2.1 胶管臭氧老化试验，在专用臭氧老化试验箱进行试验。

A.2.2 将试样绕在直径为胶管外径8倍的圆柱体上，且将试样两端包扎住。

A.2.3 圆柱体和包扎物应由金属或消耗臭氧最小的材料组成。

A.2.4 将试样放置在室温中，保持24±0.5h，随后，再放在充有臭氧浓度为 50±5 pphm试验箱中，保持72h，试验箱中的温度为40±3℃。

A.2.5 将试样取出后，用7倍放大镜目视检查试样外表面应无龟裂。

附加说明：

本标准由中华人民共和国化学工业部提出，由化学工业部沈阳橡胶工业制品研究所归口。

本标准由上海橡胶厂负责起草。

本标准主要起草人汪安甫、周国良。

本标准参照采用日本工业标准JIS D 2606—80。

前　言

本标准是等同采用国际标准 ISO 6801:1983《橡胶或塑料软管—容积膨胀的测定》,对国家标准 GB/T 7129—1986《汽车液压制动胶管内容积膨胀测定方法》修订而成。

本标准与 GB/T 7129—1986 的主要差异:

——将标准名称改为《橡胶或塑料软管　容积膨胀的测定》;

——扩大了该标准的适用范围;

——按全国橡胶与橡胶制品标准化技术委员会的要求在首页正文之前增加了有关安全的陈述;

——在第 2 章按 GB/T 1.1 增加了导语。

本标准自实施之日起,代替 GB/T 7129—1986。

本标准由国家石油和化学工业局提出。

本标准由全国橡胶与橡胶制品标准化技术委员会软管分技术委员会归口。

本标准起草单位:南京七四二五工厂。

本标准主要起草人:孙克俭、王丽萍。

本标准于 1986 年 12 月 30 日首次发布。

ISO 前言

国际标准化组织(ISO)是各国家标准团体(ISO 成员团体)的世界性联合机构。制定国际标准的工作通常由 ISO 各技术委员会进行。凡对已建立技术委员会的项目感兴趣的成员团体均有权参加该委员会。与 ISO 有联系的政府和非政府的国际组织,也可参加此项工作。在电工技术标准化方面 ISO 与国际电工技术委员会(IEC)紧密合作。

各技术委员会采纳的国际标准草案,应寄发各成员团体投标赞成后,方可由 ISO 理事会批准为国际标准。

国际标准 ISO 6801 由 ISO/TC45"橡胶和橡胶制品"技术委员会制订,并于 1981 年 12 月寄发各成员团体。

下列各国成员团体表示赞成本国际标准:澳大利亚、联邦德国、南非、奥地利、匈牙利、西班牙、比利时、印度、斯里兰卡、巴西、爱尔兰、瑞典、加拿大、南朝鲜、泰国、中国、荷兰、土耳其、捷克斯洛伐克、新西兰、英国、丹麦、波兰、苏联、埃及、葡萄牙、法国、罗马尼亚。

由于技术原因下列国家成员团体表示不赞成本文件:美国。

中华人民共和国国家标准

橡胶或塑料软管 容积膨胀的测定

GB/T 7129—2001
idt ISO 6801:1983
代替 GB/T 7129—1986

Rubber or plastics hoses—Determination of volumetric expansion

警告:使用本标准的人员应熟悉正规实验室操作规程。本标准无意涉及因使用本标准可能出现的所有安全问题。制定相应的安全和健康制度并确保符合国家法规是使用者的责任。

0 引言

当用软管传输规定容积的流体时,要求在传输压力下软管的容积仅具有微小的变化。本标准规定了一种用于检查这种要求的方法。

1 范围

本标准规定了橡胶或塑料软管在静液压作用下容积膨胀的测定方法。

本标准未规定试样尺寸和试验压力,因为两者各自均在相关产品标准中予以规定。

2 引用标准

下列标准所包含的条文,通过在本标准中引用而构成为本标准的条文。本标准出版时,所示版本均为有效。所有标准都会被修订,使用本标准的各方应探讨使用下列标准最新版本的可能性。

GB/T 5563—1994 橡胶、塑料软管及软管组合件 液压试验方法。

3 仪器

3.1 试验仪器见图1。

此试验仪器包括一种能够保持所需压力的适用流体源,以及压力表、管道、阀门和连接件,以便使一根直立软管承受液体压力。还需要有一个刻度足够精确的量管,用以测量在压力作用下与软管膨胀所相对应的流体容积。

3.2 所有管道的内壁和连接处均应光滑、无凹槽或不平直,以便在每次进行试验前,所有空气能够自由地从设备中排除。各阀门的设计应保证能随流体的最小位移而开启、闭合。此仪器应能按GB/T 5563规定施加试样中的压力。升压速度为:

a) 当试验压力小于12.5 MPa时,升压速度为0.075 MPa/s～0.175 MPa/s之间;

b) 在较高的试验压力时,升压速度为0.35 MPa/s～1.0 MPa/s之间。

4 试验仪器的校准

4.1 在试验软管之前,试验仪器的校正系数,在试验压力下所估计到的软管容积增加,应按4.2的规定进行测定。

4.2 按照第5章规定的程序,用一段外径为6.3 mm,壁厚至少为1.52 mm的液压钢管代替试样,测定

中华人民共和国国家质量监督检验检疫总局2001-08-28批准　　2002-05-01实施

三次膨胀的平均值做为校正系数。

4.3 如果在 10.3 MPa 压力下所测定的校正系数大于 0.08 cm^3，则该仪器不合格。

5 程序

5.1 小心地将试样连接到试验仪器上，确保无泄漏，并注意避免产生扭曲，保持试样处于垂直状态，测量试样的自由长度，并且在压力作用下不受拉伸影响。

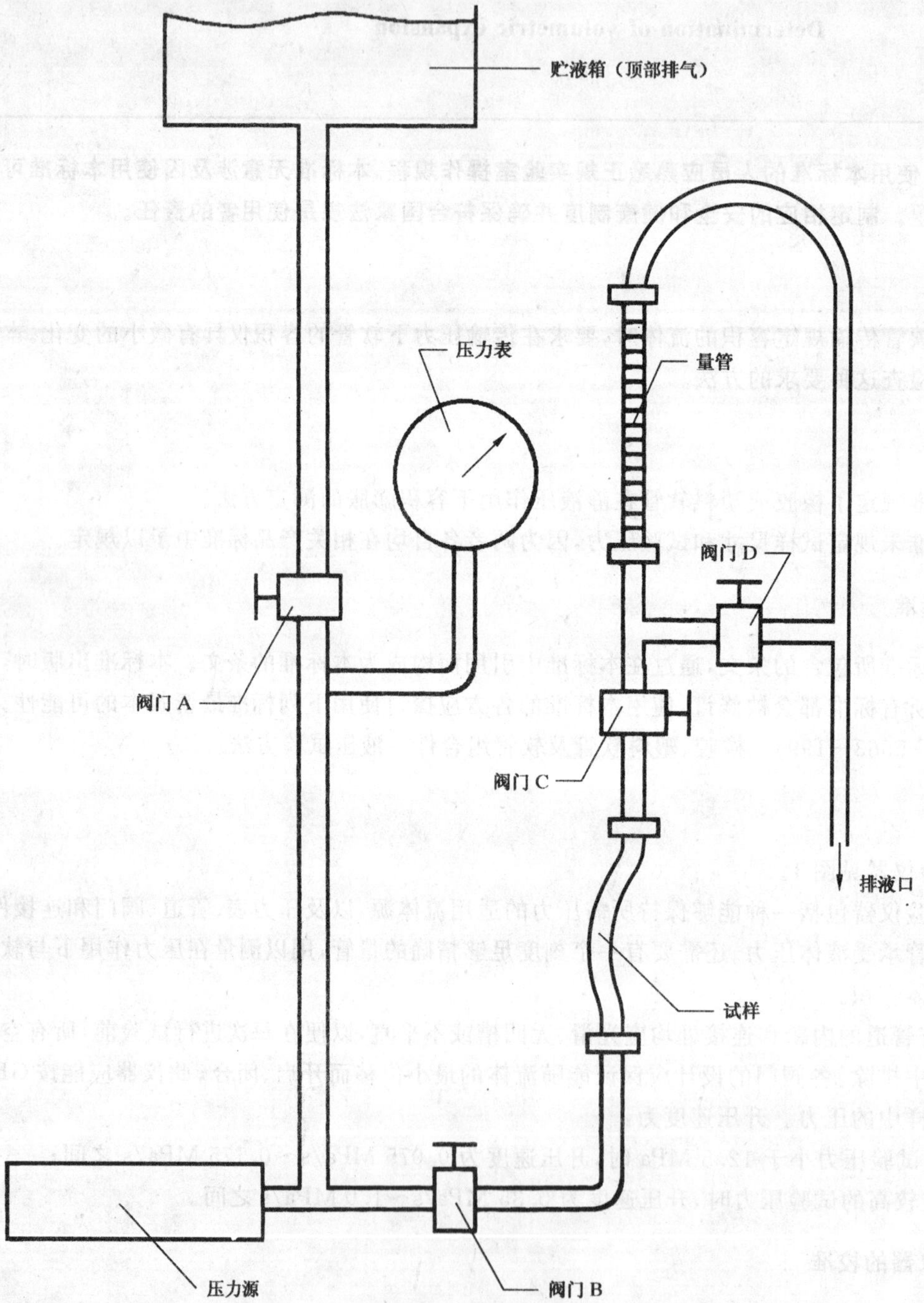

图 1 试验仪器配置图

5.2 用酒精、蒸馏水或其他试验液体充满贮液箱，同时要注意排除空气或溶解性气体，开启阀门 A 并用液体注满压力源，部分地开启阀门 D 并让液体从贮液箱流过量管，直到量管内看不到气泡为止。

注：前后移动试样便于排出气泡。

5.3 关闭阀门 A、C 和 D，并在 10 s 内将试样内压力升高到试验压力，检查连接处有无泄漏，并开启阀门C完全排出试样中的压力，然后再进行5.4规定的操作之前再将其关闭。

5.4 用阀门D将量管中的液面调整到0刻度。

5.5 按3.2规定的升压速度升压，直到压力表指示已达到试验压力为止。关闭阀门B以保持试样中的压力。然后开启阀门C，让膨胀试样中的液体上升到量管内并立即测定膨胀容积。待液面达到恒定状态，立即关闭阀门C并记录量管内的容积。

5.6 按5.5所规定的程序重复进行两次，使量管最终的读数是三次膨胀的总容积。

5.7 如果在确定膨胀读数之前，试样内的压力偶然上升到试验压力值以上，但未超过软管规定最低爆破压力值的50%，则将压力完全排除，让试样恢复15 min，再按5.4～5.6规定的程序重复试验。

当试验中有气泡从试样中逸出，则让试样至少恢复15 min以后再重复试验。

6 结果表示

容积膨胀值E，cm^3/m，按式(1)计算：

$$E = \frac{(V/3) - C}{L} \qquad \cdots\cdots(1)$$

式中：V——由量管读出的三次膨胀的总容积，以cm^3表示，精确到0.01 cm^3；

C——校正系数，cm^3表示，并精确到0.01 cm^3(见第4章)；

L——试样的自由长度，以m表示。

容积膨胀值精确到0.01 cm^3/m。

注：如果必要，试验结果也可用百分率表示。可在试验前测定软管组件的内径、自由长度以及确定其容积。

7 试验报告

试验报告应包括下列内容：

a）本标准的编号；

b）软管及其来源的详细说明；

c）试样规格；

d）试验压力；

e）试验仪器的校正系数；

f）三次膨胀的总容积；

g）计算出的软管膨胀值，以cm^3/m表示；

h）如果必要，报告容积膨胀的百分率。

中华人民共和国国家标准

UDC 678.4.06
:001.4

GB 7528—87

橡胶软管术语

Rubber hose—Glossary of terms

本标准参照采用国际标准ISO 1382—1986《橡胶——词汇》增补草案9:“橡胶和塑料软管术语”。

本标准规定了软管制造、工艺、物理试验和缺陷四个方面的术语（与其他橡胶制品相同的放在通用术语中）。

1 类型

1.1 橡胶软管

rubber hose

由内胶层、增强层以及外胶层组成的可曲挠的橡胶管。

1.2 纯胶管

tubing

无增强层，由橡胶材料制成的可曲挠的软管。

1.3 软管组合件

rubber hose assembly

装配有接头的软管。

1.4 夹布软管

wrapped hose

以涂覆织物为增强层的软管。

1.5 编织软管

braided hose

增强材料以交织编织形式制成的软管。

1.6 缠绕软管

spiralled hose

增强材料以缠绕形式制成的软管。

1.7 吸引软管

suction hose

在负压下工作的软管。

1.7.1 埋线吸引软管

embedded suction hose

金属螺旋线埋在增强层中间的软管。

1.7.2 半埋线吸引软管（内铠）

semi-embedded suction hose

软管内表面埋有部分金属螺旋线的软管。

1.7.3 露线吸引软管（外铠）

rough bore hose

金属螺旋线露在外表面的软管。

1.8 排吸软管

中华人民共和国化学工业部1987-03-13批准　　　　1987-12-01实施

suction and discharge hose
在正负压力下工作的软管

1.9 铠装软管
armoured hose
通常以螺旋金属线为增强支撑防护的软管

1.10 专用软管
special hose
具有特定用途的软管

1.11 可折叠软管
collapsible hose
内部无支撑，不能保持其制造时的横断面的软壁管。

1.12 波纹软管
convoluted hose
管壁呈波纹状便于使用时拉伸、收缩和弯折的软管。

1.13 螺旋软管
corrugated hose
内壁光滑，外表面有螺旋凹槽或内外表面皆有螺旋状凹槽的软管。

1.14 针织软管
knitted hose
含有联锁环状的织物增强层的软管。

2 制造

2.1 管芯
mandrel
在制造时，用于保证内径尺寸和支撑管体的圆形断面的钢性或非钢性棒或管。

2.2 有芯成型法
mandrel method
用管芯制造软管的方法。

2.3 无芯成型法
non-mandrel method
不用管芯制造软管的方法。

2.4 管胚
built-up hose
压出的管状半成品。

2.5 穿管芯
poling (ferrule)
成型时将管套在管芯上的操作。

2.6 铠装
armoured
按一定角度，在软管层间或外表面上缠金属螺旋线的操作。

2.7 填充胶条
filler strip
在制造有螺旋支撑的软管过程中，加到螺旋圈之间的橡胶填充材料。

2.8 钢丝张力

wire or cord tension

在合股、编织（缠绕）过程中钢丝所承受的压力。

2.9 导线

rewinding

将线或金属丝缠在便于生产的线轴上的操作。

2.10 合股

ply

把两根或两根以上的线或金属丝，以平行状并为一束的操作。

2.11 钢丝预成型

preshaping of wire

预先给钢丝一种力，使其变形达到预定要求的操作。

2.12 锭子

spindle (bobbin)

编织或缠绕机所用的线轴。

2.13 编织角

braid angle

编织线或金属丝与软管轴线所夹的锐角。

2.14 编织行程

braided pitch

编织锭子每转一周所编织的软管长度。

2.15 编织密度

braided density

每个行程内编织物实际根数与理论根数之比，以百分数表示。

2.16 编织股数

number of braided strands

每个锭子上编织物的根数。

2.17 编织直径

braided diameter

编织层的外径。

2.18 缠绕密度

spiralled density

每个行程内实际根数与理论根数之比，以百分数表示。

2.19 缠绕角

spiralled angle

缠绕线与软管轴线所夹的锐角。

2.20 缠绕行程

spiralled pitch

缠绕锭子每转一周所缠软管长度。

2.21 缠绕股数

number of spiralled strands

每个锭子上缠绕物的根数

2.22 缠绕直径

spiralled diameter

缠绕层的外径。

2.23 软管成型加压

roll solid during hose building

在成型时，为使软管各层贴合紧密而施加压力的操作。

2.24 斜缠水包布

spiral wrapping cloth

为加压软管在软管外表面包缠的薄织物。

2.25 直缠水包布

straight wrapping cloth

硫化时为使软管外表面平整而包缠平行管轴的薄织物。

2.26 包铅

wrapping lead

软管在硫化前包上一定厚度铅层的操作。

2.27 剥铅

peeling lend

将包在软管外部铅层剥去的操作。

2.28 脱管芯

stripping

硫化后将管芯脱出的操作。

2.29 软性端头

soft end

没有刚性或半刚性增强的软管端部。

2.30 端部增强层

end reinforcement

对软管端部施加的增强材料。

2.31 扩头

enlarged end

管头内径比软管公称内径大的管头部分。

2.32 扩头长度

eength of enlarged

吸引软管与泵体安装部位所需的长度。

2.33 自由长度

free length

在软管组合件中，不含端部接头的软管部分长度。

2.34 悬垂差

hanging difference

将合股钢丝以卡具夹紧，水平拉出一定长度后，在卡具上施加规定重量重锤，在拉线两点中间测量最上与最下两根钢丝的距离。

3 物理试验

3.1 整根软管扯断伸长率

ultimate elongation of whole hose

软管在整根扯断时所伸长的长度与原长度的比值，以百分数表示。

3.2 整根软管扯断力

force at break of whole hose

软管在整根扯断时所需的力（牛顿）。

3.3 工作压力

working pressure

设计规定的软管可供使用的最大压力。

3.4 试验压力

proof pressure

为验证软管结构的牢固性而进行的非破坏性试验，达到所规定的压力。

3.5 静压试验

hydrostatic stability

在规定压力下，软管长度、直径及扭曲方面的抗变能力试验。

3.6 弯曲半径

bend radius

在一个平面里弯曲软管形成的内侧的弧度。

3.7 最小弯曲半径

minimum bend radius

软管能被弯曲的最小半径。

3.8 低温弯曲试验

low temperature bend test

在规定的低温下测量软管的抗弯曲性能的试验。

3.9 软管低温曲挠试验

low temperature flexibility test

在规定的低温下测定软管的动态下抗弯曲疲劳性能的试验。

3.10 真空试验

vacuum test

软管在规定的真空条件下抗抽扁性能试验。

3.11 长度变化率

change in length

在规定的压力和介质作用下测定软管长度变化的程度，以百分数表示。

3.12 外径变化率

change in outside diameter

在规定的压力和介质作用下测定软管外径变化程度，以百分率表示。

3.13 软管内容积膨胀

volumetric expansion test

在规定的压力和介质作用下，测量软管内容积变化的程度的试验。

3.14 脉冲压力

impulse pressure

设计的产生突然变形的周期性压力。

3.15 脉冲次数

impulse cycle

在规定的脉冲条件下，软管所承受的周期数。

3.16 脉冲频率

impulse frequency

每分钟脉冲的次数。

3.17 脉冲波形
impulse waveform
随时间变化的周期性压力曲线形状。

4 缺陷

4.1 软管扭曲
hose twist
软管在制造过程中管体产生变形的现象。

4.2 背股
superimposition
软管在编织或缠绕过程中骨架材料出现的重叠现象。

4.3 起套
ring
在编织或缠绕时由于增强材料某根过松而结成的小圈凸出在编织（缠绕）层表面上的现象。

4.4 波纹度
braided waviness
钢丝编织（缠绕）层表面由于高低不平而形成的波纹程度。

4.5 不圆度
ovality
软管横断面呈椭圆形的程度。

附 录 A
软管术语首字汉语拼音索引

Z

附 录 B
软管术语英文索引

附加说明：

本标准由全国橡胶与橡胶制品标准化技术委员会归口。

本标准由化学工业部沈阳橡胶工业制品研究所负责起草。

本标准主要起草人于善平、宋玉澄、逄淑琴、张敬之。

中华人民共和国国家标准

UDC 678.4.06:625.25:621-59

GB 7542—87

铁路机车车辆制动用橡胶软管

Rubber brake hoses for railway locomotive and car

本标准适用于铁路机车车辆制动用橡胶软管（以下简称胶管）。该胶管在－50～＋50℃，工作压力不大于0.9MPa（9kgf/c m²）条件下用以输送压缩空气。

本标准的制订参照采用了国际标准ISO 2398—1978《工业用压缩空气胶管》。

1 结构及尺寸

胶管由内胶层、胶布层、外胶层和封头胶组成。胶管尺寸应符合表1规定。

表1　　mm

内径		外径		胶层厚度 不小于		胶布层数	成品长度	
尺寸	公差	尺寸	公差	内胶层	外胶层		尺寸	公差
36	±1.0	53	±1.0	2.3	1.2	5	565	±5

注：① 表中未列入的规格可经使用与制造方协商解决。

② 胶布所用棉帆布强度不得低于GB 2909.1—82《橡胶工业用棉帆布》标准中203A的规定。

2 技术要求

2.1 外观质量

除水包布皱褶痕迹轴向累计长度不超过胶管全长的5%以外，其他执行GB 1189—81《胶管外观质量》标准。

2.2 性能

性能要求应符合表2的规定。

3 检验方法

3.1 胶管外观质量用目测进行。

3.2 胶管长度、内径、外径尺寸用专用量具检查。

3.3 胶管风压试验：将胶管一端堵住，另一端与风泵或风源相连，以在6s内达到0.7MPa的升压速度逐渐升高风压至0.9MPa。在此压力保持5min再放入水中，此时胶管不应有漏气现象。

3.4 液压试验按GB 5563—85《胶管液压试验方法》进行。

3.5 粘着强度、拉伸强度、扯断伸长率及老化试验按GB 5562—85《胶管胶层物理试验方法》规定进行。

3.6 耐寒系数试验按GB 6035—85《硫化橡胶拉伸耐寒系数的测定》规定进行。

中华人民共和国化学工业部1987-03-13批准　　1987-12-01实施

表 2

试验项目		单位	指标
0.9MPa(9kgf/cm²)风压试验		—	不泄漏
1.4MPa(14kgf/cm²)液压试验	外径变化　不大于	mm	6
	长度变化　不大于		10
	扭转变化　不大于		20
工作压力　不大于		MPa	0.9(9kgf/cm²)
爆破压力　不小于		MPa	5.4(54kgf/cm²)
粘着强度　　不小于	外胶与布	kN/m	1.5(1.5kgf/cm)
	内胶与布、布与布		2.0(2.0kgf/cm)
拉伸强度　　不小于	内胶	MPa	10(100kgf/cm²)
	外胶		11(110kgf/cm²)
扯断伸长率　　不小于	内胶	%	300
	外胶		350
老化性能(70℃×72h)	拉伸强度变化率	%	＋25～－25
	扯断伸长率变化率		＋10～－30
耐寒系数(－45℃)不小于	内胶	—	0.35
	外胶		0.4

4　检验规则

4.1　制造厂保证出厂的胶管符合本标准的各项规定。每批数量不多于5000根，并附有质量合格证。

4.2　胶管应逐条进行外观质量和内、外径及长度尺寸的检查。

4.3　每批胶管应抽取两根试样进行风压和液压试验。

4.4　每批胶管应抽取两根试样进行产品物理机械性能试验。

4.5　表2所示性能试验有任意一项不合格时，在该批产品中再取双倍试样进行不合格项目的复试，复试后仍有一个试样不合格时，该批产品为不合格品。

5　标志、包装、贮存和运输

5.1　每根胶管必须有胶管名称、制造厂名称、制造年月的标志，位置在胶管中间，标志尺寸40mm×60mm。

5.2　胶管以10根为1捆，需捆牢。

5.3　胶管在运输和贮存中，应避免阳光直射及雨雪浸淋。应保持清洁，禁止与酸、碱、油类及有机溶剂等影响橡胶质量的物质相接触，并距发热装置1m以外。

5.4　贮存时库房温度应保持在－15～＋35℃之间。

5.5　贮存期间胶管应平放，垛高不得超过1m。如存放时间过长，每半年应倒垛一次。

5.6　在遵守本标准第5.3、5.4、5.5条的情况下，制造厂应保证胶管自制造日起，在不超过一年半的贮存期内，其物理机械性能应符合本标准的规定。

附加说明：

本标准由中华人民共和国化学工业部提出，由全国橡胶与橡胶制品标准化技术委员会归口。
本标准由天津胶管厂、铁道部标准计量研究所联合起草。
本标准主要起草人刘玉芳、崔俊英、韩锦芝。

前　言

本标准等同采用国际标准 ISO 8031:1993《橡胶和塑料软管及软管组合件—电阻的测定》对国家标准 GB/T 9572—1988《橡胶、塑料软管和软管组合件　电阻的测定》修订而成。

本标准与 GB/T 9572—1988 标准的主要差异:

——本标准增加了试验仪器测试电压要求的补充说明,使其更严谨。

——本标准对测试电阻值时,施加测试电压后如何读数重新进行了规定。

本标准自实施之日起,代替 GB/T 9572—1988。

本标准由国家石油和化学工业局提出。

本标准由全国橡胶与橡胶制品标准化技术委员会软管分技术委员会归口。

本标准负责起草单位:中橡集团沈阳橡胶研究设计院。

本标准主要起草人:费康红。

本标准于 1989 年 7 月首次发布。

ISO 前言

国际标准化组织(ISO)是各国家标准团体(ISO 成员团体)的世界性联合机构。制定国际标准的工作通常由ISO各技术委员会进行。凡对已建立技术委员会的项目感兴趣的成员团体均有权参加该委员会。与ISO有联系的政府和非政府的国际组织,也可参加此项工作。在电工技术标准化的所有方面,ISO与国际电工技术委员会(IEC)紧密合作。

各技术委员会采纳的国际标准草案在由ISO理事会批准为国际标准之前,要发给各成员团体进行投票。根据ISO程序,要求至少有75%投票的成员团体投赞成票,方可作为国际标准发布。

国际标准ISO 8031由ISO/TC 45橡胶与橡胶制品技术委员会,SC1软管(橡胶及塑料)分技术委员会制定。

本第二版废止并代替第一版(ISO 8031:1987),仅对第一版进行了小部分修订。

中华人民共和国国家标准

橡胶和塑料软管及软管组合件 电阻的测定

GB/T 9572—2001
idt ISO 8031:1993
代替 GB/T 9572—1988

Rubber and plastics hoses and hose assemblies—Determination of electrical resistance

警告:使用本标准的人员应熟悉正规实验室操作规程。本标准无意涉及因使用本标准可能出现的所有安全问题。制定相应的安全和健康制度并确保符合国家法规是使用者的责任。

1 范围

本标准规定了用于测定橡胶和塑料软管及软管组合件的电性能试验方法,以测定导电、抗静电和不导电的橡胶、塑料软管的电阻以及软管组合件管接头之间电连续性和电间断性。

2 引用标准

下列标准所包含的条文,通过在本标准中引用而构成为本标准的条文。本标准出版时,所示版本均为有效。所有标准都会被修订,使用本标准的各方应探讨使用下列标准最新版本的可能性。

GB/T 2439—2001 硫化橡胶或热塑性橡胶 导电性能和耗散性能电阻率的测定

GB/T 2918—1998 塑料试样状态调节和试验的标准环境(idt ISO 291:1997)

GB/T 2941—1991 橡胶试样环境调节和试验的标准温度、湿度及时间(eqv ISO 471:1983)

3 导电、抗静电和不导电软管及软管组合件的电阻的测定

对仅具有导电内衬层、导电外覆层以及全部用导电胶料制成的三种橡胶软管及软管组合件分别规定了电阻的测定方法。

3.1 装置

要求使用下列装置,此装置基本上与 GB/T 2439 规定的相同。

3.1.1 试验仪器

3.1.1.1 为了测定导电、抗静电和不导电的软管的电阻,宜使用能测定绝缘电阻的具有 500 V 额定开路电压(直流)的特定仪器,或者采用已知可比结果的其他仪器进行试验。仪器应具有足够精度以保证测量电阻误差在±10%之内。在试验过程中为了防止由于温度效应而产生的误差,在试样内消耗的电能应不超过 3 W,消耗的功率应由测得的电阻除开路电压的平方而求得。试验电压低时,测得的电阻值会随着所施加的电压而变化,并产生误差。在有争议的情况下,施于试样的电压不得低于 40 V。当试样内损耗的电功率超过 3 W 时除外。

3.1.1.2 在测定端部管接头之间或有连通的内连线和外连线的电连续性时,可使用能测出毫欧姆、精度为±10%的欧姆表。

3.1.2 电极和接触片

应采用导电银漆、胶体石墨或导电液在试样表面形成宽 25 $mm^{+2\,mm}_{0}$的圆周形带状电极。

采用导电液时,电极接触面积应当完全湿润,直到完成这项试验为止。

中华人民共和国国家质量监督检验检疫总局 2001-08-28 批准 2002-05-01 实施

导电液应由下列成分组成：

相对分子量为600的无水聚乙二醇：800质量份；

水：200质量份；

润湿剂：1质量份；

氯化钾：10质量份。

当采用导电银漆或胶体石墨时，在干燥膜试样上的任意两点间的表面电阻不得超过100 Ω。干净的金属接触片应施加在电极上，除非另有说明，用于电极的清洁的金属接触片的接触面应与电极尺寸大致相等，但不得大于该电极。

在软管内径小于50 mm时，难以把导电液准确地涂到软管的内壁上，这时可以采用一根外径和软管内径相同的黄铜塞，涂以导电液后插入软管内25 mm。

3.2 试验准备和清洗

软管或试样的表面应清洗，如果必要应用干净的脱脂棉棒、干硅藻土（铝镁硅酸盐）和水将待施加电极的试样或软管表面上所有粉屑清除掉，再用浸蒸馏水的脱脂棉棒擦拭，最后使其干燥，不要使用能够侵蚀或溶胀橡胶的有机物质，也不要使试样表面磨损或抛光。

在施加接触片或试验过程中，软管的表面均不得出现变形，当使用软管试样时，支撑点应当在试验长度之外，当使用一般长的软管时，软管应松卷，拉直铺放在聚乙烯或其他绝缘材料上，应保证整根软管与外界任何漏电通路处于绝缘状态。

3.3 调节

软管试样应当根据GB/T 2941和GB/T 2918的规定，至少在如下的标准试验室条件下停放16 h：

温度23℃±2℃、相对湿度(50±5)%；

温度27℃±2℃、相对湿度(65±5)%。

但如果对很长的软管进行试验，可以根据供货方和用户协商决定，只要相对湿度不超过70%，允许采用工厂、仓库或实验室现有的条件。

3.4 有导电内衬层软管的试验步骤（整根软管）

在软管每端的内表面上施加3.1.2规定的电极，电极带边缘应与软管的端部重合。在使用导电液时，应注意防止软管内衬层、增强层和外覆层之间产生漏电通路，把金属接触片安在电极上，施加测试电压5 s±1 s后测量其电阻。

3.5 有导电外覆层软管的试验步骤

3.5.1 方法1（整根软管）

在软管每端的外表面上施加3.1.2规定的电极，施加金属接触片，施加测试电压5 s±1 s后测量其电阻。

3.5.2 方法2（在软管试样上）

3.5.2.1 试样

从一批产品中任意选取的样品中切取五根各长约300 mm的软管，以制备试样。按3.3的规定调节试样。

将3.1.2规定的电极沿试验试样对称地放置，以使其边缘之间最近的距离为100 mm±1 mm（见图1）。

应当保证沿着试样软管圆周同电极保持最紧的接触。金属接触片应比软管圆周长，以便连接后留出一小段长度为电连接夹子牢固地夹住。

3.5.2.2 试验步骤

把试样安装在聚乙烯或其他绝缘材料的支承件上，使在试样和支承件表面之间产生10^{11} Ω以上的电阻。应保证仪器上的导线不得相互接触，也不得接触软管或除每一导线连接端以外的任何部件。把试验仪器引出的导线连接在相应接触片，施加测试电压5 s±1 s后测量其电阻。

应避免试样表面受潮而造成凝集现象，使结果产生误差。

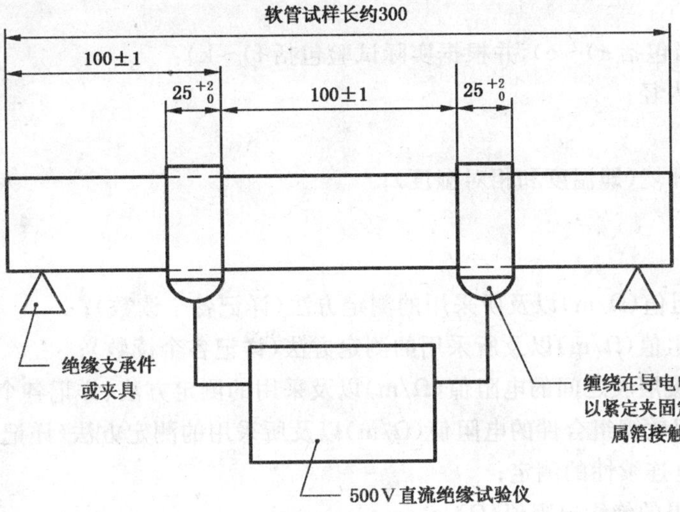

图 1　3.5.2.1 所述的试验用电极和接触片

3.6　全部采用导电胶料制作的软管的试验步骤

3.6.1　方法 1[长度 6 m 以下(含 6 m)的软管]

3.6.1.1　将 3.1.2 规定的电极施加在软管一端(A 端)内表面和另一端(B 端)的外表面，将金属接触片安在电极上，施加测试电压 5 s±1 s 后测量其电阻。

3.6.1.2　把电极安在软管 A 端的外表面和 B 端的内表面，然后重复上述的试验。

3.6.2　方法 2(长度 6 m 以上的软管)

3.6.2.1　将 3.1.2 规定的电极施加在软管一端的内表面和距该端 3 m 和 6 m 处的外表面上，把金属接触片接到内电极和距内电极 3 m 处的外电极上，施加测试电压 5 s±1 s 后测量其电阻。

3.6.2.2　在内电极和距内电极 6 m 处的外电极之间重复此试验，其电阻值之差应视为 3 m 软管的电阻。

3.6.2.3　在软管的另一端重复此试验。

注：该项试验的目的不仅为了测量和比较软管两端各 3 m 长的电阻，也是为了检验整根软管结构的均匀性。

3.7　用金属管接头装配的软管组合件的试验

3.7.1　当需要测定软管组合件的电阻值时，应将试验仪器上的导线和两端金属管接头直接连接。

3.7.2　某些软管，尤其是热塑性软管，在软管壁内有导电层，这些软管应当用按软管和管接头生产厂提出的接头装配工艺加工的组合件进行试验。

4　管接头与金属导线连通的软管组合件的电连续性的测定

在某些导电型软管结构中，通过连在每个管接头上的连续导线使软管端部管接头之间形成电连续性。当软管的结构是内、外均装上导线时，应使用 3.1.1.2 所述的适宜的欧姆表确定内外导线之间的电连续性。

但需使端部管接头和仪表之间有最小的接触电阻。

5　管接头与金属导线断开的软管组合件的电间断性的测定

在某些结构内含导线的软管中，要求导线与两端管接头绝缘，在这种情况下，软管应按 3.3 规定进行调节，并按 3.7 所述来测量两个管接头之间的电阻。

但需使端部管接头与仪表之间有最小的接触电阻。

6 试验报告

试验报告的内容应当包括 a)～e)，并根据实际试验包括 f)～k)：

a) 软管型号和公称内径；

b) 本标准的编号；

c) 状态调节和试验环境(即温度和相对湿度)；

d) 所用的电极材料；

e) 电极之间的距离；

f) 软管内衬层的电阻值(Ω/m)以及所采用的测定方法(详记各个读数)；

g) 软管外覆层的电阻值(Ω/m)以及所采用的测定方法(详记各个读数)；

h) 软管内衬层到外覆层胶之间的电阻值(Ω/m)以及采用的测定方法(详记各个读数)；

i) 在两个管接头之间软管组合件的电阻值(Ω/m)以及所采用的测定方法(详记各个读数)；

j) 是否已进行软管电连续性的测定；

k) 确定电间断性所得的绝缘电阻值(Ω)。

中华人民共和国国家标准

UDC 621.643.3/.4
:531.71

橡胶、塑料软管和软管组合件 尺寸测量方法

GB 9573—88
ISO 4671—1984

Rubber and plastics hoses and hose assemblies —Methods of measurement of dimensions

本标准等同采用国际标准ISO 4671—1984《橡胶、塑料软管和软管组合件——尺寸测量方法》。

1 主题内容与适用范围

本标准规定了测量软管内径、外径、壁厚、同心度、内衬层和外覆层厚度的方法。还规定了液压软管组合件孔径的检查方法。

本标准适用于各类软管的内径、外径、壁厚、同心度、内衬层和外覆层厚度测量和液压软管组合件孔径的检查。

2 引用标准

GB 1214 游标卡尺
GB 1216 千分尺
GB 1219 百分表
GB 6322 光滑极限量规型式和尺寸

3 一般要求

所选用的方法应适用于待测量的特定软管。

4 内径

方法1到方法5（4.1～4.5）的测量可在整根软管的端部或从整根软管切下的试样（最低长度为150mm）上进行。对于钢丝增强液压软管，应在至少离端部25mm处测量。

测量应用下列方法之一进行。

4.1 方法1

测量公称内径小于150mm和各种尺寸可折叠型软管，可用直径增量为0.25mm的塞规（见图1和GB 6322)。将塞规轻轻插入软管试样里，不施加压力。如果软管内膛不特别圆，更应小心。

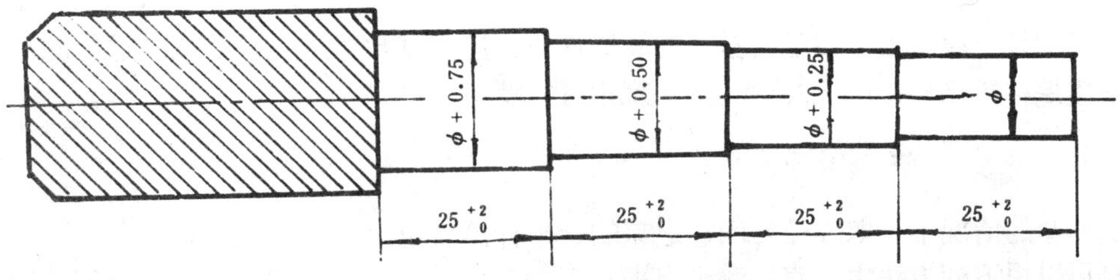

图1 塞规

中华人民共和国化学工业部1988-04-08批准　　1989-02-01实施

4.2 方法2

对于公称内径小于63mm精确度要求高的软管，如钢丝增强的液压软管，应使用一个合适的扩张球或伸缩式内径规来测量。

4.3 方法3

公称内径100mm及100mm以下的软管，可使用符合GB 1214 要求的滑动游标卡尺的内卡测量，在互为直角处取两个测量值，取其平均值为内径。测量时应注意不要使软管变形；测量100mm以上内径的软管，如要求测量的精确度比方法5更高，可以使用适当规格的卡尺。

4.4 方法4

测量所有内径软管，可以使用带有适应于内壁的、用弹性体材料制作的、圆脚的内卡千分尺（见GB 1219），卡尺规格要适合于被测量的内径。在互为直角处取两个测量值，再取平均值。

4.5 方法5

测量100mm以上软管的公称内径，使用有刻度的钢尺一般就能达到足够的精确度，在互为直角处取两个测量值，再取平均值。

4.6 方法6

对于适当直径的软管和软管断面未因切割而变形的软管，可使用0.1mm分度的光学放大镜，在互为直角处取两个测量值，再取平均值。

5 外径

方法1到方法3（5.1～5.3）的测量可用整根软管或从整根软管上切取的样品（最小长度为150mm）进行。测量位置至少距离端部25mm。

测量应采用下列适当方法之一。

5.1 方法1

测量公称外径100mm及100mm以下的软管，可使用滑动游标卡尺或符合GB 1216要求的千分尺。在互为直角处取两个测量值，再取平均值。测量时应注意不要使软管变形。当要求精度较高时，应将试样套在外径等于软管内径的芯轴上，以防止变形。

5.2 方法2

测量公称外径20mm以上的软管，可使用游标分级π 卷尺。

5.3 方法3

测量公称外径超过100mm的软管，可使用能直接读出直径的卷尺或用卷尺测量周长，再由周长计算出软管直径。

5.4 方法4

对于适当直径和软管断面未因切割操作而变形的软管，可使用0.1mm分度的光学放大镜，在互为垂直处取两个测量值，再取平均值。

6 增强层外径

增强层外径的测量一般只限于装配管接头的液压软管。应用从软管上切取的试样进行测量。

完全剥掉外覆层材料之后，应按5.1或5.2条规定进行测量。

7 软管壁厚

在需要知道壁厚的情况下，取外径与内径之差的一半计算就可以了。

此外，壁厚可以用下列方法之一直接测量出来。

7.1 方法1

用滑动游标卡尺测量，注意不要因曲率造成误差。

7.2 方法2

用带有圆形的与软管内表面相接触的测量头的千分尺进行测量，或者使用类似于图 2 所示装置的千分表来测量。

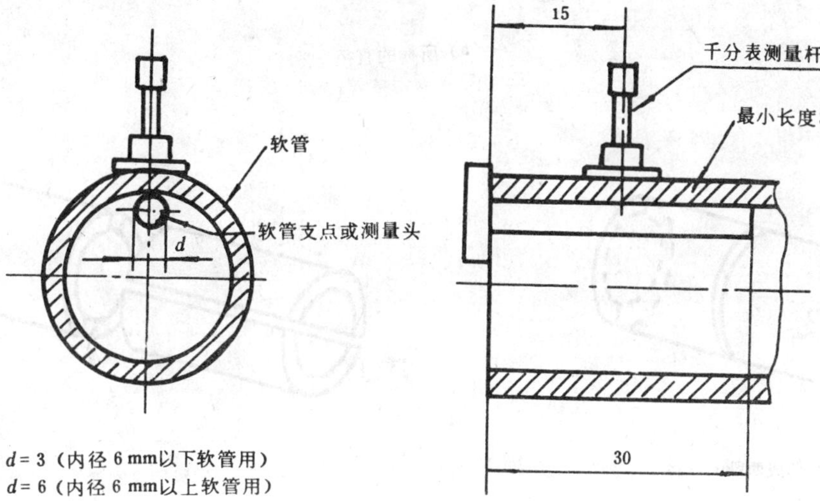

图 2　用千分表测软管壁厚的适用装置

7.3 方法3

用适用于弹性体材料的、带有圆形脚的测厚卡尺千分表测量。

7.4 方法4

用分度为0.1mm的光学放大镜测量。

8 同心度

内径与增强层外径之间、内径与外径之间的同心度应用下列方法之一进行测量。

8.1 方法1

将软管试样安装在一根外径等于软管内径的芯轴上，芯轴端部支撑在V型轴块上，使用千分表可读出大小读数之间的最大偏差值。对于公称内径小于63mm的软管，同心度应为千分表360°范围内读数的差值；对于公称内径为63mm及63mm以上的软管，应按软管周长每隔45°共取8个读数，所有读数都应距软管试样端部至少15mm处获取。

8.2 方法2

使用带有与软管内表面接触的圆形测量头千分表或者使用类似图 2 所示的装置的千分表进行测量。测量应按7.1规定的程序进行。

9 内、外胶层厚度

9.1 方法1

9.1.1 取一段长约50mm的软管试样，并在其每端标出一个直径，两个直径标记应互为直角〔见图 3 (a)〕。

9.1.2 将试样切成相等长度的两段，然后将每一段沿标出直径纵向切开两等份〔见图 3 (b) 和图 3 (c)〕。

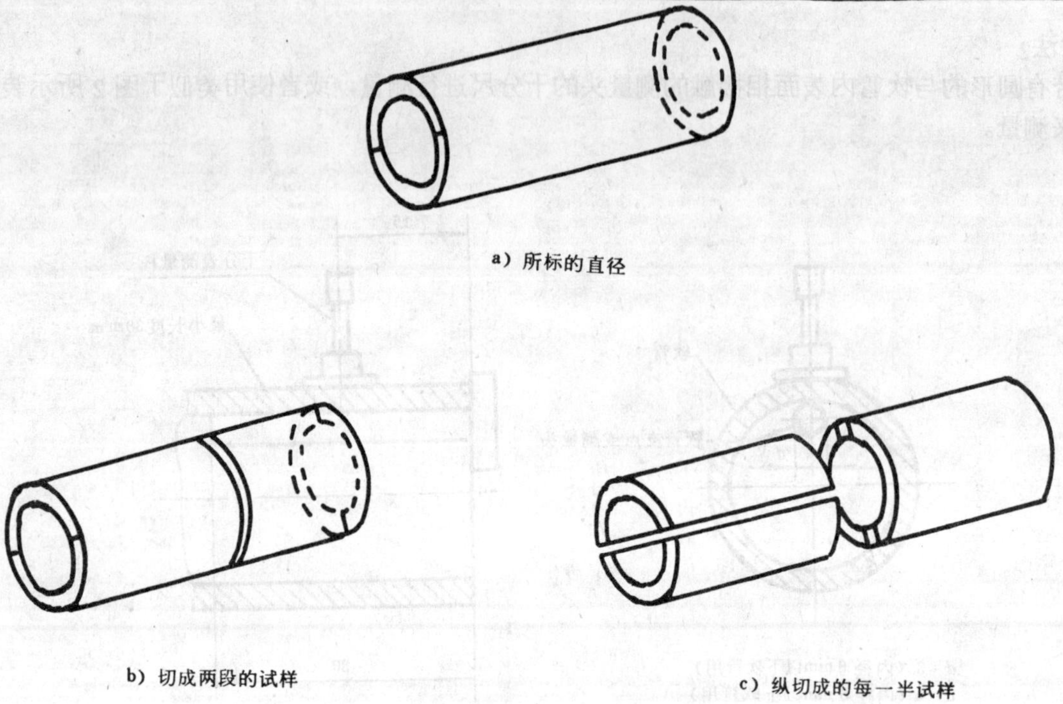

a）所标的直径

b）切成两段的试样

c）纵切成的每一半试样

图 3 内胶层和外胶层厚度的测量

9.1.3 用分度0.1mm的光学放大镜在纵向切开边缘的每一边的一点上测量并记录各段内衬层和外覆层厚度。

9.1.4 计算8个测量值的平均值，即为内衬层或外覆层厚度。

9.1.5 在外覆层呈沟槽或波纹状时，测量应在最薄处进行。

9.2 方法2

9.2.1 测量从任何类型软管上截取的内衬层和外覆层厚度，可用刻度为0.02mm、带有3～10mm直径的压脚，可施加22±5kPa压力的标准千分尺。

9.2.2 测量邻接编织或缠绕增强部分的内衬层或外覆层的厚度。作为两个厚度测量值的平均值，其中一个测量值应采用刚好磨去编织层或缠绕层波纹的试样获得，记录取自间隔90°的两个试样的平均值。

9.2.3 在试样上测量邻接纺织物增强层的内衬层或外覆层厚度。所测的试样应磨去由纺织物增强层引起的波纹。

9.3 方法3

在对钢丝增强软管规定最大外覆层厚度的情况下，外覆层厚度应用带有圆形压脚的千分表测深规进行。圆形压脚应平行于软管放置，横跨从软管外覆层上切除12.5～25mm宽的条所形成的凹槽，应将一个芯轴放到软管孔腔中，以保证使偏差降至最小。应记录沿圆周测量最大和最小读数。

10 软管组合件内径检验

该试验适用于端部装有管接头的软管组合件。用来确认整个组合件的内径（包括由于安装管接头而产生的凸起或收缩部分）不得小于规定的数值。

这项试验是通过确定一个规定尺寸的试验球能否完全通过组合件来完成的。

注意：建议软管规范应规定所用试验球的尺寸，选用一标准的滚珠轴承尺寸，而不必标出公称内径的百分率，因为后者通常会得出不易得到的非标准的球尺寸。

11 试验报告

试验报告应包括下列内容：

a. 所试验软管全称；
b. 试验日期；
c. 该国家标准引用标准；
d. 内径（包括所用的方法和测得的各个读数）；
e. 外径（包括所用的方法和测得的各个读数）；
f. 增强层外径（包括所用的方法和测得的各个读数）；
g. 壁厚（包括所用的方法和测得的各个读数）；
h. 同心度（包括所用的方法和测得的各个读数）；
i. 内衬层厚度（包括所用的方法和测得的各个读数）；
j. 外覆层厚度（包括所用的方法和测得的各个读数）；
k. 内径检验试验所用球尺寸以及球体是否顺利地、完全地通过软管组合件。

附加说明：

本标准由全国橡胶与橡胶制品标准化技术委员会橡胶软管分技术委员会归口。

本标准由化学工业部沈阳橡胶工业制品研究所负责起草。

本标准主要起草人严松枫、王宝珠、王维相。

前　言

本标准是等同采用国际标准 ISO 7751:1991《橡胶、塑料软管和软管组合件—试验压力、爆破压力与设计工作压力的比率》,对国家标准 GB/T 9574—1988《橡胶、塑料软管和软管组合件　试验压力、爆破压力与设计工作压力的比率》进行修订。

本标准与 GB/T 9574—1988 的主要差异:

——在第 2 章引用标准中增加了导语;

——对软管使用类型的划分及试验压力、最小爆破压力与设计工作压力的比率进行了调整。

本标准自实施之日起,代替 GB/T 9574—1988。

本标准由国家石油和化学工业局提出。

本标准由全国橡胶与橡胶制品标准化技术委员会软管分技术委员会归口。

本标准负责起草单位:中橡集团沈阳橡胶研究设计院。

本标准主要起草人:金雪花。

本标准于 1988 年 6 月 29 日首次发布。

ISO 前言

国际标准化组织(ISO)是各国家标准团体(ISO成员团体)的世界性联合机构。制定国际标准的工作通常由ISO各技术委员会进行。凡对已建立技术委员会的项目感兴趣的成员团体均有权参加该委员会。与ISO有联系的政府和非政府的国际组织,也可参加此项工作。在电工技术标准化的所有方面,ISO与国际电工技术委员会(IEC)紧密合作。

技术委员会采纳的国际标准草案,要发给成员团体进行投票,作为国际标准发布时,要求至少有75%投票的成员团体投赞成票。

国际标准ISO 7751由ISO/TC 45橡胶与橡胶制品技术委员会,SC1软管(橡胶和塑料)分技术委员会制定。

本第二版废止并代替第一版(ISO 7751:1983),是其技术修订本。

中华人民共和国国家标准

橡胶和塑料软管及软管组合件
试验压力、爆破压力与设计
工作压力的比率

GB/T 9574—2001
idt ISO 7751:1991
代替 GB/T 9574—1988

Rubber and plastics hoses and hose assemblies—
Ratios of proof and burst pressure to design working pressure

1 范围

本标准规定了各种使用类型软管的试验压力、最小爆破压力与设计工作压力的比率。进行试验压力和爆破压力试验的方法以及试验程序均见 GB/T 5563 规定。

2 引用标准

下列标准所包含的条文，通过在本标准中引用而构成为本标准的条文。本标准出版时，所示版本均为有效。所有标准都会被修订，使用本标准的各方应探讨使用下列标准最新版本的可能性。

GB/T 5563—1994 橡胶、塑料软管及软管组合件 液压试验方法(neq ISO/DIS 1402:1991)

3 试验压力比率

除非另有规定，试验压力与设计工作压力的比率应当符合表 1 的规定。

4 最小爆破压力比率

除非另有规定，最小爆破压力与设计工作压力的比率应当符合表 1 的规定。

表 1 试验压力、最小爆破压力与设计工作压力的比率

序号	软管使用类型 (仅供参考)	试验压力与设计 工作压力的比率	最小爆破压力与 设计工作压力的比率
1	最大工作压力为 1 MPa 的输水软管	1.5	3.0
2	工作压力在 1 MPa 以上的输送所有其他液体、悬浮在液体或空气中的固体材料的软管和输水软管	2.0	4.0
3	输送压缩空气和其他压缩气体的软管	2.0	4.0
4	输送减压或释放到大气中时会转化为气态的液体介质用的软管	2.5	5.0
5	蒸汽软管	5.0	10.0
6	喷射软管	1.5	2.5

中华人民共和国国家质量监督检验检疫总局 2001-08-28 批准 2002-05-01 实施

中华人民共和国国家标准

橡胶、塑料软管内径尺寸和长度公差

Rubber and plastics hoses—Bore diameters and tolerances on length

UDC 621.643.3
:531.71

GB 9575—88
ISO 1307—1983

本标准等同采用国际标准 ISO 1307—1983《橡胶、塑料软管——内径尺寸和长度公差》。

1 主题内容与适用范围

本标准规定了橡胶、塑料软管优先选用的内径尺寸的长度公差。

本标准适用于一般工业用织物增强、供液压系统用织物增强和钢丝增强软管内径尺寸和长度公差。

2 引用标准

GB 321 优先数和优先数系

GB 2351 液压气动系统及元件 软管公称内径系列

3 内径尺寸

橡胶、塑料软管的内径尺寸应当符合表1或表2的要求：

表 1 一般工业用织物增强软管内径尺寸 mm

公称内径	允许最大公差	公称内径	允许最大公差
3.2 4 5	±0.5	40 50 63	±1.50
6.3 8 10 12.5 16 20	±0.75	80 100 125 160 200	±2.00
25 31.5	±1.25	250 315	±3.00

注：当内径尺寸较大时，可将表中的一个内径尺寸乘以10，再从$R20$优先数系中(见GB 321)为较大内径尺寸选择合适的公差。

中华人民共和国化学工业部 1988-04-08 批准 1989-02-01 实施

表 2 供液压系统用织物增强和钢丝增强软管内径尺寸的允许范围 mm

公称内径	编织和轻型缠绕结构软管	重型(钢丝)缠绕结构软管
3.2	3.0～3.6	—
4.0	3.8～4.4	—
5	4.5～5.4	4.5～5.4
6.3	6.1～6.9	6.1～6.9
8	7.7～8.5	7.7～8.5
10	9.3～10.1	9.3～10.1
12.5	12.3～13.5	12.3～13.5
16	15.4～16.7	15.7～16.9
19	18.6～19.8	19.0～20.2
22	21.8～23.0	—
25	25.0～26.4	25.4～27
31.5	31.3～33.0	31.8～39.7
38	37.7～39.3	38.1～39.7
51	50.4～52.0	50.8～52.5

注：液压软管的内径尺寸没有精确地采纳GB 321中优先数系的尺寸，而且从技术上考虑要使软管和管接头相匹配必须保留这些尺寸。

4 长度公差

4.1 除非对特殊类型的软管另做说明，一般工业用织物增强软管的切割长度公差列于表3。

表 3 一般工业用织物增强软管的长度公差 mm

长度	允许最大公差	
	水箱软管	所有其他类型软管
300及以下	±1.5	±3
300以上～600	±3	±4.5
600以上～900	±6	±6
900以上～1200	—	±9
1200以上～1800	—	±12
1800以上	—	长度的±1%

4.2 用织物和钢丝增强的液压软管应按买方要求长度供给。不管长度如何，其公差值为规定长度的±1%或3 mm，取二者之中的大值，作为公差值。

附加说明：

本标准由全国橡胶与橡胶制品标准化技术委员会橡胶软管分技术委员会归口。

本标准由化学工业部沈阳橡胶工业制品研究所负责起草。

本标准主要起草人严松枫、王宝珠、王维相。

前　　言

本标准是等同采用国际标准 ISO 8331:1991《橡胶和塑料软管及软管组合件—选择、贮存、使用和维护指南》,对国家标准 GB/T 9576—1988《橡胶、塑料软管和软管组合件　选择、贮存、使用和维护指南》修订而成。

本标准与 GB/T 9576—1988 的主要差异:

——编写格式不同,本标准的编写格式完全等同于 ISO 8331:1991;

——按 ISO 8331 对一些章节的内容进行了修改,增加了对软管贮存期的规定;

——增加了前言、ISO 前言,并在 1.2"引用标准"中增加了"导语";

——按全国橡胶与橡胶制品标准化技术委员会的要求在第 1 篇前增加了有关安全的陈述。

本标准自实施之日起,代替 GB/T 9576—1988。

本标准由国家石油和化学工业局提出。

本标准由全国橡胶与橡胶制品标准化技术委员会软管分技术委员会归口。

本标准由中橡集团沈阳橡胶研究设计院负责起草。

本标准主要起草人:刘惠春。

本标准首次发布于 1988 年 4 月 8 日。

ISO 前言

国际标准化组织(ISO)是各国家标准团体(ISO 成员团体)的世界性联合机构。制定国际标准的工作通常由 ISO 各技术委员会进行。凡对已建立技术委员会的项目感兴趣的成员团体均有权参加该委员会。与 ISO 有联系的政府和非政府的国际组织,也可参加此项工作。在电工技术标准化方面 ISO 与国际电工技术委员会(IEC)紧密合作。

技术委员会采纳的国际标准草案,要发给成员团体进行投票。作为国际标准发布时,要求至少有 75%投票的成员团体投赞成票。

国际标准 ISO 8331 由 ISO/TC45 橡胶与橡胶制品技术委员会,SC1 软管(橡胶与塑料)分技术委员会制定。

中华人民共和国国家标准

橡胶和塑料软管及软管组合件选择、贮存、使用和维护指南

GB/T 9576—2001
idt ISO 8331:1991
代替 GB/T 9576—1988

Rubber and plastics hoses and hose assemblies—Guide to selection, storage, use and maintenance

警告:使用本标准的人员应熟悉正规实验室操作规程。本标准无意涉及因使用本标准可能出现的所有安全问题。制定相应的安全和健康制度并确保符合国家法规是使用者的责任。

第1篇　总则

1.1　范围

本标准提出了一些建议,旨在使橡胶和塑料软管及软管组合件在使用前尽可能地保持在收到时的状态,并在正常的操作条件下获得最大的使用寿命。

注:本标准应与任何适用的法规一起阅读。

1.2　引用标准

下列标准所包含的条文,通过在本标准中引用而构成为本标准的条文。本标准出版时,所示版本均为有效。所有标准都会被修订,使用本标准的各方应探讨使用下列标准最新版本的可能性。

GB/T 5563—1994　橡胶、塑料软管及软管组合件　液压试验方法

GB/T 9572—2001　橡胶和塑料软管及软管组合件　电阻的测定(idt ISO 8031:1993)

第2篇　一般建议

2.1　选择的准则

为预定的用途选择符合现行国家标准或国际标准的软管或软管组合件以符合用户的最大利益。如果难以说明是否适合,或者有任何特殊要求,或者难以得到必要的信息,则应向软管生产厂或行业协会咨询。

当为特定用途选择软管或软管组合件时应考虑下列因素:

a) 工作环境:

——环境温度;

——大气条件;

——与有害介质的接触;

b) 传输的介质:

——液体;

——气体;

——固体;

——上述物质的混合物;

c) 传输方法

——压力(包括流速);

——吸引(包括流速);

中华人民共和国国家质量监督检验检疫总局 2001-08-28 批准　　2002-05-01 实施

——重力(包括流速)；

——加力(固体/液体,固体/气体的混合物)；

d) 工作条件：

——所传输产品的压力和温度；

——使用频率；

e) 安装：

——弯曲的程度；

——系统的振动；

——因冲击和磨损造成损坏的危险；

——正确连接型式的使用。

2.2 贮存条件

2.2.1 概述

在贮存,尤其是长期贮存期间,当暴露于某些因素下时,软管和软管组合件的物理性能将会发生变化。当投入使用时,这些变化可能使其不再具有与其作用相应的最佳特性。贮存条件应能对软管和软管组合件提供最佳的保护和最小的损害。

2.2.2 贮存期

贮存期应尽可能地短。因此,必须实施存货的周转,并遵循“先进先出”的规则。如果不能避免长期贮存,软管组合件最长规定为二年,散装软管最长四年,则产品在使用前应进行检查和/或试验。

2.2.3 温度

只要可能,贮存温度应在0℃～35℃之间,最好在15℃左右。在产品贮存期间,温度不应超过50℃和低于－30℃,也不应有反常的波动。

2.2.4 湿度

相对湿度最好不应超过65%。

2.2.5 光

产品应在远离阳光和强的人工光源的暗处贮存。如果贮存区有窗户或装有玻璃的开口,应使用红、橙或白色遮盖物遮蔽。

2.2.6 臭氧

由于臭氧对橡胶基的产品有有害的影响,贮存区内不应有能产生臭氧的设备,如汞蒸气灯或管、高压电设备、电机或其他可能产生电火花或电荷的设备。

2.2.7 环境

产品不应与某些物料相应接触,或暴露于其蒸气中,尤其是溶剂、油类、油脂、酸、消毒剂等。某些金属,如铜、铁和锰,对某些橡胶胶料有有害的影响。

2.2.8 热源

产品不应贮存在与热源很近的地方。与热源的距离应足以保证符合2.2.3。

2.2.9 电磁场

贮存区附近不应有可产生电场或磁场的设备,因为电磁场的变化或波动会在金属接头内感生电流,从而生热。

2.2.10 贮存方法

产品应以不承受过量的应力、拉伸或变形的方式贮存。应避免与锐利的、带尖的或磨蚀性物体或表面相接触,应尽可能架置贮存。

盘卷的软管或软管组合件应平放贮存。当堆放不可避免时,堆的高度应限制在底部的产品不产生永久变形的程度。不推荐将软管卷悬挂在桩钉上。

以伸直状态交货的软管和软管组合件应平放贮存,不要弯曲。

交货时所带的管端封头不应去掉。

2.2.11 啮齿动物

产品应避免受到啮齿类动物的侵害，如果有此危险应给予足够的保护。

2.2.12 出库

务必保证从仓库内发出的产品处于其合格的状态，并适合于其预定用途。为此，有必要对库内不同型别的产品进行标识。

对未带有永久性管接头的软管组合件，即带有可调卡箍/夹持器的软管组合件，应进行检查，以确保管接头是牢固的。

2.2.13 返库

从使用中撤回的产品在返库之前应排净它们曾传输的物质。对那些曾用于传输化学物质、易爆、易燃或腐蚀性物料的软管应特别注意。在清洗之后和返库之前，应对产品进行检验，以确定其是否适合继续使用。

2.3 使用与维护

2.3.1 搬运

对软管和软管组合件始终应小心搬运。不应在锋利和粗糙的表面上拖拽，不应使其经受折曲和压扁，例如车辆压过。

2.3.2 压力

产品不应在超过设计工作压力的压力(包括冲击压力)下使用。

2.3.3 温度

产品的使用温度，不论是所传输物料的温度还是环境的温度，不应超出生产厂规定或建议的温度范围。

2.3.4 传输的物料

软管和软管组合件仅应用于传输预定的物料。如果对其适用性有疑问，应向生产厂咨询。当传输有潜在危险的物料，如有毒、具腐蚀性、易爆或易燃品时，应采取预防措施以便将由于泄漏而溢流的影响降低到最低程度。建议不使用时不要将软管和软管组合件保持在充有传输介质的状态。

2.3.5 环境

软管和软管组合件不应用于预定用途以外的环境。如果对环境的适应性有疑问，或遇到了不常见的或易变的条件，应向生产厂咨询。

2.3.6 弯曲半径

软管和软管组合件不应在小于生产厂规定或建议的最小弯曲半径下使用，因为这样可能会阻碍所传输物料的通过或损坏软管组合件。要避免在靠近管接头处发生弯曲或折曲，因为连续在同一部位弯曲可能使增强层疲劳，导致过早的失效。

2.3.7 扭转应力

通常，软管和软管组合件不设计成在扭转状态下使用，因此应安装成机器部件的相对运动可使软管产生弯曲，但不产生扭转。

2.3.8 拉伸应力

仅当特殊设计这样使用时，软管和软管组合件才可经受拉伸应力。如果对其适用性有疑问，应向生产厂咨询。

2.3.9 振动

振动使软管和软管组合件疲劳发热，尤其是在连接处，这能导致过早失效。应当向生产厂了解清楚软管是否设计得能承受振动。

2.3.10 管接头的装配

在装配前，应弄清管接头、软管和固定方法的适应性。如有疑问，应向软管和管接头生产厂咨询。

管接头应无锋利的棱角。芯管、套管等尺寸应能在正确装配时保障有效密封。扣压压力和箍箍扭矩载荷应予控制,因为压力或载荷不足或过量都将导致组合件的过早失效。为使管接头易于插入软管中,建议使用清水或肥皂水。不应使用含有油、脂或溶剂的物料,除非该软管是专门设计用于传输这些物料的。当插入管接头时应尽量避免使软管承受扭转应力。

2.3.11 不泄漏性

装配上管接头后,建议对组合件在规定的试验压力下进行静液压试验,以确认连接的有效性,即无泄漏,软管和管接头之间无拔脱现象。在没有法规或其他标准的情况下,建议按照GB/T 5563进行静液压试验。

2.3.12 电性能

当有关于软管和软管组合件电性能的要求时,建议按GB/T 9572进行检验。应通过定期进行重复试验来确定连续一致性。

2.3.13 固定安装

在固定安装中使用的软管和软管组合件,应尽可能通过适当的夹持加以支撑。务必保证软管在压力/抽吸作用下的正常运动,即膨胀、长度变化和扭曲不受夹持装置的限制。

2.3.14 活动部件

当软管或软管组合件用作活动部件间的联接器时,应保证长度足够但不过量,任何运动不会使软管承受冲击负荷、收缩、磨损、过度弯曲或拉伸/扭转应力。

2.3.15 标志/标识

如果需要软管标准中规定以外的标志或进一步的标识,建议通过在软管上粘贴带有所需标志内容的胶粘带来实现。不推荐直接用涂料和油墨在软管上进行标志,因为软管的外胶可能与制造涂料和油墨的溶剂不相适应。

2.3.16 维护

除有法规、标准或合同要求者外,应对软管和软管组合件进行定期试验检验以确定其是否适合继续使用。尤其应该注意连接处及其邻近部位的情况,以及是否出现由于正常老化或在使用中不正常的使用条件、恶劣操作或事故造成的损坏所引起的表示软管性能下降的缺陷。

有下列缺陷者应停止使用:

——穿孔、裂口、撕裂、增强层暴露;

——臭氧龟裂;

局部变形、气泡、压力下膨胀;

——软或黏的补斑。

当在软管标志中有使用截止日期时,即使软管没有出现明显的性能下降的迹象,也应遵守。

2.3.17 软管的修理

不推荐对软管进行修理,除非生产厂特别提出。如果允许对软管进行修理,应认真按生产厂的说明操作。

第3篇 对特定用途的附加建议

注:下列建议是第2篇给出的一般建议的补充。

3.1 焊接与气割用软管

这些用途所使用的气体是氧气、乙炔、液化石油气(LPG)和不可燃的惰性气体,譬如,氩气、氮气等。这些软管的内衬层应专门配合以避免与所传输的特定气体发生反应。为避免混淆,并保证使用正确的软管,软管的外覆层的颜色规定如下:

蓝或绿色:传输氧气用;

红色:传输乙炔用;

橙色:传输 LPG 用;

黑色:传输不可燃的气体用。

无论在什么情况下,这些软管都不应作他用,也不应用于传输它们所标识以外的气体。

注:用于传输 LPG,即带橙色外覆层的焊接或气割用软管不适于连接使用丙烷/丁烷的家用器具。

3.2 蒸汽软管

除非另有规定,蒸汽软管用于传输温度与压力有直接关系的饱和蒸汽。如需传输温度与压力无直接关系的过热蒸汽,由于软管要承受不同的应力,应向软管生产厂咨询。

当蒸汽软管不是连续使用或在使用过程中有冷却阶段时,软管要承受热冲击,这可导致玉米花效应,因此该软管应以相对短的时间间隔进行检查以确定其是否适合进一步使用。

考虑到软管失效的严重后果,即烫伤,应采取有效的预防措施以保护人身安全,并使软管和软管组合件爆破的后果降低到最小。

3.3 传输食品用软管

该用途的软管和软管组合件要符合健康法规。因此,软管应使用不与所传输物料发生反应而造成污染的内衬层。软管和软管组合件应仅用于传输预定的物料,并必须严格遵守关于清洗材料、方法和频率的规定。

3.4 传输磨蚀性物料用软管

为获得最大使用寿命,用于传输磨蚀性物料的软管和软管组合件应尽可能在平直状态下使用。当弯曲不能避免时,弯曲半径应尽可能的大。软管以小半径弯曲或盘卷的安装会不可避免地引起涡流,导致内衬层局部迅速磨损而过早失效。

为减少磨损,建议使用外部管接头,因为没有向软管内插入的芯管会减少出现涡流的可能性。

有电连续性要求的这种软管组合件应定期检查以确保所传输物料粒子与软管壁磨擦所产生的静电能有效地导出。如果静电不能导出,则软管可能会因电弧穿孔过早失效。

3.5 传输腐蚀性物料的软管

农药制品、酸及某些化学制品都标明有腐蚀性,而软管和软管组合件则设计用于传输某一特定的或特定范围的物料。如果将要传输的物料在标准或其他技术文件的范围内没有提及,或者浓度、温度或压力范围不在所述范围之内,应向软管生产厂咨询。

务必避免物料,特别是溶液和乳液在软管内停滞,因为由此而产生的沉淀会导致浓度超过允许的限度,从而使软管内衬层性能下降。为避免这样情况的发生,建议在使用后应尽可能将软管排干,并对其进行冲洗。

考虑到软管失效的严重后果,应采取适当的预防措施以使软管和软管组合件爆破的后果降低到最小。

3.6 传输易燃物料的软管

在我国,有关于贮存及运输易燃品,包括液态烃类(汽油,煤油和柴油)和液化烃(LPG)的规定。这些规定只要适用于装卸作业的软管时就应严格执行。

软管和软管组合件应定期检验,以确定其继续使用的可能性,尤其是在电性能方面。建议不使用时应将软管排干。

当使用软管和软管组合件传输液态烃时,芳香烃含量必须在软管产品标准规定的范围之内。

3.7 汽车用软管

汽车用软管和软管组合件暴露于恶劣的环境,应制造得耐受或免受这些环境的侵害。譬如:

a)软管和软管组合件的现场部位条件:例如,在引擎顶盖下,可能与燃油、滑油、电池酸等相接触,暴露于发动机的热或富臭氧的环境中;

b)可能要求车辆在其中工作的条件,如极限温度和湿度或溅上沙、泥、砾、雪、冰等;

c)软管或软管组合件所连接的车辆部件之间的运动和振动。

在上述a)和b)给出的条件中，建议尽可能将软管和软管组合件用护套保护起来。

如果安装中有严重弯曲或固定点在不同平面上，应考虑使用模压软管。无论什么情况下，软管所承受的弯曲半径都不应小于标准的规定。要注意保证张力最小、避免扭转，以及与相邻组件之间有足够的间隙。在静态下存在这种间隙的地方，应保证车辆的动态工作条件不会使软管产生振动和位移，否则会使软管与热的部位相接触或与相邻部件相磨擦。软管或软管组合件的长度应为满足上述条件所需的最小值，并且只要有可能，软管就要用适当的夹持装置加以支撑。

下列特殊情况也应考虑：

冷却剂软管应有足够的柔软性以保证散热器的连接不承受不适当的应力。制动软管和软管组合件应有足够的长度以使其可在极端操作条件下满意地工作而无不当应力，同时应考虑：

——与其他部件的间隙，尤其在位移极限处，譬如车轮的完全锁定；

——相对于固定点的运动，应考虑由于车轮弹跳和在转向期间的旋转运动造成的位置高低变化。

3.8 液压软管

3.8.1 概述

在本章中所提及的是用于液压与气动的液体动力系统的软管和软管组合件，因此它们可能会承受脉冲压力或屈挠或两者结合的作用。它们通常以定制的组合件的形式，即带有适当的正确装配的管接头，提供给最终用户，以适应已确定的摆布。

除2.2所包含的建议外，特别应注意清洁，因为颗粒对软管内腔的污染会导致装配软管组合件的设备的损坏。在贮存期间对软管和软管组合件必须进行保护，以防止外来物体的进入。

液压软管组合件的基本作用是在需要软连接的情况下以比较高的压力提供满意的流体流动。当确定恰当的软管长度的时候，应考虑运动吸收、因压力引起的软管长度变化及软管与机器的公差。图1示出了一些推荐的和应避免安装形式。当使用弯曲形式时，邻近管接头的部分应有足够的长度，以适应预期在该部位发生的运动。

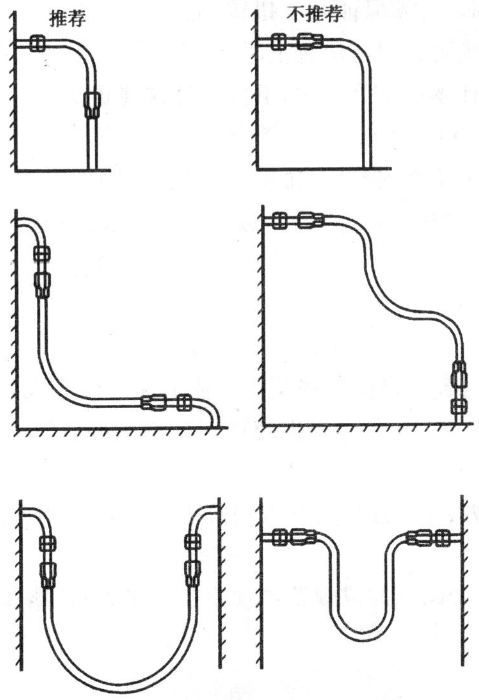

图1 液压软管的弯曲构形

3.8.2 应遵守的要点

3.8.2.1 摆布

应提供足够的位移空间及与相邻部件的间距以适应设备在振动和运动下产生的偏移。摆布不应使软管在操作期间与热部位相接触或与相邻部件相磨擦。

3.8.2.2 长度

组合件的长度应足以保证充分运动而不使其承受拉伸应力。

3.8.2.3 弯曲

摆布应使软管的弯曲半径尽可能地大，无论何时都不应小于规定的最小值。重要的是应考虑安装软管组合件的设备在正常运转期间可能使软管产生弯曲，并保证符合有关弯曲的要求。

要尽可能对软管组合件提供适当的支撑，以防其自重造成额外弯曲和在连接处产生应力。

3.8.2.4 振动

应使振动引起的应力降到最低，可能时应避免出现。当组合件连接到刚性部件上时，应使用适当的固定装置，且尽可能地靠近连接点。

3.8.2.5 拉伸应力

重要的是保证不因软管与设备连接点的运动，或因软管内部压力使软管缩短，或因其他原因而在软管中引发拉伸应力。

3.8.2.6 热

应避免软管承受辐射热，如在排气系统附近。在环境温度高的情况下，应使用热隔热屏蔽材料对软管进行保护。

3.8.2.7 可达性

软管和软管组合件应位于便于安装和维护的位置上。

3.8.2.8 安装的准备

在安装软管和软管组合件前，应予检查以确保内壁清洁，无堵塞物(如管端防护封头)，管接头表面上无外来杂质、毛刺和飞边。表面缺陷，尤其是管接头锥形芯管表面上的缺陷会产生泄漏。

3.8.2.9 安装

当安装软管或软管组合件时，必须保证其不扭转(见图2)。

在软管组合件的每一端连接到其固定位置上时，应取其自然状态，不要紧绷。要确保无扭转，连接紧密。当对管接头或卡箍规定有具体扭转负荷时，不应超过这些负荷。

3.8.2.10 修理

鉴于液压软管设计在高压下工作，失效可能会造成伤害，因而在制造组合件时需要进行严格控制，即准备软管端部，选用正确型别管接头，并且需要遵循适当的装配规程(取决于所用管接头的型别)，所以不赞成对这种软管进行修理。

3.9 消防软管

3.9.1 概述

本章所提及的软管和软管组合件是指那些使用水或泡沫溶液灭火的平置的和普通软管。

软管是为不同的工作环境制造的，务必确保使用正确型别的软管，即民用的、工业用的、陆基的、船用的，等等。

还应该考虑系统的工作压力、与侵蚀性物质及燃烧着的余烬或热表面接触的可能性。未确定最终使用条件会导致软管过早失效。

如果有要遵守的、在法规或合同标准或规范中规定的要求，应严格遵守。

3.9.2 应遵守的要点

3.9.2.1 贮存

在使用前，软管和软管组合件应贮存于干燥、通风良好的地方。

3.9.2.2 安装

当安装软管和软管组合件时，不论是安装于固定位置还是车辆上，其放置方式都应保证空气流通，不与其他能导致磨损的部件(如消防车上的柜侧)相接触。

当软管盘卷于芯轴上时，为减少产生永久变形的危险，应定期将其展开，然后再以相反的方向重新卷起来。

注：这种方法不适用于分别以盘卷和预折叠形式硫化的软管。

平置的软管可折叠成片状贮存。为防止损坏和产生永久变形，应定期将其展开，再以不同的折叠位置重新折卷起来。

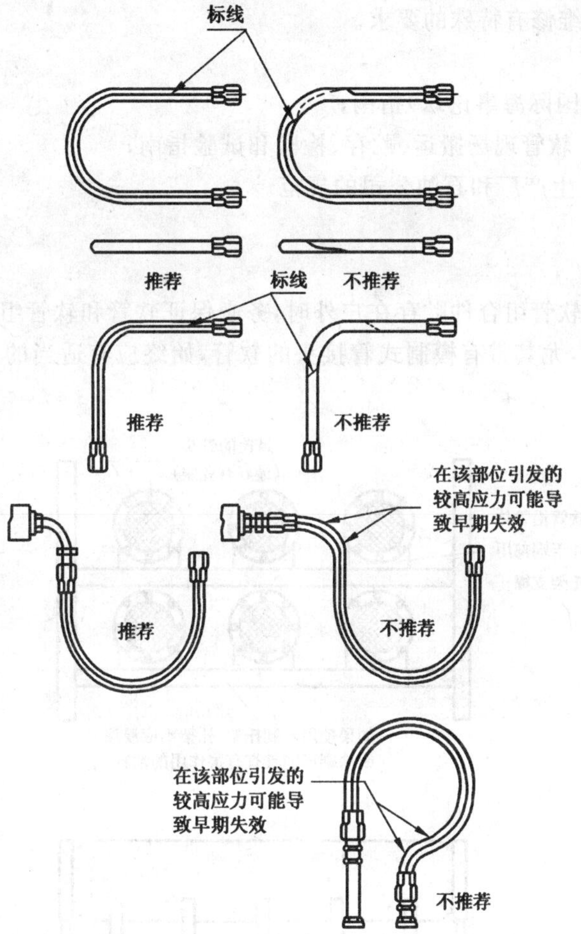

注：这是在实际工作条件下安装的软管组合件的示意图。某些试验规范要求的构形与这些建议相抵触。要强调的是这种情况仅适用于特定的试验条件，并不允许将这样的构形用于一般用途。

图 2　液压软管组合件的安装

3.9.2.3　使用

使用时，应采取预防措施避免因车辆碾压引起损坏，因为这会使流速或压力受到限制。当软管沿地面展开时，不应将其拖拽通过粗糙地面或锋利物体，也不应为打开结扣而过度用力拉。在软管可能与磨蚀性表面相接触时，尤其是靠近泵水点处，应该使用保护套。

3.9.2.4　施加压力

在施加压力前，软管和软管组合件应尽量地伸直，并不应有结扣。

喷嘴和阀门应缓慢地开启和关闭，以防压力波动和水击。

3.9.2.5　维护

使用后，软管和软管组合件应排干，清洗（内部和外部）和干燥，而后检验是否有缺陷。

如果软管使用在与化学物质接触的场合或承受了很大的应力，建议对其进行静液压试验以确定是否适合继续使用。除有法定要求或规定外，建议按 GB/T 5563 进行试验。

不论软管和软管组合件是否使用过，每年至少进行一次检查和试验。

3.10　石油工业用软管和软管组合件

3.10.1 概述

本章所提及的是石油工业用于散装输送液体石油制品的软管和软管组合件。

它们可用于船对船或船对岸输送，这时它们可沉没于水中、漂浮于水面或悬挂在空中。陆地上公路或铁路油罐车散装输送所用的软管和软管组合件采用第3章的一般建议，其他建议见3.6。

通常，这种软管的内径要大于普通工业用的软管。虽然第3章的一般建议适用，但是由于其容量和使用场所，对贮存、搬运和维修有特殊的要求。

也应参考下列文件：

a）OCIMF（石油公司国际海事论坛）指南；

b）浮标系泊论坛——软管现场搬运、贮存、检验和试验指南；

c）相关的国家、国际、生产厂和石油公司的规范。

3.10.2 应遵守的要点

3.10.2.1 贮存

在不得已而将软管和软管组合件贮存在户外时，务必保证软管和软管组合件免受大气的侵害。以平直状态供应的大口径软管，尤其带有模制式管接头的软管，始终应有适当的支撑，并始终带有管端封头（见图3）。

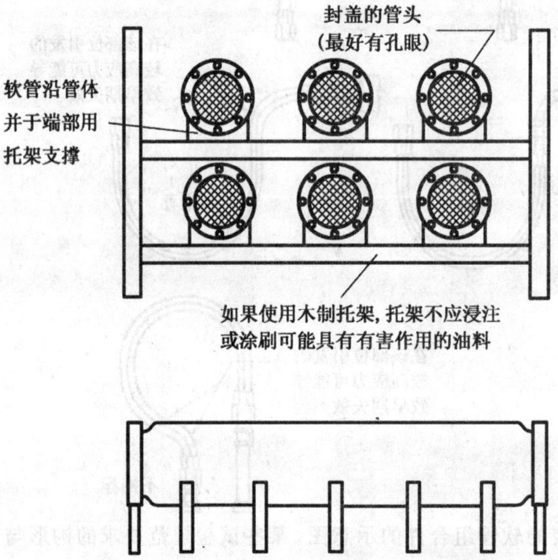

图3 大口径石油工业用软管的贮存支撑

3.10.2.2 搬运

以平直状态供应的大口径软管和软管组合件，在移动时，特别是在吊升时应有适当的支撑（见图4）。

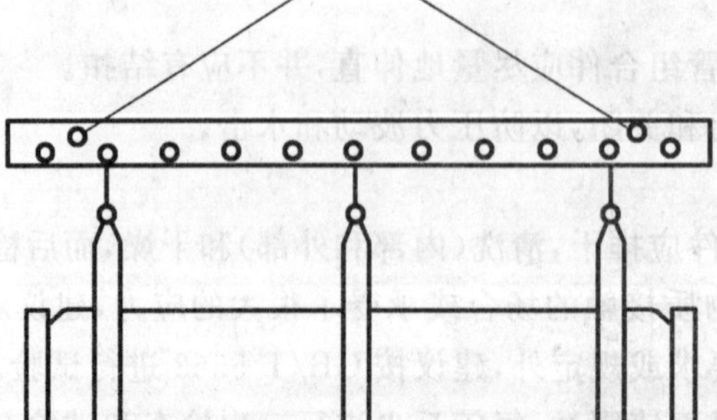

图4 大口径石油工业用软管的搬运

3.10.2.3 修理

虽然不推荐对软管，尤其是管体进行修理，但是由于其规格和高的初始成本也可进行小的修补。当允许这种修补时(应遵循法规和承保人的要求)，应按生产厂的说明书进行。经修理后，软管和软管组合件应重新试验，如可行，还应包括电性能试验。

前　言

本标准是对 GB/T 9577—1988《橡胶、塑料软管和软管组合件　标志、包装和运输规则》修订而成。

本标准与 GB/T 9577—1988 的主要不同之处在于：

——在包装项中，增加了对法兰式和外螺纹式管接头保护的规定。

——在搬运项中，增加了堆放时支架或托架的使用规定。

——在搬运项中，增加了暂时停放时的规定。

——在环境项中，增加了对温度、湿度、光、臭氧和能产生有害影响的物质的规定。

本标准自实施之日起，代替 GB/T 9577—1988。

本标准由国家石油和化学工业局提出。

本标准由全国橡胶与橡胶制品标准化技术委员会软管分技术委员会归口。

本标准起草单位：中橡集团沈阳橡胶研究设计院。

本标准主要起草人：刘惠春、李春明。

本标准于 1988 年 6 月 29 日首次发布。

中华人民共和国国家标准

橡胶和塑料软管及软管组合件 标志、包装和运输规则

GB/T 9577—2001

代替 GB/T 9577—1988

Rubber and plastics hoses and hose assemblies—Rules for marking, package and transportation

1 范围

本标准规定了橡胶和塑料软管及软管组合件的标志、包装和运输规则。

本标准适用于各种类型橡胶和塑料软管及软管组合件。

2 引用标准

下列标准所包含的条文，通过在本标准中引用而构成为本标准的条文。本标准出版时，所示版本均为有效。所有标准都会被修订，使用本标准的各方应探讨使用下列标准最新版本的可能性。

GB/T 9576—2001 橡胶和塑料软管及软管组合件 选择、贮存、使用和维护指南(idt ISO 8331：1991)

3 标志

软管上应有永久性的明显标志，根据不同类型的软管选择以下内容：

a) 中文标明的生产厂厂名或商标、产品名称；

b) 标准代号、规格、型号和等级；

c) 生产日期(年、月)。

对于输送特种介质(油类、酸碱液、高压蒸汽等)的软管，其标志不应因接触这些介质而脱落。

4 包装

4.1 一般要求

包装材料和包装方法根据具体软管产品标准规定。

软管及软管组合件两端必须封口，以免杂质进入软管。法兰式管接头应使用比法兰直径大的圆盘保护，外螺纹式管接头应使用螺纹保护装置或其他适当的方法进行保护。

4.2 平直包装

内径 76 mm 以上或长度较短的软管和软管组合件可采用平直包装。

在包装件上要备有抓持条带。其数目和位置的确定以保证在搬运时能使软管组合件保持足够平直为原则。

4.3 盘卷包装

内径在 76 mm 以下或长度较长的软管和软管组合件可采用盘卷包装。盘卷内径不应小于软管内径的 15 倍或软管最小弯曲半径的 2 倍。

一个包装中捆装一根以上的软管组合件，应在盘卷之间对管接头做好适当的间隔保护。

中华人民共和国国家质量监督检验检疫总局 2001-08-28 批准　　2002-05-01 实施

5 运输

5.1 堆放

5.1.1 运输时的堆放规则应按 GB/T 9576 中的贮存规则执行。

5.1.2 软管应伸直平放或盘卷平放。堆放高度不应超过 1.5 m。不允许将软管卷盘悬挂在一个固定物上。

5.1.3 软管伸直平放时，应考虑使用支架或托架。

5.2 搬运

5.2.1 搬运时要将包装上的抓持条带同时提起，保持软管基本平直。在使用机械、吊环或钢丝绳束搬运软管时，要防止对软管造成损伤。

5.2.2 在搬运时，不要在粗糙地面任意拖、拉软管。口径大或管体重的软管应以轮车或悬臂起重机械搬运或移动。

5.2.3 带有法兰式管接头的软管，应将软管组合件整体固定好，以免滚动时由于管头和管体的不同步而产生管体扭曲或扭结的现象。

5.2.4 软管在装卸过程中，要做到轻装轻卸，对带有金属螺旋线的软管（如吸引软管、铠装耐压软管等），尤其要注意避免螺旋线的受损或变形。

5.2.5 软管需分类应按卷（条）整齐装运，要避免管体过度弯曲和打折。

5.2.6 软管若因故需在露天（或车站码头）暂时停放时，场地必须平整，软管要整齐平放，并做到下垫上盖，不堆压重物。

5.3 环境

软管在搬运和运输过程中，应注意以下事项：

a）需按类搬运和停放。

b）应避免雨雪浸淋，避免与过热的物质相接触，距离热源不应少于 1 m。

c）应避光，特别是直射的日光和强烈的灯光。

d）保持空气流通，附近不应有能产生臭氧、电火花或无声放电的设备。

e）不应与油、脂、溶剂、酸碱等腐蚀性物质或任何其他可能对软管和软管组合件有不利影响的物质接触。

f）软管的堆放应符合 GB/T 9576 的要求。

中华人民共和国国家标准

近海停泊排吸油橡胶软管的分类、规格和基本技术要求

GB 10541—89

Classification, dimension and basic requirements for rubber hose —Oil suction and discharge —Offshore mooring

本标准参照采用国际标准ISO/DIS 4670—1984《近海停泊排吸油胶管》。

1 主题内容与适用范围

本标准规定了近海停泊排吸油用橡胶软管的分类、规格和基本技术要求。

本标准适用于在水下或水面输送原油或液体石油制品的橡胶软管。

本标准不适用于输送液化石油气和天然气的橡胶软管。

2 引用标准

GB 5562 胶管胶层物理试验方法

GB 5563 胶管液压试验方法

GB 5565 胶管弯曲试验方法

GB 5567 胶管耐真空试验方法

GB 9572 橡胶、塑料软管和软管组合件 电阻的测定

GB 9573 橡胶、塑料软管和软管组合件 尺寸测量方法

GB 9576 橡胶、塑料软管和软管组合件 选择、贮存、使用和维修指南

GB 9577 橡胶、塑料软管和软管组合件 标志、包装、运输规则

3 产品类型、结构和规格尺寸

3.1 类型

3.1.1 水下排吸油橡胶软管;

3.1.2 特殊增强端部水下排吸油橡胶软管;

3.1.3 整体漂浮橡胶软管;

3.1.4 浮筒漂浮橡胶软管;

3.1.5 油槽用橡胶软管。

注:以上橡胶软管通常用于近海停泊船舶装备配套装置。为鉴定橡胶软管设计和制造是否达到技术指标的要求,除生产实际使用的橡胶软管外,还生产一种鉴定用橡胶软管。

3.2 结构

橡胶软管应由内胶层、增强层、外胶层组成,根据要求可有适当的导电连接线、管头法兰及漂浮材料层和外覆材料层。

螺纹接头、法兰盘应由用户提供。对具体尺寸、钢材、重量以及加工等由供需双方协商解决。

3.3 规格尺寸

实际使用橡胶软管公称内径为:

中华人民共和国化学工业部1989-02-10批准　　1989-12-01实施

150、200、250、300、500、600、760mm。

鉴定用橡胶软管公称内径由供需双方共同商定。

3.4 长度

橡胶软管的标准长度除水下排吸油橡胶软管和油槽用橡胶软管为9.15m以外，均为10.67m。橡胶软管的长度由两端法兰盘的两端外侧之间测定。

4 基本技术要求

4.1 橡胶软管所能承受的最高压力（包括正常操作压力和关闭泵时的瞬间脉冲压力）值为1.55MPa。

橡胶软管所能承受的负压为0.085MPa。

4.2 橡胶软管内输送液体的流动速度最高为15m/s。

4.3 橡胶软管输送液体温度为－20～82℃。

使用环境温度为－29～52℃。

4.4 输送原油及液体石油制品中芳烃含量不大于25%。如用于输送芳香烃含量超过25%的碳氢化合物或其他产品，可经用户方和制造厂商定后，另行制备橡胶软管。

4.5 经试验压力1.55MPa液体试验后，橡胶软管公称长度的最大变化率见表1。

表1 试验后公称长度的最大变化率

软管	公称直径，mm	公称长度的最大变化率，%
水下排吸油橡胶软管	小于或等于300	+2 －1
	大于300	+1 －1
漂浮橡胶软管和油槽用橡胶软管		+2 －1

所有橡胶软管永久伸长率不得超过0.7%，除油槽用橡胶软管和漂浮橡胶软管以外，其他橡胶软管的暂时伸长率不得超过2.5%。

4.6 当橡胶软管排空时，应能弯曲到表2所述的最小弯曲半径而没有损坏。

橡胶软管经弯曲试验后，重新放回到原来伸直状态时，不应有扭弯和椭圆之类的永久变形。

表2 实用橡胶软管最小弯曲半径

公称直径 mm	浮筒漂浮橡胶软管 油槽用橡胶软管水下排吸油橡胶软管 m	整体漂浮橡胶软管 m
150	1.00	1.25
200	1.25	1.55
250	1.55	1.85
300	1.85	2.50
400	2.50	3.10
500	3.10	3.70
600	3.70	4.50
760	4.50	6.00

4.7 橡胶软管和管接头之间是否需要具备导电性能，应由用户方提出商定。

对规定不导电的橡胶软管，制造厂应保证所有的钢丝部件与螺纹接头绝缘。在橡胶软管管体上用持久的字迹清楚地写明“不导电软管”。

4.8 应由用户确定是否要做橡胶软管耐煤油试验。

4.9 橡胶软管内胶层和增强层之间、增强层之间、增强层与外胶层之间、外胶层与漂浮层、覆盖层之间的粘附强度，可根据供需双方商定。

4.10 橡胶软管在0.085MPa 的条件下，抽真空10min后目测检查软管内部和外部应无变化。

4.11 对几种橡胶软管的特定要求：

4.11.1 水下排吸油橡胶软管

要求能在76m 深水下正常工作。

除用户有特殊规定外，每根水下排吸油橡胶软管与橡胶软管的标准重量的公差不应超过表 3 的规定。

表 3　水下排吸油橡胶软管重量公差

公称直径 mm	在空气中的重量公差 （空的） %	在海水中的重量公差 （充满海水） （$d=1.025$） %
300 以下	± 7	± 14
300、400	± 5	± 10
500、600、760	± 4	± 8

为了有利于水下连接，在水下排吸油橡胶软管外胶层上应有宽度至少为50mm 的白色条纹。

4.11.2 特殊增强端橡胶软管

根据用户指定的要求，在螺纹接头处应有更强的增强层。

这种软管的特殊增强端应有明显的环状白色标志，其公称宽度为50mm，并注明“特殊增强端”字样。

4.11.3 整体漂浮橡胶软管

a. 根据供需双方的协议，选取漂浮材料包覆管体，并沿其所有边缘和表面与橡胶软管外胶层紧紧地粘合在一起，漂浮材料应均匀地分布在整根橡胶软管上，使其浮力均匀。

b. 整体漂浮橡胶软管的外覆层应耐老化、耐磨、耐天候、耐日光、耐油和耐海水腐蚀，并与漂浮管体良好的粘合在一起。

c. 整体漂浮橡胶软管（包括漂浮材料和外覆层）完全潜入水下并注满海水（或注满淡水）时，贮备浮力的最低限度为20%。

$$F_{ft}=\frac{D_{Ht}-(W_{Ht}+W_{Wt})}{W_{Ht}+W_{Wt}}\times 100 \qquad (1)$$

式中：F_{ft}——储备浮力，%；

D_{Ht}——橡胶软管完全潜入水下时所排出的海水（或淡水）重量（包括漂浮材料和外覆层排出的海水）（或淡水），kg；

W_{Ht}——橡胶软管（包括漂浮材料和外覆层）在空气中的重量，kg；

W_{Wt}——橡胶软管里面含的海水（或淡水）的重量，kg。

4.11.4 浮筒漂浮橡胶软管

a. 整个橡胶软管上有若干个固定的浮筒，浮筒之间应有足够的间距以保证软管达到弯曲半径要求。

b. 橡胶软管两端的浮筒应比中间的浮筒具有更大的浮力，以便使橡胶软管连接处也有理想的浮力。

c. 浮筒应被牢固地粘附在软管管体上。

d. 两端的浮筒与法兰之间应留有空间，以便可插入法兰螺栓和用机械工具拧紧螺帽。

e. 浮筒的材料和结构应征得用户同意，浮筒应能承受深水的作用而无明显的压缩变形。

f. 浮筒一般应无裂缝、鼓泡或其他明显缺陷。

g. 除另有规定，浮筒的颜色应为火红色或桔红色。

h. 橡胶软管（包括浮筒）完全潜入水下并注满海水（或注满淡水）时，储备浮力F_{fd}应为15%或根据供需双方的协议规定。

$$F_{fd}=\frac{D_{Hd}-(W_{Hd}+W_{Wd})}{W_{Hd}+W_{Wd}}\times 100 \cdots\cdots (2)$$

式中：F_{fd}——储备浮力，%；

D_{Hd}——橡胶软管完全潜入水下时排出的海水（或淡水）重量（包括各单个浮筒排出的海水（或淡水），kg；

W_{Hd}——橡胶软管（包括各单个浮筒）在空气中的重量，kg；

W_{Wd}——橡胶软管中所含海水（或淡水）的重量，kg。

4.11.5 油槽用橡胶软管

a. 该软管可以是整体漂浮橡胶软管也可以是浮筒漂浮橡胶软管，但应有较大的屈挠性，即应有较小的弯曲半径，以使其易于连接到船舶的管道上。

b. 根据供需双方协议，并根据使用中与管体相连接的实体器械重量决定最小储备浮力。

c. 在与油槽连接端应有两条间距50mm、宽度为50mm的白色环条标志，并标有“油槽端”字样。

5 鉴定用橡胶软管

5.1 鉴定用橡胶软管的公称内径由供需双方共同商定。

5.2 采用与实际使用的橡胶软管相同的基本构造和工艺方法制造鉴定用软管。

5.3 该软管应能满足所有试验要求。

6 试验方法

6.1 橡胶软管的尺寸测量应按GB 9573执行。

6.2 橡胶软管的耐压力试验应按GB 5563执行。

6.3 橡胶软管的弯曲半径试验除按GB 5565执行外，直径300mm、300mm以上橡胶软管的弯曲试验按图1进行；直径250mm、250mm以下橡胶软管的弯曲试验按图2进行。

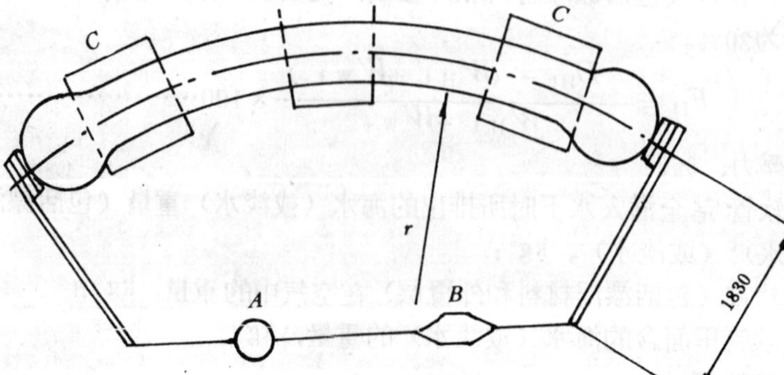

图1 曲挠试验建议方法

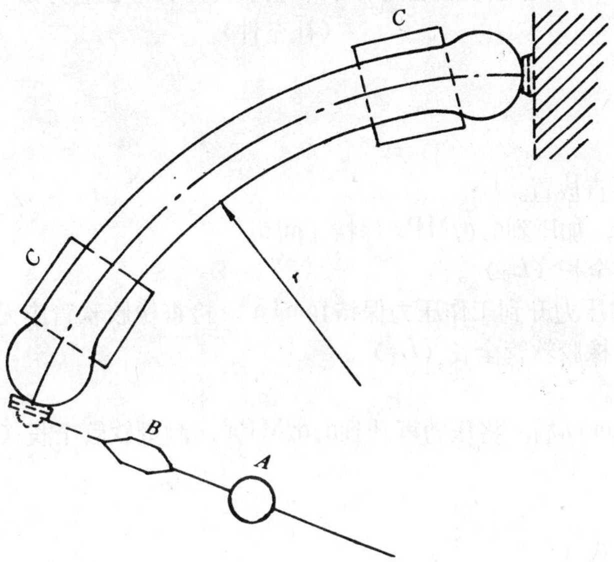

图 2　曲挠试验建议方法

r—最小弯曲半径；A—测力计/测力传感器（如需要）；

B—联动器/链块；C—自位轮

6.4　橡胶软管的永久伸长率和暂时伸长率应按附录A执行。

6.5　橡胶软管的导电性能试验按GB 9572执行。

6.6　橡胶软管耐煤油试验介质用芳香烃含量最高为15%的煤油。试验时，先将橡胶软管平直放好并注满煤油，赶出空气，将内压升到额定压力并保持6h，然后减小内压到橡胶软管额定压力值的一半，并再保持12h，在试验过程中和试验后，观察橡胶软管整个长度和螺纹接头是否有泄漏、气泡或其他缺陷。排出煤油后，检查内壁是否有鼓泡或明显的离层。

6.7　橡胶软管的各层间粘附强度按GB 5562执行。

6.8　经耐煤油试验后，橡胶软管的耐真空试验按GB 5567执行。试验时，软管两端应配上透明塑料窗，从一端用一个光源直接照射到软管的另一端，观察橡胶软管内壁有否脱层、抽扁等现象。

7　标志

符合本国家标准的软管应采用持久清晰的文字在软管的两端，沿软管轴向写明以下内容：

a.　制造厂名和商标；

b.　本国家标准号；

c.　软管公称内径；

d.　额定压力值；

e.　软管型号；

f.　制造年月。

8　包装、运输和其他

按供需双方协商决定的方法进行包装和运输，通常应集装在木制板条箱中。

除供需双方协议外，应按GB 9576和GB 9577执行。

附 录 A
橡胶软管暂时伸长率和永久伸长率试验方法
（补充件）

A1 试验程序

a. 将橡胶软管平直放置。
b. 排出管内空气，加压到0.07MPa保持1min。
c. 测量橡胶软管全长（L_0）。
d. 从0.07MPa的压力升到工作压力保持10min，检查橡胶软管应无渗漏。
e. 在卸压前测量橡胶软管全长（L_1）。
f. 将压力降到0。
g. 在至少间隔15min后，将压力再升到0.07MPa，测量软管全长（L_2）。

A2 试验结果表示

a. 暂时伸长率按式（A1）计算：

$$\frac{L_1 - L_0}{L_0} \times 100\% \qquad (A1)$$

b. 永久伸长率按式（A2）计算：

$$\frac{L_2 - L_0}{L_0} \times 100\% \qquad (A2)$$

附加说明：

本标准由全国橡胶与橡胶制品标准化技术委员会橡胶软管分技术委员会归口。

本标准由化学工业部沈阳橡胶工业制品研究所、上海橡胶厂负责起草。

本标准主要起草人王宝珠、严松枫、王维相、汪安甫。

中华人民共和国国家标准

飞机地面加油和泄油用橡胶软管

GB 10543—89

Rubber hoses for aircraft ground fuelling and defuelling

1 主题内容与适用范围

本标准规定了用于飞机地面加油和泄油的六种型号橡胶软管的规格尺寸、结构、技术要求、试验方法和验收规则。

本标准适用于机场地面加油车和其他加油设备或设施向飞机油箱输送或排泄航空燃料油用的橡胶软管。适用环境温度为－26～55℃，并在－40～70℃气候条件下使用无危险。

2 引用标准

GB 528 硫化橡胶拉伸性能的测定
GB 1189 胶管外观质量
GB 1689 硫化橡胶耐磨性能的测定（用阿克隆磨耗机）
GB 1690 硫化橡胶耐液体试验方法
GB 2941 橡胶试片停放和试验的标准温度、湿度及时间
GB 3512 橡胶热空气老化试验方法
GB 5562 胶管胶层物理试验方法
GB 5563 胶管液压试验方法
GB 5564 胶管低温弯曲试验方法
GB 5566 胶管耐压扁试验方法
GB 5567 胶管耐真空试验方法
GB 9571 橡胶、塑料软管 静态条件下耐臭氧性能的评定
GB 9572 橡胶、塑料软管和软管组合件 电阻的测定
GB 9573 橡胶、塑料软管和软管组合件 尺寸测量方法
GB 9576 橡胶、塑料软管和软管组合件 选择、贮存、使用和维修指南
GB 9577 橡胶、塑料软管和软管组合件 标志、包装和运输规则

3 型号、结构、等级和尺寸

3.1 型号和结构

由于抗静电的方式以及结构不同，橡胶软管可分为以下六种型号：

A型——不要求导静电橡胶软管。软管由内胶层、织物增强层和外胶层组成。

B型——金属线导静电橡胶软管。软管由内胶层、织物增强层、导电金属线和外胶层组成。

C型——橡胶层导静电橡胶软管。软管由内胶层、织物增强层和导电外胶层组成，内胶层也可以是导电橡胶层。

D型——低燃油污染的橡胶层导静电橡胶软管。软管由低燃油污染内胶层、织物增强层、导电外胶层组成。

E型——有金属螺旋线的导静电排吸橡胶软管。软管由内胶层、织物增强层、导电性能好的金属螺

中华人民共和国化学工业部1989-02-10批准 1989-12-01实施

旋层和外胶层组成。

F型——橡胶层导静电排吸橡胶软管。软管由内胶层、织物增强层、非金属螺旋增强层和导电外胶层组成。

3.2 等级

所有型号的橡胶软管，按工作压力分为两个等级：

Ⅰ级——最大工作压力为1.0MPa，

Ⅱ级——最大工作压力为1.5MPa。

3.3 规格尺寸和公差

软管的内径尺寸、胶层厚度、长度以及公差应符合表1规定。

表1

mm

公称内径		内外胶层厚度最小值	胶管长度	
尺寸	公差		尺寸	公差
19.0	±0.75	1.6	10 000	±1%
25.0 31.5	±1.25		20 000	
38.0 50.0 63.0	±1.50		25 000	
76.0 101.5	±2.00		10000	

注：特殊规格由供需双方商定。

4 技术要求

4.1 外观质量

软管的外观质量应符合GB 1189要求。

4.2 同心度

软管的同心度以软管壁厚差表示，内径38mm以下（含38mm）的软管不超过1.5mm，内径38mm以上的软管不超过2.0mm。

4.3 压力要求

橡胶软管的试验压力和最小爆破压力与工作压力的比值应符合表2规定。

表2

软管型号	试验压力/工作压力	最小爆破压力/工作压力
A、B、C、D型	2.0	4.0
E型	1.33	2.67
F型	1.25	2.5

4.4 橡胶软管单位重量

橡胶软管每米长度的最大重量，应符合表 3 规定。

表 3

公称内径尺寸，mm	单位重量，kg/m	
	A、B、C、D型 Ⅰ级	A、B、C、D型 Ⅱ级，E、F型
19.0	0.9	1.1
25.0	1.1	1.5
31.5	1.4	1.9
38.0	1.7	2.2
50.0	2.7	3.0
63.0	3.5	4.0
76.0	4.0	4.7
101.5	6.5	8.0

4.5 胶料性能

制造软管的胶料性能应符合表 4 规定。

表 4

性能项目			指标	
			内胶层	外胶层
拉伸强度，MPa		最小值	7.0	7.0
扯断伸长率，%		最小值	250	300
热空气老化（70±1℃×168h）	拉伸强度变化率，%		30～－30	
	扯断伸长率变化率，%		30～－30	
磨耗量，cm^3		最大值	不要求	0.8
耐B液体积变化率（40℃×48h），%		最大值	50	75
燃油可溶物，%		最大值	3.0	不要求
低温性能（－40±1℃×30min）			不龟裂	不龟裂

4.6 成品性能

4.6.1 软管成品性能应符合表5规定。

表 5

性能项目		指标
粘附强度（胶层与织物层），kN/m最小值	初始值	2.0
	充B液后	1.5
耐臭氧性能	（40±2℃、50 pphm、72 h）	不龟裂
导电性能	A型	不要求
	B、E型	灯泡亮，导电性能良好
	C、D、F型	电阻值在 $1\times10^{3}\sim1\times10^{6}\Omega/m$ 之间
弯曲性能[1)]	常温条件下（20±5℃）	无明显永久变形或结构损伤，导电性能仍符合要求
	低温条件下（-25±3℃×24 h）	最大弯曲力不超过200 N
弯折性能（仅对A、B、C、D型）		无明显永久变形或结构损伤，导电性能仍符合要求
液压试验	试验压力（5 min）	长度变化率：A、B、C、D型不超过7%；E、F型不超过12%；导电性能仍符合要求
	爆破压力	符合表2要求
真空性能	绝对压力15 kPa	A、B、C、D型和E型无明显结构损伤，E型固体球滚动自由
	绝对压力35 kPa	F型无明显结构损伤，固体球滚动自由
	绝对压力85 kPa	A、B、C、D型固体球滚动自由
耐压扁恢复率，%（仅对F型）	1 min后	90
	10 min后	95
	试验压力	1.25倍工作压力试验符合要求

注：1）征得用户同意时，低温条件下的弯曲试验可按国家标准GB 5564进行，软管应无龟裂、泄漏。

5 试验方法

5.1 软管的规格尺寸、外观质量和同心度，按GB 9573执行。

5.2 软管单位重量，取1 m以上长度的软管用称量的方法进行检查：

$$单位重量(kg/m)=\frac{软管重量(kg)}{软管长度(m)} \quad \cdots\cdots(1)$$

5.3 胶料性能检验：

硫化橡胶试片按GB 2941规定停放后进行各项性能检验。

5.3.1 胶料拉伸性能试验，按GB 528执行。

5.3.2 热空气老化试验，按GB 3512执行。

5.3.3 磨耗试验，按GB 1689执行。

5.3.4 耐B液体积变化试验，按GB 1690执行。

5.3.5 燃油可溶物试验，按附录A执行。

5.3.6 低温性能试验，按附录B执行。

5.4 成品性能检验：

软管制成24h内不应进行任何试验，且试样应在试验室温度下至少停放3h。

5.4.1 软管成品粘附强度试验，初始值按GB 5562规定进行试验。充B液后的粘附强度试验：切割一根长度约300mm的待测软管，并封住一端，把B液注入软管中，盖上盖子，把试样于20±5℃下放置168^{+2}_{0} h，然后倒掉B液，停放2h后，按GB 5562进行试验。

5.4.2 臭氧试验，以相同的材料和生产工艺制成一条内径为25mm的试验用软管，按GB 9571方法1执行。

5.4.3 导电性能试验：

5.4.3.1 B、E型软管的试验：把一个4.5V电池和一个3.8V的0.3A试验用灯泡与软管两端的导线连接，试验用灯泡暗淡地发亮，即显示软管的导电连续性能良好。

5.4.3.2 C、D、F型软管的试验，按GB 9572执行。

5.4.4 弯曲试验，按附录C执行。

5.4.5 弯折试验，在20±5℃下折弯一根软管，直到形成一个明显的弯折为止。然后松开软管，让其在自然状态下停放10^{+2}_{0} min，目视检查软管有无明显的结构损伤或永久变形，并测量软管的导电性能。

5.4.6 液压试验，按GB 5563执行。

5.4.7 真空试验，按GB 5567执行，试验用固体球直径为软管内径的0.8倍。

5.4.8 耐压扁试验，取一根长度不小于500mm的软管为试样，按GB 5566规定压缩软管至外径减少50%，保持60±1s，解除压缩力，于1 min和10 min后测量外径最小值。压缩恢复率ε（%）按式（2）计算：

$$\varepsilon(\%)=\frac{D'}{D_0}\times 100 \quad \cdots\cdots(2)$$

式中：D_0 ——压缩前软管平均外径，mm；

D' ——解除压缩力后软管平均外径，mm。

软管压缩试验后进行试验压力的试验。

6 检验规则

6.1 软管应由制造厂的技术检验部门检验合格，并附有质量合格证才能出厂。

6.2 同型号的软管划为一批，每批数量不多于100根。胶料性能检验以制造该批软管的胶料为代表，用硫化试片进行；成品性能检验，在每批软管中以一种规格为代表抽取试样。

6.3 检验项目和最小检验次数，应符合表6规定。

表 6

检验项目		每根检验	每批检验	每10批检验
胶料	拉伸性能和热空气老化		✓	
	耐B液体积变化率		✓	
	燃油可溶物		✓	
	磨耗量			✓
	低温性能			✓
成品	尺寸测量（内径、胶层厚度、同心度、长度）	✓		
	导电性能	✓		
	粘附强度		✓	
	真空试验		✓	
	试验压力的液压试验		✓	
	爆破试验			✓
	臭氧试验			✓
	弯曲试验			✓
	弯折试验			✓
	耐压扁试验			✓
	单位重量			✓

6.4 胶料或成品性能检验如有一项指标不合格时，应在该批产品或制造该批产品的胶料中另取双倍试样，对不合格项目进行复试。复试后如其中一个试样仍有一项指标不合格时，则该批产品为不合格品。

7 标志、包装、运输和贮存

7.1 软管标志应包括下列内容：

a. 制造厂名或商标；

b. 产品名称、型号、规格和工作压力等级；

c. 生产日期。

7.2 C型软管两端以三圈黄色标线作明显标志，表示软管橡胶层导静电。

7.3 内径小于76mm的软管采用盘卷形式进行包装，盘卷内径不得小于软管内径的15倍。内径大于76mm（含76mm）的软管应平直包装。

7.4 软管的贮存、运输和其他内容应符合GB 9576和GB 9577规定。

附 录 A
燃油可溶物的测定
（补充件）

A1 仪器

分析天平：精确至0.001g；
三角瓶：250mL；
烧杯：200mL；
水浴；
电热恒温干燥箱；
干燥器。

A2 试样

把硫化试片剪成约3 mm^3的小块试样。

A3 试验步骤

A3.1 用分析天平准确称取试样5±0.01g（G）置于三角瓶中，加入B液100mL，盖好三角瓶，于保持温度40±2℃的恒温干燥箱内萃取96h。
A3.2 趁热把三角瓶中的溶液用滤纸过滤到一个预先称好重量的烧杯中，并用少量（10mL）B液进一步洗涤三角瓶和滤器。
A3.3 把烧杯置于水浴中蒸发，至溶液约剩1mL，然后移入150±3℃的干燥箱中烘干2h。
A3.4 把烧杯转移到干燥器中冷却蒸发残渣至室温，称重，得出残渣的净重（G_1）。
A3.5 按A3.3同样条件做B液（110mL）的空白试验，得出空白残渣重（G_0）。

A4 结果计算

燃油可溶物A（%）按式（A1）计算：

$$A = \frac{G_1 - G_0}{G} \times 100 \qquad \text{(A1)}$$

式中：G ——试样重，g；
G_0 ——燃油空白残渣重，g；
G_1 ——燃油可溶物的残渣重，g。

注：在试验过程中应避免过热现象，由于过热会引起聚合物的降解，因而会提供一个不真实的高含量结果。

附 录 B
低温性能试验方法
（补充件）

B1 装置

试验装置如图B 1所示。

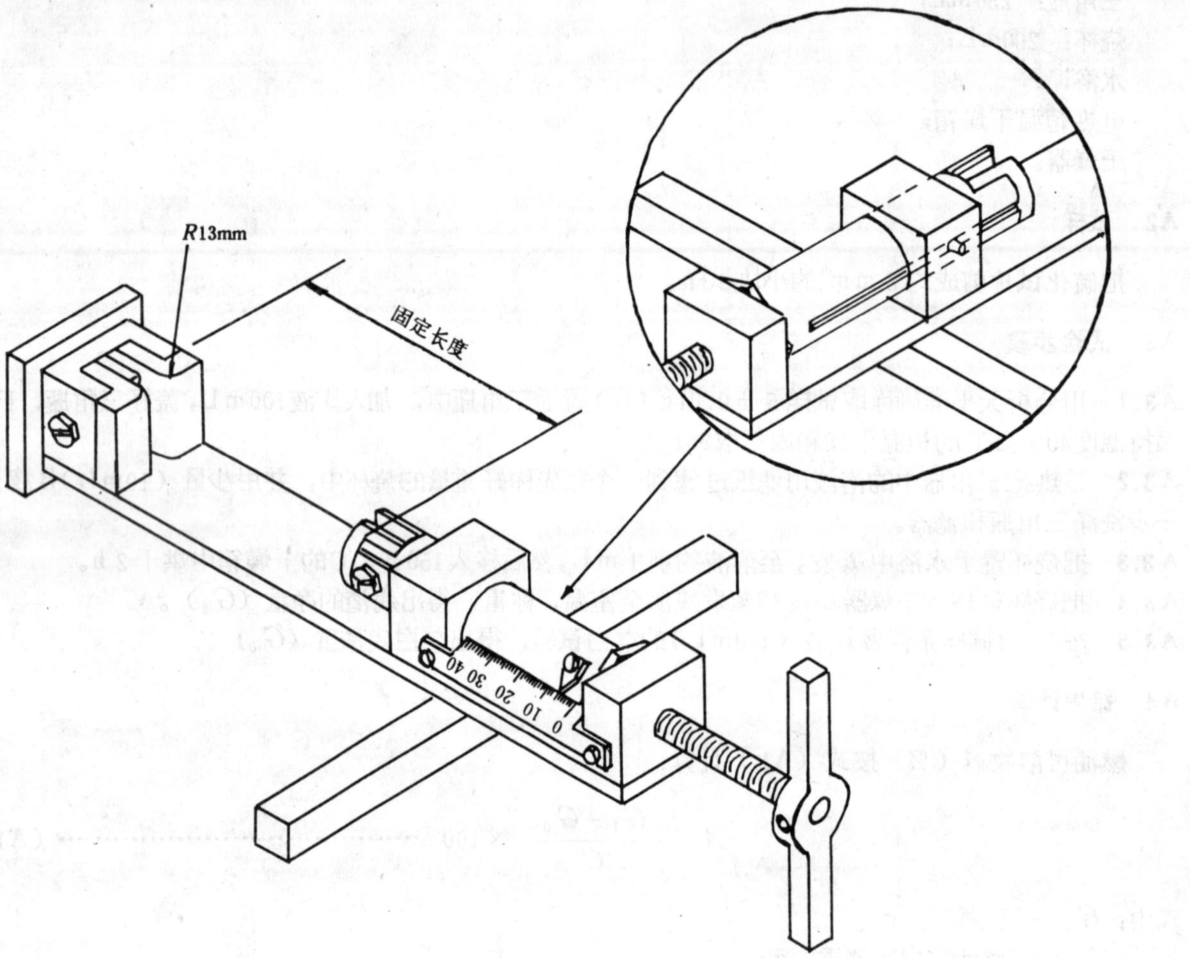

图 B1 低温性能试验装置

B2 试样步骤

B 2.1 把一块150mm×25mm×2mm（长×宽×厚）的试片在两个夹具上固定，以使试样处于同一平面上，且使在两夹具间裸露的长度为127mm，然后减少两夹具间距离1mm。

B 2.2 把被夹紧的试片放入低温箱中，或放入盛有冷冻剂的杜瓦瓶中（试片完全浸入为止）。在-40±1℃的温度下放置30min。

B 2.3 取出夹具，在20s内将一个夹具向另一个夹具移动，使夹具间距离减少25mm。

B 2.4 检查试片的龟裂情况。

注：冷冻剂可采用甲醇或乙醇加入碎干冰（固体二氧化碳）而得到，温度通过细心地添加干冰块来维持。

附 录 C
弯曲性能试验方法
（补充件）

C1 常温（20±5℃）条件下的弯曲试验

把一根软管按表C 1给出的弯曲半径进行弯曲，松开后目视检查软管有无明显的永久变形或结构损伤，然后测量软管的导电性能。

表 C1　　　mm

公称内径	弯曲半径	公称内径	弯曲半径
19.0	90	50 .0	215
25.0	115	63.0	230
31.5	140	76.0	230
38.0	180	101.5	345

C2 低温（－25±3℃）条件下的弯曲试验

C2.1 装置

试验装置如图C 1 所示。

转矩轮：转矩轮直径为软管弯曲半径（按表C 1）的二倍，轮上装备一个能把软管绕轮子弯曲并保持切线方向的合适装置，并有一个应变仪和一个测量转矩的图表记录仪（精确度为±3％）。

冷冻剂容器：该容器附设一个搅拌器，一个测温装置和一个直径50mm的软管导向辊。

冷冻剂可以是甲醇或乙醇加上碎干冰，也可用气体介质作冷冻剂，但试验结果应与用液体介质作冷冻剂时相一致。

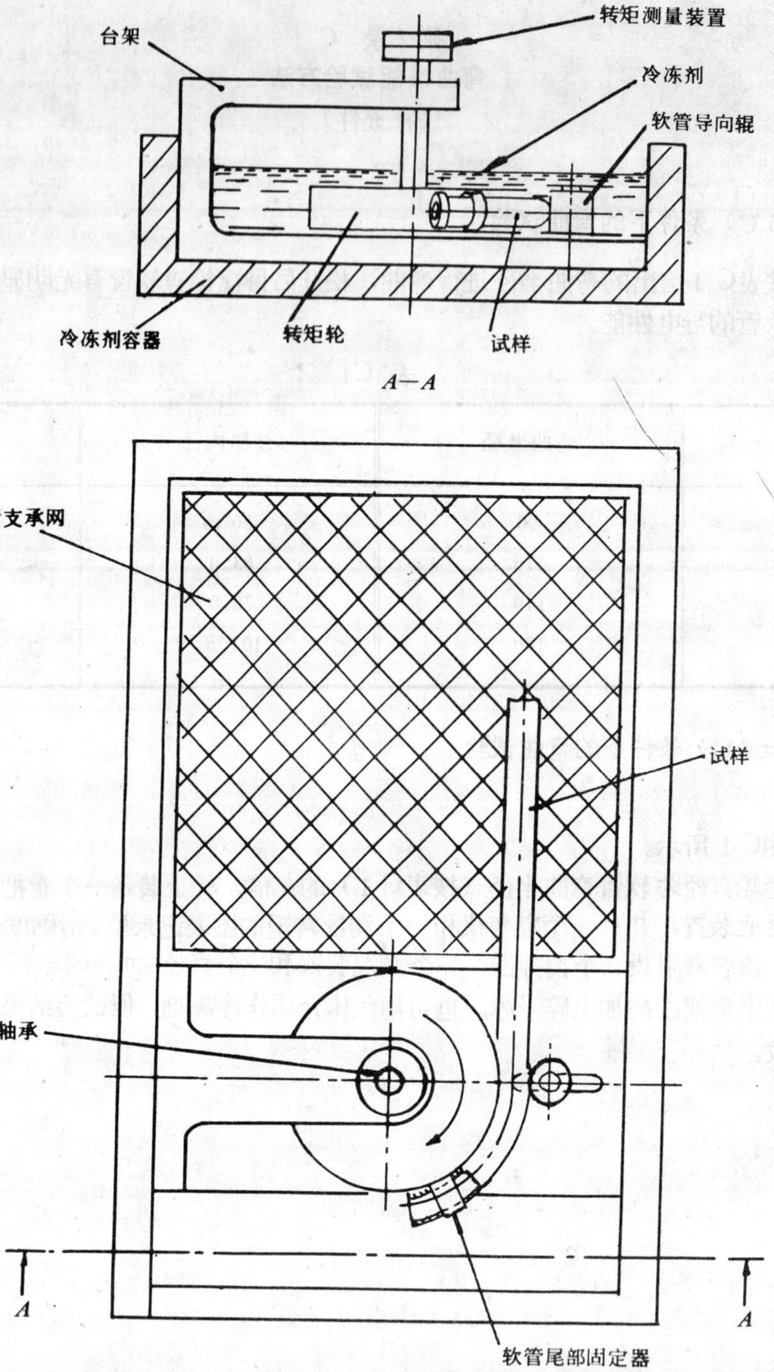

图 C1　低温弯曲试验装置

C2.2　试样

试样应从软管上切取，试样长度约为软管内径的25倍。每个试验至少应取 3个试样。

C2.3　试验步骤

C2.3.1　把试样充满航空燃料油，盖上管口，在室温下至少让其浸泡24h。然后把试样置于 −25±3℃ 的冷冻室中停放24h。

C2.3.2　把试样移入试验装置中至少停放30min，然后开始试验，把试样伸直夹在转矩轮上（如试样有自然弯曲，则应使该弯曲方向与轮子相一致），在12±2s内将试样绕轮子弯曲180°，测量弯曲力。

C2.3.3 结果计算

计算每个试样弯曲力曲线50%的峰值的平均值，取3个试样的平均值，即为试样在该试验温度下的弯曲力。

如果3个试样中有个别值偏离平均值的15%，则试验应另取3个试样重新进行。

附加说明：

本标准由全国橡胶和橡胶制品标准化技术委员会胶管分技术委员会归口。

本标准由广州胶管厂、化学工业部沈阳橡胶工业制品研究所负责起草。

本标准主要起草人梁赛班、吴长波、王宝珠、严松枫、王维相。

本标准参照采用英国标准BS 3158—1985《飞机地面加油和泄油用橡胶软管及软管组合件》。

中华人民共和国国家标准

钢丝缠绕增强外覆橡胶的液压橡胶软管和软管组合件

GB 10544—89

Rubber hoses and hose assemblies—Rubber covered, spiral wire reinforced, hydraulic type—Specification

本标准等效采用国际标准 ISO/DIS 3862—1986《橡胶软管和软管组合件——钢丝缠绕增强外覆橡胶的液压软管规范》。

1 主题内容与适用范围

本标准规定了内径5～51 mm、1～6型钢丝缠绕增强液压橡胶软管的各项要求。

本标准适用于在工作温度－40～100℃(1～5型)、－40～121℃(6型)条件下,输送石油基、水基流体的橡胶软管。

本标准橡胶软管不适于输送蓖麻油基和酯油基流体。

本标准只对橡胶软管规定了性能要求,不包括端部接头的要求。

2 引用标准

GB 1690 硫化橡胶耐液体试验方法

GB 5562 胶管胶层物理试验方法

GB 5563 胶管液压试验方法

GB 5564 胶管低温弯曲试验方法

GB 5568 高压胶管脉冲试验方法

GB 9571 橡胶、塑料软管和软管组合件 静态条件下耐臭氧性能评定

GB 9573 橡胶软管和软管组合件 尺寸测量方法

GB 9576 橡胶、塑料软管和软管组合件 选择、贮存、使用和维修指南

GB 9577 橡胶、塑料软管和软管组合件 标志、包装和运输规则

3 产品结构、型别、尺寸

3.1 结构

橡胶软管由耐油、耐水的内胶层、内胶织物保护层,钢丝缠绕层,钢丝各层间的中胶层,耐油、耐天候老化的外胶层组成。

3.2 型别

1型 四层轻型钢丝缠绕液压橡胶软管;

2型 四层中型钢丝缠绕液压橡胶软管;

3型 四层重型钢丝缠绕液压橡胶软管;

4型 六层重型钢丝缠绕液压橡胶软管;

中华人民共和国化学工业部1989-02-10批准 1989-12-01实施

5型　四层钢丝缠绕超高压橡胶软管；

6型　四层重型钢丝缠绕中等压力耐高温橡胶软管。

3.3　尺寸

3.3.1　橡胶软管内径应符合表1要求。

表 1

mm

公称内径	1型		2型和5型		3型和4型		6型	
	最小	最大	最小	最大	最小	最大	最小	最大
5	—	—	—	—	4.6	5.4	—	—
6.3	—	—	6.2	7.0	6.2	6.9	—	—
8	7.7	8.5	—	—	7.7	8.5	—	—
10	9.3	10.1	9.3	10.1	9.3	10.1	9.3	10.1
12.5	12.3	13.5	12.3	13.5	12.5	13.7	12.3	13.5
16	15.5	16.7	15.5	16.7	15.7	16.9	—	—
19	18.6	19.8	18.6	19.8	19.0	20.2	18.6	19.8
25	25.0	26.4	25.0	26.4	25.4	27.0	25.0	26.4
31.5	31.4	33.0	—	—	31.8	33.4	31.4	33.0
38	37.7	39.3	—	—	38.1	39.7	37.7	39.3
51	50.4	52.0	—	—	50.8	52.5	50.4	52.0

3.3.2　橡胶软管和增强层外径应符合表2要求。

3.3.3　橡胶软管长度和公差，应按订货方规定的长度供应，长度公差为±1%或±3 mm，取其中的较大值。

若在订货时没有规定长度，应按以下长度的百分比交货。

13 m 以上：不少于总长度的65%，

7.5～13 m：不多于总长度的35%，

1～7.5 m：不多于总长度的10%，

长度不应小于1 m。

3.3.4　橡胶软管同心度应符合下列规定。

测量不同部位壁厚偏差不应大于表3数值。

表 2

mm

公称内径	1型				2型				3型				4型				5型				6型			
	增强层外径		橡胶软管外径		增强层外径		橡胶软管外径		增强层外径		橡胶软管外径		增强层外径		橡胶软管外径		增强层外径		橡胶软管外径		增强层外径		橡胶软管外径	
	最小	最大	最小	最大	最小	最大	最小	最大	最小	最大	最小	最大	最小	最大	最小	最大	最小	最大	最小	最大	最小	最大	最小	最大
5	—	—	—	—	—	—	—	—	14.3	15.9	18.3	19.8	17.5	19.1	21.4	23.0	—	—	—	—	—	—	—	—
6.3	—	—	—	—	14.1	15.3	17.1	18.7	15.8	17.4	19.8	21.4	19.1	20.6	23.0	24.6	—	—	—	—	—	—	—	—
8	13.7	14.8	18.4	20.0	—	—	—	—	17.5	19.0	21.4	23.0	20.6	22.2	24.6	26.2	—	—	—	—	—	—	—	—
10	16.9	18.0	20.6	22.2	16.9	18.1	20.6	22.2	19.0	20.6	23.0	24.6	22.2	23.8	26.2	27.8	—	—	—	—	16.6	17.8	19.5	21.0
12.5	19.4	21.0	23.8	25.4	19.4	21.0	23.8	25.4	23.0	24.6	27.0	28.6	26.2	27.8	30.2	31.8	21.8	23.4	24.6	26.2	19.9	21.5	23.0	24.6
16	22.7	24.3	27.0	28.6	23.0	24.6	27.4	29.0	26.2	27.8	30.2	31.8	29.4	30.9	33.3	34.9	—	—	31.4	33.0	—	—	—	—
19	26.6	28.2	30.6	32.2	27.4	29.0	31.4	33.0	30.9	32.5	35.7	37.3	34.1	35.7	38.9	40.5	27.6	29.2	—	—	26.9	28.4	29.9	31.5
25	34.5	36.1	38.5	40.9	34.5	36.1	38.5	40.9	38.9	40.5	43.3	45.6	41.7	44.0	47.2	49.6	34.4	36.0	37.6	39.8	34.1	35.7	36.8	39.2
31.5	43.3	45.6	49.2	52.4	—	—	—	—	44.8	47.2	49.2	52.4	48.0	50.4	53.2	56.4	40.7	43.1	43.9	47.1	42.7	45.1	45.4	48.6
38	49.6	52.0	55.6	58.7	—	—	—	—	51.2	53.6	55.6	58.7	54.4	56.7	59.5	62.7	47.6	50.0	51.9	55.1	49.2	51.6	51.9	55.0
51	63.9	66.2	69.9	73.0	—	—	—	—	64.7	67.1	69.1	72.2	68.6	71.0	73.8	77.0	62.0	64.4	66.5	69.7	62.5	64.8	65.1	68.3

表 3

mm

公称内径	内径到外直径	内径到增强层
小于6.3(含6.3)	0.8	0.5
8～19(含19)	1.0	0.7
25以上	1.3	0.9

4 技术要求

4.1 液压要求

按规定试验时，设计工作压力应符合表4要求。试验压力与工作压力比为2；爆破压力与工作压力比为4。

表 4

公称内径 mm	设计工作压力，MPa					
	1型	2型	3型	4型	5型	6型
5	—	—	69.0	86.0	—	—
6.3	—	42.0	60.5	77.5	—	—
8	36.0	—	56.0	71.5	—	—
10	31.0	38.0	51.5	69.0	—	27.6
12.5	27.5	34.5	43.0	51.5	55.0	27.6
16	22.5	27.5	38.0	48.0	—	—
19	20.5	34.5	34.5	43.0	42.0	27.6
25	20.5	27.5	27.5	34.5	38.0	27.6
31.5	17.0	—	20.5	24.0	32.5	20.7
38	14.0	—	17.0	20.5	29.0	17.2
51	14.0	—	17.0	20.5	25.0	17.2

4.2 在设计工作压力下最小弯曲半径和长度变化

4.2.1 橡胶软管在设计工作压力下，使用最小弯曲半径(从弯曲软管内侧测量)不得小于表5规定。

注：橡胶软管任何部位弯曲到小于规定的弯曲半径时，都会降低使用性能。

4.2.2 在设计工作压力下，橡胶软管的长度变化不应大于表5规定。

表 5

公称内径 mm	最小弯曲半径					各型 长度变化 %
	1型	2型	3型和4型	5型	6型	
	mm					
5	—	—	100	—	—	
6.3	—	150	125	—	—	
8	115	—	140	—	—	
10	130	180	150	—	125	1～5型：$^{+2}_{-4}$
12.5	180	230	205	200	180	
16	205	250	235	—	—	
19	240	300	280	280	240	6型：$^{+2}_{-2}$
25	305	340	360	340	300	
31.5	420	—	460	460	420	
38	510	—	560	560	510	
51	660	—	710	700	640	

4.3 脉冲试验要求

4.3.1 按要求组装四根未经老化试验的橡胶软管组合件，依照规定的方法进行试验。

4.3.2 在循环油温度为93±5℃，脉冲压力是设计工作压力的133%条件下试验，1型公称内径8、10和

12.5 mm 橡胶软管至少应能承受200 000次脉冲，其他所有公称内径的橡胶软管至少应能承受300 000次脉冲，2型和3型公称内径12.5 mm 以上（含12.5 mm），4型公称内径19 mm（含19 mm）以上和5型橡胶软管至少应能承受400 000次脉冲。

6型橡胶软管是在121±5℃、脉冲压力是设计工作压力的133%条件下试验，至少应承受500 000次脉冲。

注：尺寸为5、6.3、8、10 mm 的2型和3型及尺寸5、6.3、8、10、12.5、16 mm 的4型橡胶软管由于不推荐在液压脉冲系统中使用，通常不进行脉冲试验。

4.4 泄漏试验

用组装接头时间不超过30天未经老化试验的两个橡胶软管组合件，使其承受相当于70%爆破压力的额定压力，保压5～5.5 min，降压至零，然后再升至70%爆破压力值，保压5 min。橡胶软管应无泄漏或其他损坏迹象。

这项试验可视为破坏性试验，试样报废。

在试样接头出现泄漏，接头拔脱或邻近接头处（在25 mm 范围内）的橡胶软管破损，可视为橡胶软管组合件失效并记录失效类型和部位。

注：如脉冲试验进行到尚未达到规定要求之前，由于不可避免的原因停机24h 以上，当重新开始试验时，可能在接头连接处会出现流体的轻微渗透，这一现象如在30 min 内自动消失，则不视为试验失效。

4.5 低温弯曲要求

按规定方法在－40±3℃温度下进行试验，试样内、外胶层不得出现龟裂。

在恢复到室温后，进行耐压试验（见4.1）不得出现泄漏和龟裂。

4.6 耐油性能

按规定方法将内、外胶层浸在100±2℃温度的3号油里，经70±2 h 后，不得出现皱缩，体积膨胀不得超过100%。

4.7 耐臭氧性能

按规定方法将外胶层在40±2℃温度下，暴露在臭氧分压为50±5 mPa 中，经70±2 h 后，放大两倍观察，不得出现龟裂或劣化。

4.8 层间粘着性能

按规定试验时，内、外胶层分别同增强层之间的粘着强度不低于2.5 kN/m。

4.9 外观质量要求

4.9.1 橡胶软管外观质量可由买方和制造厂协商确定。

4.9.2 橡胶软管不允许有气泡、裂口、海绵、脱层、裸露钢丝的异常现象。

5 试验方法

5.1 橡胶软管尺寸测定按 GB 9573执行。

5.2 液压试验，按 GB 5563执行。

5.3 橡胶软管在设计工作压力下长度变化试验，按 GB 5563执行。

5.4 脉冲试验，按 GB 5568执行。

5.5 泄漏试验，按本标准4.6及 GB 5568执行。

5.6 低温弯曲试验，按 GB 5564执行。

5.7 耐油试验，按 GB 1690—82有关规定执行。

5.8 耐臭氧性能试验，按 GB 9571执行。

5.9 层间粘着性能试验，按 GB 5562规定方法进行。内胶和增强层粘附强力试样按 GB 5562中图2制备，剥离宽为$5^{+0.2}_{0}$mm，外胶与增强层粘附试样按 GB 5562中图1或图3制备。

5.10 外观质量要求，按要求用目视法检查。

6 检验规则[1]

6.1 橡胶软管应由制造厂质量检查部门成批检验,每根产品应有检查印记,出厂时必须有产品合格证。

6.2 同规格型号橡胶软管为一批,每批数量应不多于5000 m。

6.3 橡胶软管外观质量、规格尺寸和增强层外径应逐根检查,脉冲、低温弯曲、耐臭氧性能要求每年分别选一种有代表性的规格型号进行试验。其他项目每批检查不少于一次。如有不合格者,应在该批中取双倍试样进行不合格项目的复试,复试后如仍有一项指标不合格时,则该批产品作为不合格品。

7 标志、包装、贮存和运输

7.1 符合本标准规定的橡胶软管至少应标出下列内容:

a. 本国家标准编号和日期;

b. 橡胶软管型号;

c. 橡胶软管公称内径尺寸;

d. 生产厂厂名或商标;

e. 制造日期即季度和年份的后两位数字。

其他条款如需要可经用户和生产厂协商决定。

7.2 包装:橡胶软管两端必须封头并根据运输要求确定每件重量、盘卷或平直捆扎包装(要注意盘卷半径不得小于本标准规定的最小弯曲半径)。

7.3 橡胶软管在贮存和运输中,应避免阳光直接照射、雨雪浸淋,禁止与酸、碱、油类及有机溶剂等有害于橡胶质量的物质接触,贮存温度为－15～40℃,相对湿度不大于80%。

7.4 在遵守本标准7.3的条件下,制造厂应保证胶管从出厂日期起,在不超过一年贮存期内,其性能仍符合本标准的规定。

7.5 其他内容按 GB 9577和 GB 9576执行。

附加说明:

本标准由全国橡胶与橡胶制品标准化技术委员会橡胶软管分技术委员会归口。

本标准由化学工业部沈阳橡胶工业制品研究所负责起草。

本标准主要起草人李东平、黄虹、关军。

采用说明:

1] ISO/DIS 3862中无此内容。

中华人民共和国国家标准

液化石油气（LPG）橡胶软管

GB 10546—89

Liquid petroleum gas rubber hose

本标准等效采用国际标准ISO 2928—1986《输送液化石油气用（LPG）橡胶软管》。

1 主题内容与适用范围

本标准规定了输送液化石油气（LPG）用的橡胶软管技术要求、试验方法、检验规则以及产品的标志、包装、贮存等。

本标准适用于－40～60℃范围内，供铁路油罐车、汽车油槽车，输送“液态”液化石油气使用的橡胶软管。

2 引用标准

GB 527 硫化橡胶物理试验方法的一般要求
GB 528 硫化橡胶拉伸性能的测定
GB 1189 胶管外观质量
GB 1690 硫化橡胶耐液体试验方法
GB 2941 橡胶试样停放和试验的标准温度、湿度及时间
GB 3512 橡胶热空气老化试验方法
GB 5562 胶管胶层物理试验方法
GB 5563 胶管液压试验方法
GB 5564 胶管低温弯曲试验方法
GB 9571 橡胶、塑料胶管　静态条件下耐臭氧试验方法
GB 9572 橡胶、塑料胶管　电阻性能测定
GB 9576 橡胶、塑料软管和软管组合件　选样、贮存、使用和维修指南
GB 9577 橡胶、塑料软管和软管组合件　标志、包装和运输规则

3 结构和尺寸

3.1 结构

软管由内胶层、纤维（钢丝）增强层和外胶层组成。

3.2 软管尺寸及公差应符合表1的规定。

中华人民共和国化学工业部1989-02-10批准　　1989-12-01实施

表 1

mm

公称内容	允许公差
8.0 10.0 12.5 16.0 20.0	±0.75
25.0 31.5	±1.25
40 50 63	±1.5
80 100 160 200	±2.0

3.3 软管长度由使用方提出，经制造厂同意确定，长度公差为软管全长的±1%。

4 技术要求

4.1 软管的物理机械性能应符合表 2 的规定。

表 2

性能项目			指标	
			内胶层	外胶层
拉伸强度，MPa		最小值	7.00	10.0
扯断伸长率，%		最小值	200	250
热空气老化 100℃×72h	拉伸强度变化率	最小值	-25	
	扯断伸长率变化率	最小值	-50	
粘附强度，kN/m	各层间	最小值	1.5	

4.2 软管的液压要求应符合表 3 的规定。

表 3 MPa

工作压力	试验压力	最小爆破压力
2.0	6.3	12.6

4.3 软管在承受试验压力下保持1 min，应无渗漏、鼓泡现象。

4.4 软管在承受试验压力下保持1 min，其长度变化率不应大于7％。

4.5 低温弯曲性能：软管在-40 ± 3 ℃温度下，经放置24h，进行弯曲试验，不得出现龟裂。待试样恢复到常温时，在试验压力下再进行耐压试验，应无泄漏现象。

4.6 耐液体性能：

用成品内胶（或胶料）的试样，在23 ± 2 ℃室温下，浸渍在正己烷液体中，放置72_{-2}^{0} h后，其试样的拉伸强度和扯断伸长率，不应低于初始值的65％。

4.7 耐臭氧性能：

用成品外胶（或胶料）试样放置在臭氧浓度50 ± 5 pphm、温度40℃试验箱中，保持72h后，用2倍放大镜检查表面，应无龟裂现象。

4.8 导电性能：

软管导电性能由使用方提出，可经供需双方商定。

4.9 渗漏性能：

软管渗透性能由使用方提出，可经供需双方商定。

4.10 软管外观质量符合GB 1189规定。

5 试验方法

5.1 软管的规格尺寸用游标卡尺或适当量具检查，长度用米尺测量。

5.2 软管的外观质量用目视法检查。

5.3 软管的液压试验，按GB 5563的规定。

5.4 软管的拉伸强度、扯断伸长率、长度变化率试验，按GB 528的规定。

5.5 软管各层间的粘附强度试验，按GB 5562的规定。

5.6 软管的热空气老化试验，按GB 3512的规定。

5.7 软管的低温弯曲试验，按GB 5564的规定。

5.8 软管（或胶料）的耐液体试验，按GB 1690的规定。

5.9 软管的耐臭氧试验，按GB 9571的规定。

5.10 软管的导电试验，按GB 9572的规定。

5.11 软管的渗透性试验，按附录A的规定。

6 检验规则

6.1 软管应由制造厂技术检验部门成批检验，每批数量不多于500根，每批产品出厂应附产品合格证。

6.2 每批软管应逐根进行规格尺寸及外观质量的检查。

6.3 在同批软管中任选一种规格为代表，任取其中一根检查物理机械性能（如成品不宜作试验或测试设备所限制时，可用半成品或试样代替）。

6.4 软管拉伸强度、扯断伸长率、定压、爆破压力、长度变化率、耐液体、粘附强度试验，每季进行一次。

6.5 软管臭氧老化、低温弯曲试验，每年进行一次。

6.6 软管导电、渗透性能试验，按供需双方商定的规定进行检测。

6.7 如物理机械性能检查，有一项指标不合格时，应在同批产品中另取双倍试样，对不合格项目进行复试，复试后仍有一项指标不合格时，则该批产品（或胶料）为不合格品。

7 标志、包装、运输、贮存和使用

7.1 软管外胶层为橙黄色，或者在两端部表面嵌入用橙黄色胶条作明显标志，表示软管输送液体液化石油气用。

7.2 软管内径在76mm以下者可盘卷包装（盘卷内径不应小于软管内径的15倍），但76mm以上者应平直包装。

7.3 软管贮存时库房内的温度宜保持－15～40℃，相对湿度在50%～80%之间。

7.4 软管贮存时应平放，堆放高度不宜超过1.0m，贮存期间应每季倒翻一次。

7.5 其他内容按GB 9576和GB 9577的规定。

附 录 A
渗透性试验方法
（补充件）

本附录参照ISO 8308—1978《橡胶、塑料软管和纯胶管——液体渗透软管和纯胶管管壁性能的测定》。

A1 范围

本附录规定了液化石油气（LPG）橡胶软管管壁耐液体渗透性能的测定方法。

A2 试验装置

试验装置如图A1所示：

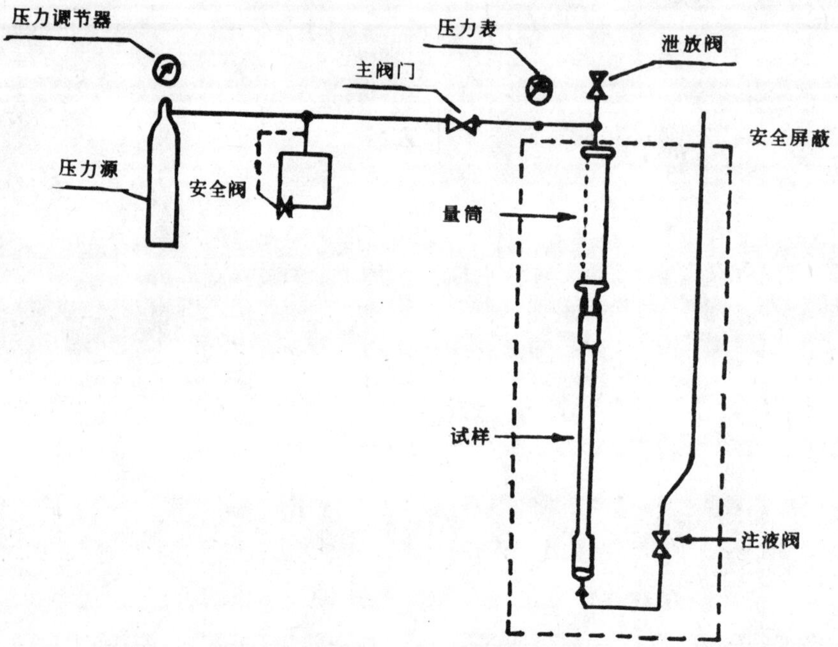

图 A1

A3 试验原理

在恒定的试验压力下（本试验规定50 ± 5 kPa）保持24 h后，撤去压力，测量加压前后软管顶端量筒中液体的体积变化，从而计算得出试样每平方厘米软管管壁每24 h被渗透的液体损耗值。

A4 试验程序

a. 测量软管试样的内径（D），以及两端接头之间的净长（L）；

b. 将试样装到试验装置上（见图A1）；

c. 向试样和量筒里充注试验液，直至量筒顶部的满刻度后关闭注液阀；

d. 向量筒和试样加压至50 ± 5 kPa，关闭主阀门，保持5 min后，启开泄放阀卸压，排除溶解在液体中气体，然后，记录量筒中液面高度，为初始液体值（V_0）；

e. 再向量筒和试样加压至50 ± 5 kPa，保持24 h后关闭主阀门，缓慢启开泄放阀泄放压力，5 min

后记录量筒中液面高度，为终止液体值（$V_{24\,h}$）。

A5　结果计算和表示

计算试样每平方厘米软管管壁每24 h被渗透液体的损耗值，以g/（$cm^2$24h）表示：

$$P=\frac{(V_0-V_{24\,h})\cdot d}{\pi\cdot D\cdot L}$$

式中：P——液体渗透量，g/（$cm^2$24h）；

V_0——初始量筒中液体值，cm^3；

$V_{24\,h}$——终止量筒中液体值，cm^3；

d——液体密度，g/cm^3；

D——试样内径，cm；

L——试样净长，cm。

附加说明：

本标准由全国橡胶与橡胶制品标准化技术委员会归口。

本标准由上海橡胶厂负责起草。

本标准主要起草人汪安甫、董菊萍。

中华人民共和国国家标准

橡胶软管　外胶层耐磨耗性能的测定

GB/T 12721—91
ISO 6945—1983

Rubber hoses—Determination of abrasion resistance of the outer cover

本标准等同采用国际标准 ISO 6945—1983《橡胶软管——外胶层耐磨耗性能的测定》。

1　主题内容与适用范围

本标准规定了橡胶软管外胶层耐磨耗性能的测定方法。

本标准适用于带有织物或钢丝增强层，并具有规定光滑和平整程度的外胶层的液压软管及其他相似类型的软管。

本标准不适用于预测产品的耐磨耗寿命，但适用于比较产品的质量水平。

本标准未规定每一试验应完成的循环次数，而此循环次数在产品标准中规定。

2　引用标准

GB 2941　橡胶试样停放和试验的标准温度、湿度及时间

3　试验装置

3.1　转轮和曲柄装置

能使磨具沿试样作 100 mm 长的正弦波往复运动，速率为 1.25 Hz（每一循环行程等于 200 mm），见图 1。

国家技术监督局1991-02-01批准　　　　1992-01-01实施

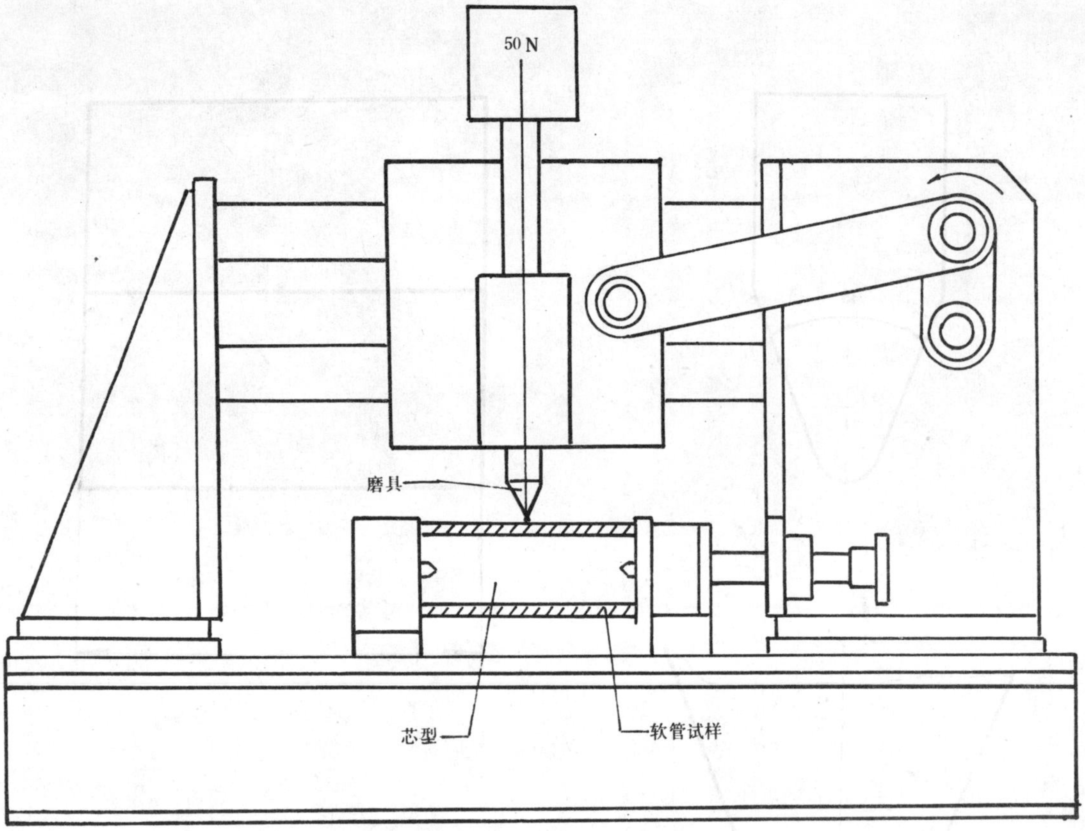

图 1 典型的试验装置

该移动装置应符合下列要求：

a. 移动长度的中点应与组装好的试样和芯轴的中点相重合。

b. 磨具和试样的轴线应在中点处互相垂直。

c. 移动平面应与试样的纵向轴线相平行。

3.2 记录装置

用以记录所完成的循环次数，并可预先调整至完成所规定的循环次数。

3.3 磨具

用符合表 1 中规定的高速钢制作。磨头经处理后的最小硬度应为 890 HV。

磨具的主要尺寸应符合图 2 的规定，并必须保持规定的外形及表面光洁度。

表 1 高速钢的化学成分、退火硬度、淬火温度和淬火硬度及回火条件

钢的基本成分	钢的化学成分，%						退火硬度 HB（布氏硬度）	淬火温度 ℃	回火温度 ℃	最小硬度 HRC（C 标洛氏硬度）
	C	Co	Cr	Mo	V	W				
C+V+Co	1.45～1.60（±0.04）	4.70～5.20（±0.10）	3.50～4.50（±0.10）	0.70～1.00（±0.05）	4.75～5.55（±0.10）	11.5～13.0（±0.15）	293	1 240±10	560±10	66

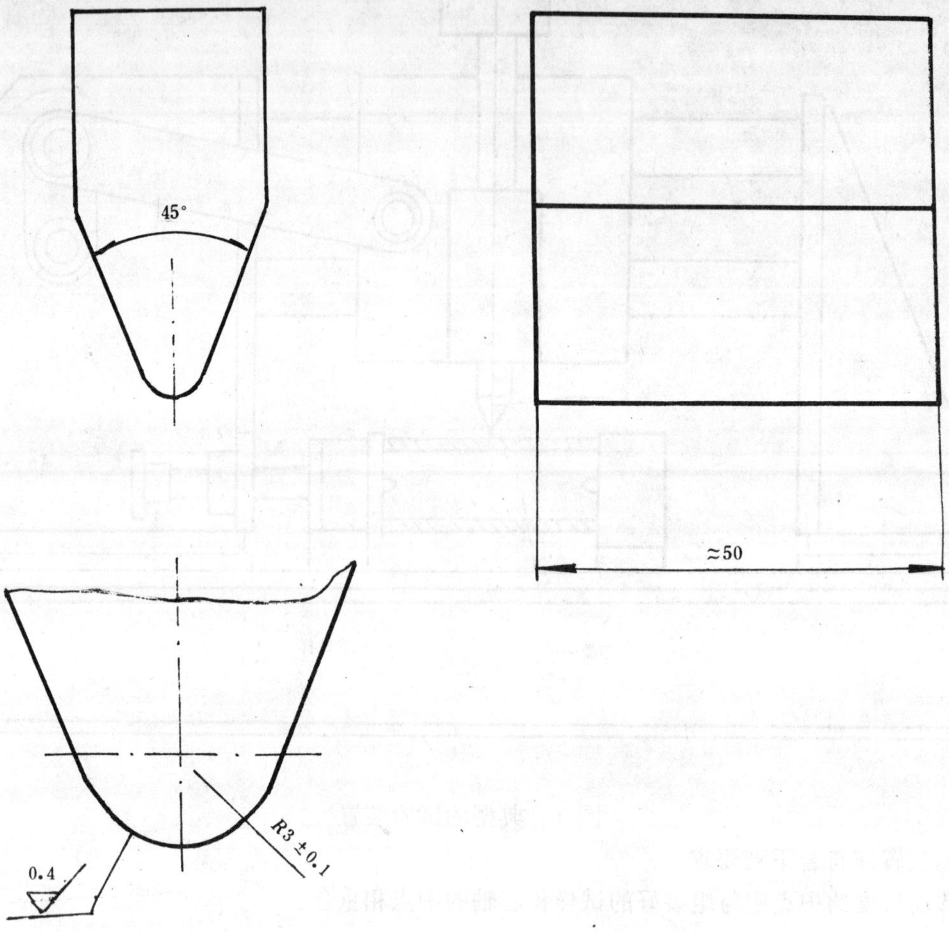

图 2 标准磨具的详细尺寸

3.4 在磨具与试样的接触处有对磨具施加 50±0.5 N 垂直力的负荷。

3.5 芯轴

芯轴长为 150 mm，试样紧密地固定于其上。

注：① 芯轴在试样里必须紧密装合以防试样在磨具往复作用下产生变形。

② 为使测定精确，建议芯轴用轻质材料制成。并为空心截面，以便既能支承磨具负荷，而又使其重量保持在最低限度。如果使用实心芯轴，应在试样称重前取出。并注意防止软管内胶层上材料的损失。

4 试样

4.1 试样长度应为 150±0.5 mm 的软管。最少应测定三个试样。

4.2 试样表面不允许有大于 0.5 mm 的凸凹不平之处，及表面杂质等。

4.3 试样停放

试样制成后 24 h 以上才能进行试验。

做对比试验时，试验应尽可能在试样制成后，经同样的时间间隔进行。

试验之前，试样应按 GB 2941 中规定的标准试验室温度、相对湿度下，至少停放 3 h。此 3 h 可为试样制成后 24 h 间隔时间的一部分。

5 程序

对有芯轴或无芯轴的试样进行称重，并记录其质量（m_1）。在试验装置上安装组装好的试样和芯轴。并应确保试样无轴向移动和/或转动。

放置磨具使之与试样接触，施加负荷并启动机器开始试验。试验应一直进行到完成规定的循环次数为止。然后，从试验装置上取下试样组件，如初始称重那样，对有芯轴或无芯轴试样再进行称重（称重前要注意除去外胶层上松散的颗粒）。记录其质量（m_2）和所完成的循环次数。

注：所有称重应精确到 0.01 g。

6 结果表示

质量损失 Δm 按下式计算：

$$\Delta m = m_1 - m_2$$

式中：m_1 ——试验前试样的质量，g；

m_2 ——试验后试样的质量，g。

7 试验报告

试验报告应包括下列内容：

a. 本国家标准的编号；
b. 试验用软管的详细说明；
c. 试验温度；
d. 规定的循环次数；
e. 每一试样完成的循环次数；
f. 试验前每一试样的质量；
g. 完成规定的循环次数或中途停止试验后，每一试样的质量；
h. 每一试样的质量；
i. 三个（或更多）试样的平均质量损失；
j. 磨损性质的观测情况，特别是增强层外露现象的观测情况；
k. 试验日期。

附加说明：
本标准由中华人民共和国化学工业部提出。
本标准由全国橡胶与橡胶制品标准化技术委员会橡胶软管分技术委员会归口。
本标准由化学工业部沈阳橡胶工业制品研究所负责起草。
本标准起草人逄淑琴。

中华人民共和国国家标准

橡胶和塑料软管组合件 屈挠液压脉冲试验(半Ω试验)

GB/T 12722—91

Rubber and plastics hose assemblies—Flexing combined with hydraulic impulse test (Half omega test)

本标准等效采用国际标准ISO 8032—1987《橡胶和塑料软管组合件——屈挠液压脉冲试验(半Ω试验)》。

1 主题内容与适用范围

本标准规定了液压软管组合件在脉冲试验的同时伴随有更苛刻屈挠的试验方法。

本标准适用于液压用橡胶和塑料软管组合件。

注：在本试验方法中所用的压力和弯曲半径条件,比在软管产品规范中所规定的条件明显地更苛刻,但这并不意味着在这种条件下可以使用这类软管组合件。

2 引用标准

GB 5568 高压胶管脉冲试验方法

3 试验装置和材料

3.1 屈挠试验台

试样安装到该屈挠试验台上,能按第5章规定的试验参数,进行图示的屈挠。

该试验台包括安装在旋转臂上的歧管和固定不动的歧管。

旋转臂上歧管的安装应使其与固定不动的歧管始终保持垂直(见图)。

固定歧管的垂直中心线应定位。使套箍中心距旋转歧管的旋转中心的距离为2.25 R,公差为±2 mm。这里 R 为相应的软管产品标准中规定的最小弯曲半径。

必要时,固定不动的歧管(图中的压力进口端)的高度应能调节,以保证其套箍端与旋转歧管的套箍端在同一水平中心线上。

国家技术监督局1991-02-01批准 1992-01-01实施

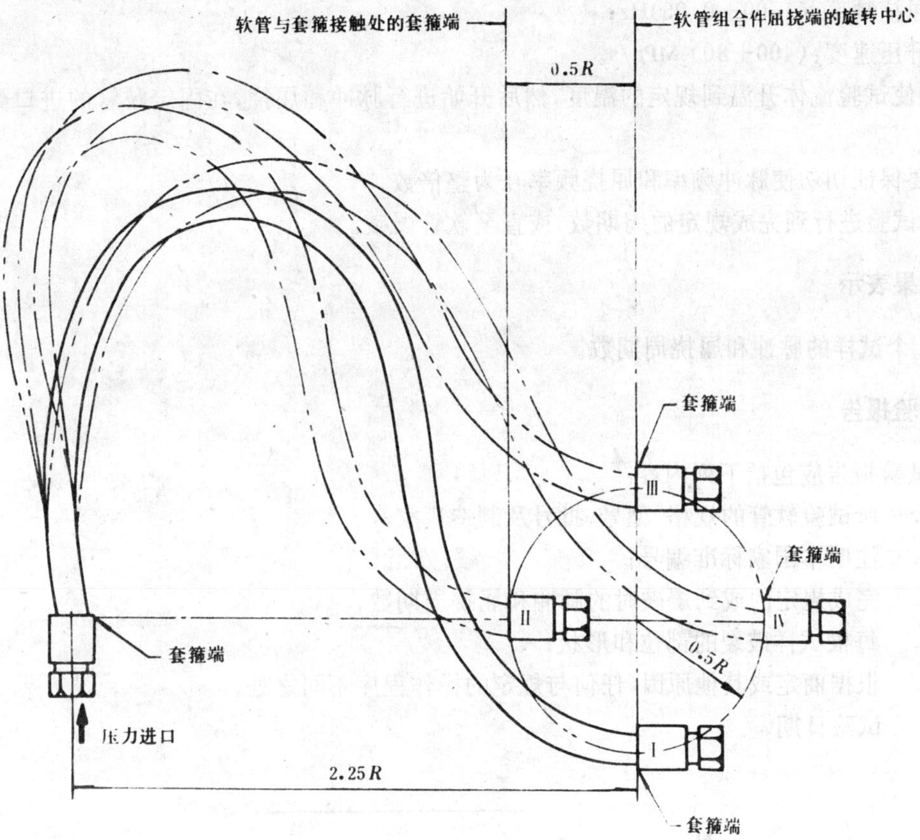

试样的安装示意图

3.2 液压设备

液压设备应能提供第5章中规定的试验参数，所得到的脉冲波形应符合 GB 5568 的图 2。

3.3 试验流体

试验流体应符合 GB 5568 第 3.1 条的要求[1]。

4 试样

试样为一软管组合件，软管自由长度为：4.14 R +3.57 d，公差为±15 mm。

式中：R ——软管产品标准中规定的最小弯曲半径；

d ——软管外径。

要试验 4 个试样。

5 操作程序

5.1 将试样的一端连接到试验台旋转臂的歧管上，另一端连接到固定不动的歧管上。

除在软管规范中另有规定外，可应用如下试验参数：

采用说明：

1] GB 5568 只规定"选择适宜的液压油、机油或其他油类。"而 ISO 8032 引用的 ISO 6803 规定了试验流体的粘度、最高倾点、最低闪点和苯胺点的参数要求。

脉冲压力：为相应软管规范中规定工作压力的150%；

试验流体温度：(93±5)℃；

脉冲频率：(0.84±0.1)Hz；

屈挠频率：(1.00±0.05)Hz；

升压速度：(400±80) MPa/s。

5.2 使试验流体升温到规定的温度，然后开始进行脉冲和屈挠，在固定歧管的进口处监测试验流体的温度。

要保证切勿使脉冲频率和屈挠频率互为整倍数。

5.3 试验进行到完成规定的周期数，或直至软管爆破。

6 结果表示

4个试样的脉冲和屈挠周期数。

7 试验报告

试验报告应包括下列内容：

a. 所试验软管的规格、型号、批号及制造厂家；

b. 注明本国家标准编号；

c. 完成规定的或到爆破时的脉冲和屈挠周期数；

d. 每根试样破裂的部位和形状；

e. 根据商定或其他原因，任何与规定的操作程序不同之处；

f. 试验日期。

附加说明：

本标准由中华人民共和国化学工业部提出。

本标准由全国橡胶与橡胶制品标准化技术委员会橡胶软管分技术委员会归口。

本标准由化学工业部沈阳橡胶工业制品研究所负责起草。

本标准主要起草人张敬之。

中华人民共和国国家标准

钢丝增强的橡胶、塑料软管和软管组合件　屈挠液压脉冲试验

GB/T 14904—94

Rubber and plastics hose and hose assemblies—Wire reinforced—Hydraulic impulse test with flexing

本标准参照采用国际标准 ISO 6802—1991《钢丝增强的橡胶、塑料软管和软管组合件——带屈挠液压脉冲试验》。

1　主题内容与适用范围

本标准规定了按 GB/T 5568 规定的试验参数对软管进行带屈挠液压脉冲试验的方法。

本标准适用于钢丝增强的液压软管和软管组合件的带屈挠试验方法。

2　引用标准

GB/T 5568　橡胶、塑料软管及软管组合件　无屈挠液压脉冲试验

3　试样

试样为一软管组合件，在两接头间的软管自由长度 L 应按式(1)计算：

$$L = 4.14 + 3.57d \quad \cdots\cdots(1)$$

式中：R——软管产品标准中规定的最小弯曲半径；

d——软管外径；

L——软管自由长度(偏差±15 mm)，mm。

至少要试验 4 个试样。

4　试验装置与试样安装

试验装置为设有屈挠装置的脉冲试验台。试验台上可安装试样，并按图示进行屈挠运动。屈挠装置设有一根安装在转动臂上的歧管和一根固定歧管，固定歧管的中心线正好是转动歧管的转动中心线。转动歧管与固定歧管保持平行，转动歧管每分钟的转动次数应为每分钟脉冲次数的 34%到 38%。因此屈挠次数与脉冲次数成正比。

从固定歧管的垂直中心线到转动中心的距离为 A。软管以小于最小弯曲半径的半径，两端接头附近以大于最小弯曲半径的半径进行屈挠运动。距离 A 应按式(2)计算：

$$A = 1.75R + d \quad \cdots\cdots(2)$$

式中：R——最小弯曲半径；

d——软管外径；

A——固定歧管的垂直中心线到转动中心的距离(偏差±2 mm)，mm。

国家技术监督局1994-01-02批准　　　　1994-10-01实施

5 试验程序

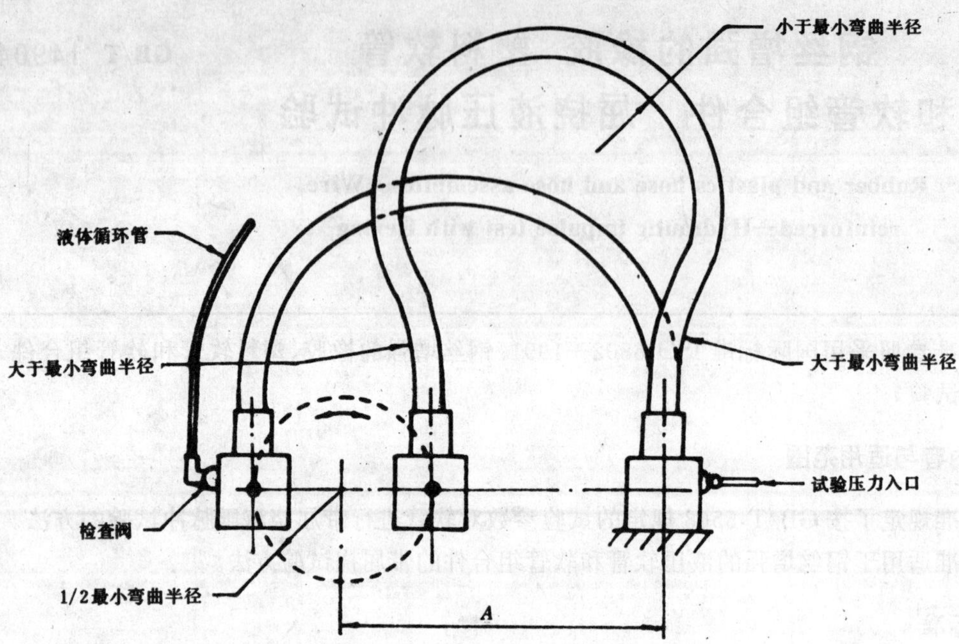

屈挠脉冲试验试样安装示意图

将软管试样的一端连接到试验装置转动臂的歧管上，另一端接到固定歧管上，按GB/T 5568规定的方法进行压力脉冲试验。

开始进行试验，直至软管试样破坏或达到软管产品标准规定的循环次数时为止。

如果破坏发生在靠近两端接头25 mm之内，则应认为是接头破坏，如实记录应更换试样再进行试验。

6 结果表示

4个试样的脉冲循环和屈挠次数。

7 试验报告

试验报告应包括下列内容：

a. 所试软管或软管组合件的全部说明；
b. 本国家标准编号；
c. 试验温度；
d. 试验压力；
e. 试验用液体；
f. 压力上升速率；
g. 脉冲循环速率；
h. 屈挠频率；
i. 每根软管试样出现故障的位置和形态及每根软管试样进行试验的全部情况；
j. 每根软管破坏时脉冲周期数；
k. 试验日期。

附加说明：

本标准由中华人民共和国化学工业部提出。
本标准由全国橡胶与橡胶制品标准化技术委员会归口。
本标准由化学工业部沈阳橡胶工业制品研究所负责起草。
本标准主要起草人严松枫、王宝珠、王维相。

中华人民共和国国家标准

橡胶和塑料软管各层间粘合强度测定

GB/T 14905—94

Rubber and plastics hose—Determination of adhesion between components

本标准等效采用国际标准ISO 8033—1991《橡胶或塑料软管——各组成层的层间粘合强度的测定》。

1 主题内容与适用范围

本标准规定了胶管内胶层和增强层，外胶层和增强层以及各增强层之间的粘合强度的测定方法。

本标准适用于所有内径尺寸的软管及以下各类结构的软管：

编织布软管；

纱线编织软管；

纱线缠绕软管；

纱线针织软管；

纱线圆织软管；

帘子布软管；

钢丝编织软管；

钢丝缠绕软管；

支撑螺旋线软管。

2 引用标准

GB/T 2941 橡胶试样环境调节和试验的标准温度、湿度及时间

GB/T 12833 橡胶和塑料撕裂强度及粘合强度多峰曲线的分析方法

3 原理

在规定条件下，用标准尺寸的试样测定内胶层和增强层，外胶层和增强层，以及各增强层之间的粘合强度。

4 试验仪器

4.1 试验机应由动力驱动，设有适用的测力系统并设有自动记录装置，在试验过程中移动夹具能保持平稳的移动速率。试验机的测力精度，应符合相应的仪器标准的规定。

注：应使用一个无惯性的测力系统。

4.2 试样夹持器应能夹住试样，使在试验时剥离层不致滑动。

注：推荐采用自紧式夹具。

对于条状试样在试验过程中试样必须处于与夹具夹持面相平行的平面内，例如可用适当的重物固定在试样的自由端或将一块涂有聚四氟乙烯(PTE)之类低摩擦材料的支撑板安装到试验机的上夹持器中。

国家技术监督局1994-01-02批准　　1994-10-01实施

4.3 在试验环形试样时，应设有能使试样滑动的夹持器（见图1）把试样套在芯轴上，然后将芯轴装在两个平行的吊杆上。芯轴两端各有1个滚珠轴承，使芯轴在试验过程中自由转动。

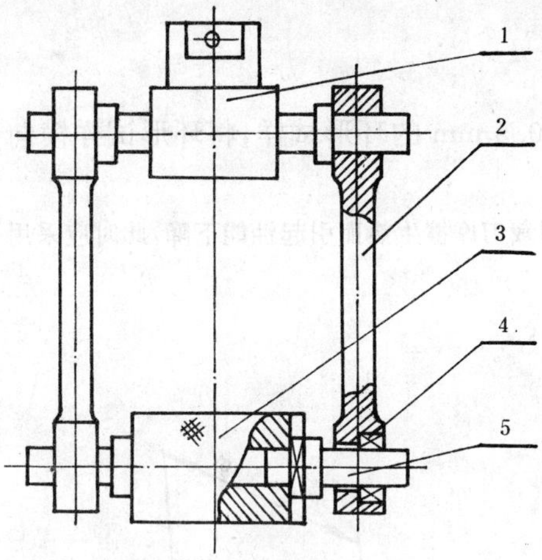

图1 试验夹具示意图

1—吊耳；2—吊杆；3—试样；4—轴承；5—芯轴

5 试样

5.1 试样的类型

为满足各类结构软管及其各种内径规格的试验要求，规定了七种类型试样。

5.2 试样的选择

在特定的产品标准中，除另有规定或有关部门之间另有协定外，应按表1中的规定，选择试样类型。不同的试样，相同的结构而直径不同的软管得到的试验结果不能进行比较。

表1 试样的选择

软管结构	所粘合的层	胶管公称内径尺寸 d,mm		
		$d \leqslant 20$	$20 \leqslant d < 50$	$d > 50$
编织布 纱线编织 纱线针织 纱线圆织	内胶层与增强层 增强层间 外胶层与增强层	4型 4型 4型	1型 1型 1型	1型 1型 1型
纱线缠绕帘子布	内胶层与增强层 增强层间 外胶层与增强层	2型 2型 2型	3型 2型或3型1) 3型	3型 3型1) 3型
钢丝编织 钢丝缠绕	内胶层与增强层 增强层间 外胶层与增强层	5型2) 见注3) 2型或6型	5型 见注3) 2型或6型	5型 见注3) 2型或6型
支撑螺旋线软管	内胶层与增强层 增强层间 外胶层与增强层	7型 7型 7型	7型 7型 7型	7型 7型 7型

注：1）如果因织物断裂难以获得清晰界面而影响粘合，应在试验报告中注明。

2）内径尺寸小于 12.5 mm 时，因试样宽度不足，无法进行测试。

3）由于钢丝编织缠绕层剥离时导致钢丝散开使此项测试无法进行。而且在任何情况下所得的结果均明显地受到钢丝弯曲所需要的力的影响。

5.3 试样制备

5.3.1 1型试样

从软管上切取一个宽为 25±0.5 mm 的环形试样，将环形试样横向切开以形成一条条状试样（见图2）。

注：切取试样时采用的方法不得因裁刀摩擦生热而引起性能下降，此时应采用 2、3、5 或 6 型试样。

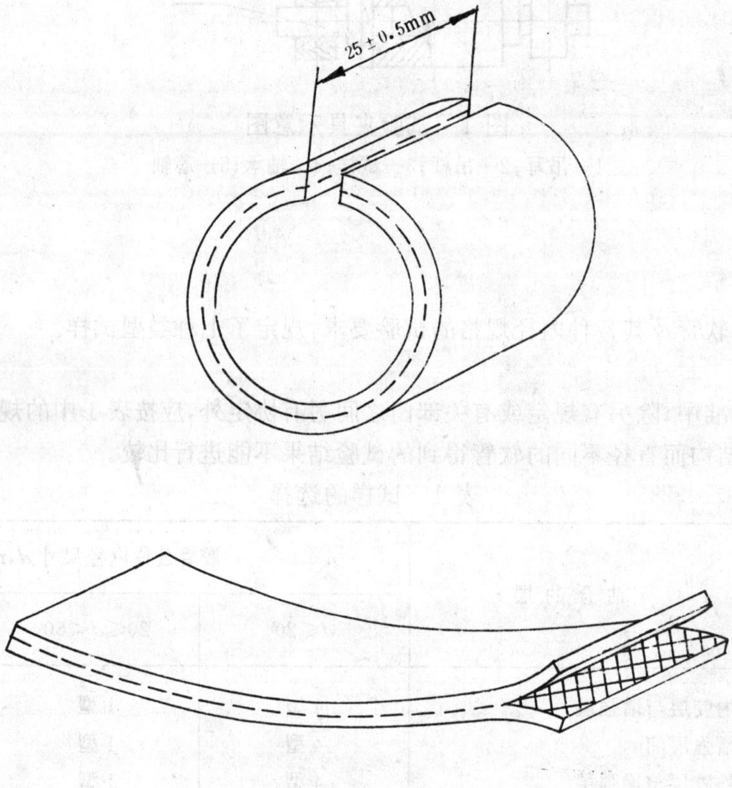

图 2　1型试样

5.3.2 2型试样

切取长度为 160 mm 的一段软管，按轴向将其切成近似相等的两半，然后视所用试样宽度再沿轴向将胶层切开宽为 25±0.5 mm、10±0.5 mm 或 5±0.5 mm 的试样，注意不要切透纱线，并将其胶层一端剥开一定长度（见图 3）。

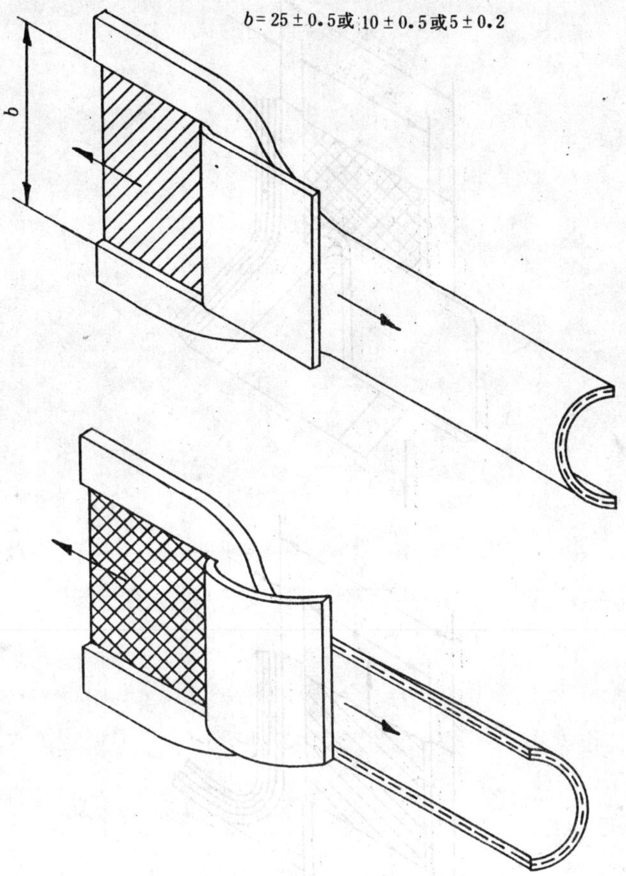

图3　2型试样

5.3.3　3型试样

从软管上切取35±0.5 mm宽的圆环，并横向切开形成一条状试样，然后沿与软管轴相垂直方向环绕一周切取宽为25±0.5 mm试样，注意不要切透纱线，并将其胶层一端剥开一定长度(见图4)。

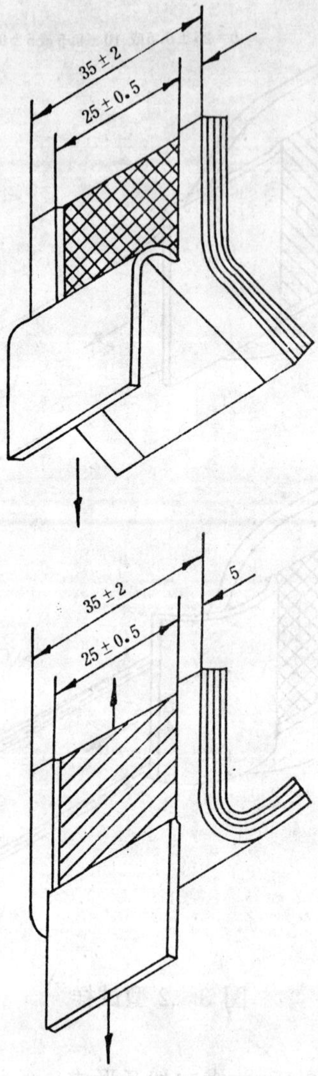

图 4　3 型试样

5.3.4　4 型试样

切取长度为 160 mm 的一段软管，按轴向将其切成近似相等的两半，然后切取宽为 10±0.5 mm 的条状试样，并将其胶条一端剥开一定长度(见图 5)如果切取的试样宽度小于 10 mm 时，则尽可能取最大宽度。

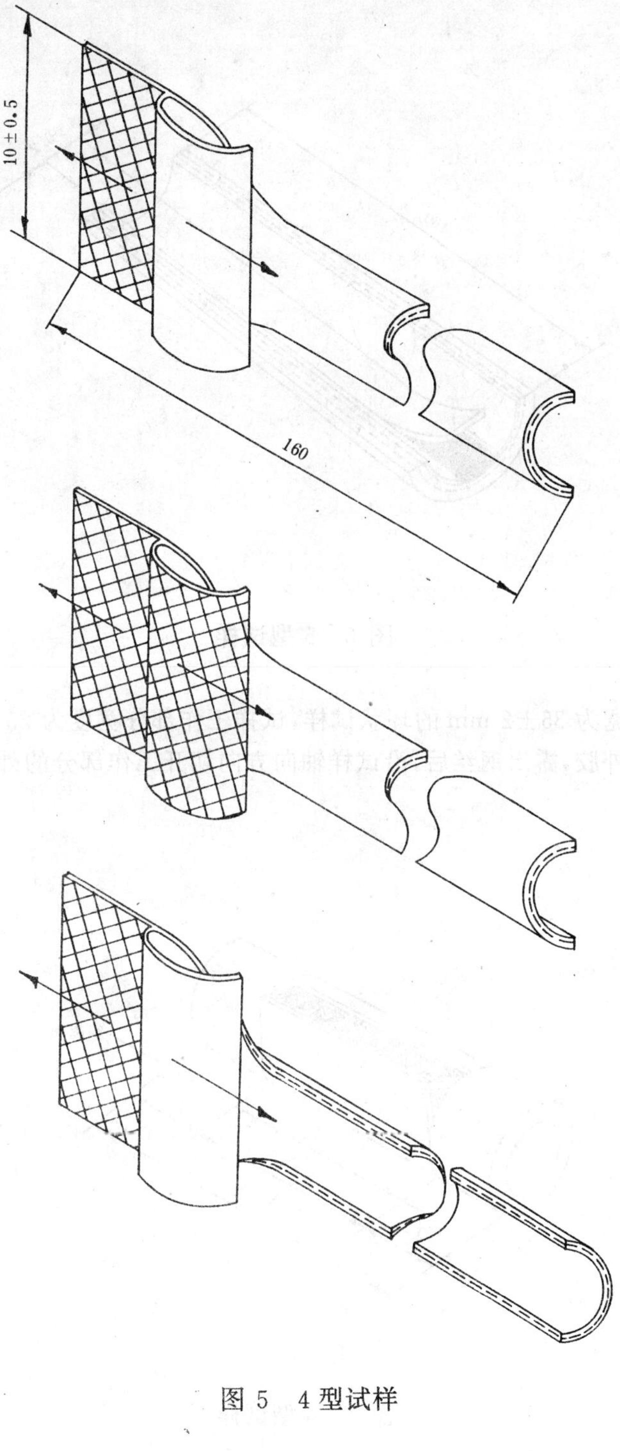

图 5　4 型试样

5.3.5　5 型试样

切取长度为 160 mm 的一段软管，按轴向将其切成近似相等的两半然后在该试样内胶层中心部位上切取宽为 5±0.2 mm 的胶层试样。并将其一端剥开一定的长度(见图 6)。

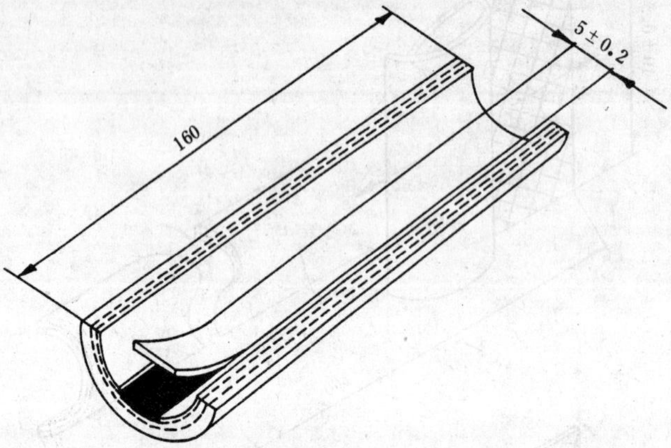

图 6　5 型试样

5.3.6　6 型试样

从软管上切取一个宽为 35±2 mm 的环状试样，试样工作部分宽度为 25±0.5 mm，用刀具沿试样工作部分环绕一周切割外胶，露出钢丝后，沿试样轴向方向切开工作部分的外胶层，并将其剥开一定长度(见图 7)。

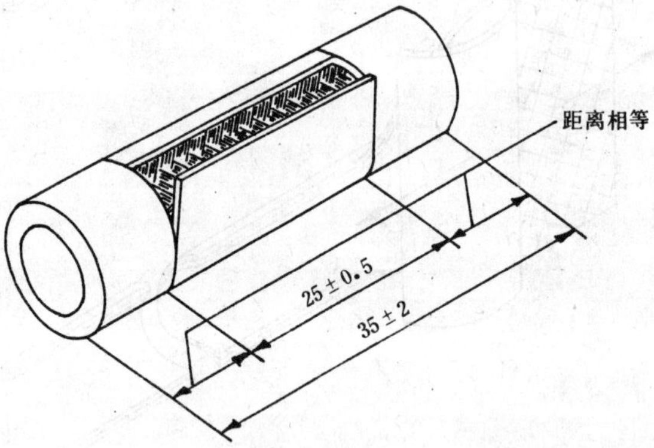

图 7　6 型试样

5.3.7　7 型试样

沿增强层螺线方向从软管壁上切取一个长条，并加工成长为 160 mm、宽为 25±0.5 mm 的试样，并将其一端剥开一定长度(见图 8)。如果宽度小于 25 mm，则尽可能取得到的最大宽度。

注：此试样仅适用于螺旋间距大于 10 mm 的支撑螺旋线软管，不适用于带专用端头，装配管接头的一定长度的软管。

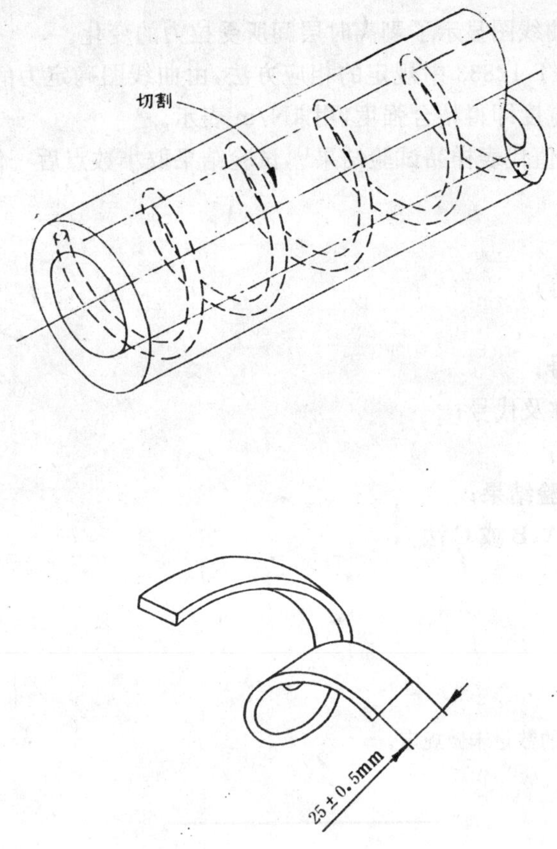

图 8　7 型试样

5.4　试样的调节

任何试验应在软管制出 24 h 后进行。样品应在试验室标准温度和湿度下调节至少 16 h，这段时间可作为制造后的 24 h 调节时间中的一部分。试样制成后，应在试验室标准温度下调节至少 3 h[1]后进行试验。

对于对比试验，应尽可能在产品制成后按相同的时间间隔内进行。

6　试验步骤

6.1　要试验的每一界面应使用一个单独的试样。

6.2　从调节环境中取出试样，并用精度为 0.5 mm 的量具测量试样的实际宽度(mm)，将试样已剥开的一端分别夹持在两夹持器上时，要使两夹持器的夹持面处于剥离力轴线的同一平面上，以保证拉力分布均匀，剥离时试样不发生扭曲现象，并使条状试样的剥离角度约为 180°环形试样的剥离角度约为 90°。

6.3　调整拉力试验机，使下夹持器的移动速度为 50±5 mm/min。

6.4　开动试验机，进行连续剥离，记录剥离至少 100 mm 长度所需的力(N)。如果试样长度不到 100 mm，则应记录剥离最长距离所需的力。

如果剥离发生在其他位置，例如在试验的两层中的一层之内出现分离，此类分离应在报告中予以注明，并记录分离时的力。

采用说明：

1〕ISO 8033—1991 中规定 16 h。

7 试验结果的表示

由自动记录仪上得到的曲线图显示了剥离时层间所受拉力的变化。

7.1 试样粘合强度应按 GB/T 12833 中规定的相应方法,由曲线图确定力的峰值中位数,然后将力的峰值中位数除以试样的有效宽度即得粘合强度,用 kN/m 表示。

7.2 以两个试样的算术平均值代表样品试验结果[1],试验结果取小数点后一位。

8 试验报告

试验报告应包括以下内容:

a. 软管名称和规格;

b. 软管制造日期和批号;

c. 试验依据的标准名称及代号;

d. 试验温度、试验日期;

e. 所用试样的类型、试验结果;

f. 所采用的取值方法(A、B 或 C 法);

g. 试验者。

采用说明:

1] ISO 8033—1991 中对试样的数量未做规定。

附加说明:

本标准由中华人民共和国化学工业部提出。

本标准由全国橡胶与橡胶制品标准化技术委员会软管分技术委员会归口。

本标准由化学工业部沈阳橡胶工业制品研究所负责起草。

本标准主要起草人黄仁河。

中华人民共和国国家标准

织物增强液压橡胶软管和软管组合件

GB/T 15329—94

Rubber hoses and hose assemblies
—Textile-reinforced hydraulic type

本标准等效采用国际标准 ISO 4079—1991《橡胶软管和软管组合件织物增强液压型——规范》。

1 主题内容与适用范围

本标准规定了内径 5～100 mm 的四个类型织物增强的橡胶软管和软管组合件的各项要求。

本标准适用于普通液压流体，例如矿物油、溶性油、油水乳浊液、乙二醇水溶液和水，在－40～100℃温度范围内工作的织物增强橡胶软管和软管组合件。

本标准不包括对管接头的要求，仅规定了软管和软管组合件的性能。

本标准不适用于蓖麻油和酯基流体。

工作温度超过 93℃时会降低软管的使用寿命。

2 引用标准

GB/T 1690 硫化橡胶耐液体试验方法

GB/T 5563 橡胶、塑料软管及软管组合件液压试验方法

GB/T 5564 橡胶、塑料软管及软管组合件低温屈挠试验

GB/T 5568 橡胶、塑料软管及软管组合件无屈挠液压脉冲试验

GB/T 9571 橡胶、塑料软管静态条件下耐臭氧性能的评定

GB/T 9573 橡胶、塑料软管和软管组合件 尺寸测量方法

GB/T 9574 橡胶、塑料软管和软管组合件 试验压力、爆破压力与设计工作压力的比率

GB/T 9576 橡胶、塑料软管和软管组合件 选择、贮存、使用和维修指南

GB/T 9577 橡胶、塑料软管和软管组合件 标志、包装和运输规则

GB/T 14905 橡胶、塑料软管各层间粘合强度的测定

HG/T 2185 橡胶软管外观质量

3 产品分类

3.1 结构

软管应由耐油、耐水的合成橡胶内胶层、一层或多层纤维线增强层和耐油耐天候的外胶层构成。

3.2 型别

依据工作压力，规定了 1 型、2 型、3 型和 4 型软管，其中 1 型和 2 型软管采用一层纤维线编织层，3 型软管采用两层纤维编织层，4 型软管采用一层或两层纤维线编织层。

3.3 尺寸

橡胶软管内径和外径应当符合表 1 的要求。

国家技术监督局 1994-12-22 批准　　　　1995-10-01 实施

表 1

mm

公称内径	内径		软管外径							
	各型		1型		2型		3型		4型	
	最小	最大	最小	最大	最小	最大	最小	最大	最小	最大
5	4.5	5.4	10.3	11.9	11.0	12.6	11.9	13.5	12.0	13.6
6.3	6.1	6.9	11.9	13.5	12.6	14.2	13.5	15.1	13.6	15.2
8	7.7	8.5	13.5	15.1	14.1	15.7	16.7	18.3	16.2	17.8
10	9.3	10.1	15.1	16.7	15.7	17.3	18.3	19.8	17.7	19.3
12.5	12.3	13.5	19.0	20.6	18.7	20.7	23.0	24.6	20.7	22.7
16	15.4	16.7	22.2	23.8	22.9	24.9	26.2	27.8	24.9	26.9
19	18.6	19.8	—	—	26.0	28.0	31.0	32.5	28.0	30.0
25	25.0	26.4	—	—	32.9	35.9	36.9	39.3	34.4	37.4
31.5	31.3	33.0	—	—	—	—	42.9	46.0	37.4	41.0
38	37.1	39.1	—	—	—	—	—	—	47.6	51.6
51	49.8	51.8	—	—	—	—	—	—	60.3	64.3
60	58.8	61.2	—	—	—	—	—	—	70.0	74.0
80	78.8	81.2	—	—	—	—	—	—	91.5	96.5
100	98.6	101.4	—	—	—	—	—	—	113.5	118.5

注：表 1 软管公称内径和外径允许范围未遵循 GB/T 9575 中规定的公称内径及公差范围的规定，表中采纳的尺寸是为了保证与全世界广泛使用的管接头尺寸保持匹配。

3.4 同心度

软管在同一截面不同部位测量管壁厚度，其公差值不得大于表 2 列出的值。

表 2　软管壁厚公差控制范围

mm

公称内径	管壁厚度差
6.3 以下(含 6.3)	0.8
6.3～19(含 19)	1.0
19 以上	1.3

3.5 长度及公差

软管长度公差±1%或者±3 mm，取其最大值。

除合同另有规定外，任一批软管的不同长度的百分比应为：

13 m 以上的软管不得少于总长的 65%；

7.5～13 m 的软管不得多于总长的 35%；

1～7.5 m(不含 7.5 m)的软管不得多于总长的 10%；

不得有长度小于 1 m 的软管。

3.6 产品标记

标记内容应包括名称、类型、规格和标准号。

标准示例：

织物液压胶管 1 19 GB ××××

- 标准号 — GB ××××
- 规格 — 19
- 型号 — 1
- 产品名称 — 织物液压胶管

4 技术要求

4.1 软管的工作压力应符合表 3 的要求

表 3 软管工作压力

公称内径，mm ＼ 工作压力 MPa ＼ 类型	1 型 MPa	2 型 MPa	3 型 MPa	4 型 MPa
5	3.4	8.0	10.3	16.0
6.3	2.8	7.5	8.6	14.5
8	2.8	6.8	8.3	13.0
10	2.8	6.3	7.8	11.0
12.5	2.8	5.8	6.9	9.3
16	2.4	5.0	6.0	8.0
19	—	4.5	5.2	7.0
25	—	4.0	3.9	5.5
31.5	—	—	2.6	4.5
38	—	—	—	4.0
51	—	—	—	3.3
60	—	—	—	2.5
80	—	—	—	1.8
100	—	—	—	1.0

4.2 软管的试验压力和最小爆破压力与工作压力的比率应符合表 4 的要求。

表 4 软管试验爆破压力与工作压力的比率

试验压力与工作压力比率	最小爆破压力与工作压力比率
2∶1	4∶1

4.3 软管在表 3 工作压力下，弯曲半径不得小于表 5 的规定。

表 5 软管弯曲半径控制范围 mm

公称内径	弯曲半径			
	1 型	2 型	3 型	4 型
5	50	35	80	40
6.3	65	40	80	45
8	80	50	100	55
10	80	60	100	70
12.5	100	70	125	85
16	125	90	140	105
19	—	110	150	130
25	—	150	205	150
31.5	—	—	255	190
38	—	—	—	240
51	—	—	—	300
60	—	—	—	400
80	—	—	—	500
100	—	—	—	600

4.4 软管在工作压力下的长度变化不得超过－4％～＋2％。

4.5 软管及软管组合件的脉冲试验应符合表 6 的要求，1 型软管不做此项试验。

表 6 软管脉冲试验条件

软管型号	公称内径，mm	试验压力与设计工作压力比率	试验温度 ℃	脉冲次数
2、3 和 4 型	≤25(含 25)以下	1.33	93±3	≥200 000
3 型和 4 型	≥31.5(含 31.5)	1∶1		

软管组合件完成上述试验后不得出现泄漏或其他异常情况。

4.6 软管的其他性能要求应符合表 7 的要求。

表 7 软管有关性能

项 目	指 标
低温屈挠性能－40±2℃ 恢复至室温后进行耐压试验	不泄漏 不龟裂
耐油性能，3 号标准油，100±1℃，72－2 h，内、外胶层体积变化	无收缩，膨胀不大于 100％
耐臭氧性能 40±2℃ 50±5 MPa，50±5 PPhm(*V*/*V*) 72－2 h	放大 2 倍观察外胶，不出现龟裂或劣化
粘合强度，kN/m 内胶层和增强层，增强层和增强层，增强层和外胶层	≥1.4
泄漏试验	不得泄漏和损坏

4.7 软管的外观质量应符合 HG/T 2185 的要求。

5 试验方法

5.1 软管的尺寸和同心度测定按 GB/T 9573 执行。

5.2 软管的液压性能按 GB/T 5563 执行。

5.3 软管和软管组合件的脉冲性能试验按 GB/T 5568 执行。

脉冲试验进行过程中，如接头拔脱或邻近 25 mm 内发生任何损伤，应视为接头引起的损坏，可将此胶管舍弃，重新取样试验，应记录故障形式和位置。如在完成最低脉冲次数前，由于不可避免的原因停止脉冲试验 24 h 以上，在重新起动试验时，则可能在软管接头处有轻微的渗漏，这样的渗漏，可能在重新启动后 30 min 内自行密封住，则不视为失效。

5.4 软管的泄漏试验按 GB/T 5563 执行。

试验时用组装接头时间不超过 30 d 的未老化的两根橡胶软管组合件，使其承受相当于 70%最小爆破压力值的试验压力值，保持此压力 5～5.5 min，橡胶软管应无泄漏或其他损坏，此项试验视为破坏性试验，试验后，试样报废。

5.5 软管的低温屈挠试验按 GB/T 5564 执行。

5.6 软管的耐液体试验按 GB/T 1690 和 GB/T 5563 执行。

5.7 软管的耐臭氧性能试验按 GB/T 9571 执行。

5.8 软管各层间粘合强度试验按 GB/T 14905 执行。

5.9 软管的外观质量按 HG/T 2185 执行。

6 检验规则[1)]

6.1 软管应由制造厂检验部门成批检验，每根软管出厂时须有质量合格证。

6.2 同型号软管划为一批，每批数量不多于 5 000 m。

6.3 软管的外观质量，规格尺寸应逐根检查。

6.4 软管的液压性能试验应每批进行一次。

6.5 软管的耐液体性能试验，每批进行一次。

6.6 软管的层间粘合强度试验每批至少进行一次。

6.7 同型号软管任选一种规格进行脉冲和泄漏试验，每年进行一次。

6.8 软管的低温屈挠性能试验，每年进行一次。

6.9 软管的耐臭氧性能试验，每年进行一次。

上述试验如有不合格者，应在该批软管中取双倍试样进行不合格项目复试，如在复试后仍有一项指标不合格，则该批软管视为不合格品。

7 标志、包装、运输、贮存、选择、使用和维修

7.1 软管的标志、包装和运输应符合 GB/T 9577 的要求。

7.2 软管的贮存、选择、使用和维修应符合 GB/T 9576 的要求。

7.3 软管在符合本标准 7.1 和 7.2 要求的条件下，制造厂应保证胶管从出厂日期起，在不超过 1 年贮存期内，其性能仍符合本标准的规定。

---

1) 国际标准无此项内容。

附加说明：

本标准由中华人民共和国化学工业部提出。

本标准由全国橡胶与橡胶制品标准化技术委员会橡胶软管分技术委员会归口。

本标准由化学工业部沈阳橡胶工业制品研究所负责起草。

本标准主要起草人王维相、王宝珠、严松枫。

中华人民共和国国家标准

GB/T 15907—1995

橡胶、塑料软管　燃烧试验方法

Rubber and plastics hoses — Method of test for flammability

本标准等效采用 ISO 8030:1987《地下采矿用橡胶和塑料软管——耐燃性试验方法》。

1　主题内容与适用范围

本标准规定了橡胶、塑料软管燃烧试验的试验设备、试样、试验步骤和结果等的要求[1]。

本标准适用于橡胶、塑料软管的小规模的试验室试验，主要用于产品筛选或控制产品质量。

本标准不适用于预测产品在火焰中的着火危险性。

2　引用标准

GB 2941　橡胶试样环境调节和试验的标准温度、湿度及时间

GB/T 3685　运输带耐燃性试验方法

3　试验设备

3.1　一个自然通风、内表面为黑色的柜，柜的顶部有一个烟雾出口，一个控制燃烧室的手调风门，以及一个由透明材料制作的带观测窗口的滑门，燃烧室的装配和大致尺寸见图 1。

3.2　酒精灯结构、使用和检查应按 GB/T 3685 规定执行。

3.3　支架，在燃烧器上方以水平位置支撑试样，见图 2。

3.4　秒表，最小分度值不大于 0.2 s，表盘视值范围为 60 s[2]。

采用说明：

1] 比 ISO 8030 扩大了试验品种。

2] 对秒表的精度明确了要求。

国家技术监督局 1995-12-20 批准　　　　1996-08-01 实施

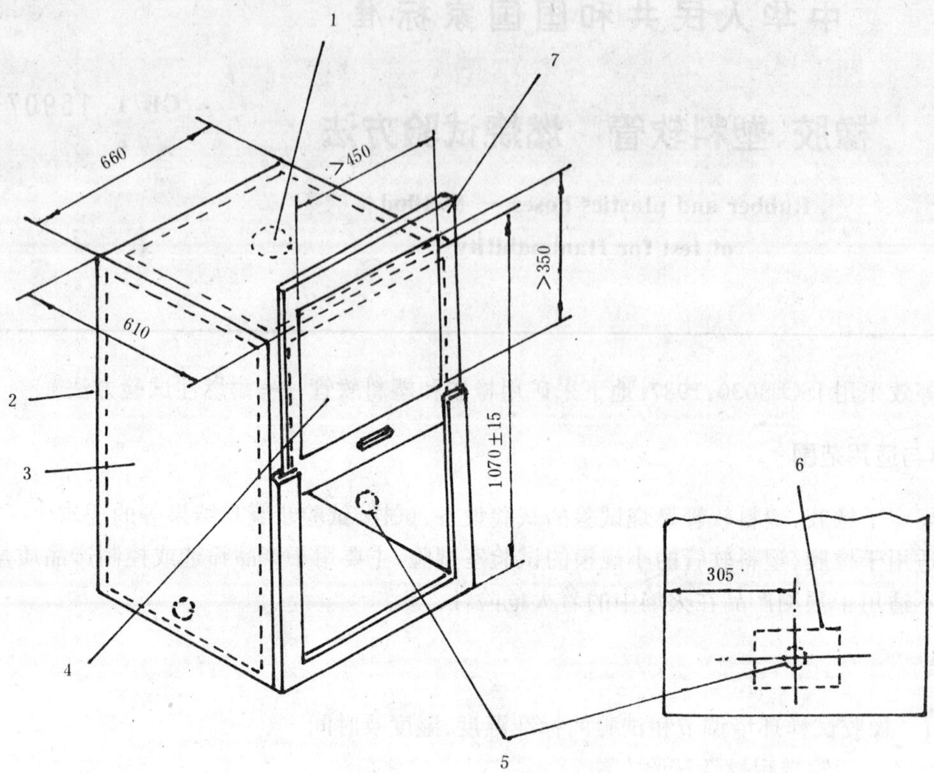

图 1　耐燃性试验用柜

1—ϕ150 mm 通风孔；2—角铁框架；3—非石棉绝热板；4—玻璃观察窗；
5，6—每侧有 ϕ40 mm 的孔；7—滑动门

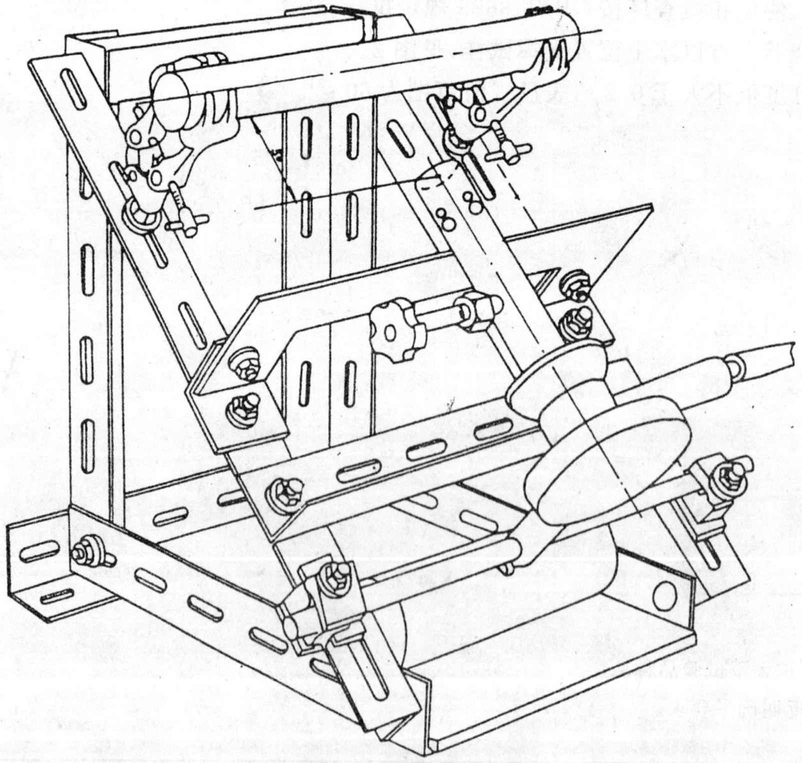

图 2　试验支架

4 试样

试样长为 300 mm 的软管，试样数量为六根。

试样调节：在软管制成后的 24 h 内不得进行此项试验。试样在试验之前必须在 GB 2941 规定的标准温度和湿度下至少调节 3 h，这 3 h 可以包括在软管制造后待试的 24 h 之内。

5 试验步骤

按 GB/T 3685 的规定，点燃酒精喷灯，试验时酒精喷灯的基准面应与水平成 45°角。酒精喷灯的喷口中心与试样的距离为 50±2 mm，火焰应与试样轴向垂直，并喷射到试样的中心部位。火焰喷射到试样上的时间为 60 s，然后撤掉酒精喷灯。

6 试验结果

试验结果应表示六个试样各自有焰和无焰燃烧的持续时间，并计算其算术平均值。

7 试验报告

试验报告应包括下列内容：

a. 软管名称；

b. 软管型号、公称内径；

c. 软管制造日期和批号；

d. 软管的制造方法和增强层的详细结构；

e. 本试验方法标准号；

f. 有焰和无焰的平均持续时间；

g. 六个试样材料自由燃烧、火星溅射，或撤去燃烧灯后火焰蔓延的情况。

附加说明：

本标准由中华人民共和国化学工业部提出。

本标准由全国橡胶与橡胶制品标准化技术委员会橡胶软管分技术委员会归口。

本标准由化学工业部沈阳橡胶工业制品研究所负责起草。

本标准主要起草人严松枫。

中华人民共和国国家标准

织物增强液压型热塑性塑料软管和软管组合件

GB/T 15908—1995

Plastics hose and hose assemblies
—Thermoplastics, textile-reinforced, hydraulic type

本标准等效采用国际标准 ISO 3949:1991《织物增强液压型热塑性塑料软管和软管组合件——规范》。

1 主题内容和适用范围

本标准规定了织物增强的、设计工作压力范围为 6.9～34.5 MPa 的两种类型热塑性塑料软管(简称液压树脂软管)的型别、尺寸、结构、技术要求和试验方法、检验规则等内容。

本标准适用于使用石油基、水基和合成基液压流体，在－40～100℃温度范围内工作的热塑性塑料软管。

本标准不包括对管接头的要求，仅限于软管和软管组合件的性能要求。

工作温度超过 93℃时会降低软管的使用寿命。

2 引用标准

GB/T 1690 硫化橡胶耐液体试验方法
GB/T 5563 胶管液压试验方法
GB/T 5564 橡胶、塑料软管低温曲挠试验
GB/T 5568 橡胶、塑料软管及软管组合件无曲挠液压脉冲试验
GB/T 9571 橡胶、塑料软管静态条件下耐臭氧性能的评定
GB/T 9573 橡胶、塑料软管和软管组合件 尺寸测量方法
GB/T 9574 橡胶、塑料软管和软管组合件 试验压力、爆破压力与设计工作压力的比率
GB/T 9575 橡胶、塑料软管内径尺寸和长度公差
GB/T 9576 橡胶、塑料软管和软管组合件选择、贮存、使用和维修指南
GB/T 9577 橡胶、塑料软管和软管组合件标志、包装和运输规则

3 产品结构、型别、尺寸

3.1 结构

软管应由一层耐液压流体的无缝的热塑性塑料内层、适宜的合成纤维增强层和一层耐液压流体耐天候的热塑性塑料外层组成。

3.2 型别

按设计工作压力的低和高，软管分为 1 型和 2 型两种型号。

3.3 尺寸

3.3.1 成品软管的公称内径、内径范围和最大外径尺寸应符合表 1 的要求。

国家技术监督局1995-12-20批准　　1996-08-01实施

表 1　公称内径、内径范围和最大外径尺寸　mm

公称内径	内径范围				最大外径尺寸	
	1 型		2 型		1 型	2 型
	最小	最大	最小	最大		
5	4.6	5.4	4.6	5.4	11.4	14.6
6.3	6.2	7.0	6.2	7.0	13.7	16.8
8	7.7	8.5	—	—	15.6	—
10	9.3	10.3	9.3	10.3	18.4	20.3
12.5	12.3	13.5	12.3	13.5	22.5	24.6
16	15.6	16.7	15.5	16.7	25.8	29.8
19	18.6	19.8	18.6	19.8	28.6	33.0
25	25.0	26.4	25.0	26.4	36.7	38.6

3.3.2　软管壁厚公差应符合表 2 规定。

表 2　软管壁厚的最大允许公差　mm

公称内径	管壁厚度差
5～6.3	0.8
8～19	1.0
25	1.3

3.3.3　软管应当按买方规定的长度供货，长度公差应符合 GB/T 9575 的规定。

3.4　产品标志

标志内容：制造厂名称(商标)、产品名称、型号、规格、标准号、制造年份、季

标志示例

××××(××)　液压树脂软管　1　63　GB/T ××××　××××—×

- ×：季
- ××××：年
- GB/T ××××：标准号
- 63：内径规格
- 1：型号
- 液压树脂软管：产品名称
- ××××(××)：制造厂名(商标)

4　技术要求

4.1　液压要求

软管的设计工作压力、试验压力和最小爆破压力应符合表3的要求。

表3　软管的设计工作压力,试验压力和最小爆破压力　　MPa

公称内径 mm	设计工作压力		试验压力		最小爆破压力	
	1型	2型	1型	2型	1型	2型
5	20.5	34.5	41.0	69.0	82.0	138.0
5.3	19.0	34.5	38.0	69.0	76.0	138.0
8	17.0	—	34.0	—	68.0	—
10	15.5	27.5	31.0	55.0	62.0	110.0
12.5	13.5	24.0	27.0	48.0	54.0	96.0
16	10.0	19.0	20.0	38.0	40.0	76.0
19	8.6	15.5	17.2	31.0	34.4	62.0
25	6.9	13.8	13.8	27.5	27.6	55.0

4.2　最小弯曲半径和设计工作压力下的长度变化

软管的最小弯曲半径和在设计工作压力下的长度变化应符合表4的要求。

表4　软管最小弯曲半径和长度变化率

公称内径 mm	最小弯曲半径 mm	长度变化率 %
5	90	±3
6.3	100	±3
8	115	±3
10	125	±3
12.5	180	±3
16	205	±3
19	240	±3
25	300	±3

4.3　脉冲试验要求

软管及软管组合件的脉冲试验要求应符合表5的要求:

表5　软管的脉冲试验要求

软管型号	试验压力与设计工作压力比率	试验温度 ℃	脉冲次数
1	1.25	93	≥150 000
2	1.33	93	≥200 000

4.4 软管的其他性能要求

软管的其他性能应符合表6的要求。

表6 软管的其他性能

项目		指标
低温弯曲性能	−40℃	外塑料层不能出现裂纹
	恢复至室温后进行耐压试验	软管不能出现泄漏和龟裂
耐油性能(3号标准油、100℃、72 h)体积变化率,%		内、外塑料层−15～35
耐臭氧性能(40±2℃、50±5 pphm、70±2 h)(2倍放大镜观察)		外塑料层不出现龟裂或变形
软管导电性能(外塑料层针刺处理的除外)		漏电量不得大于50 μA
泄漏试验性能		不得泄漏和损坏

5 试验方法

5.1 软管尺寸测定按GB/T 9573规定进行。

5.2 软管的液压性能试验按GB/T 5563规定进行。

5.3 软管的脉冲试验按GB/T 5568规定进行。

5.4 软管的泄漏试验按GB/T 5563规定进行。

取两根未老化的,端部管接头安装时间不超过30 d的软管组合件,使其承受相当于70%规定的最小爆破压力值的压力,保压5～5.5 min,将压力降至零,然后再升压至70%的最小爆破压力,保压5 min,软管试样不得出现泄漏或损坏。此项试验视为破坏性试验,试样试验后作废。

5.5 低温弯曲试验按GB/T 5564规定进行。

5.6 耐油性能试验按GB/T 1690规定进行。

5.7 耐臭氧性能试验按GB/T 9571规定进行。

5.8 电性能试验按本标准附录A规定进行。

6 检验规则[1]

6.1 软管应由制造厂的检验部门成批检验,每根软管产品出厂时必须有质量合格证。

6.2 同型号的软管划为一批,每批数量不多于50 000 m。

6.3 软管的规格尺寸应逐根检查。

6.4 软管的液压性能试验应每批进行一次。不足一批时,应每月检验不少于一次。

6.5 同型号软管任选一种规格进行脉冲和泄漏试验。每年至少检验一次。

6.6 软管的低温弯曲性能,每年至少检验一次。

6.7 软管的耐臭氧性能,每年至少检验一次。

6.8 软管的耐油(液体)性能,每年至少检验一次。

上述试验如有不合格者,应在该批软管中取双倍试样进行不合格项目的复试,复试后如有一项指标不合格时,则该批软管为不合格品。

采用说明:

1] ISO 3949无此章,为结合国情制定。

7 包装、运输、贮存、选择、使用和维修

7.1 除软管两端必须封头外，其包装和运输应符合 GB/T 9577 的要求。

7.2 软管的贮存、选择、使用和维修应符合 GB/T 9576 的要求。

附 录 A
导电性能试验方法
（补充件）

警告：因试样上施加很高的电压，所以应当小心地进行此项试验。

A1 范围

本附录规定了软管导电性能的测定方法。

A2 试样

自由长度为150±10 mm无液压流体的软管组合件。

A3 原理和方法

将软管试样端部封闭以防止湿气进入管体内部，在温度23±3℃、相对湿度不大于85%的环境下调节168 h，试验前除去表面的潮湿水分。

将调节后的软管组合件的一端管接头连接到37.5 kV(rms)，正弦波频率为50～60 Hz的电源导线上，该导线应以干燥的线绳悬挂，从而使软管悬空，距离其他任何无关物体至少600 mm，软管下端通过一电阻值为1 kΩ至1 MΩ的电阻器接地，电阻器应放置在软管端部附近。

将一适当的交流电压表用全屏蔽电缆与电阻器并联，电缆的屏蔽层要接地。向试样施加37.5 kV（相当于250 kV/m）的电压，保持5 min，并记录电流读数。

附加说明：

本标准由中华人民共和国化学工业部提出。

本标准由全国橡胶与橡胶制品标准化技术委员会橡胶软管分技术委员会归口。

本标准由化学工业部沈阳橡胶工业制品研究所负责起草、泰州橡胶总厂、亚大塑料制品有限公司参加起草。

本标准主要起草人王宝珠、王维相、彭微香、赵苏宝、于计俊。

前　言

本标准等效采用国际标准草案 ISO/DIS 4642-1:1994《消防用不可折叠型橡胶和塑料软管　第一部分:定位应急设施用轴卷半硬性轴卷软管》

本标准删除了 ISO/DIS 4642-1:1994 中的“6.7　UV—试验(氙弧灯)(仅适用于 2.3 和 6 类)注:应在 ISO 11758《橡胶、塑料软管　曝露在氙弧灯下时颜色与外观变化的测定方法》发布后,再加上耐 UV—光试验和要求”。将其作为待定指标,等日后修订时再作处理。

本标准的附录 A、附录 B、附录 C 是标准的附录。

本标准由中华人民共和国化学工业部提出。

本标准由全国橡胶与橡胶制品标准化技术委员会橡胶软管分技术委员会归口。

本标准负责起草单位:化学工业部沈阳橡胶工业制品研究所。

参加起草单位:亚大塑料制品有限公司。

本标准主要起草人:王宝珠、于计俊。

中华人民共和国国家标准

消防用不可折叠型橡胶和塑料软管 第1部分：定位应急设施用轴卷半硬性软管

GB/T 16590.1—1996

Rubber and plastics hoses, non-collapsible, for fire-fighting service— Part1: Semi-rigid reel hose for fixed first-aid installations

0 引言

本标准规定了定位应急设施用的轴卷半硬性软管的基本要求。应急软管设施是为在建筑物中的居住者控制并扑灭局部小规模火焰的手工操作装置，固定在墙壁上或消防箱内，并牢固地与水源连接。该装置包括管接头、装有压力表的阀门、带有软管支撑件的半硬性软管以及一个喷管。

1 范围

本标准规定了应急消防用轴卷半硬性软管的性能和试验。内径为 19 mm 和 25 mm 的软管预定最大工作压力为 1.2MPa；内径为 33 mm 的软管预定最大工作压力为 0.7 MPa。

符合本标准的软管可用在远距离使用场地之间，例如在建筑物群或其他建筑工地中的固定的消防软管卷轴上。对于内径为 19 mm 和 25 mm 的软管，最小卷轴直径为 200 mm；对于内径为 33 mm 的软管，最小卷轴直径为 280 mm。

本标准仅适用于在温度范围为－20℃～＋60℃的非腐蚀性环境条件下使用的软管。

在购货方需要时，可以提供低于－20℃（例如－30℃）下使用的软管。

2 引用标准

下列标准所包含的条文，通过在本标准中引用而构成为本标准的条文。本标准出版时，所示版本均为有效。所有标准都会被修订，使用本标准的各方应探讨使用下列标准最新版本的可能性。

GB/T 3512—83 橡胶热空气老化试验方法(neq ISO 188:76)

GB/T 5563—94 橡胶、塑料软管及软管组合件液压试验方法

GB/T 5564—94 橡胶、塑料软管低温曲挠试验(neq ISO 4672:1988)

GB/T 7528—87 橡胶软管术语(neq ISO 1382:1986)

GB/T 9571—88 橡胶、塑料软管静态条件下耐臭氧性能的评定(idt ISO 7326:1984)

GB/T 9573—88 橡胶、塑料软管和软管组合件尺寸测量方法(idt ISO 4671:1984)

GB/T 9575—88 橡胶、塑料软管内径尺寸和长度公差(idt ISO 1307:1983)

GB/T 10548—89 聚合物增强热塑性材料排吸软管

GB/T 14905—94 橡胶和塑料软管各层间粘合强度测定(eqv ISO 8033:1991)

国家技术监督局1996-10-28批准　　1997-06-01实施

3 定义

本标准采用下列定义。

3.1 半硬性软管 在不受压时保持其均匀圆截面的软管。

工作压力、试验压力、爆破压力术语按照 GB 7528 规定。

4 分类

A 型软管的组成如下：

a）一层无缝橡胶或塑料内衬层；

b）一层织物增强层、有或无一根硬螺旋线；

c）一层橡胶或塑料外覆层。

B 型软管的组成如下：

a）一层无缝的橡胶或塑料内衬层；

b）一层圆织物增强层，有一根硬螺旋线；

c）无外覆层或有一层橡胶或塑料外覆层。

按结构中所用的材料、两种型号又可进一步划分为六类：

类别	内衬层材料	外覆层材料
1	橡胶	橡胶
2	塑料	塑料
3	橡胶	塑料
4	塑料	橡胶
5	橡胶	1)
6	塑料	1)

5 尺寸和公差

5.1 公称内径和最大质量

按 GB/T 9573 规定测量，软管的内径应符合表 1 的要求，每米长软管的质量应符合表 1 的规定。

表 1 内径和质量

公称内径 mm	公差 mm	质量，g/m	
		A 型 最大值	B 型 最大值
19	−0.5～+1.0	750	250
25	−1.0～+1.0	900	350
33	−1.0～+1.5	1 000	500

5.2 长度与公差

提供软管的长度应按用户的要求并以米数来表示。长度的公差应符合 GB/T 9575 的规定。

6 成品软管的物理性能

6.1 液压性能

1）这两类归于无外覆层 B 型软管

6.1.1 在最大工作压力下的形变性在按 GB/T 5563 规定试验时,软管的尺寸稳定性应符合表 2 的要求。软管试样长度应为 1 m。

对于内径为 19 mm 和 25 mm 的软管,初始压力应为 0.07 MPa,最终压力应为 1.2 MPa;对于内径为 33 mm 的软管,初始压力和最终压力应分别为 0.07 MPa 和 0.7 MPa。

扭转量应不大于 0.5 rad/m。只有在拧紧管接头的方向上,扭转量可以超过 0.5 rad/m。

表 2 在工作压力下的形变量

	A 型	B 型
长度变化率,%	0～+7.5	0～+5.0
外径变化率,%	0～+7.5	0～+5.0

6.1.2 在试验压力下的形变性按 GB/T 5563 规定,对三根 1 m 长的软管进行试验压力保持试验。试验压力应按表 3 规定,在试验过程中,检查试样,应无渗漏、龟裂、突变或其他损坏的迹象。

然后做最小爆破压力试验。按 GB/T 5563 规定,对这三根 1 m 长的试样进行爆破压力试验,直至软管爆破,每一根试样都不应在低于表 3 规定的压力下爆破。

表 3 最大工作压力、最小爆破压力和试验压力要求

公称内径,mm	19.25	33
最大工作压力,MPa	1.2	0.7
试验压力,MPa	2.4	1.4
最小爆破压力,MPa	4.2	2.45
注:最大工作压力、试验压力和最小爆破压力的比例为 1∶2∶3.5		

6.1.3 弯折压力试验在按附录 A 规定的方法试验时,内径为 19 mm 和 25 mm 的软管试样在承受 1.2 MPa压力的前后,内径为 33 mm 的软管试样在承受 0.7 MPa 压力的前后,都不应爆破,并无任何可见缺陷。

6.2 粘合性能

按 GB/T 14905 规定进行试验,A 型软管的各层间粘合强度不小于 1.5 kN/m,B 型软管的各层间粘合强度不小于 1.0 kN/m。

注:因为试样决定于软管的结构,故由进行试验的试验室按 GB/T 14905 来决定用哪种试样。

6.3 加速老化性能

按 GB 3512 的规定,对四根 1 m 长的软管试样于 70℃±1℃下进行 7 d 的空气老化试验。老化后,取三根试样按 6.1.2 规定进行爆破压力试验,应能符合要求,爆破压力试验结果的平均值的降低量应不大于原爆破压力平均值的 25%。

另一根试样按 6.2 的规定作粘合强度试验,结果应符合 6.2 的要求。

注:并不限制老化后这两项性能数值的增加。建议在软管上靠近原爆破处取试样作粘合强度试验。

6.4 低温屈挠性能

按 GB/T 5564 中方法 B 进行试验,所用芯轴外径等于软管公称内径的 12 倍。

在－20℃±2℃温度下,用 10 s±2 s 的时间,将软管围绕芯轴弯曲 180°,应无任何断裂或龟裂的迹象。

6.5 抗弯曲和挤压性能

在 23℃±2℃下,按附录 B 试验时,T/D 值不应超过 1.20。

6.6 耐臭氧性能(仅对 1、4、5 类而言)

按 GB 9571 方法 1 对所有内径规格和型号的软管进行耐臭氧性能试验。试验后,软管的内、外层都不应出现龟裂。内衬层用切开软管壁的方法检查。

6.7 加热质量损失(仅对 2、3、6、类而言)

在按 GB/T 10548 附录 A(标准的附录)的方法进行试验时,软管内、外层质量损失不应大于 4%。

6.8 耐热表面性能

在试验温度 200℃±2℃下,按附录 C 的规定对软管做热表面试验。在施加阴极棒以后的 30 s 内,四个试样均不应出现龟裂。

7 标志

每根软管至少应在两端处清晰和永久地标志出以下内容:

a)制造厂名称或商标;

b)本标准的编号;

c)软管的型、类和公称内径;

d)制造年和季;

e)认证号码和认证团体(如有的话)。

例如:××—GB××××—A-2-19-2Q/1993

在低于−20℃温度下按 6.4 试验合格的软管,应标上试验温度。

附　录　A
（标准的附录）
弯折压力试验

A1　原理

本方法试验软管在弯折并保压后是否产生渗漏或损坏。

A2　试样

为一根 2.0 m 长的软管。

A3　装置

液压源，用水作试验介质，能使内径为 19 mm 和 25 mm 的软管保压 1.2 MPa，内径为 33 mm 的软管保压 0.7 MPa。

A4　试验程序

将试样一端与压力源连接，充满水、排除内部空气，夹紧试样可移动的另一端，加 0.07 MPa 的压力并保压。将试样沿着长度方向在大约中心点处弯曲 180°，并尽可能将可移动的一端对上固定一端并绑住，以形成一个剧烈的弯折，并且要保证避免因绑扎引起试样直径的扩张。

将试样中的压力升高到 6.1.3 给定的压力值，保持 1 min。在撤掉压力以前，检查试样有无渗漏或损坏。

A5　试验报告

试验报告应包括下列内容：
a）试验的软管的全面描述；
b）本标准编号；
c）观察到的任何渗漏或损坏的迹象；
d）试验的日期。

附　录　B
（标准的附录）
弯曲和挤压试验

B1　试样

试样为长度不小于 1 m 的软管试样，至少应试验两个试样。

B2　程序

按 GB 9573 规定，用适当的测量器具测定软管外径平均值 D。弯曲和抗压试验装置见图 B1。对于内径为 19 mm 和 25 mm 的软管，将试样的一端夹在直径为 200 mm 的硬卷轴上，对于内径为 33 mm 的软管，将试样的一端夹在直径为 280 mm 的硬卷轴上。将试样围绕卷轴 1.5 圈，软管不应呈现任何可见的扭折迹象。

在试样的自由端施加 45 N 的力，5 min 以后，测量试样接触卷轴部分的最大外部尺寸 T，在软管还绕在卷轴上的时候，测定软管主轴的外径，计算比值 T/D。

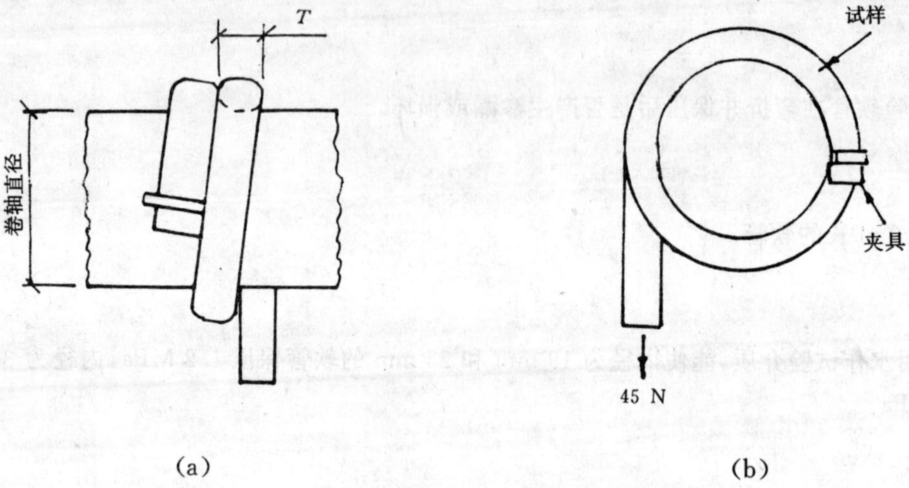

图 B1 弯曲和抗压试验装置

B3 试验报告

试验报告应包括以下内容：

a）所试验软管的全面描述；

b）本标准编号；

c）试验结果的平均值，T/D 比值；

d）试验日期。

附 录 C
（标准的附录）
耐热表面试验

C1 试样

取四个软管试样，每根长 0.5 m。每个试验都需要一个新的试样。严格地说，试验面积是软管的上边、下边和两侧。

注：适当的取样以避免影响了软管试样外覆层的同心度。

C2 装置

从上看装置由一个阴极棒和一个负荷重物组成。它们可对安装试样垂直地施加力 F（见图 C1）。

应设计负荷重物使阴极棒以等于 4 N 的力 F 压到试样上（见图 C1）。

阴极棒的组成是一根电阻值大约 80 Ω 的电热螺旋电阻丝绕在一个陶瓷管上并放在二氧化硅(SiO_2)含量至少为 95%（质量比）的石英玻璃管内。设计样例见图 C2、图 C3 和图 C4。

C3 试验程序

将每个试样夹到压力架上充满水，排去空气并加压到 0.7 MPa，使阴极棒以 4 N 的力压到软管表面上直到出现龟裂。如果 30 s 后没出现龟裂，停止试验。对其他三个试样作同样的试验。

C4 试验报告

试验报告应包括以下内容：

a）所试验软管的全面描述；

b）本标准编号；

c）试验结果的平均值；

d）进行试验的温度；

e）试验日期。

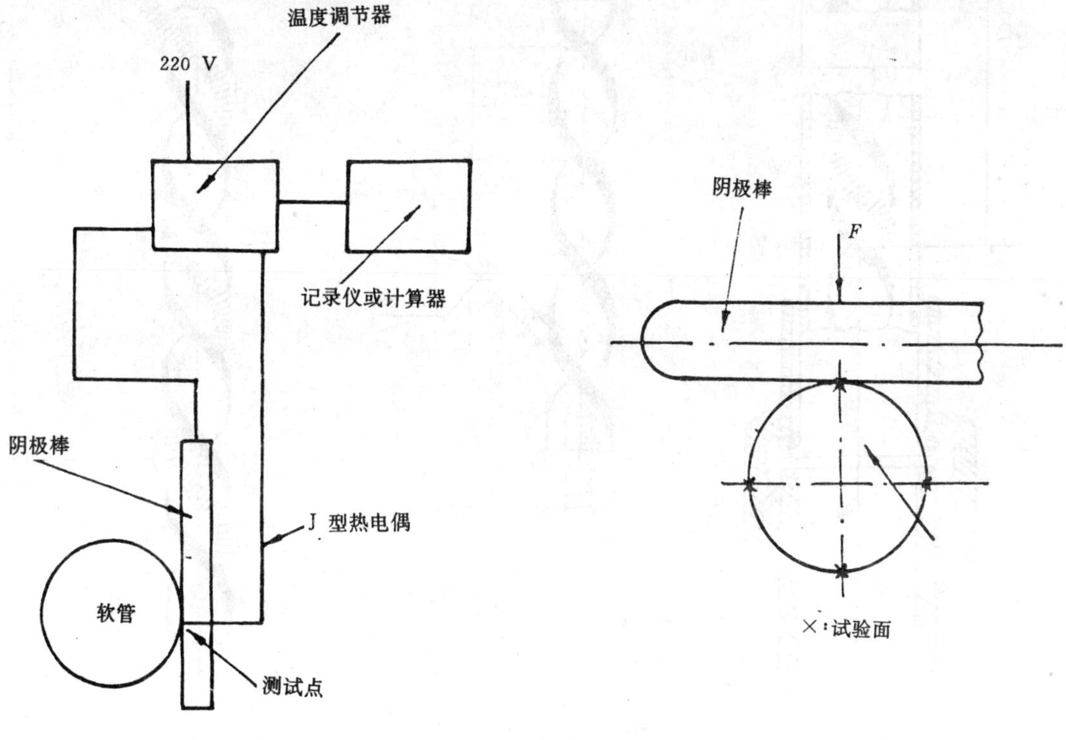

图 C1 阴极棒与软管接触点图解

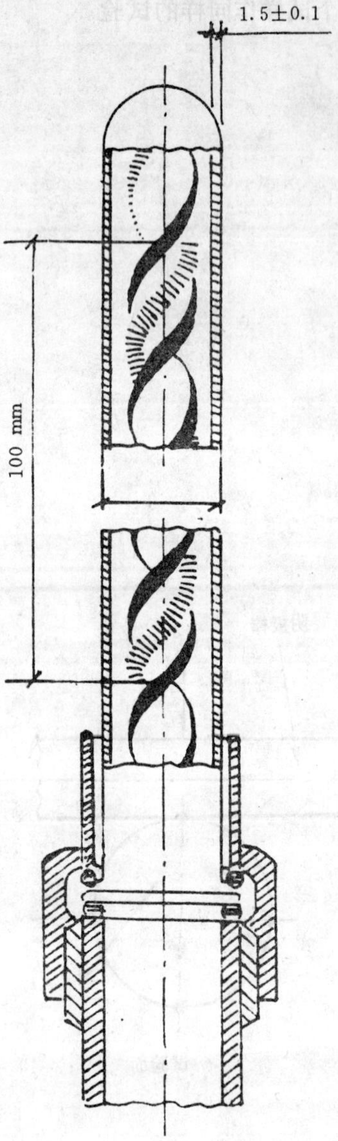

图 C2

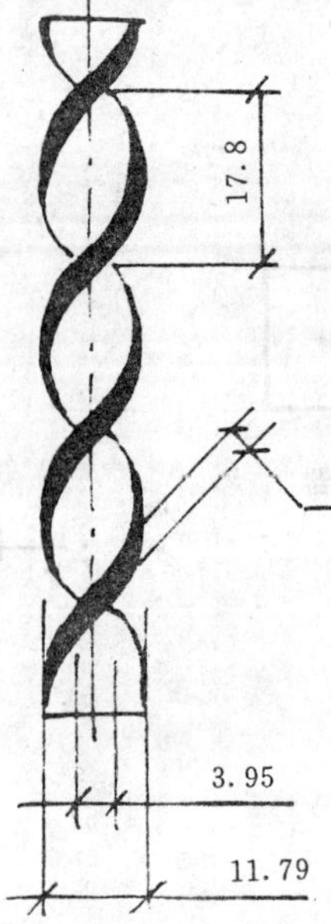

图 C3

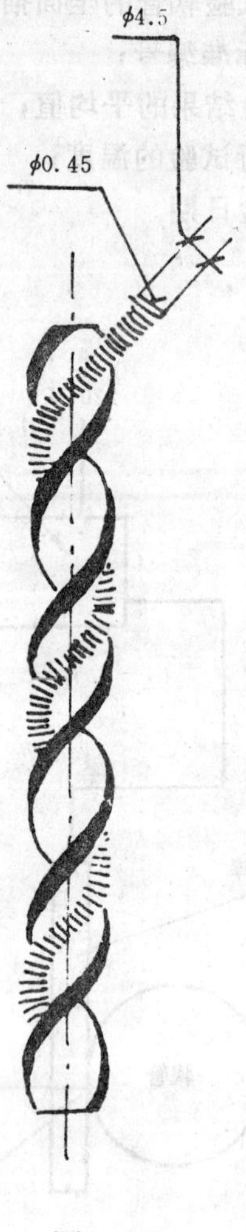

图 C4

前　言

本标准等效采用ISO 5771:1994《输送无水氨用橡胶软管和软管组合件规范》。

本标准中所引用的ISO 4672(我国已转化为GB/T 5564)中低温冷冻时间为24 h,而我国的GB/T 5564低温冷冻时间为6 h。

本标准由全国橡胶与橡胶制品标准化技术委员会软管分技术委员会归口。

本标准起草单位:化学工业部沈阳橡胶工业制品研究所。

本标准参加起草单位:天津市胶管厂。

本标准主要起草人:严松枫、李树清。

ISO 前　言

ISO(国际标准化组织)是各国标准团体(ISO 成员单位)的世界性联合机构。制订国际标准的工作通常通过 ISO 各技术委员会进行,凡对已建立技术委员会的项目感兴趣的成员团体均有权参加该委员会,凡与 ISO 有联系的政府和非政府的国际组织也可以参加此项工作。在所有电工技术标准化的所有方面,ISO 与国际电工委员会(IEC)进行密切的合作。

技术委员会采纳的国际标准草案,要分发给成员团体进行投票,作为国际标准出版时,要求至少有75%投票的成员团体投赞成票。

国际标准 ISO 5771 由 ISO/TC 45“橡胶与橡胶制品”技术委员会的 SC1“软管(橡胶和塑料)”分委员会制定。

本标准第二版对第一版进行了技术修订,废止并代替第一版(ISO 5771:1981)。

中华人民共和国国家标准

输送无水氨用橡胶软管及软管组合件

GB/T 16591—1996
eqv ISO 5771:1994

Rubber hose and hose assemblies for transferring anhydrous ammonia

1 范围

本标准规定了在－40℃～＋55℃环境温度范围内输送液态或气态氨用的橡胶软管的最低要求。

本标准对软管端部接头未规定要求，仅限于软管和软管组合件的性能。

2 引用标准

下列标准所包含的条文，通过在本标准中引用而构成为本标准的条文。本标准出版时，所示版本均为有效。所有标准都会被修订，使用本标准的各方应探讨使用下列标准最新版本的可能性。

GB/T 528—1992 硫化橡胶和热塑性橡胶拉伸性能测定

GB 2941—1991 橡胶试样环境调节和试验的标准温度、湿度及时间(eqv ISO 471:1983)

GB/T 3512—1989 橡胶热空气老化试验方法(neq ISO 188:1976)

GB/T 5563—1994 橡胶、塑料软管及软管组合件 液压试验方法

GB/T 5564—1994 橡胶、塑料软管低温曲挠试验(neq ISO 4672:1988)

GB/T 9571—1988 橡胶、塑料软管静态条件下臭氧性能的评定(idt ISO 7326:1984)

GB/T 9573—1988 橡胶、塑料软管和软管组合件尺寸测量方法(idt ISO 4671:1984)

GB/T 14905—1994 橡胶和塑料软管各层间粘合强度测定(eqv ISO 8033:1991)

3 额定压力

软管的额定压力应当符合表1的要求。

表1 压力要求1]

项目	压力 MPa
最大工作压力	2.5
试验压力	6.3
最小爆破压力	12.5

4 材料、结构和性能

4.1 内胶层

采用说明：

1] 取消了ISO 5771中英制单位。

国家技术监督局1996-10-28批准　　1997-06-01实施

内胶层应当厚度均匀，不应有孔眼、海绵体及其他缺陷，并应当符合表2规定的相关物理性能要求，所用的材料应耐由于氨的作用引起的硬化或其他变质。

4.2 增强层

增强层应由不受渗透氨影响的材料组成，增强层应当平整均匀，且物理性能应符合表2规定的相关要求。

如耐腐蚀的不锈钢是一种适宜的材料。

4.3 外胶层

外胶层，如果用的话，质量应均匀一致，不应有影响使用缺陷，其物理性能应符合表2规定的相关要求。其配合或构造应保证在使用过程中不得鼓泡。外胶层应具有耐氨和耐环境劣化的性能。不透气外胶层在制造时应进行针刺处理，以便使用时能释放渗透气体。

4.4 组合件

为保证有良好的工作性能，组合件应符合表3的要求。

表2 软管的性能要求

性能	要求	试验方法
试验压力，MPa	6.3	GB/T 5563
最大工作压力下长度变化率，%	±5	GB/T 5563
最小爆破压力，MPa	12.5	GB/T 5563
粘合强度 内胶层与增强层，kN/m ≥ 增强层与增强层，kN/m ≥ 外胶层与增强层，kN/m ≥	 1.5 1.5 1.5	 GB/T 5563 注：在耐氨试验（见6.2）30 d完成时取样
物理性能 内胶层厚度，mm ≥ 内胶层拉伸强度，MPa ≥ 内胶层扯断伸长率，% ≥ 外胶层拉伸强度，MPa ≥ 外胶层扯断伸长率，% ≥	 1.5 7.0 200 8.5 200	 GB/T 9573 GB/T 528 GB/T 528 GB/T 528 GB/T 528
低温试验	无龟裂或断裂	见6.1
耐氨性能 两根试样经屈挠后的最小爆破压力，MPa ≥ 内胶层和外胶层屈挠后拉伸强度的最大变化率，% ≤ 内胶层和外胶层屈挠后扯断伸长率的变化率，% ≤	 12.5 20 50	见6.2
外胶层耐臭氧	无龟裂	GB/T 9571 方法1
加速老化 外胶层拉伸强度变化率，% ≤ 外胶层扯断伸长率变化率，% ≤	 20 50	GB/T 3512 70^{+2}_{0} h×70℃

表3 交货和年度检验试验要求

性能	要求	试验方法
组合件试验 交货检验试验压力，MPa 年度检验试验压力，MPa	 6.3 6.3	 GB/T 5563 GB/T 5563

4.5 一般要求

软管或软管组合件应当符合表2和表3的要求，并且在环境调节后屈挠(6.2.3)或经氨接触调节后(6.2.2)，外胶层或内胶层不得出现鼓泡、龟裂和泄漏现象。

5 尺寸和公差

5.1 内径

软管内径尺寸和公差在表4中给出。

表4 内径尺寸和公差

mm

公称内径	公差
12.5 16 20	±0.75
25 31.5	±1.25
40 50	±1.50

5.2 外径

软管外径尺寸和公差可由供需双方协商决定。

5.3 长度

软管切割长度公差应符合表5规定。

表5 长度公差

长度 L,mm	公差(所有内径)
$L\leqslant 300$	±3 mm
$300<L\leqslant 600$	±4.5 mm
$600<L\leqslant 900$	±6 mm
$900<L\leqslant 1\,200$	±9 mm
$1\,200<L\leqslant 1\,800$	±12 mm
$L>1\,800$	±1 %

6 试验方法

6.1 低温试验

低温试验按GB/T 5564方法B的规定进行。

取一根足够长度的软管试样，在伸直状态下于－40℃±2℃下调节6 h[1]，然后在10 s±2 s内将其围绕于一直径10倍于该软管公称内径的芯轴上，弯曲180°，检查试样内胶层或外胶层的断裂或龟裂情况。

在软管试样恢复到室温后，按表1规定的压力，以试验压力对软管试样进行1 min时间的试验，以确定内胶层是否出现龟裂。

6.2 耐氨试验

警告：负责安装和检查的操作人员应当确保遵循有关使用氨的安全规定。

6.2.1 试验长度

经调节的软管总量应足以进行屈挠和爆破以及拉伸试验。供屈挠试验用的(软管"B")试样长度依屈挠装置设计和软管尺寸而定，但可以在3 m～6 m之间。供爆破压力试验用的试样长度要求为

采用说明：

1] ISO 5771:1994规定为24 h，取GB/T 5564:1994规定为6 h。

600 mm。若规定供液软管(软管“A”)时,其长度为 910 mm。

6.2.2 注氨调节

将一根或几根软管与无水液氨箱连接,使其注满无水液氨,并用氨排除里面全部空气。密封每一根软管的一端,并将另一端连接在无水氨箱的氨液里,在标准温度下将此软管调节 30 d。无水氨箱和软管之间的阀门可以关闭,但至少每天要将阀门完全打开一次,使无水液氨能充注到软管里。如果液体充满软管后,要通过软管每一端的截流阀将其关闭,则应在截流阀之间安装一静压安全阀。应每天检查软管的外观,记录有无鼓泡、龟裂或可观察到的泄漏迹象。

6.2.3 软管调节后的屈挠

将一根经调节的软管(见 6.2.2)装在屈挠试验机上(见图 1 软管“B”),将软管的一端连接在滑动装置上(见图 2),并将软管的自由端围绕于表 6 规定直径的两个滑轮上。然后在软管的自由端施加足量的重物,使软管与滑轮圆周能保持一致。软管应该有足够的长度,以防止软管承压以及滑动装置处于上升位置时,软管自由端触及滑轮。

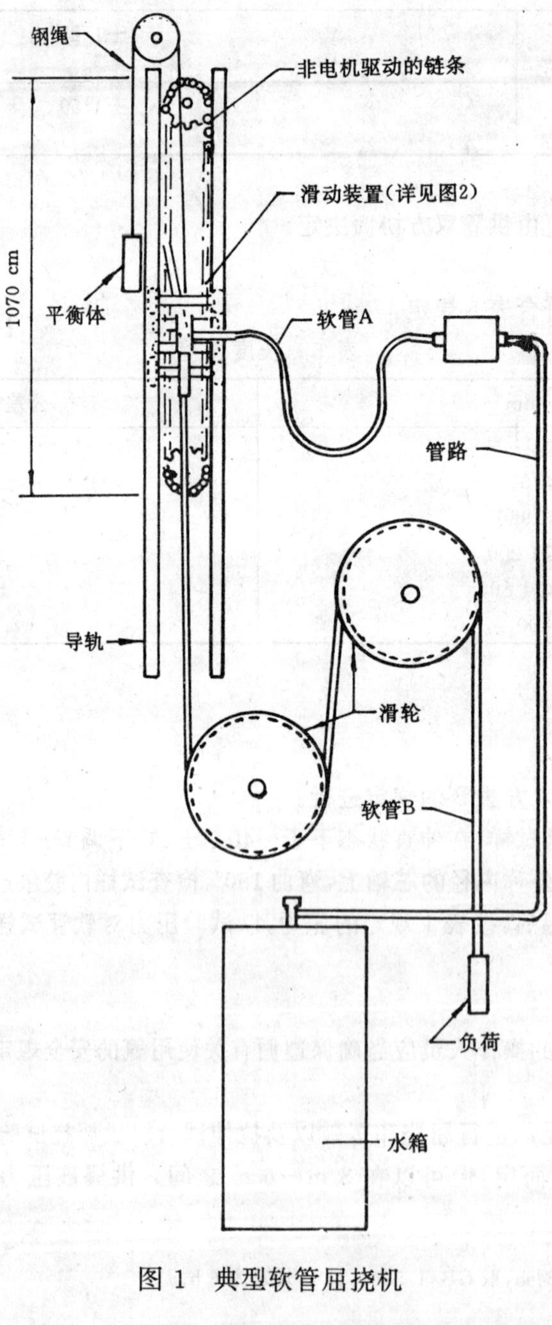

图 1 典型软管屈挠机

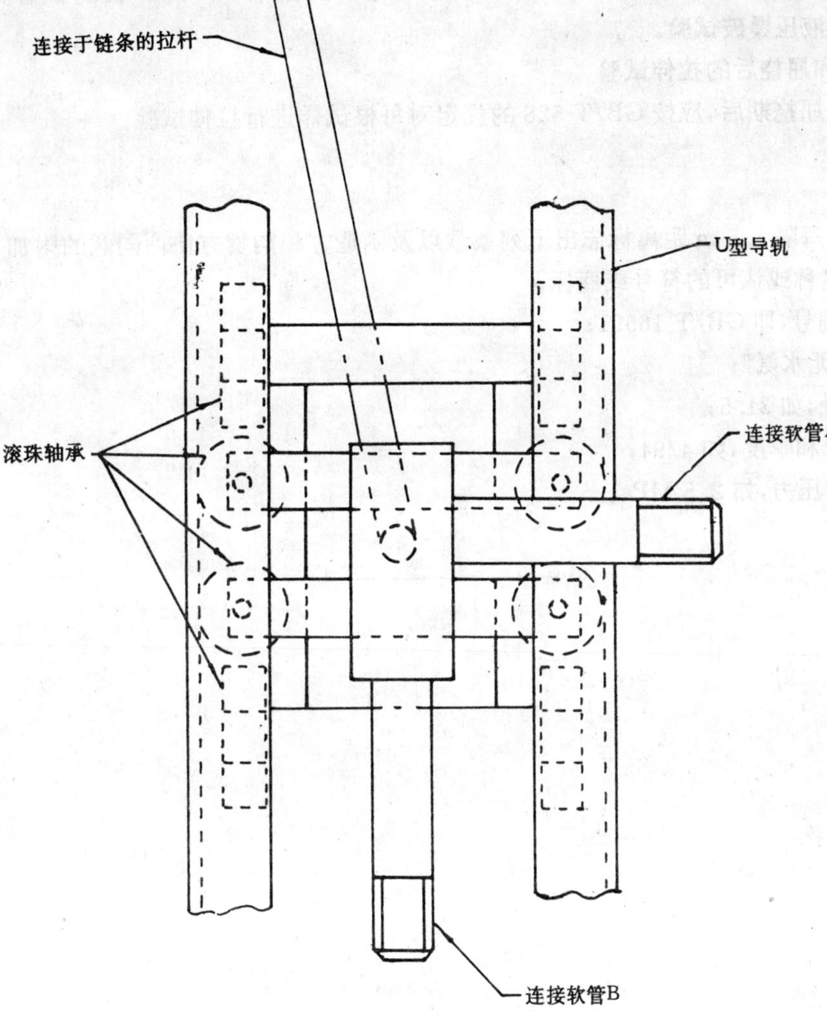

图 2　滑动装置和导轨结构

表 6　屈挠试验用滑轮直径和供液软管长度　mm

公称内径	滑轮直径	供液软管长度
12.5	350±6.0	910
16	350±6.0	910
20	350±6.0	910
25	350±6.0	910
31.5	350±6.0	—
40	460±6.0	—
50	610±6.0	—

将一根长 910 mm 的经调节的软管装在屈挠试验机上(见图 1 软管"A"),将软管的一端按图 1 所示连接到直立的滑动装置上,而另一端则连接在 2.5 MPa 压力的水压源上。

注

1 供液软管试验不适用于公称内径 25 mm 以上的软管。

2 为对更大内径软管进行屈挠试验,可以使用适当的软管作为供液软管。

3 屈挠试验应当在软管完成 30 d 调节后的 6 h～8 h 之内进行。

应当在 GB/T 5564 规定的标准温度下,滑动装置垂直移动为 1 m 的距离以约 0.13 Hz 的频率,进行屈挠试验 72 h。每天检查软管外观,记录有无鼓泡、龟裂或泄漏迹象。

6.2.4 经调节和屈挠后的软管爆破试验

在软管完成屈挠期后，从软管“A”和软管“B”的中段截取 600 mm 长的试样，将每根试样按 GB/T 5563进行液压爆破试验。

6.2.5 经调节和屈挠后的拉伸试验

在软管完成屈挠期后，应按 GB/T 528 的规定对每根试样进行拉伸试验。

7 标志

软管应至少每隔 1.5 m 距离标志出下列条款以及制造方和购货方协商同意的附加条款：

a）制造方名称或认可的符号或商标；

b）本标准编号，即 GB/T 16591；

c）关键词“无水氨”；

d）公称内径，如 31.5；

e）制造年份和季度，如 4/94；

f）最大工作压力，如 2.5 MPa。

前　言

本标准是等效采用国际标准 ISO 4080:1991《橡胶和塑料软管及其组合件—透气性的测定》制定的。

本标准与国际标准 ISO 4080:1991 的主要差异如下：

——为了试验装置示意图更简明易懂，图 1 增加了 A 端和注释；

——为了便于理解对表 1 的表头做了调整。

本标准由国家石油和化学工业局提出。

本标准由全国橡胶与橡胶制品标准化技术委员会软管分技术委员会归口。

本标准负责起草单位：中橡集团沈阳橡胶研究设计院。

本标准主要起草人：金雪花。

ISO 前言

国际标准化组织(ISO)是各国家标准团体(ISO 成员团体)的世界性联合机构。制定国际标准的工作通常由 ISO 各技术委员会进行。凡对已建立技术委员会的项目感兴趣的成员团体均有权参加该委员会。与 ISO 有联系的政府和非政府的国际组织,也可参加此项工作。在电工技术标准化的所有方面,ISO 与国际电工技术委员会(IEC)紧密合作。

技术委员会采纳的国际标准草案,要发给成员团体进行投票,作为国际标准发布时,要求至少有 75%投票的成员团体投赞成票。

国际标准 ISO 4080 由 ISO/TC 45 橡胶与橡胶制品技术委员会,SC1 软管(橡胶和塑料)分技术委员会制定。

本第三版废止并代替第二版(ISO 4080:1987),是其技术修订本,另加了一个试验方法(方法 3)。

中华人民共和国国家标准

橡胶和塑料软管及其组合件透气性的测定

GB/T 18422—2001
eqv ISO 4080:1991

Rubber and plastics hoses and hose assemblies—Determination of permeability to gas

警告:使用本标准的人员应熟悉正规实验室操作规程。本标准无意涉及因使用本标准可能出现的所有安全问题。制定相应的安全和健康制度并确保符合国家法规是使用者的责任。

1 范围

本标准规定了对在规定的时间内气体通过橡胶或塑料软管管壁渗透的体积的三种测定方法。

方法1:用于测定除管接头外整个软管管壁对试验气体的渗透性。在评价外胶层穿孔的软管透气特性时使用这种方法。

方法2:用于测定软管内胶层和增强层对试验气体的渗透性。在测定外胶层未穿孔的软管的透气特性时,气体通常从软管切割端的织物增强层渗出,此时使用这种方法。

方法3:用于准确测定在规定的时间内,软管管壁对试验气体的渗透性。

这些方法仅适用于那些不溶于水的试验气体。

2 引用标准

下列标准所包含的条文,通过在本标准中引用而构成为本标准的条文。本标准出版时,所示版本均为有效。所有标准都会被修订,使用本标准的各方应探讨使用下列标准最新版本的可能性。

GB/T 2941—1991　橡胶试样环境调节和试验的标准温度、湿度及时间(eqv ISO 471:1983)

3 试验装置

3.1　水槽　能够保持在规定的温度下,并有足够的长度可容纳试样。

3.2　供气源　装备有适宜气压表和在软管失效时用的应急过流断流阀。

3.3　集气装置　由量筒组成,有时还含有适合于三种方法中每种方法的装置,如图1～图3所示。量筒的容量和精度应按照预计收集的气体体积加以选择。

3.4　气压表　用于记录试验时的气压。

3.5　两支温度计　用于记录气体收集处的水温和气温。

这三种试验方法的试验装置示意图见图1～图3。

中华人民共和国国家质量监督检验检疫总局2001-08-28批准　　2002-05-01实施

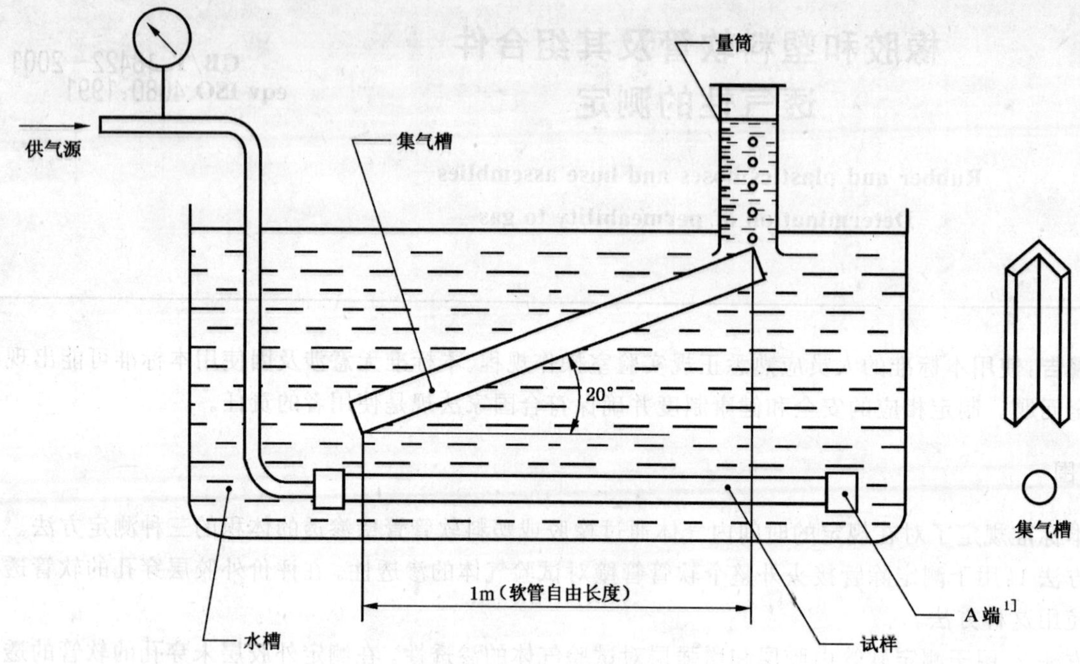

注：试样的A端应离量筒的右侧远至不能使气泡从中逸出而上升进入量筒内。[2]

图1　方法1用的试验装置示意图

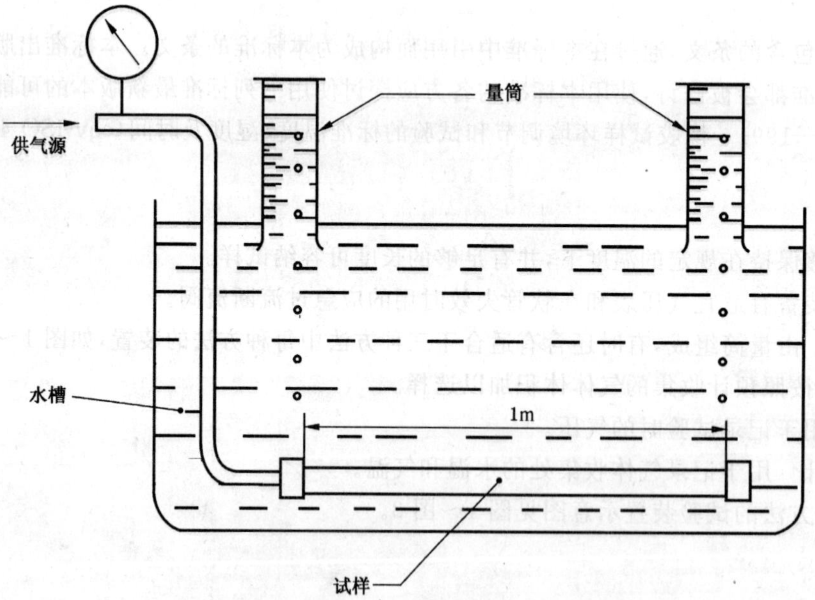

图2　方法2用的试验装置示意图

采用说明：

1］　ISO 4080:1991图1中无“A端”二字。

2］　ISO 4080:1991图1中无注。

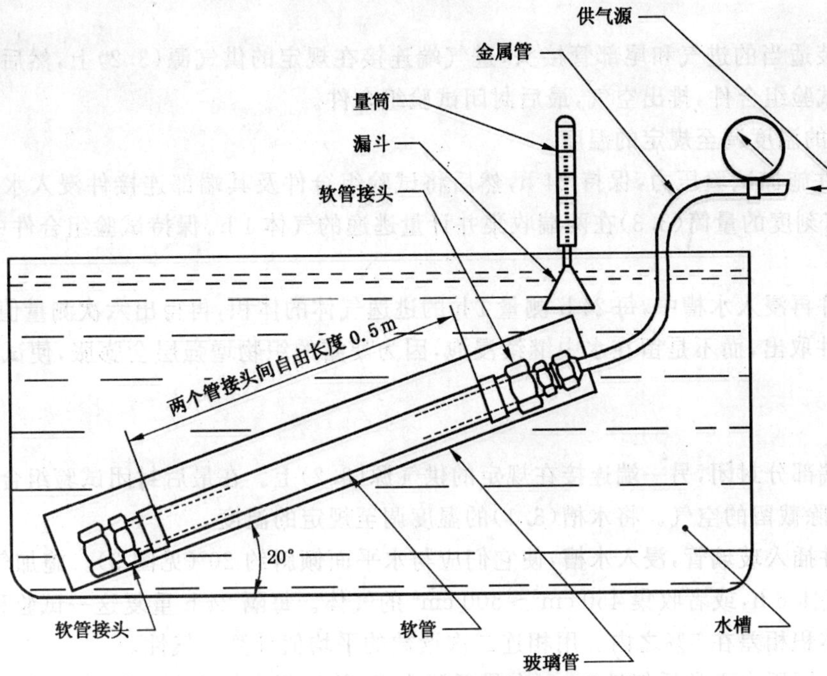

图 3　方法 3 用的试验装置示意图

4　试样

4.1　方法 1　试样应为一段适当长度的软管，其长度足以保证在气体收集槽下面暴露的软管长度为 1 m。

4.2　方法 2　试样应为自由长度为 1 m 的软管。

4.3　方法 3　试样的两个管接头之间的软管自由长度为 0.5 m。

5　试样的调节

在软管生产 24 h 之内不应进行任何试验。试验前，试样应按 GB/T 2941 在选定的温度和湿度下至少调节 3 h。

6　试验温度

试验应在 GB/T 2941 规定的温度下进行。

7　试验压力

除非另有规定，试验应在 1 MPa 的气压下进行。

8　程序

8.1　方法 1

将试样一端封闭，另一端连接到规定的供气源(3.2)上。在最后封闭试验组合件之前用气体清洗试验组合件 30 s，排除截留的空气。

将水槽(3.1)的温度调节至规定的值。

把试验组合件浸入水槽，施加气压并在收集气体之前将该压力保持 72 h。

图 1 中所示，把集气装置(3.3)安置在试样的上方，记录收集 3.0 cm^3 气体所需要的时间。将此项测量重复两次。另一做法是，测量在 24 h 内收集的气体体积。

如果需要测量不同压力下的透气性，首先在最低压力下试验，然后再升到较高的压力下试验。

8.2　方法 2

在试样上安装适当的进气和尾部管接头，进气端连接在规定的供气源(3.2)上，然后堵住尾部管接头。用气体清洗试验组合件，排出空气，最后封闭试验组合件。

将水槽(3.1)的温度调至规定的温度。

向软管组合件施加试验压力，保持 24 h，然后将试验组合件及其端部连接件浸入水槽(3.1)中(见图 2)。用两个带有刻度的量筒(3.3)在两端收集并计量逃逸的气体 1 h。保持试验组合件中的气压，将其从水槽中取出。

将试验组合件再浸入水槽中，每 24 h 测量 1 h 的逃逸气体的体积，再得出六次测量值。重要的是1 h 测量之后将组合件取出，而不是留在水中继续浸泡，因为暴露的织物增强层会膨胀，使试验结果没有代表性。

8.3　方法 3

将试样的一端部分封闭，另一端连接在规定的供气源(3.2)上。在最后封闭试验组合件之前用气体将其清洗 30 s，排除截留的空气。将水槽(3.1)的温度调至规定的温度。

将试验组合件插入玻璃管，浸入水槽，使它们应与水平面倾斜约 20°(见图 3)。施加气体压力，保持 14 d。之后收集气体 6 h，或者收集 450 cm^3～500 cm^3 的气体。每隔 24 h 重复这一试验程序，直至相连二次收集的气体体积相差在 5%之内。用相连二次读数的平均值计算透气性。

如果欲测定不同压力下的透气性，首先在最低压力下，然后再在较高压力下进行试验。

9　试验结果表示

9.1　方法 1

以三次测量结果计算收集 1 cm^3 气体的平均时间，由该值计算出气体的渗透速率，用每米软管每小时气体的立方厘米[$cm^3/(m\cdot h)$]表示。如果采用另一种做法，收集气体 24 h(见 8.1 节第 4 段)，也可以进行相似的计算。

9.2　方法 2

由于试验组合件可能仍含有一些空气，所以不要第一个读数。平均剩下的六个读数，以每米软管每小时立方厘米[$cm^3/(m\cdot h)$]表示透气速率。

9.3　方法 3

所研究的部位是与气体相接触的软管内表面。与气体相接触的软管内表面透气速率以每平方米每秒立方厘米气体[$cm^3/(m^2\cdot s)$]表示。根据在干燥条件下的标准温度 273.15 K 和标准压力 101.325 kPa 修正所有试验结果。测量软管两端的内径，取其平均值。用式(1)计算透气速率，以每平方米每秒立方厘米气体表示：

$$\frac{858.09\times V(p-p_w)}{dLt(273.15+\theta)} \qquad \cdots\cdots (1)$$

式中：V——收集到的气体的体积，cm^3，精确到±2.0 cm^3；

p——收集气体之时的大气压，kPa，精确到±0.7 kPa；

p_w——在温度 θ 下(见表 1)水的饱和蒸汽压力，kPa，精确到±0.01 kPa；

d——软管内径，mm，精确到±0.5 mm；

t——收集气体的时间，s，精确到±30 s；

θ——收集气体时收集装置的温度，℃，精确到±0.10 ℃；

L——软管长度，m，精确到±0.001 m。

表 1 在 15℃～35℃的温度(θ)下液态水的饱和蒸汽压力(p_w)[1] kPa

θ/℃	0.0	0.1	0.2	0.3	0.4	0.5	0.6	0.7	0.8	0.9
15	1.705	1.716	1.727	1.738	1.749	1.760	1.772	1.783	1.794	1.806
16	1.817	1.829	1.841	1.853	1.864	1.876	1.888	1.900	1.912	1.925
17	1.937	1.949	1.962	1.974	1.987	1.999	2.012	2.025	2.037	2.050
18	2.063	2.076	2.089	2.102	2.116	2.129	2.142	2.156	2.169	2.183
19	2.196	2.210	2.224	2.238	2.252	2.266	2.280	2.294	2.309	2.323
20	2.338	2.352	2.366	2.381	2.396	2.411	2.426	2.441	2.456	2.471
21	2.486	2.501	2.517	2.532	2.548	2.563	2.579	2.595	2.611	2.627
22	2.643	2.659	2.675	2.692	2.708	2.725	2.741	2.758	2.775	2.791
23	2.808	2.825	2.842	2.860	2.877	2.894	2.912	2.930	2.947	2.965
24	2.983	3.000	3.019	3.037	3.056	3.074	3.092	3.111	3.129	3.148
25	3.167	3.186	3.204	3.223	3.243	3.262	3.281	3.301	3.321	3.340
26	3.360	3.380	3.400	3.420	3.441	3.461	3.481	3.502	3.523	3.543
27	3.564	3.585	3.606	3.628	3.649	3.670	3.692	3.713	3.735	3.757
28	3.779	3.801	3.823	3.845	3.868	3.890	3.913	3.936	3.959	3.982
29	4.005	4.028	4.051	4.075	4.100	4.122	4.146	4.170	4.194	4.218
30	4.242	4.267	4.291	4.316	4.340	4.365	4.390	4.415	4.440	4.466
31	4.492	4.517	4.543	4.569	4.595	4.621	4.647	4.674	4.700	4.727
32	4.754	4.781	4.808	4.835	4.862	4.890	4.918	4.945	4.973	5.001
33	5.029	5.058	5.086	5.115	5.143	5.172	5.201	5.230	5.260	5.289
34	5.318	5.348	5.378	5.408	5.438	5.468	5.499	5.529	5.560	5.591
35	5.622	5.653	5.684	5.716	5.747	5.779	5.811	5.843	5.876	5.908

10 试验报告

试验报告应包括下列内容：

a）本标准编号；

b）试验软管的全称；

c）使用的试验气体；

d）采用的试验压力；

e）采用的试验方法；

f）环境温度；

g）试验温度；

h）透气速率，方法 1 和方法 2 以每米软管每小时立方厘米[$cm^3/(m \cdot h)$]表示，方法 3 是以每平方米每秒立方厘米[$cm^3/(m^2 \cdot s)$]表示；

i）任何特殊的观测结果；

j）试验日期。

采用说明：

1] 为了便于理解对表头做了调整。

前　言

本标准等同采用国际标准 ISO 8308:1993《橡胶和塑料软管及非增强软管—液体壁透性测定》。

本标准由国家石油和化学工业局提出。

本标准由全国橡胶与橡胶制品标准化技术委员会软管分技术委员会归口。

本标准起草单位:南京第七四二五工厂。

本标准主要起草人:王定东、孙克俭、卢丽婷。

ISO 前言

国际标准化组织(ISO)是各国家标准团体(ISO 成员团体)的世界性联合机构。制定国际标准的工作通常由 ISO 各技术委员会进行。凡对已建立技术委员会的项目感兴趣的成员团体均有权参加该委员会。与 ISO 有联系的政府和非政府的国际组织,也可参加此项工作。在电工技术标准化的所有方面,ISO 与国际电工技术委员会(IEC)紧密合作。

技术委员会采纳的国际标准草案,要发给成员团体进行投票。作为国际标准发布时,要求至少有 75%投票的成员团体投赞成票。

国际标准 ISO 8308 由 ISO/TC 45 橡胶和橡胶制品技术委员会,SC1 软管(橡胶和塑料)分技术委员会制定。

本第二版废止并代替第一版(ISO 8308:1987),是第一版的修订本。

中华人民共和国国家标准

橡胶和塑料软管及非增强软管液体壁透性测定

GB/T 18423—2001
idt ISO 8308:1993

Rubber and plastics hoses and tubing—Determination of transmission of liquids through hose and tubing walls

---

警告:使用本标准的人员应熟悉正规实验室操作规程。本标准无意涉及因使用本标准可能出现的所有安全问题。制定相应的安全和健康制度并确保符合国家法规是使用者的责任。

1 范围

本标准规定了测定液体透过软管及非增强软管管壁性能的两种方法,这两种方法均适用于橡胶和塑料软管及非增强软管的测定,方法如下:

方法 A——适用于所有规格和结构,是一项模拟工作条件的实际对比试验。

方法 B——适用于内径不大于 16 mm 的软管及非增强软管。

2 引用标准

下列标准所包含的条文,通过在本标准中引用而构成为本标准的条文。本标准出版时,所示版本均为有效。所有标准都会被修订,使用本标准的各方应探讨使用下列标准最新版本的可能性。

GB/T 2941—1991 橡胶试样环境调节和试验的标准温度、湿度及时间(eqv ISO 471:1983)

GB/T 9573—1988 橡胶、塑料软管及软管组合件 尺寸测量方法(idt ISO 4671:1984)

GB/T 12804—1991 实验室玻璃仪器 量筒

3 原理

3.1 方法 A

本方法是在安装在一个试验设备内的组合件上进行的,该试验设备配有可充注且测量挥发性液体充填体积的装置。该系统承压并每隔 24 h 测量一次体积变化,直到体积变化随时间恒定,即达到平衡状态。试验结果是这种稳定状态的蒸发速率,以软管或非增强软管的单位内表面积每小时液体损失的体积表示。

3.2 方法 B

本方法是利用一个无压容器,将一段软管或非增强软管的一端连接于该容器,软管或非增强软管的另一端塞住。将该容器部分充注试验液体并密封。在试验开始时称量该组合件,以后 8 d 内每隔 24 h 称量一次。试验结果以软管或非增强软管单位内表面积任一 24 h 期间的最大液体损失质量表示。

注:该方法是通过液体的渗透和蒸发测量其损耗值的,并通过每天搅动燃油混合物,使该液体中组份的选择性渗透降至最低限度。

中华人民共和国国家质量监督检验检疫总局 2001-08-28 批准　　2002-05-01 实施

4 试验液体

试验液体应符合相应产品标准的规定。

5 方法 A

警告:因为存在有潜在危险的蒸汽,应确保该试验在通风良好的地方进行。

5.1 装置

试验装置包括连接到管路系统的氮气源。氮气压力由调压器和压力表控制。

该系统必须配有一个安全阀。

将试样垂直固定。试样上端通过符合 GB/T 12804 规定的量筒连接到该装置上,其下端连接到加液管上(见图 1)。

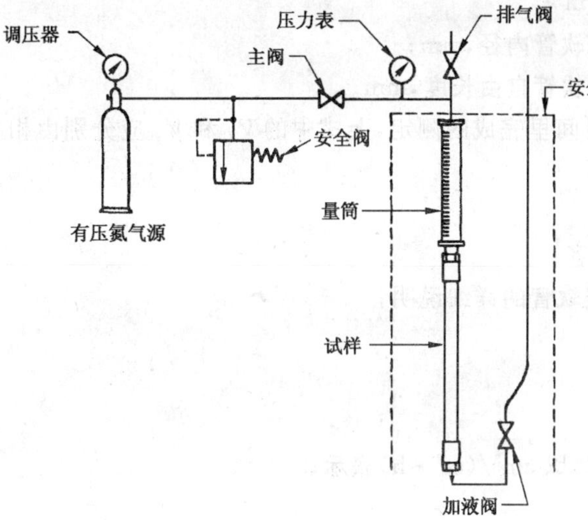

图 1　方法 A 的装置

5.2 试样

试样应为自由长度为 250 mm 的软管组合件,或是按图 2 装配有适宜管接头及承接管的非增强软管。

应试验三根试样。

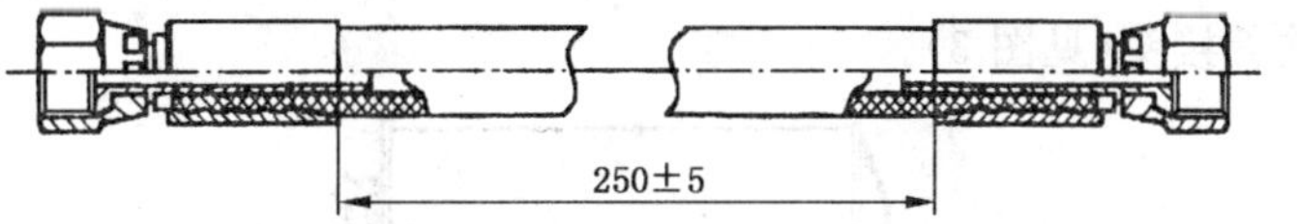

图 2　试样的自由长度

5.3 试验温度

试验温度应为 GB/T 2941 中定义的标准温度之一。

5.4 试验压力

试验压力应高于大气压力 50 kPa±5 kPa。

5.5 程序

5.5.1 如图 2 所示测量试样的自由长度,按照 GB/T 9573 规定测量试样的内径 d。

5.5.2 连接试样于试验装置(见图 1)。

5.5.3 向试样及量筒内充注试验液体直到量筒的顶部刻度为止。

5.5.4 考虑软管或非增强软管在试验压力下的膨胀,将试样在试验压力下保持 5 min。卸去氮气压力,等 5 min 使溶解的气体逸出,然后记录量筒所显示的初始读数 V_1。

5.5.5 施加试验压力。

5.5.6 按如下方法在 24 h、48 h、72 h 和 96 h 后进行测量。

关闭总阀，卸去试验压力，等 5 min 后记录新的读数。关闭排气阀，开启主阀重新加压。

如果 96 h 后按 5.6 规定计算的体积损耗值还不稳定，则在 120 h 后再进行一次测定（如必要，在 144 h 后再进行一次）。

5.6 结果表示

5.6.1 每隔 24 h 计算一次体积损耗值，并确定损耗稳定点。过该点后，渗入软管或非增强软管管壁的液体就不再成为体积损耗的原因之一。这样所观察到的损耗值就仅代表蒸发损耗。

5.6.2 如果在 72 h 前就达到稳定状态，采用式(1)计算蒸发速率，以 $cm^3/(m^2 \cdot h)$表示：

$$\frac{(V_{72} - V_{96}) \times 10^6}{\pi \times d \times l \times 24} \quad \cdots\cdots(1)$$

式中：V_{72}——72 h 后体积，cm^3；

V_{96}——96 h 后体积，cm^3；

d——软管或非增强软管内径，mm；

l——软管或非增强软管自由长度，mm。

如果是在超过 96 h 的时间里完成的测定，上式中的 V_{72}和 V_{96}应分别由相应的倒数第二次和最后一次的体积测定值来代替。

5.7 试验报告

试验报告应包括下列内容：

a）所试验软管或非增强软管的详细说明；

b）本标准的编号；

c）试验方法（方法 A）；

d）试验液体；

e）稳定状态下的蒸发率，以 $cm^3/(m^2 \cdot h)$表示；

f）试验温度；

g）试验日期。

6 方法 B

6.1 装置

6.1.1 贮罐：容积为 500 cm^3，带有一个金属箔或氟弹性体衬的螺帽及一个焊接到与充注口位置相对的贮罐底角处的标准软管接头（见图 3）。

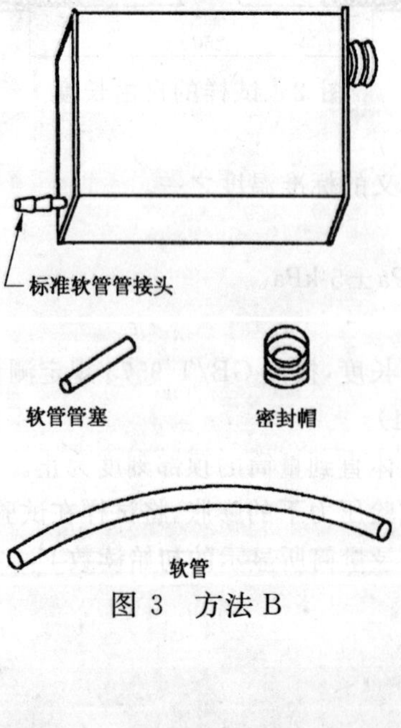

图 3 方法 B

6.1.2 秤或天平:最小量程 400 g,精度为 0.01 g。

6.1.3 不渗透的软管管塞:应有足够的尺寸密封软管或非增强软管的一端,插入深度为 12.5 mm。

6.1.4 标准软管卡箍:尺寸适合试验所用软管或非增强软管的卡箍。

6.2 试样

将软管和非增强软管切成 300 mm 长。

6.3 试验温度

试验温度应为 GB/T 2941 中定义的标准温度之一。

6.4 程序

6.4.1 测量软管或非增强软管内径,以 mm 表示。

6.4.2 用一不渗透的管塞(6.1.3)塞入试样的一端,深度为 12.5 mm。如有必要,可加上一卡箍(6.1.4)。

6.4.3 将试样的另一端连接到贮罐(6.1.1)的管接头上,插入深度为 12.5 mm。如有必要,可加上一卡箍(6.1.4)。

6.4.4 向贮罐内充入 300 cm^3 规定的试验液体。

6.4.5 用螺帽把贮罐封好(见 6.1.1)。

6.4.6 将贮罐/试样组合件称量,精确到 0.01 g 并记录。

6.4.7 为保证软管充分充注,将组合件垂直竖起(见图 4),轻拍软管管体,以便消除软管里截留的空气。

6.4.8 将贮罐组合件以水平状态放置于存放处,贮罐靠近软接头的狭窄面向下,软管也呈水平状态(见图 5)。贮存地点应将温度控制在标准温度(见 6.3),并保证空气流通以防止积存烟雾。

6.4.9 在 8 d 内,每隔 24 h±0.5 h 称量一次贮罐组合件,记录每次称量读数。如果要取消周末的称重,就将各次结果平均值作为周末的称重值,然后试验再从星期一开始。

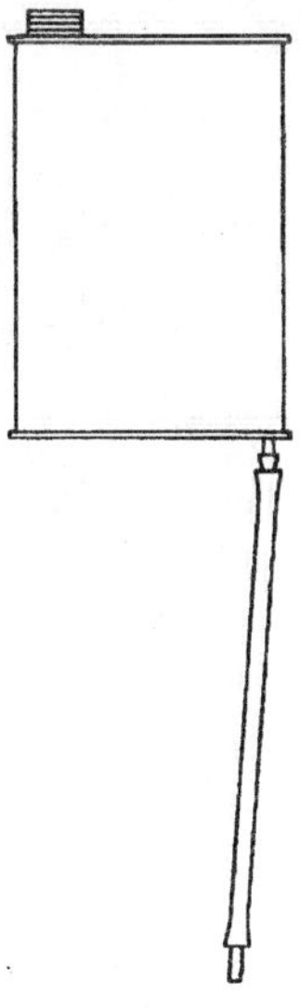

图 4 排除空气装置

6.4.10 每次称量后,倒置组合件排空软管,轻轻地搅动试验液体,然后按 6.4.7 规定重新向软管充注,并再放置于存放处。

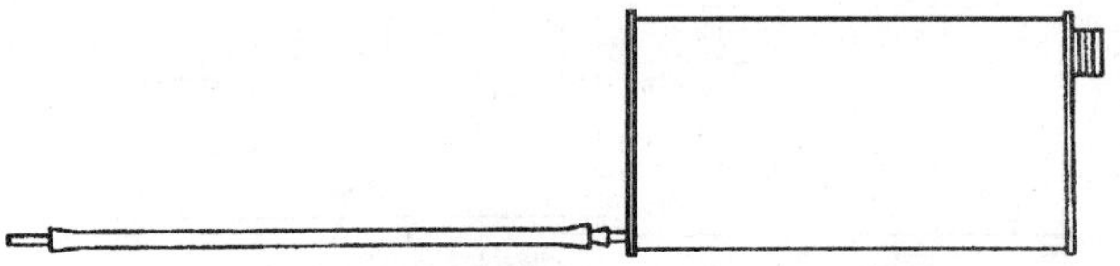

图 5 试验贮罐组合件存放位置

6.5 结果表示

6.5.1 测定 8 d 最大的 24 h 质量损耗值 Δm_{24}，以 g 表示。

6.5.2 用式(2)计算暴露的内衬层面积 A，以 m^2 表示：

$$A = \pi \times d \times l \times 10^{-6} \quad \cdots\cdots(2)$$

式中：d 和 l 的定义见 5.6.2。

6.5.3 以式(3)计算试验液体蒸发率以 g/(m^2·24 h)表示：

$$\frac{\Delta m_{24}}{A} \quad \cdots\cdots(3)$$

式中：Δm_{24}的定义见 6.5.1；

A 的定义见 6.5.2。

6.6 试验报告

试验报告应包括下列内容：

a) 所试验软管及非增强软管的详细说明；

b) 本标准编号；

c) 试验方法(方法 B)；

d) 试验液体；

e) 蒸发率，以 g/(m^2·24 h)表示；

f) 试验温度；

g) 试验日期。

前　言

本标准是等效采用国际标准 ISO 11758:1995《橡胶和塑料软管—氙弧灯曝晒—颜色和外观变化的测定》制定的。

本标准与国际标准 ISO 11758:1995 的主要差异如下：

——在引用标准中删除了对 CIE 出版物 No. 85:1989《太阳光光谱辐照度》的引用。

本标准的附录 A、附录 B 和附录 C 都是标准的附录。

本标准由国家石油和化学工业局提出。

本标准由全国橡胶与橡胶制品标准化技术委员会软管分技术委员会归口。

本标准起草单位：中橡集团沈阳橡胶研究设计院。

本标准主要起草人：王秀梅。

ISO 前言

国际标准化组织(ISO)是各国家标准团体(ISO 成员团体)的世界性联合机构。制定国际标准的工作通常由 ISO 各技术委员会进行。凡对已建立技术委员会的项目感兴趣的成员团体均有权参加该委员会。与 ISO 有联系的政府和非政府的国际组织,也可参加此项工作。在电工技术标准化的所有方面,ISO 与国际电工技术委员会(IEC)紧密合作。

技术委员会采纳的国际标准草案,要发给成员团体进行投票。作为国际标准发布时,规定至少有 75%投票的成员团体投赞成票。

国际标准 ISO 11758 由 ISO/TC 45 橡胶与橡胶制品技术委员会,SC1 软管(橡胶和塑料)分技术委员会制定。

附录 A、附录 B 和附录 C 构成本国际标准的组成部分。

引　　言

测定光源对软管的影响,以之作为检查颜色耐久性特征和作为保护软管组成部分的涂覆材料完好的手段是有价值的。

因此,本标准有三个目的:

a) 以尽可能接近自然光的光源,用现有的材料进行加速人工老化;

b) 测定这种光源对软管的影响;

c) 通过制造厂和用户之间达成的协议确立一个降解极限。

中华人民共和国国家标准

橡胶和塑料软管　氙弧灯曝晒 颜色和外观变化的测定

GB/T 18424—2001
eqv ISO 11758:1995

Rubber and plastics hoses—Exposure to a xenon arc lamp—Determination of changes in colour and appearance

警告：使用本标准的人员应熟悉正规实验室操作规程。本标准无意涉及因使用本标准可能出现的所有安全问题。制定相应的安全和健康制度并确保符合国家法规是使用者的责任。

1　范围

本标准规定了将橡胶和塑料软管暴露于实验室光源下，以评价其在这种暴露条件下产生的颜色和外观变化的方法。

注：在多种光源中选择氙弧光，是由于在经过适当滤光和处理后，氙弧光产生更类似于日光的光谱。

2　引用标准

下列标准所包含的条文，通过在本标准中引用而构成为本标准的条文。本标准出版时，所示版本均为有效。所有标准都会被修订，使用本标准的各方应探讨使用下列标准最新版本的可能性。

GB 250—1995　评定变色用灰色样卡(idt ISO 105/A02:1993)

GB/T 8426—1998　纺织品　色牢度试验　耐光色牢度　日光(eqv ISO 105-B01:1994)

GB/T 12831—1991　硫化橡胶人工气候(氙灯)老化试验方法(neq ISO 4665-3:1987)

ISO 4665:1998　硫化和热塑性橡胶——耐候性

3　原理

将橡胶或塑料软管在无应力和规定的环境中暴露于来自氙弧灯的辐射以预先规定的周期；然后检查，以目视评价颜色和外观的任何变化。

注：根据生产厂商和用户之间的协议，也可以使用其他暴露条件和评价其他参数。

4　装置

4.1　试验室光源

4.1.1　石英罩氙弧灯，在从 270 nm 以下的紫外光通过可见光谱到进入红外光的范围内发射辐射线。

为了模拟直接自然暴露，辐射能应经过滤光，以提供一种非常接近地球日光的光谱能量分布(方法 A)。

在模拟通过窗玻璃滤光的日光时，应使用能减少 320 nm 以下波长的辐射强度的滤光器(方法 B)。

当试样的加热逆向影响光化学反应速率或在快速直接自然暴露期间引起热降解时，使用减少非光化红外能的滤光器可能是合乎需要的。

氙弧和滤光器的性能在使用时由于老化易发生变化，因此应以适当的间隔期予以更换。此外，氙弧和滤光器由于积累的灰尘其性能也易发生变化，因此应在适当的间隔期予以清洁。氙弧和滤光器的更换

中华人民共和国国家质量监督检验检疫总局 2001-08-28 批准　　2002-05-01 实施

和清洁应按承制方或供货方的说明书进行。

4.1.2 关于来自经过滤的氙弧光源的UV辐射线的波长分布推荐值以及其误差范围，在人工天候时(方法A)列于表1，在模拟暴露于窗玻璃后的日光时(方法B)列于表2。

表1 人工天候(方法A)用的相对光谱辐射强度

波长，λ nm	相对光谱辐射强度 %
290＜λ≤800	100[1)]
λ≤290 290＜λ≤320 320＜λ≤360 360＜λ≤400	0 0.6±0.2 4.2±0.5 6.2±0.1
1) 在290 nm～800 nm范围内的光谱辐射强度定义为100%。	

表2 窗玻璃后日光(方法B)用的相对光谱辐射强度

波长，λ nm	相对光谱辐射强度 %
300＜λ≤800	100[1)]
λ≤300 300＜λ≤320 320＜λ≤360 360＜λ≤400	0 ＜0.1 3.0±0.5 6.2±0.1
1) 在300 nm～800 nm范围内的光谱辐射强度定义为100%。	

4.1.3 用于参比目的，选择波长范围在280 nm～800 nm的辐射强度550 W/m²。该辐射强度不一定是最佳辐射强度。根据相互协议，可以选择另一种辐射强度。应告知选择的辐射强度和波长范围。

4.1.4 试样表面任何点的辐射强度与平行于光源轴线的试样夹持平面上的任何其他点的辐射强度相比，变化不应超过±10%。

注：根据试验箱(4.2)，对光谱辐射强度的这一要求可以认为适用于时间平均值。

4.2 试验箱

试验箱应有一个用于夹持试样的支架，同时能使冷空气通过试样循环流通。如果氙弧灯引起大量臭氧的形成，应防止臭氧与试样接触，如将冷空气排出到建筑物外。

警告：臭氧是有毒的。操作人员应避免暴露于臭氧中[见附录A(标准的附录)]。

光源的位置，应使试样暴露于其中的能量在试样整个表面上的变化不超过±10%。

为减小偏心的影响，在同一试验箱中使用一个以上的灯以改善光量时，应使夹持试样的支架围绕光源旋转，且如果有必要，可定期上下移动每个试样，以改善光线的分布均匀性。

也可使试样夹持器围绕其自身的轴转动，以便使试样的两侧均直接的暴露于光照下。这种方法有助于将试样保持在低温下。通过定期开关光源还可获得周期性黑暗。如果暴露周期包括这些特点中的任何一种，应在试验报告中明确说明其影响。

4.3 黑色标准温度计

当试样夹持在夹持器中暴露时，用黑色标准温度计测定低导热率的黑色试样的温度。

温度计应由厚度约0.5 mm，长度约70 mm，宽度约40 mm的平滑的不锈钢板构成。不锈钢板面向光源的表面应涂以具有优良耐老化性的黑色薄涂层。该黑色仪表板应至少能吸收2 500 nm的入射通量的95%。板的温度应利用一个安装好的铂电阻传感器测量，此传感器应与未暴露光源一侧的板的中心具有良好的热接触。板的该侧应固定到由未充填聚偏氟乙烯(PVDF)制造，具有一个可环绕传感器形成空气隙的中心环槽的一块 5 mm 厚的基础板上。传感器与环槽底之间的距离应大约 1 mm。

基础板的长度和宽度应足以保证在温度计安装到试样夹持器时，试样夹持器的金属安装座应距离金属板边缘至少 4 mm，以便在金属板和试样夹持器之间没有热接触。

注：上述黑色标准温度计和前面在大多数场合使用的黑色板温度计之间的区别实质上在于安装的黑色板的热绝缘。因此，指示的温度相当于由黑色、导热很差的材料制成的试样暴露表面的温度。浅色的或导热良好的试样的表面温度总是低于黑色标准温度。表面温度尤其取决于试样吸收和放射的能量和导热性，以及试样、空气和试样夹持器之间的热传递；因此，表面温度是不能精确预测的。

为了确定暴露试样的表面温度范围和更好地控制仪器的辐射或人造天候条件，建议除使用黑色标准温度计外还使用结构相似于上述的黑色温度计的一种白色标准温度计。不用黑色涂层，而用具有良好耐老化性能的白色涂层，其在 300 nm～1 000 nm 波长之间的老化减轻率至少为 90%，在 1 000 nm～2 500 nm之间至少为 60%。

为便于调节温度，可以使用一个恒温箱，其传感器放在试验箱内。

根据材料的性质及其预定用途，推荐的试验温度为 55℃±5℃；但是，根据有关各方的协议，也可使用其他温度。

对于特定用途的软管，可以使用较高的温度。在这种情况下，热降解效应极有可能影响试验结果。

4.4 相对湿度测量装置

循环于试样的空气的相对湿度，如果有必要，可以保持在选定值，该值由置于试验箱中的且避免灯光辐射的湿干球温度计或任何其他适用仪表测定。

推荐的相对湿度是(65±5)%，但是根据有关各方的协议也可采用其他的湿度值。

注：如果试样的温度随其颜色和厚度而变化，则每个试样周围的空气的水分含量不应视为是测得的空气相对湿度。

4.5 喷水

建议不喷水试验。根据有关各方的协议，也可按附录 B(标准的附录)进行喷水试验。

4.6 试样夹持器

试样夹持器可以是开架式的，使试样的背面不受约束。试样夹持器应由不影响试验结果的惰性材料制造，如铝或不锈钢。试样夹持器也可以设计为支承试样背面的形式。在试样附近不应使用黄铜、钢和铜。

4.7 测定暴露水平的设备

根据选用的方法，应使用下列装置之一。

4.7.1 暴露测量仪，由一系列光电探测器组成。光电探测器与试样并排安装，并与一积分仪相连接，以测定在一定时期内接收的总能量或在一给定的波长下接收的能量。

光电探测器对立体角度内收到的射线即在此角度内试样收到的射线应是灵敏的。光电探测器光谱特性曲线尤其是引起试样特性改变的光谱区域的特性曲线应是已知的。测量仪的详细情况应由有关各方协商确定。

该仪表应对给定的光源以焦耳每平方米数校准。校准不应按发光强度或温度的变化进行。

注

1 探测器在试验箱中的长时间暴露可能明显地影响仪表的准确性。

2 各个国家正在进行关于暴露能级对塑料的影响给出最佳评价所需要的光谱特性曲线的研究。

对于某些材料，已知较短端紫外频带的影响是特别重要的；但是，目前尚不能推荐任何特定的光谱特性曲线。

4.7.2 可以使用 GB/T 8426 中规定的蓝色毛织物标样和 GB 250 中规定的灰色样卡[见附录 C(标准的附录)]。

4.7.3 使用像塑料(如聚乙烯)之类的其他实物标样应经有关各方协议决定。

5 试样

5.1 试样应是切取长约 15 cm 的一段软管，按 GB/T 12831 调节。

5.2 应从同一软管上至少切取 3 个试样；如有可能，应从软管的不同部位切取，如从两端和中间。

5.3 其他试样应保存在黑暗中作为对照试样，以便评价颜色的变化。

6 试验程序

6.1 安装试样

将软管安装在试样夹持器中，同时保证试样不受应力的作用。

将软管安装成自然弯曲状态时，其凸面暴露于光下。

6.2 标样和试样的暴露

用与暴露试样相同的方式暴露蓝色毛织物标样或其他实物标样(见 4.7.2)，以确定暴露能级。

当用试样测定颜色或外观变化时，如果需要，每个试样的一部分可以在试验期间用一种惰性的反光金属屏保护起来。这可以在暴露表面的旁边提供一个未暴露表面，以便进行比较。这对监测暴露中的变化是有价值的；但是，写入试验报告中的结果应总是以试验装置中的试样的对照为基础。这是为了减少在暴露中局部变化的影响。

此外，装置中所有的未使用的试样夹持器都应装有试样，以便保证试验条件的一致性。

6.3 测量暴露能级

6.3.1 使用仪表

当装置被用来测量暴露能级时，能级应以装置和试样在给定波长下获得的能量数或获得的总能量来表示，单位为焦耳每平方米。

6.3.2 使用标样

使用蓝色毛织物标样的详细规定列于附录 C(标准的附录)。

6.3.3 使用其他实物标样

这取决于使用的标样，详细内容应由有关各方商定。

6.3.4 综述

除测定在给定波长下获得的能量外，用前述方法测得的暴露能级不能与不同的光源获得的结果进行比较。

众所周知，使用蓝色毛织物标样，尤其是标样 7 进行连续暴露时，有一些严格限制。所以，标样 7 的连续暴露只用在没有更好的方法可以利用时。

暴露后变化的评价应按 ISO 4665 进行。

6.4 试验条件

建议使用下述试验条件：

——湿度：(65±5)%；

——黑板温度：55℃±3℃；

——试验方法(方法 A 或方法 B)所要求的滤光器系统(见 4.1.2)；

——连续光照，不喷水；

——持续时间：240 h±2 h，或按产品技术规范中规定的；光源能量输入 1 500 W，辐射强度 150 W/m²。

这些条件适合暴露的和未暴露的蓝色标样间的色差等于灰色样卡 4 的对比度(见 7.1)。

只能用试样的一个面(前面)评价光的作用。

6.5 取出和检查

试样前面暴露 250 h 之后取出，用目视检查。

7 结果表示

7.1 颜色的改变

颜色的任何变化应通过参照 GB 250 中规定的灰色样卡评价，同时要评价伴随的色度或亮度的任何变化。

7.2 龟裂

应记录存在的任何龟裂及其程度和几何形状。

8 试验报告

试验报告应包括下列内容：

a）本标准的标准号；

b）被试验软管的详细说明；

c）暴露的详细内容(如，方法 A 或方法 B，喷水或不喷水，暴露能级)；

d）任何颜色改变或龟裂的详细情况；

e）除颜色和龟裂外其他任何外观变化(渗流，灰化，风化等)；

f）任何不符合本标准规定的试验程序的详细说明；

g）试验日期。

附 录 A
（标准的附录）
对操作人员的保护

A1 总则

辐射暴露试验所必须使用的设备的复杂性意味着必须由合格人员来使用和维护。这不仅是为了保证试验的顺利完成，而且还考虑到涉及的健康和安全的危险。

A2 紫外线辐射

应避免与高强度近紫外线辐射的伤害有关的危险。

在自然阳光的情况下，眼睛由两种方式保护；一是阳光的亮度使得不可能直视太阳，二是紫外辐射透过大气层大大地衰减。这样的保护并不适用于人造光源的情况。眼睛必须用护目镜或使用装有滤光器的观察孔保护，尤其是安装设备时。应提醒试验人员，即使是短时期的暴露于人造光源辐射，也可能对肉眼造成严重伤害，及造成皮肤暴露区域的严重红斑（辐射烧伤）。在试验箱内进行任何检修前，只要有可能，通向灯的电源应切断。如果不可能，应使用适当的防护服，同时包括对手和头部的保护。既使在安装有滤光器的灯的辐射环境中工作也应如此。

A3 臭氧和有害放射物

使用氙弧灯和其他弧光灯的另一个严重危险是在试验期间局部形成达到臭氧的有毒浓度的可能性。然而，点亮弧光灯时产生大量的臭氧后，灯光周围的热包围层倾向于将臭氧返原回氧。在不使用脉动空气冷却的情况下，应将空气抽掉并排出建筑物，而不应排进灯罩内。这可消除臭氧造成的主要危害。已知，$1\times10^{-6}\sim10\times10^{-6}$（每百万的份数）体积的臭氧可引起头痛、鼻炎、咽喉炎和眼睛流泪。

但是，臭氧的有毒浓度必须认为是低于0.1×10^{-6}，低于嗅觉易探测到的极限值（$0.5\times10^{-6}\sim1.0\times10^{-6}$）。相应的检查和测量装置在市场上可买到。

热和紫外线辐射对某些塑料（如，三聚氰胺层合件）的综合作用也能产生有毒的放射物。因此，应特别注意选择制造试验装置用的材料。

A4 灯爆破危险

在使用高压氙弧放电灯时，在各方面都应遵照承制厂的说明书进行操作和贮存。

A5 电的伤害

所有的电气设备都应符合现行的规章条例。

对于电击尤其是对氙弧灯使用的高压点火装置应采取标准的防护措施。为此，应提供一种当弧光灯处于或倾向于高压就立即进入实验室内部的装置。

附 录 B
（标准的附录）
喷 水 装 置

根据有关各方达成的协议，试样可在下述条件下用蒸馏水或软化水周期性地喷射。喷水装置应由惰性材料制造，以免水的污染。

应记录耐水性和 pH 值。

干燥和喷水周期的长短应从表 B1 中给出的值选择。

表 B1　干燥和喷水周期

干燥周期/min	喷水周期/min
17	3
25	5
102	18

应记录在干燥周期终了时的最高温度。

附录 C
（标准的附录）
用蓝色毛织物试样测定暴露能级

C1　总则

为用于织物试验而研制的蓝色毛织物标样，由于其可应用性，历来与塑料和橡胶试验一起使用。因为一般塑料和橡胶暴露比通常用于织物对光的色牢度试验暴露周期长，所以采用了一种有关连续暴露标样 7 的技术。

由于各种蓝色染料的光谱敏感度之间的已知差异和各种人造光源的谱能分布之间的明显差别，因此对此用途蓝色毛织物标样的使用有相当大的疑虑。然而使用方便和基于其使用上的大量数据保证了其在塑料和橡胶的暴露试验中仍有使用的要求。

C2　程序

同时暴露一组蓝色毛织物标样（见 GB/T 8426），这组标样由标样 1 到标样 7 的每一个条状试片组成。

通过将暴露的和未暴露的蓝色毛织物标样之间的色差与 GB 250 规定的灰色样卡上的对比度 4 对照，根据表 C1 规定，用标样确定暴露阶段。这样，当标样 1 给出的对比度相当于灰色样卡上的对比度 4 时，就达到阶段 1/1，当标样 2 呈相似的色差时，达到 2/1，同样，当标样 7 显示的对比度为灰色样卡上 4 时，达到阶段 7/1。

注：在温带气候下于自然日光中，达到阶段 7/1 需要的时间大约是 1 年。

按确定达到每个暴露阶段的时间所需的频率检查标样。

达到阶段 7/1，则舍弃这些标样，安装上一个新的标样 7，并继续暴露，直到第 2 个标样 7 显示出与未暴露的标样 7 的色差等于灰色样卡上的 4。这个阶段称作 7/2。

舍弃第 2 个标样 7 再安装上一个新的标样 7。当这个标样依序给出对比度 4 时，便达到了阶段 7/3。

每当需要时便重复此程序，可得阶段 7/4 到 7/n（见 6.3.4 的规定）。

C3　供应者

光照下颜色稳定性试验用的蓝色毛织物标样供应者名册和用于评价颜色变化的灰色样卡可从 ISO/TC 38“织物”秘书处获得。

表 C1 暴露阶段

阶段	说　明
1/1	蓝色毛织物标样 1 达到灰色样卡上的对比度 4
2/1	蓝色毛织物标样 2 达到灰色样卡上的对比度 4
3/1	蓝色毛织物标样 3 达到灰色样卡上的对比度 4
4/1	蓝色毛织物标样 4 达到灰色样卡上的对比度 4
5/1	蓝色毛织物标样 5 达到灰色样卡上的对比度 4
6/1	蓝色毛织物标样 6 达到灰色样卡上的对比度 4
7/1	第 1 个蓝色毛织物标样 7 达到灰色样卡上的对比度 4
7/2	第 2 个蓝色毛织物标样 7 达到灰色样卡上的对比度 4
7/n	第 n 个蓝色毛织物标样 7 达到灰色样卡上的对比度 4

前　言

本标准等同采用国际标准 ISO 4023:1991(E)《蒸汽橡胶软管试验方法》。

本标准由国家石油和化学工业局提出。

本标准由全国橡胶与橡胶制品标准化技术委员会软管分技术委员会归口。

本标准起草单位:中橡集团沈阳橡胶研究设计院。

本标准主要起草人:李春明、刘惠春。

ISO 前言

国际标准化组织(ISO)是各国家标准团体(ISO 成员团体)的世界性联合机构。制定国际标准的工作通常由 ISO 各技术委员会进行。凡对已建立技术委员会的项目感兴趣的成员团体均有权参加该委员会。与 ISO 有联系的政府和非政府的国际组织,也可参加此项工作。在电工技术标准化的所有方面,ISO 与国际电工技术委员会(IEC)紧密合作。

技术委员会采纳的国际标准草案,要发给成员团体进行投票。作为国际标准发布时,规定至少有 75%投票的成员团体投赞成票。

国际标准 ISO 4023 由 ISO/TC 45 橡胶与橡胶制品技术委员会 SC1 软管(橡胶和塑料)分技术委员会制定。

第三版废止并代替第二版(ISO 4023:1981),是第二版的技术修订本。

中华人民共和国国家标准

蒸汽橡胶软管试验方法

GB/T 18425—2001
idt ISO 4023:1991

Rubber hoses for steam—Test methods

警告：使用本标准的人员应熟悉正规实验室操作规程。本标准无意涉及因使用本标准可能出现的所有安全问题。制定相应的安全和健康制度并确保符合国家法规是使用者的责任。

1 范围

本标准规定了软管试样的内壁暴露于饱和蒸汽以模拟使用条件的四种试验方法。即：

——A 法：垂直台架法

——B 法：水平台架法

——C 法：垂直安装屈挠试验法

——D 法：水平安装屈挠试验法

注意：应配备一切必要的安全设备，以确保操作人员有安全的工作条件。

2 A 法：垂直台架法

2.1 原理

将一段软管保持在一固定的垂直状态，通进饱和蒸汽。

注：蒸汽的温度或压力以及暴露时间应在有关软管标准中加以说明。为确定软管是否变质，应在有关的软管标准中规定应进行检查的那些物理性能，以及这些性能的允许变化程度。通常规定的物理性能是爆破强度、内衬层和外覆层的拉伸强度和拉断伸长率以及各层之间的粘合强度等。外观评价试验判据也可加以规定，例如，增强层的破裂、外覆层龟裂到规定深度和内衬层的麻点或气泡。有时与蒸汽接触直到软管失效的时间也可规定为试验判据。

2.2 设备(见图 1)

将两个带有连接试样用的适当连接头的歧管一上一下地放置，二者之间的距离应使试样刚好以垂直状态安装在两个连接头之间而无歪曲。将规定压力的干饱和蒸汽通过上歧管供应给试样，上歧管装配有一个压力调节阀门、一个记录仪表和相应的指示仪表。下歧管与阻汽排水器相连接。每个歧管的每个开孔处都装配有关闭阀。

如果为安全起见而将设备封闭在一个外罩中，那么，在这种外罩内距软管外表面 25 mm 处所测环境温度不应高于室温 11℃以上。

2.3 试样

试样应为一段软管样品，长度不少于 500 mm，并且足够使蒸汽试验后将管接头卸掉，再将其装配上一个相应的管接头进行爆破试验。

2.4 程序

将试样安装在试验设备上，使其承受规定的内部蒸汽条件。暴露到规定时间之后，释放试样中的压力，将其从试验装置上取下，使其冷却，并在环境条件下停放不少于 16 h，不多于 100 h。

然后，目视检查试样，并进行规定的物理性能测定；同时在另一段未经试验的软管上测定相同的物理性能。如果有规定，试验应继续进行，直到软管出现根据规定的判据所示的失效，并记录失效的时间。

中华人民共和国国家质量监督检验检疫总局 2001-08-28 批准　　2002-05-01 实施

2.5 试验报告

试验报告应包括下列内容:

a) 所试软管的全称;

b) 本标准及试验方法的编号,即 GB/T 18425A 法;

c) 规定试验判据或其详细说明的有关标准的编号;

d) 试样试验后的外观评价;

e) 有关标准所规定的物理性能试验结果;

f) 有关标准规定的其他结果表示法;

g) 其他特殊的观测结果。

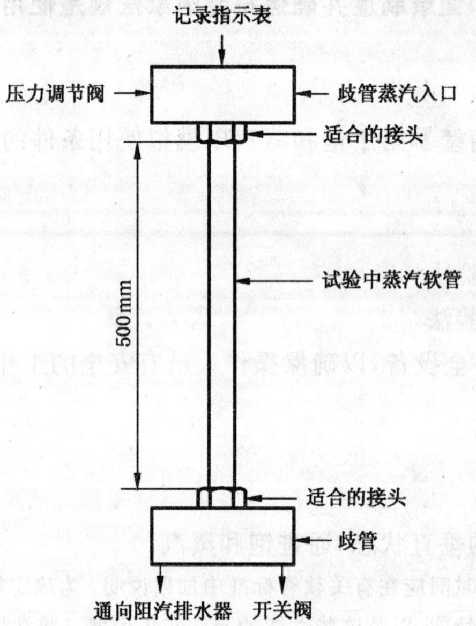

图 1 垂直蒸汽台架试验(A 法)安装示意图

3 B 法:水平台架法

3.1 原理

将一段软管保持在水平状态,并使其中间下垂,能使冷凝水聚集在其一部分上。

注

1 蒸汽温度或压力以及暴露的时间应在有关软管标准中说明。外观及物理性能因暴露而产生变化的允许程度应在有关软管标准中说明(见 2.1 中注)。

2 此项试验通常用以测量软管内衬层起泡或崩花(米花状)的趋势,即部分内衬层碎裂并脱离。

3.2 设备(见图 2)

将两个带有连接试样用的适当连接头的歧管在同一平面上相互平行放置,彼此相距约 1 m。将规定压力的干饱和蒸汽通过一个歧管供应给试样,该歧管装配有一个压力调节阀、一个记录仪表和一个相应的指示仪表。另一个歧管与阻汽排水器相连。在每一个歧管的每个开孔处都装配有关闭阀。

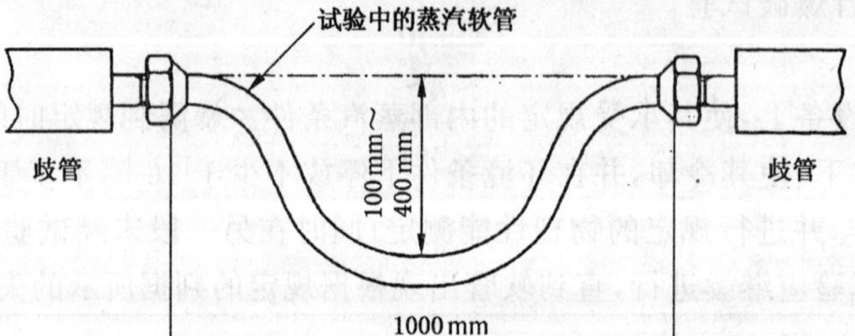

图 2 水平蒸汽台架试验(B 法)安装示意图

如果为安全起见，而将设备封闭在一个外罩中，那么，在这种外罩内距软管外表面 25 mm 处所测得环境温度不应高于室温 11℃以上。

3.3 试样

试样应为符合图 2 所规定的一段适当长度的软管样品。

3.4 程序

将试样安装在设备上，并在软管上有一个低于歧管处软管平面 100 mm～400 mm 的下垂。使软管承受规定的内部蒸汽条件。20 h 后，在 1 min 内排净软管内蒸汽，使软管冷却到室温，保持 4 h。在规定的期间重复这一过程，直至出现失效为止。

暴露到规定的时间之后，释放试样中的压力，将其从设备上取下，使其冷却，并在环境条件下停放不少于 16 h，不多于 100 h。

然后，目视检查试样，并进行规定的物理性能测定；同时在另一段未经试验的软管上测定相同的物理性能。如果有规定，试验应继续进行，直到软管出现根据规定的判据所示的失效，并记录失效的时间。

3.5 试验报告

试验报告应包括下列内容：

a) 所试软管的全称；

b) 本标准及试验方法的编号，即 GB/T 18425 B 法；

c) 规定试验判据或其详细说明的有关标准的编号；

d) 试样试验后的外观评价；

e) 有关标准所规定的物理性能试验结果；

f) 有关标准规定的其他结果表示法；

g) 其他特殊的观测结果。

4 C 法：垂直安装的屈挠试验法

4.1 原理

将一段垂直安装的软管在通入饱和蒸汽的同时反复屈挠。

此项试验通常在规定的时间(小时数)内进行，试验过程中软管应无失效。然后可对软管进行外观检查或试验，看其是否符合规定的状态。

注：蒸汽温度或压力以及暴露时间应在有关软管标准中说明。外观及物理性能因暴露而产生变化的允许程度应在有关软管标准中说明(见 2.1 中注)。

4.2 设备(见图 3)

将两个带有安装试样用的适当连接头的水平蒸汽歧管一上一下隔开安装，使其中一个歧管在试验过程中能垂直移动 315 mm 的距离。将规定压力的干饱和蒸汽通过上歧管供应给试样，该歧管装配有一个压力调节阀、一个记录仪表和几个相应的指示仪表。下歧管与阻汽排水阀相连接。每个歧管的每个开孔处都有一个关闭阀。

如果为安全起见而将设备封闭在一个外罩内，那么，在这种外罩内距软管外表面 25 mm 处所测得环境温度不应高于室温 11℃以上。

4.3 试样

试样应为一段软管样品，切取长度应为，当在上下两个歧管之间以其最大间距安装时，软管会形成内径(图 3 中的 d)为软管内径 10 倍的环。

4.4 程序

将试样安装在上下两个歧管之间，当两个歧管彼此处于最大距离时，形成一个内径 10 倍于软管内径的环。在规定时间内，以规定的压力连续供给蒸汽。在暴露期间，以 315 mm 的行程上下移动其中一个歧管，使试样以 0.1 Hz 的速率屈挠。如果需要，环的上部可以用一根悬挂的钢丝或绳索吊住。

暴露到规定的时间之后，释放试样中的压力，将其从设备上取下，使其冷却，并在环境条件下停放不少于 16 h，不多于 100 h。

然后，目视检查试样，并进行规定的物理性能测定；同时在另一段未经试验的软管上测定相同的物理性能。如果有规定，试验应继续进行，直到软管出现根据规定的判据所示的失效，并记录失效的时间。

4.5 试验报告

试验报告应包括下列内容：

a) 所试软管的全称；

b) 本标准及试验方法的编号，即 GB/T 18425 C 法；

c) 规定试验判据或其详细说明的有关标准的编号；

d) 试样试验后的外观评价；

e) 有关标准所规定的物理性能试验结果；

f) 有关标准规定的其他结果表示法；

g) 其他特殊的观测结果。

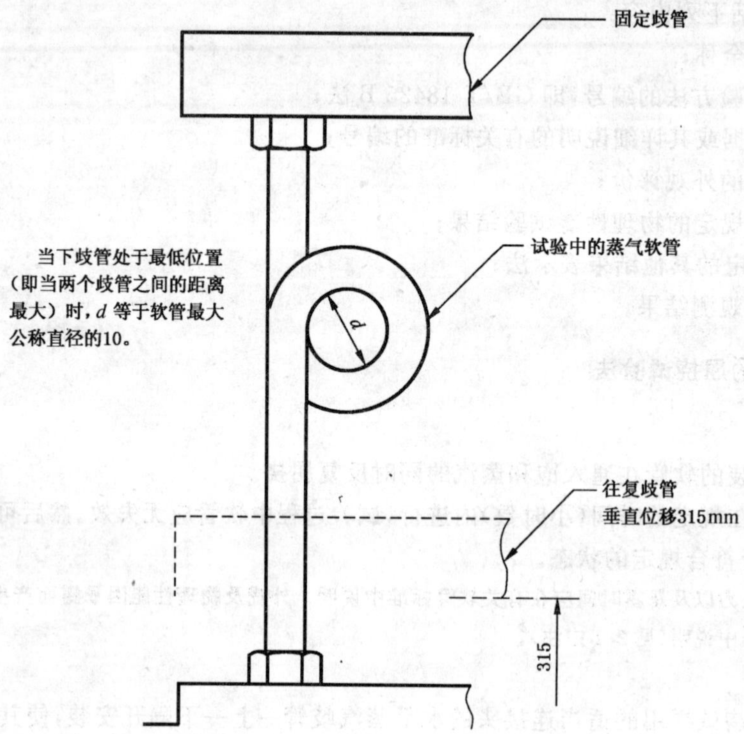

注：歧管可以制造得能容纳一个以上软管。

图 3 垂直屈挠试验(C 法)安装示意图

5 D 法：水平安装屈挠试验法

5.1 原理

一段水平安装的软管，于通入饱和蒸汽的同时在预定周期内承受交替的屈挠。

可试验的软管最大内径为 50 mm。

软管按时控周期承受与水平状态停顿交替的屈挠。选择这种状态是为了在精确模拟正常的工业使用条件的实验条件下评价软管的使用性能。这样一种状态在相反的方向上产生三个弯曲：

第一个弯曲，在进汽接头附近；

第二个弯曲，在环的底部；

第三个弯曲，在出汽接头附近。

用此三个反向弯曲检查整个软管结构的性能。从水平状态和底部弯曲这两种状态可以断定：偶尔有冷凝水存在，这可使软管在正常工业使用条件进行试验。

试验设备可使软管自由地进行其结构允许的弯曲。从试验中对规定的弯曲半径的测量可以评价软管在试验过程中保持的屈挠性或逐渐降解。

注：蒸汽温度或压力以及暴露时间应在有关软管标准中说明。外观及物理性能因暴露而产生变化的允许程度应在有关软管标准中说明（见 2.1 中注）。

5.2 设备（见图 4）

试验设备应能安装一根或几根软管而使用同一蒸汽供应管线。这种设备仅可用于内径不大于 50 mm的软管。

软管一端是固定的，另一端则能自动时控往复水平运动。可调的行程使得在试验开始时就能按规定调节最小弯曲半径。

试验过程中，保持恒定供应蒸汽并且通过压力记录仪恰当排水控制蒸汽供应环路。

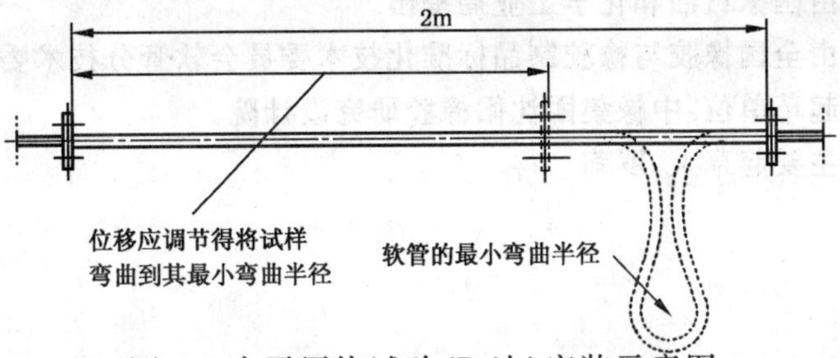

图 4 水平屈挠试验（D 法）安装示意图

5.3 试样

所有内径规格的试样长度均应为 2 m。

5.4 程序

将试样安装在试验设备上，调节水平位移，使试样弯曲到其最小弯曲半径。

除非在软管标准中另有规定，试验周期通常应为 4 h，安排如下：

静态水平状态——3 h 15 min；

以 0.33 Hz 屈挠——45 min。

测量原试样的最小弯曲半径，在试验过程中每一试验周期检查一次弯曲半径值。

暴露到规定的时间之后，释放试样中的压力，将其从设备上取下，将其冷却，并在环境条件下停放不少于 16 h，不多于 100 h。

然后，目视检查试样，并进行规定的物理性能测定；同时在另一段未经试验的软管上测定相同的物理性能。如果有规定，试验应继续进行，直到软管出现根据规定的判据所示的失效，并记录失效的时间。

5.5 试验报告

试验报告应包括下列内容：

a）所试软管的全称；

b）本标准及试验方法的编号，即 GB/T 18425 D 法；

c）规定试验判据或其详细说明的有关标准的编号；

d）试样试验后的外观评价；

e）有关标准所规定的物理性能试验结果；

f）有关标准规定的其他结果表示法；

g）其他特殊的观测结果。

前　言

本指导性技术文件等同采用国际标准 ISO/TR 11340:1994《液压软管组合件—液压系统外部泄漏分级》。

制定本指导性技术文件的目的是为液压软管组合件管接头部位的泄漏提出一个分类，以供科研、设计、生产、使用和管理等有关人员参考使用。

本指导性技术文件仅供参考。有关对本指导性技术文件的建议和意见，请向国务院标准化行政主管部门反映。

本指导性技术文件由国家石油和化学工业局提出。

本指导性技术文件由全国橡胶与橡胶制品标准化技术委员会软管分技术委员会归口。

本指导性技术文件起草单位：中橡集团沈阳橡胶研究设计院。

本指导性技术文件主要起草人：罗莉。

ISO 前言

国际标准化组织(ISO)是各国家标准团体(ISO 成员团体)的世界性联合机构。制定国际标准的工作通常由 ISO 各技术委员会进行。凡对已建立技术委员会的项目感兴趣的成员团体均有权参加该委员会。与 ISO 有联系的政府和非政府的国际组织,也可参加此项工作。在电工技术标准化的所有方面,ISO 与国际电工技术委员会(IEC)紧密合作。

技术委员会的主要任务是制定国际标准,在特殊情况下,技术委员会可建议发布下列类型之一的技术报告。

1 型:尽管经过多次努力:但作为一项国际标准仍不能得到所需的支持时;

2 型:当该项目仍在技术发展阶段或由于任何其他原因、虽有前途但不能马上形成国际标准时;

3 型:当技术委员会收集到与通常已作为国际标准发布的数据不同的数据时(例如:"工艺的陈述")。

1 型和 2 型的技术报告在发布后三年内需进行复审,以决定是否将其转变为国际标准。3 型技术报告在其所提供的数据不再有效或有用以前不必进行复审。

ISO/TR 11340 是 3 型技术报告。由 ISO/TC 45 橡胶与橡胶制品技术委员会,SC1 软管(橡胶和塑料)分技术委员会制定。

中华人民共和国国家标准化指导性技术文件

液压软管组合件 液压系统外部泄漏分级

GB/Z 18427—2001
idt ISO/TR 11340:1994

Hydraulic hose assemblies—External leakage classification for hydraulic systems

1 范围

本指导性技术文件为确定液压系统外部泄漏程度建立了一个统一的导则。分级的选择规定为通过目视而不是借助于仪器来判断软管接头部位泄漏状态。鉴于超过一段时间后泄漏状态可能会发生变化，因此，本指导性技术文件描述的是在观测期间内的泄漏状态。

2 分级

分级列于表1中并用图1说明。

表1 泄漏分级

级	描述
0	无潮气迹象
1	未出现流体
2	出现流体但未形成液滴
3	出现流体形成不滴落液滴
4	出现流体形成液滴且滴落
5	出现流体液滴的频率形成了明显的液流

中华人民共和国国家质量监督检验检疫总局 2001-08-28 批准　　2002-05-01 实施

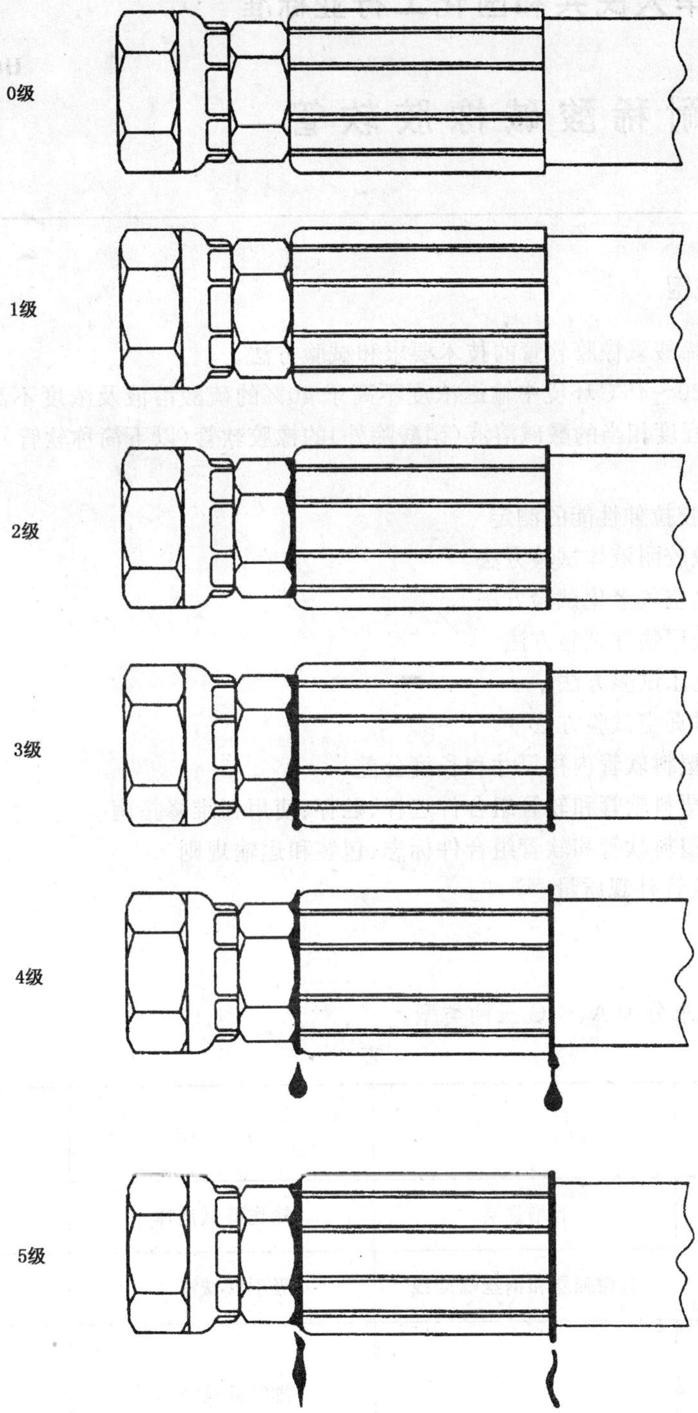

图 1　液压软管组合件液压系统外部泄漏分级图

中华人民共和国化工行业标准

HG 2183—91

耐稀酸碱橡胶软管

1 主题内容与适用范围

本标准规定了耐稀酸碱橡胶软管的技术要求和试验方法。

本标准适用于－20～45℃环境中输送浓度不高于40%的硫酸溶液及浓度不高于15%的氢氧化钠溶液以及与上述浓度程度相当的酸碱溶液(硝酸除外)的橡胶软管(以下简称软管)。

2 引用标准

GB 528 硫化橡胶拉伸性能的测定

GB 1690 硫化橡胶耐液体试验方法

GB 3512 橡胶热空气老化试验方法

GB 5562 胶管胶层物理试验方法

GB 5563 胶管液压试验方法

GB 5567 胶管耐真空试验方法

GB 9575 橡胶、塑料软管内径尺寸和长度公差

GB 9576 橡胶、塑料软管和软管组合件选择、贮存、使用和维修指南

GB 9577 橡胶、塑料软管和软管组合件标志、包装和运输规则

HG 2185 橡胶软管外观质量

3 产品分类

3.1 软管按表1的要求分为A、B、C三种类型。

表 1

型 号	结 构	用 途	使用压力，MPa
A	有增强层	输送酸碱液体	0.3、0.5、0.7
B	有增强层和钢丝螺旋线	吸引酸碱液体	负压
C		排吸酸碱液体	负压 0.3、0.5、0.7

3.2 尺寸及公差：

A型软管的尺寸及公差应符合表2的规定；B型、C型软管的尺寸及公差应符合表3的规定。

中华人民共和国化学工业部 1991-12-23批准　　　　1992-05-01实施

表 2 mm

A型		胶层厚度 不小于	
公称内径	公差	内胶层	外胶层
12.5	±0.75	2.2	1.2
16	±0.75	2.2	1.2
20	±0.75	2.2	1.2
22	±0.75	2.2	1.2
25	±1.25	2.2	1.2
31.5	±1.25	2.5	1.5
40	±1.5	2.5	1.5
45	±1.5	2.5	1.5
50	±1.5	2.5	1.5
63	±1.5	2.8	1.5
80	±2.0	2.8	1.5

表 3 mm

B型及C型	
公称内径	公差
31.5	±1.25
40	±1.5
45	±1.5
50	±1.5
63	±1.5
80	±2.0

3.3 软管长度由使用方提出，制造厂同意确定。

3.4 10 m 以上的软管长度公差为软管全长的±1%，10 m 和 10 m 以下的软管长度公差为软管全长的1.5%。

3.5 产品标记：

标记内容：产品名称、型号、公称内径、工作压力、标准编号。

标记示例：

耐稀酸碱胶管 A-16-0.3 HG 2183

- HG 2183 —— 标准号
- 0.3 —— 工作压力
- 16 —— 公称内径
- A —— 型号
- 耐稀酸碱胶管 —— 产品名称

4 技术要求

4.1 软管的物理机械性能应符合表4的规定。

表 4

性能项目			指标	
			内胶层	外胶层
拉伸强度，MPa		≥	6.0	
扯断伸长率，%		≥	250	
硫酸(40%)，室温×72 h	拉伸强度变化率，%	≥	−15	—
	扯断伸长率变化率，%	≥	−20	—
盐酸(30%)，室温×72 h	拉伸强度变化率，%	≥	−15	—
	扯断伸长率变化率，%	≥	−20	—
氢氧化钠(15%)，室温×72 h	拉伸强度变化率，%	≥	−15	—
	扯断伸长率变化率，%	≥	−20	—
热空气老化，70℃×72 h	拉伸强度变化率，%		−25～+25	
	扯断伸长率变化率，%		−30～+10	
粘附强度，kN/m	各胶层与增强层间	>	1.5	
	各增强层与增强层间	>	1.5	

注：外胶层厚度达不到厚度要求，可用制造软管胶料制成试样进行试验。

4.2 A型、C型软管的液压要求，应符合表5的规定。

表 5　　MPa

工作压力	试验压力	最小爆破压力
0.3	0.6	1.2
0.5	1.0	2.0
0.7	1.4	2.8

4.3 B型、C型软管在80 kPa(−600 mmHg)的压力下，经耐真空试验后，内胶层应无剥离、中间细等异常现象。

4.4 软管的外观质量应符合HG 2185的规定。

5 试验方法

5.1 软管内、外胶层的拉伸强度、扯断伸长率以及各层间的粘附强度的测定按GB 528、GB 5562规定执行。

5.2 软管内、外胶层耐酸碱后的拉伸强度变化率和扯断伸长变化率按GB 528、GB 1690、GB 5562规定执行。

5.3 软管内、外胶层的热空气老化试验按GB 3512、GB 528、GB 5562规定执行。

5.4 软管的液压试验按GB 5563规定执行。

5.5 软管的耐真空试验按GB 5567规定执行。

6 检验规则

6.1 软管应由制造厂检验部门成批检验，每批数量不应多于1 000条，每批产品出厂必须附有合格证。

6.2 每批软管应逐条进行规格尺寸及外观质量检查。

6.3 每批软管任选一种规格为代表，任取一条检验各项物理机械性能，耐真空试验、耐压试验，每月不得少于一次。

6.4 如物理机械性能检验有一项指标或耐真空试验、耐压试验不合格时，应在该批产品中另取双倍试样，对不合格项目进行复试，复试后如其中一个试样仍有一项指标不合格时，则该批产品为不合格品。

7 标志、包装、贮存和使用

7.1 软管的标志、包装和运输按GB 9577规定执行。

7.2 软管的选择、贮存、使用和维修按GB 9576规定执行。

附加说明：

本标准由中华人民共和国化学工业部科技司提出。

本标准由全国橡胶与橡胶制品标准化技术委员会橡胶软管分技术委员会归口。

本标准由化学工业部沈阳橡胶工业制品研究所、青岛第六橡胶厂负责起草。

本标准主要起草人严松枫、王宝珠、王维相、王文杰、王剑志。

中华人民共和国化工行业标准

HG 2184—91

输水、通用橡胶软管

本标准参照采用国际标准 ISO 1403—1986《输出、通用橡胶软管》。

1 主题内容与适用范围

本标准规定了输水用橡胶软管的型号级别、规格尺寸、技术要求、试验方法和检验规则。

本标准适用于输送 60℃以下的生活用水、工业用水的橡胶软管。

本标准不适用于输送饮用水的橡胶软管。

2 引用标准

GB 321 优先数和优先数系

GB 528 硫化橡胶拉伸性能测定

GB 3512 橡胶热空气老化试验方法

GB 5562 胶管胶层物理试验方法

GB 5563 胶管液压试验方法

GB 9571 橡胶、塑料软管静态条件下耐臭氧性能的评定

GB 9574 橡胶、塑料软管和软管组合件试验压力、爆破压力和设计工作压力的比率

GB 9575 橡胶、塑料软管内径尺寸和长度公差

GB 9576 橡胶、塑料软管和软管组合件贮存、选择、使用和维修指南

GB 9577 橡胶、塑料软管和软管组合件标志、包装和运输规则

HG 2185 橡胶软管外观质量

3 产品分类

3.1 型号级别

软管以工作压力高低分为 1、2、3 三个型号，以工作压力分为 a，b，c，d，e 五个级别。

1 型　低压型。

a 级　工作压力≤0.3 MPa；

b 级　工作压力≤0.5 MPa；

c 级　工作压力≤0.7 MPa，内径为 10、12.5、……、100 mm 的软管。

2 型　中压型。

d 级　工作压力≤1.0 MPa，内径 50(含 50)mm 以下的软管。

3 型　高压型。

e 级　工作压力≤2.5 MPa，内径 25(含 25)mm 以下的软管。

3.2 结构

软管应由橡胶内胶层、天然或合成纤维增强层和橡胶外胶层组成。

3.3 规格尺寸

软管的内径尺寸及公差应符合表 1 的要求。

中华人民共和国化学工业部 1991-12-23 批准　　　　1992-05-01 实施

表 1　　mm

<table>
<tr><th colspan="2">内　　径</th><th colspan="2">胶 层 厚 度　≥</th></tr>
<tr><th>公称尺寸</th><th>公　差</th><th>内 胶 层</th><th>外 胶 层</th></tr>
<tr><td>10</td><td rowspan="4">±0.75</td><td rowspan="3">1.8</td><td rowspan="3">1.0</td></tr>
<tr><td>12.5</td></tr>
<tr><td>16</td></tr>
<tr><td>20</td><td rowspan="2">2.0</td><td rowspan="2">1.0</td></tr>
<tr><td>25</td><td rowspan="2">±1.25</td></tr>
<tr><td>31.5</td><td rowspan="3">2.3</td><td rowspan="3">1.2</td></tr>
<tr><td>40</td><td rowspan="3">±1.50</td></tr>
<tr><td>50</td></tr>
<tr><td>63</td><td rowspan="3">2.5</td><td rowspan="3">1.5</td></tr>
<tr><td>80</td><td rowspan="2">±2.00</td></tr>
<tr><td>100</td></tr>
</table>

注：在特殊要求其他尺寸时，由供需双方协商解决。对表 1 范围内未规定的产品尺寸，应从 GB 321 中 R 20 系列中选取，公差按下一相邻的较大尺寸公差规定；对大于或小于表 1 范围的产品尺寸，应从 GB 321 中 R10 系列选取，公差应符合 GB 9575 规定。

3.4　长度

软管切割长度应符合 GB 9575 的规定。

3.5　产品标记

标记内容：产品名称、型号、级别、规格、标准号。

标记示例：

输水胶管　1-b-40　HG 2184

- HG 2184——标准号
- 40——规格
- b——级别
- 1——型号
- 输水胶管——产品名称

4　技术要求

4.1　软管胶料的性能指标应符合表 2 的要求。

表 2

性能项目		内胶层	外胶层
拉伸强度,MPa			
1、2 型	≥	5.0	5.0
3 型	≥	7.0	7.0
扯断伸长率,%			
1、2 型	≥	200	200
3 型	≥	200	200
热老化性能(70±1℃、72 h)			
拉伸强度变化率,%	≥	−25	−25
扯断伸长率变化率,%		−30～10	−30～10

4.2 软管的液压性能应符合表 3 和表 4 的要求。

表 3　MPa

软管类型	工作压力	试验压力	爆破压力
1 型			
a 级	0.3	0.5	0.9
b 级	0.5	0.8	1.6
c 级	0.7	1.1	2.2
2 型			
d 级	1.0	1.6	3.2
3 型			
e 级	2.5	4.0	7.9

表 4

性能项目[1]		指标
在试验压力下		
长度变化率,%	≤	±7
外径变化率,%	≤	±7

注:1) 仅适用于编缠结构软管。

4.3 软管各层间粘附强度不小于 1.5kN/m。

4.4 1、2、3 型软管经 40±2℃、$72_{-2}^{\ 0}$h 耐臭氧性能试验后不得出现龟裂,但此项性能要求按供需双方协商确定。

4.5 软管的外观质量应符合 HG 2185 要求。

5 试验方法

5.1 软管内、外胶层的物理性能按 GB 528、GB 5562 进行测定。

5.2 软管内、外胶层的热老化性能按 GB 3512、GB 5562 进行测定。

5.3 软管的液压性能试验和在试验压力下长度和外径变化率的测定按 GB 5563 进行。

5.4 软管各层间粘附强度按 GB 5562 进行测定。

5.5 软管静态耐臭氧性能按 GB 9571 进行测定。

6 检验规则

6.1 软管应逐条检查外观和尺寸。

6.2 软管应由制造方的检验部门成批检验。同型号软管每批不应多于 5 000 条，每批产品出厂必须附有质量合格证。

6.3 同型号软管任选一种规格为代表，任取一条检查各项物理机械性能，并进行液压试验。

6.4 如物理机械性能有一项指标或耐压试验不合格时，应在该批产品中另取双倍试样对不合格项目进行复试，复试后如其中一个试样仍有一项指标不合格时，则该批产品为不合格品。

7 标志、包装、运输、贮存、选择、使用和维修

7.1 除了在软管标志上写明适用于非饮用水以及内径为 80 mm 和 80 mm 以下的软管可盘卷成盘，但盘卷内径不得小于软管内径的 15 倍；内径在 80 mm 以上者应平直包装外，其他标志、包装和运输应符合 GB 9677 的要求。

7.2 软管的贮存、选择、使用和维修应符合 GB 9576 的要求。

7.3 软管在符合本标准和 GB 9577 和 GB 9576 规定的条件下，贮存期不超过 1 年。

附加说明：

本标准由中华人民共和国化学工业部科技司提出。

本标准由全国橡胶与橡胶制品标准化技术委员会橡胶软管分技术委员会归口。

本标准由化学工业部沈阳橡胶工业制品研究所、青岛第六橡胶厂负责起草。

本标准主要起草人王宝珠、严松枫、王维相、王文杰、王剑志。

中华人民共和国化工行业标准

橡胶软管外观质量

HG 2185—91

1 主题内容与适用范围

本标准规定了通用输水橡胶软管、压缩空气用橡胶软管、耐稀酸碱橡胶软管、织物增强吸水软管、氧气橡胶软管和乙炔橡胶软管等软管的外观质量要求及外观质量的等级判定。

本标准适用于上述橡胶软管的外观质量检查并作为判定等级的依据。

2 橡胶软管外观质量要求

2.1 橡胶软管不允许有扭劲、脱层、裸露增强层等异常现象,外胶层不允许有海绵并应无皱纹(波纹形软管除外)和局部隆起,但允许有硫化包布留下的轻度印痕。

2.2 橡胶软管的内胶层不允许有裂口、海绵、砂眼以及起泡等缺陷。

2.3 橡胶软管的橡胶层或增强层搭接处相应的胶层厚度,允许减薄其搭接层的厚度。外胶层、增强层和内胶层相邻层间的搭接处不允许重叠。

2.4 橡胶软管内外表面应清洁、不允许有油污和外来杂质。

2.5 吸引类橡胶软管和排吸两用橡胶软管不允许有缠绕乱档现象。

3 外观质量等级的判定

3.1 橡胶软管外观质量等级判定见下表:

序号	缺陷内容	一 级 品	合 格 品
1	外胶层(表面)杂质痕迹	深度不得大于 0.5mm	深度不得大于 0.8mm,超过者须经一次修理完善
2	外胶层搭缝痕迹和裂口	痕迹累计长度不得超过软管全长的 3%,但应无裂口	痕迹累计长度不得超过软管全长的 30%,裂口累计长度不得超过软管全长的 5%,但须经一次修理完善
3	外胶层起泡、碰破、露线、露增强层	不允许有	按软管长度计算,每 5m 长度内允许有一处,但须经一次修理完善
4	软管放置痕迹、凹痕	软管放置痕迹不得超过外周长的 8%,不允许有凹痕	软管放置痕迹不得超过外周长的 12%,凹痕按软管长度计算,每 5m 内允许有一处,但深度不得大于 1.0mm
5	增强层水波纹及折叠		不允许有
6	水包布皱褶痕迹	轴向累计长度皱褶不得超过软管全长的 3%	轴向累计长度皱褶不得超过软管全长的 10%
7	软管局部隆起	不允许有	在增强层不变形的情况下允许一次修理完善

中华人民共和国化学工业部 1991-12-23 批准　　1992-05-01 实施

续表

序号	缺陷内容	一　级　品	合　格　品
8	不圆度	不大于20%	不大于25%
9	内胶层厚度不均匀	不均匀度不得大于0.5mm(搭接头部位除外)	不均匀度不得大于0.8mm(搭接头部位除外)

注：本表第5、6项不适用于吸引类橡胶软管。

不圆度按下式计算：

$$不圆度(\%)=\frac{最大内径-最小内径}{公称内径}\times 100$$

3.2　外观缺陷超出合格品则视为不合格品，无使用价值者视为废品。

3.3　本标准未规定的外观缺陷，应参照本标准中类似的条款执行。

附加说明：

本标准由中华人民共和国化学工业部科技司提出。

本标准由全国橡胶与橡胶制品标准化技术委员会橡胶软管分技术委员会归口。

本标准由化学工业部沈阳橡胶工业制品研究所负责起草。

本标准主要起草人王维相、王宝珠、严松枫、梁赛班。

中华人民共和国化工行业标准

HG 2192—91

喷 砂 橡 胶 软 管

本标准参照采用国际标准 ISO 3861—77《喷砂橡胶软管》。

1 主题内容与适用范围

本标准规定了喷砂橡胶软管的型号、规格、技术要求和试验方法。

本标准适用于对金属表面作风压喷砂除锈及打麻用的喷砂橡胶软管(以下简称软管)。

2 引用标准

GB 1689 硫化橡胶耐磨耗性能的测定(用阿克隆磨耗机)

GB 5562 橡胶软管胶层物理试验方法

GB 5563 胶管液压试验方法

GB 5565 胶管弯曲试验方法

GB 9573 橡胶、塑料软管和软管组合件尺寸测量方法

GB 9575 橡胶、塑料软管内径尺寸和长度公差

GB 9576 橡胶、塑料软管及软管组合件选择、贮存、使用和维修指南

GB 9577 橡胶、塑料软管及软管组合件标志、包装和运输规则

GB 11210 硫化橡胶抗静电和导电制品电阻的测定

HG 2185 橡胶软管外观质量

3 产品分类

3.1 软管按使用要求分为两种类型。

A 型 普通型。

B 型 抗静电型。

3.2 产品标记

3.2.1 标记内容

产品名称、型号、内径、标准号。

3.2.1.1 标记示例：

喷砂橡胶软管 A-20 HG 2192

- HG 2192 —— 标准号
- 20 —— 内径
- A —— 型号
- 喷砂橡胶软管 —— 产品名称

3.3 规格尺寸和偏差

软管的规格尺寸和偏差应符合表 1 的规定。

中华人民共和国化学工业部 1991-12-23 批准　　　　1992-05-01 实施

表 1　　　　　　　　　　　　　　　　　　mm

内径		胶层厚度　不小于		
		内胶层		外胶层
公称尺寸	偏差	普通型(A型)	抗静电型(B型)	
(16)	±0.75	3	5	0.8
20				
(22)				
25	±1.25			
31.5		3.5		
40	±1.50			
(45)				
50				

注：长度和内径未列规格的胶管由供需双方商定。

3.4　切割长度偏差

软管切割长度偏差按 GB 9575 的规定执行。

4　技术要求

4.1　使用温度

软管的使用温度为－20～45℃。

4.2　液压要求

4.2.1　软管的工作压力最大为 0.63MPa。

4.2.2　软管在两倍工作压力下进行液压试验时，应不渗水、无局部鼓起、不膨胀及无其他异常现象。抗静电型软管保持压力 1min，其长度变化不应超过±8%，外径变化不应超过±10%，每米扭转不应超过60°。

4.2.3　软管的爆破压力应不低于工作压力的 4 倍。

4.3　弯曲性能

软管用 10 倍公称内径的最小弯曲半径进行试验时，变形 KD 值不应超过软管外径 D 的 0.8 倍。

注：K 为软管弯曲前的外径减弯曲后的外径与弯曲前外径之比。

4.4　导电性能

抗静电型软管的电阻值应不超过 2.0MΩ/m。

4.5　物理机械性能

4.5.1　软管成品内、外胶层的物理机械性能应符合表 2 的规定。

4.6　软管的外观质量应符合 HG 2185 规定。

5　试验方法

5.1　液压性能按 GB 5563 进行试验。

5.2　弯曲性能按 GB 5565 进行试验。

5.3　软管的电阻值按 GB 11210 进行试验。

5.4　软管胶层物理机械性能按 GB 5562 进行试验。

5.5 磨耗性能按 GB 1689 进行试验。

5.6 软管的规格尺寸、偏差按 GB 9573 进行测量。

5.7 外观质量用目视和量具检查。

表 2

试验项目 \ 指标 \ 型号			普通型(A 型)		抗静电型(B 型)	
			内胶层	外胶层	内胶层	外胶层
拉伸强度,MPa		不小于	9.8	5.8	14.0	12.0
扯断伸长率,%		不小于	350	300	500	300
热空气老化 (70℃×72h)	拉伸强度变化率,%		±25			
	扯断伸长率变化率,%		+10 −30			
磨耗量,cm^3		不大于	0.8	—	具体指标由供需双方商定	—
各层间粘附强度,kN/m		不小于	2.0			

注：① 内径 20mm 以下的软管不作成品物理机械性能试验(电阻除外)。

② 外胶层不适合作物理机械性能试验时,需用与软管相同的硫化条件制备的内、外胶料硫化试片进行试验。

③ 做软管内胶层磨耗试验时,需用与软管相同的硫化条件制备的内胶硫化试片进行试验。

6 验收规则

6.1 软管应逐根检查外观和尺寸。

6.2 每批软管不多于 20 000m。

6.3 软管应由制造厂质量检验部门成批检验。每批软管出厂必须有产品质量合格证,并盖有检验部门的印章。

6.4 从每批成品中任取两根(任选一种规格)检查各项性能及液压和爆破压力试验,每月不得少于一次。电阻值每季度检查一次。

6.5 如果物理机械性能和压力试验不合格时,应在该产品中另取双倍试样,对不合格的项目进行复试。复试后仍有一项或一个试样不合格时,则该批产品为不合格品。

7 标志、包装、运输和贮存

7.1 软管的标志、包装、运输按 GB 9577 的规定。

7.2 软管的贮存按 GB 9576 的规定。

7.3 在遵守本标准 7.1、7.2 条的情况下,制造厂应保证产品自制造日期起、在不超过 1 年的贮存期内,其性能仍应符合本标准的规定。

附加说明：

本标准由中华人民共和国化学工业部科技司提出。

本标准由全国橡胶制品标准化技术委员会橡胶软管分技术委员会归口。

本标准由化学工业部沈阳橡胶工业制品研究所负责起草。

本标准主要起草人逄淑琴、佟菊萍、井占鳌、刘玉芳。

自本标准实施之日起,原化学工业部部标准 HG 4—1458—82《喷砂胶管》作废。

中华人民共和国化工行业标准

HG 2193—91

洗涤(衣)机和洗碟容器用橡胶软管及软管组合件

本标准等效采用国际标准 ISO/DIS 6804—1988《洗涤(衣)机和洗碟容器用橡胶软管及软管组合件》。

1 主题内容与适用范围

本标准规定了洗涤(衣)机和洗碟容器用柔性增强橡胶软管及软管组合件的技术要求。

本标准适用于输送压力不超过 1MPa,温度不超过 90℃生活用水的橡胶软管。

本标准不包括对软管接头的技术要求,只规定了机械强度的试验方法。

2 引用标准

GB/T 2941 橡胶试样环境调节和试验的标准温度、湿度及时间

GB 3512 橡胶热空气老化试验方法

GB 5563 胶管液压试验方法

GB 9571 橡胶、塑料软管静态条件下耐臭氧性能评定

GB 9575 橡胶、塑料软管内径尺寸和长度公差

GB 9576 橡胶、塑料软管和软管组合件选择、贮存、使用和维修指南

GB 9577 橡胶、塑料软管和软管组合件标志、包装、运输规则

3 型号和结构

3.1 型号

1 型 仅适用于输送常温水。

2 型 适用于输送温度不超过 90℃的热水。

3.2 结构

内胶层 由耐水的橡胶材料制成;

增强层 由天然或合成织物材料制成;

外胶层 由耐臭氧的橡胶材料制成。

4 规格尺寸和公差

4.1 内径

软管的公称内径为 10±0.75mm 和 12.5±0.75mm。

4.2 长度

软管的长度切割公差应符合 GB 9575 规定。

中华人民共和国化学工业部 1991-12-23 批准 1992-05-01 实施

5 技术要求

5.1 耐扭曲性能

在 GB/T 2941 规定的标准温度下，将软管组合件的试样折成 180°，然后加压，使其试样加压后的总厚度相当于软管外径的两倍，如图 1 所示。在此压力下保持 5s 之后，再将试样伸直到平直状态放置 1min。试样在同一位置和同一方向上按上述过程重复 10 次折叠后，试样应符合 5.2 的要求。

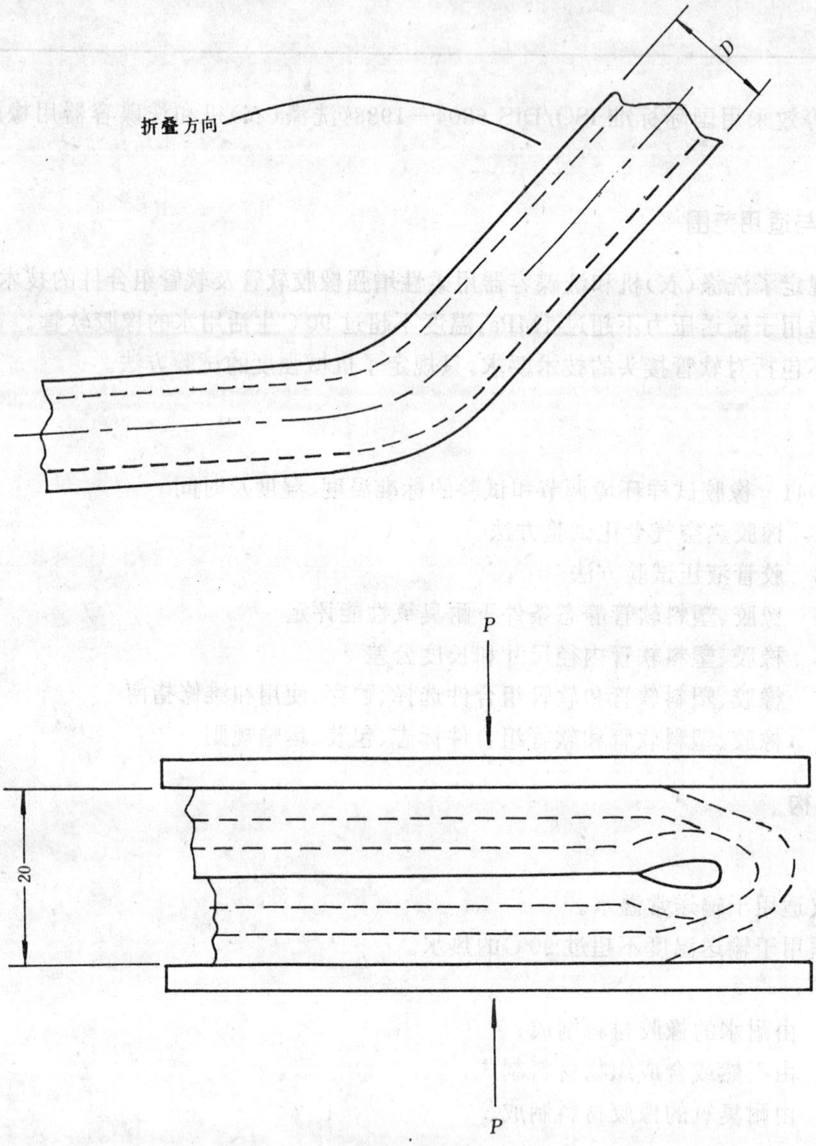

图 1 耐扭曲试验

5.2 老化后耐静压性能

将试样按规定的要求充注一定的热水：1 型为 70±2℃，2 型为 90±2℃。然后将试样放置于规定温度的老化箱内保持 168h。老化后的试样再注满一定温度的水：1 型为 70±2℃，2 型为 90±2℃，然后按照 GB 5563 规定的方法，在 3.15MPa 的压力下保持 1min，试样不得出现泄漏和破裂一类的缺陷。管接头也不得有松动现象。

5.3 耐臭氧性能

试样按 GB 9571 的规定，臭氧浓度为 50pphm，温度为 30±2℃下进行 96h 的试验，然后用 7 倍放大镜观察外胶层，不得出现龟裂。

5.4　耐脉冲性能

将软管组合件试样充注一定温度的水：1 型为 25±2℃，2 型为 90±2℃。然后安装在如图 2 所示的设备上，进行 25 000 次正弦波脉冲试验。脉冲压力最大值为 2MPa，最小值为 1MPa。脉冲仓内的温度应保持在试样规定的水温度内，试样以环状安装，环的直径约为 300mm，脉冲频率为 $0.5^{+0.1}_{0}$Hz，如图 3 所示。

试验后的试样不得破裂和出现泄漏、起泡等现象，也不得出现管接头松头现象。

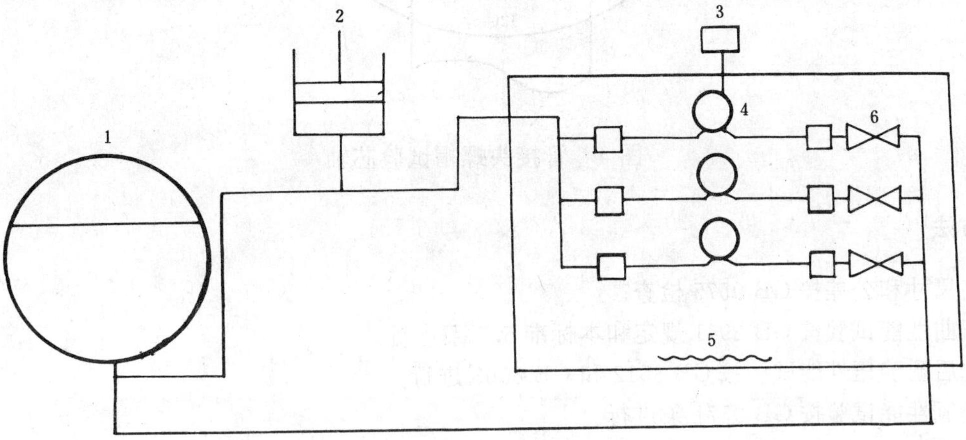

图 2　脉冲试验装置

1—压力计；2—脉冲发生器；3—恒温计；4—以环状安装的软管组合件；
5—加热元件；6—安装阀

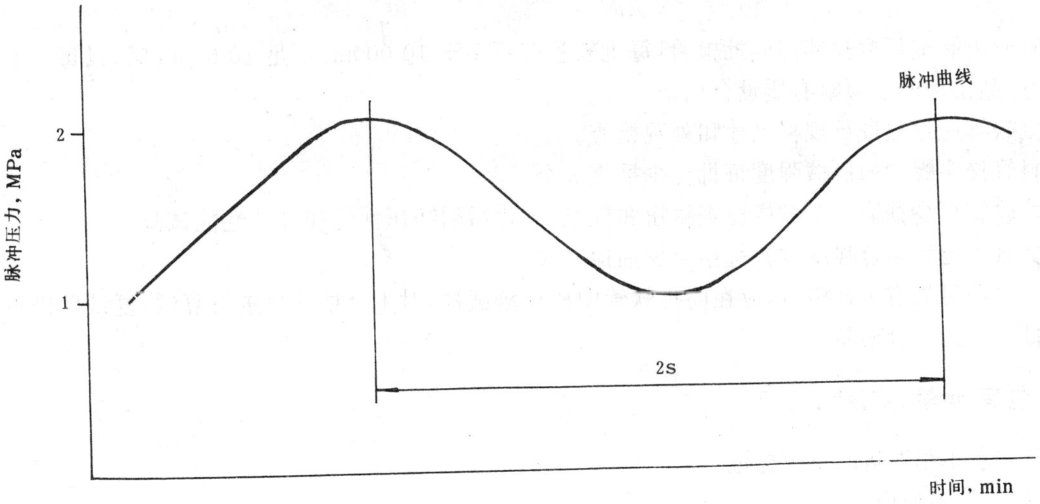

图 3　脉冲压力曲线图

5.5　粘合强度

软管各层间的最低粘合强度不得低于 1.5kN/m，其试验按附录 A 进行。

5.6　热塑性塑料管接头螺帽的机械强度

将管接头螺帽置于温度为 23±2℃、相对湿度为 45%～55%的条件下放置 72h。然后把螺帽拧在如图 4 所示的硬钢芯轴上，施加最大扭矩为 15Nm，螺帽不得破裂。拧下螺帽后，检查外观不得出现裂缝，并能保证以后的使用。

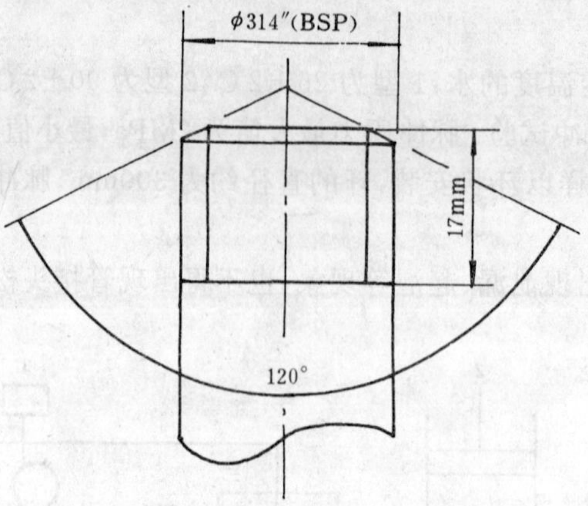

图 4　管接头螺帽试验芯轴

6　试验方法[1]

6.1　规格尺寸和公差按 GB 9575 检查。
6.2　耐扭曲性能试验按 GB 2941 规定和本标准 5.1 条进行。
6.3　老化后耐静压性能试验按 GB 3512 和 GB 5563 进行。
6.4　耐臭氧性能试验按 GB 9571 条进行。
6.5　脉冲性能试验按 5.4 条进行。
6.6　粘合强度试验按附录 A 进行。
6.7　管接头螺帽的机械强度试验按 5.6 条进行。

7　检验规则[2]

7.1　软管应由制造厂检验部门成批检验，每批软管应不多于 10 000m(不足 10 000m 时，以每季度为一批)，每批产品出厂时必须附有质量合格证。
7.2　每批软管应逐根进行规格尺寸和外观检查。
7.3　塑料管接头螺帽的机械强度每批至少抽查 3 个。
7.4　每批软管至少抽取 3 个试样检查耐扭曲性能、老化后耐静压性能和脉冲性能试验。
7.5　耐臭氧性能和粘合强度试验每年至少抽检一次。
7.6　检验的项目如有不合格者，应在同批软管中取双倍试样，对不合格项目进行复试，复试后仍不合格者，则该批产品为不合格品。

8　标志、包装、运输、贮存[3]

8.1　软管应有不易脱落的下列标记：
　　a.　制造厂名或商标；
　　b.　产品名称、规格尺寸；
　　c.　标准代号；
　　d.　制造年、月。
8.2　软管的标志、包装、运输、贮存和使用按 GB 9576 和 GB 9577 中的有关规定。

采用说明：
1〕ISO/DIS 6804—1988 无该章内容。
2〕ISO/DIS 6804—1988 无该章内容。
3〕ISO/DIS 6804—1988 无该章内容。

附 录 A
粘合强度的测定
（补充件）

A1 从软管上切取 160mm×0.5 软管周长的条状试样。

A2 试验应在软管制出 24h 后进行。试样按照 GB 2941 规定进行。

A3 步骤：

A3.1 剥开内胶或外胶至足够的长度，使被试验的界面应为每一个单独试样的一个分界面。

A3.2 从停放环境中取出试样，并测量试样的实际宽度，将试样已剥离开的端部固定在试验机的夹具上，并加以调节以使应力能均匀地分布，并且在试验过程中试样不应出现扭曲。将试样在夹具上夹紧，并使条状试样的剥离角度约为 180°，对环形试样约为 90°，要确保应力作用在剥离平面上。

A3.3 试样剥离的速度为 50±5mm/min。

A3.4 开动试验机并记录剥离至少 100mm 长度所需的力，以牛顿为单位。若试样长度不到 100mm，则应记录剥离最大长度所需的力。

A4 试验结果的表示：

用自动记录仪绘出显示层间剥离时拉力变化的曲线图。由曲线图确定力的中位数，将力的中位数除以试样的有效宽度，计算出粘合强度(kN/m)。

附加说明：

本标准由中华人民共和国化学工业部科技司提出。

本标准由全国橡胶与橡胶制品标准化技术委员会橡胶软管分技术委员会归口。

本标准由化学工业部沈阳橡胶工业制品研究所负责起草。

本标准主要起草人徐经文、吴庆云。

中华人民共和国化工行业标准

HG/T 2300—92

织物增强可折叠式通用输水塑料软管

本标准等效采用国际标准ISO 8029—1985《塑料软管——织物增强可折叠式通用输水软管——规范》。

1 主题内容和适用范围

本标准规定了织物增强可折叠式输水塑料软管的型号、规格、技术要求和试验方法。

本标准适用于55℃以下使用的上述软管。

本标准不适用于消防和农业灌溉软管。

2 引用标准

GB 321 优先数和优先数系

GB/T 2941 橡胶试样环境调节和试验的标准温度、湿度及时间

GB 5562 胶管胶层物理试验方法

GB 5563 胶管液压试验方法

GB 5564 胶管低温弯曲试验方法

GB 5565 胶管弯曲试验方法

GB 9573 橡胶、塑料软管和软管组合件尺寸测量方法

GB 9575 橡胶、塑料软管内径尺寸和长度公差

GB 9576 橡胶、塑料软管和软管组合件选择、贮存、使用和维修指南

GB 9577 橡胶、塑料软管和软管组合件标志、包装和运输规则

3 产品分类、结构、材料和标记

3.1 型号

依照软管的工作压力高低,分成1型和2型,详见表2规定。

3.2 结构和材料

输水塑料软管应由下列部分组成：

a. 柔韧的热塑性塑料内层；

b. 适宜粘合的天然或合成织物增强层；

c. 柔韧的热塑性塑料外层,其表面光滑或带凸条波纹状。

3.3 标记

3.3.1 标记内容

包括软管的名称、型号、规格和标准代号。

因软管的全称太长,简称为:可折输水塑料管。

3.3.2 示例

中华人民共和国化学工业部1992-06-01批准　　　　1993-10-01实施

可折输水塑料管 2-25 HG/T 2300

- HG/T 2300 —— 标准代号
- 25 —— 规格
- 2 —— 型号
- 可折输水塑料管 —— 产品名称

4 技术要求

4.1 外观

软管内、外塑料层应质地均匀，且无龟裂、气孔和外来杂质等外观缺陷或其他影响使用性能的缺陷。

4.2 尺寸和偏差

4.2.1 内径

塑料软管的内径和偏差应符合表1规定。

表1 公称内径和偏差 mm

公称内径	偏差
20	±0.75
25 31.5	±1.25
40 50 63	±1.50
80 100 125 160 200	±2.00

注：① 若所需尺寸大于表1中最大尺寸或小于表1中最小尺寸时，则应从 *R*10 优先数系中选取，其偏差应符合 GB 9575规定。

② 若需采用介于中间的尺寸，应从 *R*20 优先数系中选取，其偏差应按照其下一相邻较大尺寸的规定。

4.2.2 长度

切割长度偏差，应符合 GB 9575 的规定。

4.3 液压性能

塑料软管应能承受表2规定的试验压力和最小爆破压力。

表 2 试验压力和最小爆破压力

公称内径 mm	压力,MPa					
	1 型			2 型		
	工作压力	试验压力	最小爆破压力	工作压力	试验压力	最小爆破压力
20 25 31.5	—			1.55	2.48	4.89
40 50 63	0.55	0.88	1.73			
80	0.40	0.64	1.26	1.15	1.84	3.62
100	0.35	0.56	1.10	1.00	1.60	3.15
125 160				0.70	1.12	2.20
200	—			0.45	0.72	1.41

软管在工作压力下,其长度变化应不超过 7%;其直径变化应不超过±10%。

液压试验后,检查软管应无泄漏、龟裂和明显扭曲现象,无因原材料或制造不符合规定而造成的损坏现象。

4.4 粘附强度

软管各层间的粘附强度应不小于 1.5kN/m。内层或外层厚度小于 1.0mm 的软管可不测其粘附强度[1]。

4.5 弯曲性能

对软管进行常温和 0±2℃温度下的弯曲试验,应无泄漏或龟裂现象。

4.6 加热质量损耗性能

软管内层和外层试样的加热质量损耗量均应不大于 4%。

5 试验方法[2]

5.1 软管的尺寸和偏差,按 GB 9573 规定进行测量。

5.2 软管的液压试验,按 GB 5563 规定进行。

5.3 软管各层间的粘附强度,按 GB 5562 规定进行试验。

5.4 软管弯曲试验

5.4.1 常温弯曲试验

将软管置于 GB/T 2941 规定标准试验室温度下,停放 24h,按 GB 5565 规定进行试验。对软管施以工作压力的内压,并以 8 倍于公称内径的最小弯曲半径使其弯曲。

5.4.2 0±2℃温度下弯曲试验

将软管置于 0±2℃温度下,按照 GB 5565 规定停放后,施以工作压力的内压,并以 16 倍于公称内径的最小弯曲半径使软管弯曲。

采用说明:

1〕ISO 8029 无此条规定。

2〕ISO 8029 无此章规定。

6 检验规则[1]

6.1 对软管应逐条进行外观质量和规格尺寸的检查。

6.2 软管应由制造厂技术检查部门成批检查验收。每批数量不得多于10万米，但每月应不少于一次。对软管进行液压、粘附强度、加热质量损耗和弯曲性能试验。

6.3 以上性能试验中，若有不合格，应在该批产品中抽取双倍试样对不合格项目进行复试，复试中若仍有一试样不合格，则该批产品为不合格产品。

7 标志、包装、运输和贮存[2]

软管的标志、包装、运输和贮存均应符合GB 9576和GB 9577中相关规定。

采用说明：

1〕ISO 8029无此章规定。

2〕ISO 8029无此章规定。

附 录 A
塑料——增塑剂损失率的测定(活性炭法)
(补充件)

本附录等效采用国际标准 ISO 176—1976《塑料——增塑剂损失量的测定——活性炭法》中A法。

本附录规定了在一定时间、一定温度下,用活性炭定量测定塑料中增塑剂损失率的方法。

A1 原理

利用活性炭的强吸附作用,将塑料试样埋于活性炭之中,使其吸附塑料试样中增塑剂,测定试样的重量变化,从而计算出塑料中增塑剂的损失率。

A2 仪器与材料

A2.1 分析天平:精确至 0.001g。

A2.2 百分表:精确至 0.01mm。

A2.3 恒温浴或烘箱:其温度范围为 50~150℃,且能够保持试验温度波动在±1℃之内。

A2.4 容器

有盖圆柱形金属罐。其直径为 100 mm,高度为 120 mm,盖上开有直径为 3 mm 的通气孔。

A2.5 活性炭

其颗粒大小约为 4~6mm,使用前应过筛,并在 70℃下干燥至恒重,贮存于干燥密封的容器内备用。每次试验应使用新鲜的活性炭。

A3 试样

A3.1 从无应力和取向,且无气泡和空洞压好的塑料片上切取直径为 50±1 mm,厚度为 1±0.1 mm 的圆形试样。

A3.2 试样个数应不少于 3 个。

A4 操作步骤

A4.1 将试样于室温下停放 2 h 后进行试验。

A4.2 逐个称量试样,精确至 0.001 g。用百分表测量其平均厚度,精确至 0.01 mm。

A4.3 在金属容器底部铺撒约 120 cm^3 活性炭,将一个试样置于活性炭上面,用 120 cm^3 活性炭盖住。再将其余两试样以同样方法埋置于同一容器中。最后,盖好容器。

A4.4 将该金属容器置于控制温度为 70±1℃的烘箱或恒温浴中。24 h 后,取出容器。于室温下冷却,从容器中取出试样,仔细刷去粘附的少量活性炭,并于室温下停放 2 h。

A4.5 称量每一试样,精确至 0.001g。

A5 计算

试样的增塑剂损失率以质量百分数表示:按式(A1)计算。

$$w=\frac{m_0-m_1}{m_0}\times100 \qquad \text{(A1)}$$

式中:w——试验后,试样增塑剂损失率,%;

m_0——试验前,试样于室温下的质量,g;

m_1——试验(试样埋入活性炭经 70℃,24 h,又于室温停放 2 h)后试样的质量,g。

以3个试样结果的算术平均值作为该塑料增塑剂损失率值。

A6 试验报告

试验报告包括以下内容：

a. 注明按本标准附录A规定方法测定；

b. 样品所需要的全面鉴定；

c. 每一试样的厚度，精确至0.01mm；

d. 室温下，试样的增塑剂损失率，以质量百分数表示；

e. 试验日期（年、月、日）；

f. 试验者。

附加说明：

本标准由中华人民共和国化学工业部科技司提出。

本标准由全国橡胶与橡胶制品标准化技术委员会橡胶软管分技术委员会归口。

本标准由化学工业部沈阳橡胶工业制品研究所负责起草。

本标准主要起草人赵景贤。

中华人民共和国化工行业标准

HG/T 2301—92

压缩空气用织物增强热塑性塑料软管

本标准等效采用国际标准 ISO 5774—1980《塑料软管——压缩空气用织物增强热塑性软管——规范》。

1 主题内容与适用范围

本标准规定了压缩空气用织物增强热塑性塑料软管的型号、规格、技术要求和试验方法。

本标准适用于工作温度为－10℃～55℃范围内压缩空气用塑料软管。

2 引用标准

GB 1690 硫化橡胶耐液体试验方法

GB 5562 胶管胶层物理试验方法

GB 5563 胶管液压试验方法

GB 5564 胶管低温弯曲试验方法

GB 9573 橡胶、塑料软管和软管组合件尺寸测量方法

GB 9575 橡胶、塑料软管内径尺寸和长度公差

GB 9576 橡胶、塑料软管和软管组合件选择、贮存、使用和维修指南

GB 9577 橡胶、塑料软管和软管组合件标志、包装和运输规则

3 产品分类、结构、材料和标记

3.1 型号[1]

依照软管的最大工作压力分为：

A 型——最大工作压力为 1.0 MPa 的工业用空气软管；

C 型——最大工作压力为 1.6 MPa 的采矿和建筑用空气软管。

3.2 结构、材料

塑料软管所用材料的颜色、透明程度及物理性能应符合质量要求，并由下述部分组成：

a. 耐油雾的柔性热塑性塑料内层；

b. 天然或合成织物的增强层；

c. 柔性热塑性塑料外层、其表面可为光滑或波纹凸凹状，其颜色也可不同于内层。

3.3 标记

3.3.1 标记内容

包括产品名称、型号、规格、标准代号。

因产品名称太长，简称为：空压塑料管

3.3.2 示例

采用说明：

1〕产品型号与 ISO 5774 一致，B、D 型待增补。

中华人民共和国化学工业部 1992-06-01 批准　　　　1993-10-01 实施

空压塑料管 A 25 HG/T 2301

- HG/T 2301——标准代号
- 25——规格
- A——型号
- 空压塑料管——产品名称

4 技术要求

4.1 外观

软管内，外塑料层应质地均匀，且无龟裂、气孔和外来杂质等外观缺陷及其他影响使用性能的缺陷。

4.2 尺寸和偏差

4.2.1 内径

按照 GB 9575 规定，软管内径和偏差应符合表 1 要求。

表 1 公称内径 mm

A 型		C 型	
公称内径	偏差	公称内径	偏差
5	±0.5	—	—
6.3 8 10	±0.75	—	±0.75
12.5 16 20		12.5 16 20	
25 31.5	±1.25	25 31.5	±1.25
40 50	±1.50	40 50	±1.50

4.2.2 长度

软管长度偏差应符合表 2 规定。

表 2 切割长度偏差 mm

长度	偏差
300 以下	±3
300～600	±4.5
600 以上～900	±6
900 以上～1 200	±9
1 200 以上～1 800	±12
1 800 以上	±1%

4.3 液压性能要求

4.3.1 在 23±2℃环境温度中，软管的液压性能，应符合表 3 规定要求。

表 3 液压性能要求

项目 \ 指标 \ 型号		A 型	C 型
工作压力,MPa	≥	1.0	1.6
试验压力,MPa	≥	2.0	4.0
试验压力下直径变化,%		±10	
试验压力下长度变化,%		±8	
爆破压力,MPa	≥	4.0	8.0

4.3.2 在试验压力下,软管应无泄漏、龟裂或其他损坏现象。

4.4 层间粘附强度

软管各层间粘附强度应不小于 1.5 kN/m。内层或外层厚度小于 1.0mm 的软管可不测其粘附强度[1]。

4.5 低温弯曲性能

软管在－10℃低温环境中,按规定经弯曲试验后,应无龟裂。再对该软管进行液压试验应无龟裂或泄漏现象。

4.6 加热质量损耗性能

软管内层和外层试样的加热质量损耗均应不大于 4%。

4.7 耐液体性能

软管内层试样在 55℃的 1 号标准油中经 24h 后,体积变化应不大于 15%。

5 试验方法[2]

5.1 软管的尺寸和偏差,按 GB 9573 规定进行测量。

5.2 液压试验,按 GB 5563 规定进行。

5.3 软管各层间粘附强度,按 GB 5562 规定进行试验。

5.4 低温弯曲试验方法

将软管平展伸直置于$-10_{+3}^{\ 0}$℃的低温环境中,经 24 h 后,于－10℃下将软管围绕直径为 2 倍于表 4 规定的最小弯曲半径的芯轴,平整均匀地进行弯曲。弯曲时间不小于 8 s,不多于 12 s。弯曲后,将软管温度升至室温,目视检查。

公称内径小于 25mm 的软管围绕芯轴弯曲 180°;公称内径为 25 mm 或大于 25 mm 的软管弯曲 90°。其他按 GB 5564 规定进行。

经低温弯曲试验后,再按 GB 5563 规定,对该软管进行液压试验。

采用说明:

1〕ISO 5774 无该句规定。

2〕ISO 5774 无该章规定。

表 4　最小弯曲半径　mm

公称内径	弯曲半径
5	90
6.3	100
8	115
10	125
12.5	180
16	205
20	240
25	300
31.5	420
40	500
50	630

5.5　加热质量损耗试验，按本标准附录 A 规定方法进行。

5.6　耐液体试验，按 GB 1690 规定进行。

6　检验规则[1]

6.1　对软管应逐条进行外观质量和规格尺寸的检查。

6.2　软管应由制造厂技术检查部门成批检查验收。每批数量不得多于 10 万米，但每月应不少于一次。对软管进行液压、粘附强度、加热质量损耗和耐液体性能试验。

6.3　以上性能试验中若有不合格，应在该批产品中抽取双倍试样对不合格项目进行复试，复试中若仍有一试样不合格，则该批产品为不合格产品。

6.4　软管的低温弯曲性能试验至少应每半年进行一次。

7　标志、包装、运输和贮存[2]

标志、包装、运输和贮存均应符合 GB 9576 和 GB 9577 中相关规定。

采用说明：

1〕ISO 5774 无该章规定。

2〕ISO 5774 无该章规定。

附 录 A
塑料——增塑剂损失率的测定(活性炭注)
(补充件)

本附录等效采用国际标准ISO 176—1976《塑料——增塑剂损失量的测量——活性炭法》中A法。

本附录规定了在一定时间、一定温度下,用活性炭定量测定塑料中增塑剂损失率的方法。

A1 原理

利用活性炭的强吸附作用,将塑料试样埋于活性炭之中,使其吸附塑料试样中增塑剂,测定试样的重量变化,从而计算出塑料中增塑剂的损失率。

A2 仪器与材料

A2.1 分析天平:精确至0.001 g;

A2.2 百分表:精确至0.01 mm;

A2.3 恒温浴或烘箱,其温度范围为:50～150℃,且能够保持试验温度波动在±1℃之内。

A2.4 容器:有盖圆柱形金属罐。其直径为100 mm,高度为120 mm,盖上开有直径为3 mm的通气孔。

A2.5 活性炭:其颗粒大小约为4～6 mm,使用前应过筛,并在70℃下干燥至恒重,贮存于干燥密封的容器内备用。每次试验应使用新鲜的活性炭。

A3 试样

A3.1 从无应力和取向,且无气泡和空洞压好的塑料片上切取直径为50±1mm,厚度为1±0.1mm的圆形试样。

A3.2 试样个数应不少于3个。

A4 操作步骤

A4.1 将试样于室温下停放2 h后进行试验。

A4.2 逐个称量试样,精确至0.001 g。用百分表测量其平均厚度,精确至0.01 mm。

A4.3 在金属容器底部铺撒约120 cm^3 活性炭,将一个试样置于活性炭上面,用120 cm^3 活性炭盖住。再将其余两试样以同样方法埋置于同一容器中,最后,盖好容器。

A4.4 将该金属容器置于控制温度为70±1℃的烘箱或恒温浴中,24 h后,取出容器,于室温下冷却。从容器中取出试样,仔细刷去粘附的少量活性炭,并于室温下停放2 h。

A4.5 称量每一试样,精确至0.001 g。

A5 计算

试样的增塑剂损失率(以质量百分数表示)按式A1计算。

$$w=\frac{m_0-m_1}{m_0}\times 100 \quad \cdots\cdots\cdots\cdots (A1)$$

式中:w——试验后,试样增塑剂损失率,%;

m_0——试验前,试样于室温下的质量,g;

m_1——试验(试样埋入活性炭经70℃,24 h,又于室温停放2 h)后试样的质量,g。

以3个试样结果的算术平均值作为该塑料增塑剂损失率值。

A6 试验报告

试验报告包括以下内容：

a. 注明按本标准附录 A 规定方法测定；

b. 样品所需要的全面鉴定；

c. 每一试样的厚度，精确至 0.01mm；

d. 室温下，试样的增塑剂损失率；以质量百分数表示；

e. 试验日期（年、月、日）；

f. 试验者。

附加说明：

本标准由中华人民共和国化学工业部科技司提出。

本标准由全国橡胶与橡胶制品标准化技术委员会橡胶软管分技术委员会归口。

本标准由化学工业部沈阳橡胶工业制品研究所负责起草。

本标准主要起草人赵景贤。

中华人民共和国化工行业标准

HG 2486—93

家 用 煤 气 软 管

1 主题内容与适用范围

本标准规定了家用煤气软管的技术要求、试验方法和检验规则等。

本标准适用于家用煤气、液化石油气、天然气减压装置的截流阀与燃烧器具之间相连接的软管。

2 引用标准

GB/T 1690 硫化橡胶耐液体试验方法

GB/T 5564 胶管低温弯曲试验方法

GB/T 5565 胶管弯曲试验方法

GB/T 9576 橡胶、塑料软管和软管组合件选择、贮存、使用和维修指南

GB/T 9577 橡胶、塑料软管和软管组合件标志、包装和运输规则

3 产品结构、材料、尺寸和产品标记

3.1 软管的结构

a. 单层:其颜色为黑色,表面光滑;

b. 双层:内胶层、外胶层双层结构的软管,其外胶层为桔黄色并带有与轴线平行的凹槽花纹;

c. 三层:内胶层、中胶层、外胶层三层结构的软管,其外胶层为桔黄色并带有与轴线平行的凹槽花纹。

3.2 软管的材料,为橡胶或热塑性材料。

3.3 软管的尺寸与公差,应符合表1的规定。

表 1

mm

公称内径		胶层厚度	
尺寸	公差	厚度	公差
9	±0.4	3.0	±0.3
13	±0.5	3.3	±0.3

注:特殊规格应由供需双方协商解决。

3.4 软管的长度可由使用方提出,经制造方同意确定,长度公差为软管全长的±1%。

3.5 产品标记

标记内容:名称、规格、标准号。

标记示例: 煤气用软管 直径 ϕ9mm × 30m HG 2486

HG 2486——标准代号

直径 ϕ9mm × 30m——产品规格

煤气用软管——产品名称

中华人民共和国化学工业部1993-07-05批准 1994-12-01实施

4 技术要求

4.1 外观

软管壁厚应均匀一致，无气泡、杂质、裂痕、海棉状和其他影响使用的缺陷。

4.2 软管使用环境温度

树脂管为－10～70℃；橡胶管为－10～90℃。

4.3 气密性

软管在 0.1 MPa 的压力下进行气密性试验时，保持 1 min 不应漏气。

4.4 耐压性能

软管在 0.2MPa 的压力下进行耐压性能试验时，保持 1min 不应有泄漏或破裂现象。

4.5 弯曲性能

软管在 5 倍公称内径为最小弯曲半径进行试验时，不应出现塌陷现象。

4.6 低温弯曲性能

软管在－10℃条件下，以 10 倍公称内径为最小弯曲半径进行试验时，不得出现龟裂。待试样在室温下恢复到环境温度（不少于 3 h）进行气密性试验，应无泄漏现象。

4.7 耐液体性能

用软管内外胶层（或胶料）的试样在 23±2℃室温下浸渍在 120 号气油中，24h 后，其试样的重量变化不大于±10%。

4.8 气体透过试验

用长度为 900 mm 的软管作试样，向其通入含丙烷 98%以上的气体，在试样中施加 55.99 kPa 压力，通气 24 h 后，测 6h 内透过试样的气体量（mL/h），应符合表 2 的要求。

表 2

公 称 内 径，mm	气 体 透 过 量，mL/h
9	5 以下
13	7 以下

4.9 难燃试验

将软管置于 800℃火焰中 5s 撤离火焰，软管持续燃烧的时间，不得超过 5s。

5 试验方法

5.1 外观检验

用精度为 0.05mm 游标卡尺和目测。

5.2 软管的气密性试验

将软管的一端堵住成自由端，另一端与气泵或气源相连接，将试样浸入水中，逐渐向管内充气至规定的压力，保持 1min，检查软管有无漏气的地方，试样的长度为 1m。

5.3 耐压性能试验

将平直放置的软管试样一端塞上带排气阀的堵头，成为自由端，另一端与液压泵出口管相连接，以低压水注入管体排净空气，关闭排气阀，以 0.075～0.175 MPa/s(0.75～1.75 bar/s)的升压速度给压至规定的压力，保持 1 min，检查软管是否有泄漏、破坏的地方，试样的长度为 1m。

5.4 软管的弯曲试验

按 GB/T 5565 执行。

5.5 软管的低温弯曲试验

按 GB/T 5564 执行。

5.6　软管的耐液体性能试验

按 GB/T 1690 执行。

5.7　软管的气体透过性能试验

按附录 A 执行。

5.8　软管的难燃试验

按附录 B 执行。

6　检验规则

6.1　软管应由制造方的质检部门成批检查验收，每批数量不应多于 100 000m，每批产品出厂必须附有质量合格证。

6.2　应逐条检查软管的外观和尺寸。

6.3　在每批软管中任选一种规格为代表，任取 1 条检测气密性，耐压性能，每月不少于一次。

6.4　不足一批的，每月进行一次。

6.5　软管的弯曲试验，低温弯曲性能试验，耐液体的性能试验，每半年进行一次。

6.6　软管的气体透过试验，难燃试验在下述情况之一时进行。

a.　试制的新产品；

b.　配方、工艺及所用原材料有重大改变时；

c.　产品停产一年后，再次恢复生产时。

6.7　如果有不合格的项目时，应在同批产品中另取双倍试样对不合格的项目进行复试，复试后仍有一项不合格，则该批产品为不合格品。

7　标志、包装、运输和贮存

按 GB/T 9576 和 GB/T 9577 执行。

附 录 A
气体透过试验方法
(补充件)

A1 主题内容与适用范围

本附录规定了家用煤气软管气体透过性能试验的测定方法。

本附录适用于家用煤气软管气体透过性能的检测。

A2 试验装置

将恒温水槽调到35±0.2℃,最好把气瓶(丙烷)4以及配管一起放在恒温水槽中,或把气瓶及配管部分放在35±0.5℃的恒温室中,试验装置见图A1。

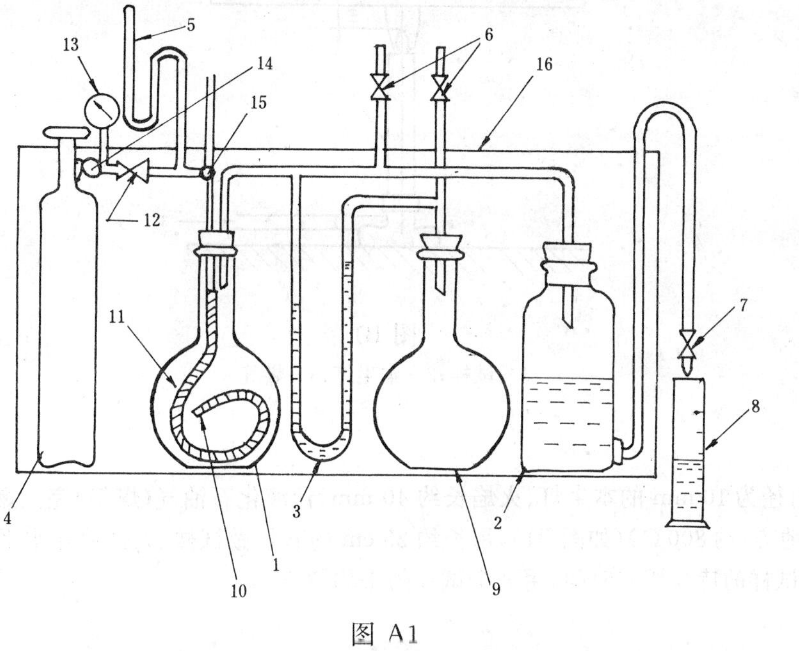

图 A1

1—平底烧瓶;2—吸气器;3—水柱压力计;4—丙烷气瓶;5—水银压力计;6,7,12—节门;8—量筒;9—辅助平底烧瓶;10—塞子;11—试样;13—压力表;14—压力调节器;15—三通节门;16—恒温水槽

A3 试验方法

用900 mm软管做试样,一端用塞堵上,另一端接在平底烧瓶1内通过瓶塞的玻璃管上(图A1),在约196 kPa(2 kgf/cm^2)的空气压力下,检查连接部分及瓶塞在水中有无泄漏现象后,将试样表面及其他部分的水分尽量去掉,再将瓶塞及试样重新塞在烧瓶1上,此时应注意不要将试样弄折。吸气器2灌满20%的食盐水,在水柱压力计3中预先装入气体饱和蒸馏水。将恒温水槽调节到35±0.2℃,至少经过2h后,再将试样里的空气用真空泵抽出,然后从气瓶4中供给气体(丙烷),使试样内部的压力保持水银压力计5在55.99kPa(450mmHg),在节门6关闭的情况下,因气体的透过,水柱压计3的水平变化,打开节门7,让吸气器2内的食盐水流到量筒8内,通过这种方法,使水柱压力计3的水位相等。通过量筒8测算的食盐水的体积,就等于由试样内透过的气体体积的量。试验开始后的22 h节门6是开着的,然后关闭节门6,用24~30 h之间的6 h,测定每小时试样的气体透过量(mL/h),用2个试样的平均值表示。

附 录 B
难燃试验方法
（补充件）

B1 范围

本附录规定了煤气用软管难燃试验的测定方法。

B2 试验装置

试验装置如图 B1。

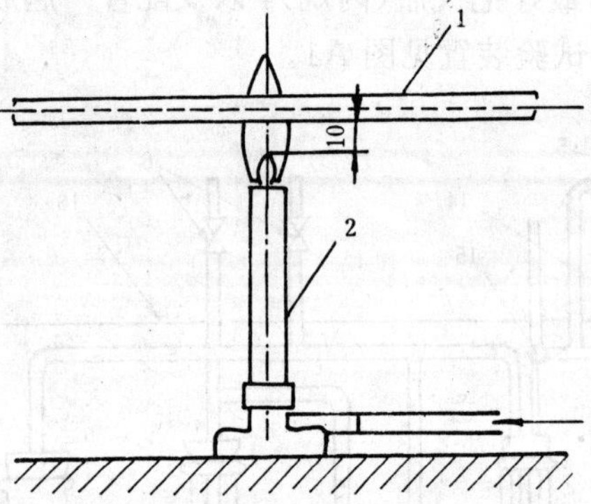

图 B1
1—试样；2—本生灯；3—煤气

B3 试验方法

用火口的内径为 10 mm 的本生灯、火焰长约 40 mm，让液化石油气（煤气）完全燃烧，从还原焰的尖端约 10 mm 的地方（约 800℃）（如图 B1），用长约 25 cm 的软管做试样，大体放在水平位置，经过 5 s 后，去掉火焰，测定试样的持续燃烧时间，用 3 个试样的平均值表示。

附加说明：

本标准由中华人民共和国化学工业部科技司提出。

本标准由全国橡胶与橡胶制品标准化技术委员会橡胶软管分技术委员会归口。

本标准由天津市橡胶制品六厂负责起草。

本标准主要起草人李琢、王宝珠。

本标准参照采用日本工业标准 JIS K 6348—1980《煤气用橡胶软管》。

中华人民共和国化工行业标准

HG/T 2490—93

排、吸泥橡胶软管

代替 HG 4—1457—82

1 主题内容与适用范围

本标准规定了排、吸泥橡胶软管技术要求、试验方法、检验规则等。

本标准适用于港湾、河流、湖泊等疏浚工程挖泥船配套用排、吸泥橡胶软管。适用温度为－20～＋0℃。

2 引用标准

GB/T 528 硫化橡胶和热塑性橡胶拉伸性能的测定

GB/T 1689 硫化橡胶耐磨性能的测定(用阿克隆磨耗机)

GB/T 3512 橡胶热空气老化试验方法

GB/T 5562 胶管胶层物理试验方法

GB/T 5563 软管液压试验方法

GB/T 5567 橡胶、塑料软管和软管组合件真空性能的测定

GB/T 9573 橡胶、塑料软管和软管组合件尺寸测量方法

GB/T 9576 橡胶、塑料软管和软管组合件选择、贮存、使用和维修指南

GB/T 9577 橡胶、塑料软管和软管组合件标志、包装和运输规则

GB/T 14905 橡胶、塑料软管各层间粘合强度测定

HG/T 2185 橡胶软管外观质量

3 产品结构、型号、级别、尺寸和产品标记

3.1 结构

排泥橡胶软管由内胶层、增强层和外胶层或带有法兰接头组成。

吸泥橡胶软管包括内胶层、带有金属螺旋线(或金属环)的增强层和外胶层或带有法兰接头。

3.2 型号和级别

3.2.1 型号

1 型 直筒式结构橡胶软管

2 型 护口式结构橡胶软管

3 型 胶法兰式结构橡胶软管

4 型 钢法兰式结构橡胶软管

3.2.2 级别

1 型、2 型、3 型、4 型排泥橡胶软管按工作压力分四级(见表 1)。

中华人民共和国化学工业部 1993-07-05 批准　　　　1994-12-01 实施

表 1 MPa

级别 型号	A	B	C	D
1、2、3 型	0.39	0.59	0.78	0.98
4 型	0.49	0.78	0.98	1.47

3.3 规格尺寸

3.3.1 直筒式排、吸泥橡胶软管尺寸应符合表 2 的规定。

表 2 mm

<table>
<tr><th colspan="2">公称内径</th><th colspan="2">管接头尺寸</th><th colspan="2">胶层厚度不小于</th></tr>
<tr><th>尺寸</th><th>公差</th><th>长度</th><th>公差</th><th>内胶层</th><th>外胶层</th></tr>
<tr><td>203</td><td>±2.0</td><td rowspan="6">200</td><td rowspan="16">±30</td><td rowspan="4">4.0</td><td rowspan="4">2.0</td></tr>
<tr><td>220</td><td>±2.5</td></tr>
<tr><td>250</td><td rowspan="14">±3.0</td></tr>
<tr><td>275</td></tr>
<tr><td>305</td><td rowspan="5">6.0</td><td rowspan="5">2.5</td></tr>
<tr><td>316</td></tr>
<tr><td>400</td><td rowspan="3">250</td></tr>
<tr><td>445</td></tr>
<tr><td>460</td></tr>
<tr><td>530</td><td rowspan="7">300</td><td rowspan="4">8.0</td><td rowspan="7">3.0</td></tr>
<tr><td>560</td></tr>
<tr><td>584</td></tr>
<tr><td>610</td></tr>
<tr><td>700</td><td rowspan="2">10.0</td></tr>
<tr><td>900</td></tr>
</table>

3.3.2 吸泥橡胶软管尺寸应符合表 3 的规定。

表 3　　mm

<table>
<tr><th colspan="2">公称内径</th><th colspan="4">扩口式接头尺寸</th><th colspan="2">胶层厚度不小于</th></tr>
<tr><th>尺寸</th><th>公差</th><th>尺寸</th><th>公差</th><th>长度</th><th>公差</th><th>内胶层</th><th>外胶层</th></tr>
<tr><td>203</td><td rowspan="2">±2.0</td><td>222</td><td rowspan="14">±2.5</td><td rowspan="5">200</td><td rowspan="14">±3.0</td><td rowspan="4">4.0</td><td rowspan="4">2.0</td></tr>
<tr><td>228</td><td>244</td></tr>
<tr><td>250</td><td rowspan="12">±3.0</td><td>272</td></tr>
<tr><td>275</td><td>297</td></tr>
<tr><td>316</td><td>338</td><td rowspan="5">6.0</td><td rowspan="3">2.5</td></tr>
<tr><td>356</td><td>378</td><td rowspan="5">250</td></tr>
<tr><td>400</td><td>422</td></tr>
<tr><td>416</td><td>438</td></tr>
<tr><td>460</td><td>482</td><td rowspan="6">3.0</td></tr>
<tr><td>513</td><td>535</td><td rowspan="5">8.0</td></tr>
<tr><td>560</td><td>590</td><td rowspan="4">300</td></tr>
<tr><td>584</td><td>614</td></tr>
<tr><td>600</td><td>640</td></tr>
<tr><td>700</td><td>744</td></tr>
</table>

3.3.3　胶法兰式排、吸泥橡胶软管尺寸应符合表 4 的规定。

表 4　　mm

<table>
<tr><th colspan="2">公称内径</th><th colspan="3">胶法兰尺寸</th><th rowspan="2">法兰厚度</th></tr>
<tr><th>尺寸</th><th>公差</th><th>孔数</th><th>孔径</th><th>孔中心距</th></tr>
<tr><td>400</td><td rowspan="3">±2.0</td><td>16</td><td>22</td><td>540</td><td rowspan="3">32</td></tr>
<tr><td>550</td><td>26</td><td>32</td><td>710</td></tr>
<tr><td>580</td><td>24</td><td>33</td><td>810</td></tr>
<tr><td>600</td><td rowspan="4">±3.0</td><td rowspan="2">20</td><td>26</td><td>720</td><td rowspan="2">34</td></tr>
<tr><td>650</td><td>27</td><td>785</td></tr>
<tr><td>700</td><td rowspan="3">24</td><td rowspan="2">30</td><td>860</td><td rowspan="4">35</td></tr>
<tr><td>750</td><td>890</td></tr>
<tr><td>850</td><td rowspan="2">±4.0</td><td>33</td><td>1 000</td></tr>
<tr><td>900</td><td>28</td><td>40</td><td>1 130</td></tr>
</table>

3.3.4　钢法兰式排、吸泥橡胶软管尺寸应符合图 1 和表 5 规定。

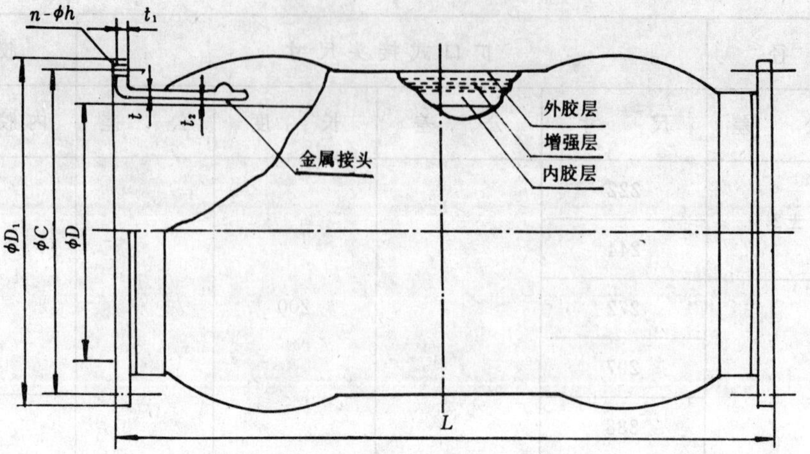

图 1

表 5

名 称	公称内径 D mm	内胶层厚度 t_2 (参考值) mm	法兰盘外径 D_1 mm	法兰盘厚度 t_1 mm	接头螺纹厚度 t (参考值) mm	螺孔 中心圆直径 C mm	螺孔 个数 n	螺孔 直径 h mm
200	205±3	10	320^{+3}_{-2}	12±2	6	280±1.0	8	23±1
250	254±3		385^{+3}_{-2}			345±1.0	12	
300	305±5		430^{+3}_{-2}			390±1.0		
350	338±5		480^{+3}_{-2}	19±2		435±1.0		
400	388±5		540^{+3}_{-2}			495±1.0	16	
510	510±5	15	710^{+3}_{-2}		9	650±1.0		
560	560±5		765^{+3}_{-2}			690±1.0	18	
610	610±5	20	814^{+3}_{-2}	22±2		750±1.0	20	
630	630±5		834^{+3}_{-2}			765±1.0		25±1
660	660±5		870^{+3}_{-2}			780±1.0	24	
700	700±5		905^{+3}_{-2}	25±2		840±1.0		27±1
710	710±5		930^{+3}_{-2}	28±2		860±1.0		
760	760±5		990^{+3}_{-2}			900±1.0		30±1
800	800±5	25	$1\,050^{+3}_{-2}$	32±2	12	970±1.0	32	30±1
840	840±5		$1\,090^{+3}_{-2}$			1 010±1.0		
860	860±5		$1\,090^{+3}_{-2}$			1 010±1.0		

注：① 表 2、表 3、表 4、表 5 未列入规格，由供需双方协商确定。

② 钢法兰式特殊结构橡胶软管和套管及套管长度，由供需双方协商确定。

3.4 长度

软管长度由使用方提出，供需双方商定，长度公差为软管全长的±2%。

3.5 产品标记

标记内容：名称、规格、型号、级别、标准号。

标记示例：

排泥橡胶软管　直径 ϕ700mm × 20P × 1.5m　1　B　HG 2490

- HG 2490 —— 标准号
- B —— 级别
- 1 —— 型号
- 直径 ϕ700mm × 20P × 1.5m —— 规格
- 排泥橡胶软管 —— 名称

4 技术要求

4.1 胶料的物理机械性能应符合表 6 规定。

表 6

项目			指标	
			内胶层	外胶层
拉伸强度，MPa		≥	11.8	9.8
扯断伸长率，%		≥	400	
热空气老化，70℃×72h	拉伸强度变化率，%		+25～−25	
	扯断伸长率变化率，%		+10～−30	
磨耗量，cm^3		≤	1.0	—

4.2 液压性能

4.2.1 排泥橡胶软管在 1.5 倍于规定的工作压力下进行定压试验时，应无渗漏、局部鼓泡及其他异常现象。

4.2.2 排泥橡胶软管爆破压力应不低于工作压力的 3 倍。

4.2.3 排泥橡胶软管在管体变形试验时，其长度和外径变化率应符合表 7 的规定。

表 7

试验项目	试验压力	指标
加压时的长度变化率，%	最高工作压力	±10
	1.5 倍最高工作压力	±15
加压时的外径变化率，%	最高工作压力	±5
	1.5 倍最高工作压力	±7.5

4.3 真空性能

吸泥橡胶软管当真空度达到 80kPa 时，不得有吸扁，脱层及其他异常现象。

4.4 粘合性能

排、吸泥橡胶软管各层之间粘合强度不小于 1.5kN/m。

4.5 外观质量

4.5.1 排、吸泥橡胶软管的外观质量应符合 HG/T 2185 规定。

4.5.2 带有法兰接头橡胶软管，其法兰密封面应光滑平整，两端法兰连接孔中心应在同一直线上。

5 试验方法

5.1 排、吸泥橡胶软管的规格尺寸和公差测量，按 GB/T 9573 规定执行。

5.2 排、吸泥橡胶软管胶料的拉伸强度，扯断伸长率测定，按 GB/T 5562 及 GB/T 528 规定执行，使用1型裁刀。

5.3 排、吸泥橡胶软管胶料的热空气老化试验，按 GB/T 3512 规定执行。

5.4 排、吸泥橡胶软管胶料的磨耗性能试验，按 GB/T 1689 规定执行。

5.5 排泥橡胶软管的液压性能试验，按 GB/T 5563 规定执行。

5.6 吸泥橡胶软管的真空性能试验，按 GB/T 5567 规定执行。

5.7 排、吸泥橡胶软管的粘合强度试验，按 GB/T 14905 规定执行。

6 检验规则

6.1 排、吸泥橡胶软管应由制造厂技术检验部门成批验收，每批产品出厂必须附有质量合格证。

6.2 同型号橡胶软管划为一批，排泥橡胶软管每批不应多于 300 条，吸泥橡胶软管每批不应多于 50 条。

6.3 排、吸泥橡胶软管的规格尺寸和外观质量应逐条检验。

6.4 排、吸泥橡胶软管胶料的物理机械性能试验，应每批进行一次，不足一批时，每月检验不少于一次。

6.5 排泥橡胶软管的液压性能试验，每批进行一次。

6.6 吸泥橡胶软管的真空性能试验，每批进行一次。

6.7 以上性能试验如有一项指标不合格，应在该批胶料或该批产品中，另取双倍试样，对不合格项目复试，复试后如其中仍有一项指标不合格，则该批产品为不合格。

7 标志、包装、运输、贮存和使用

7.1 橡胶软管的标志、包装和运输，按 GB/T 9577 规定执行。

7.2 橡胶软管的选择、贮存、使用和维修，按 GB/T 9576 规定执行。

附加说明：

本标准由化学工业部科技司提出。

本标准由全国橡胶与橡胶制品标准化技术委员会橡胶软管分技术委员会归口。

本标准由上海橡胶总厂负责起草。

本标准起草人季文才、陈启宇、周国良、王宝珠。

本标准参照采用日本工业标准 JIS F 3995—1991《挖泥船船外排放管用橡胶套筒》。

中华人民共和国化工行业标准

HG/T 2491—93

汽车用输水橡胶软管

代替 HG 4—549—82

1 主题内容与适用范围

本标准规定了汽车用输水橡胶软管的规格尺寸、技术要求、试验方法和检验规则等。

本标准适用于汽车发动机冷却系统及取暖系统用输水软管。中、轻型车橡胶软管使用温度为－30℃～110℃；轿车用橡胶软管使用温度为－40℃～120℃。

2 引用标准

GB/T 528 硫化橡胶和热塑性橡胶拉伸性能的测定

GB/T 531 硫化橡胶邵尔 A 硬度试验方法

GB/T 1682 硫化橡胶脆性温度试验方法

GB/T 3512 橡胶热空气老化试验方法

GB/T 5562 胶管胶层物理试验方法

GB/T 5563 胶管液压试验方法

GB/T 9571 橡胶、塑料软管静态条件下耐臭氧性能的评定

GB/T 9573 橡胶、塑料软管和软管组合件尺寸测量方法

GB 9574 橡胶、塑料软管和软管组合件试验压力、爆破压力与设计工作压力的比率

GB/T 9576 橡胶、塑料软管和软管组合件选择、贮存、使用和维修指南

GB/T 9577 橡胶、塑料软管和软管组合件标志、包装和运输规则

HG/T 2185 橡胶软管外观质量

3 产品结构形状及规格尺寸

3.1 结构

软管按结构分为纯胶管和带增强层的橡胶软管两类。

3.2 形状

软管形状分为直形和异形两类。

3.3 规格尺寸及公差

软管内径尺寸、壁厚及允许公差应符合表 1 规定，如另有要求，应由制造方和使用方协商确定。

中华人民共和国化学工业部 1993-07-05 批准　　　　1994-12-01 实施

表 1

mm

内径 d	内径 公差	壁厚及公差 纯胶管	壁厚及公差 增强软管	内径 d	内径 公差	壁厚及公差 纯胶管	壁厚及公差 增强软管
6 7 8	+0.2 −0.4	2±0.2	2.5±0.3	26 27 30 34	+0.5 −0.7	3.5±0.3	4±0.7
10 12 13 16 19	+0.3 −0.5	2.5±0.3	3±0.5	38 39 46 47 51 55 58 64 76	+0.5 −1.0	4.5±0.4	5±0.8
20.5 22 23	+0.4 −0.6	3.5±0.3	4±0.7				
24 25	+0.5 −0.7						

3.4　长度及公差

软管长度及公差如表 2 所示。

表 2

长度,mm	65 以下	200 以下	400 以下	400～1 000	1 000 以上
公差,%	±5	±5	±5	±8	±15

3.5　产品标记

标记内容:名称、规格、标准号

标记示例:

汽车用输水橡胶软管　ϕ25 × 1 000　HG/T 2491

名称

规格

标准号

4　技术要求

4.1　外观

应符合 HG/T 2185 的要求,如软管外观质量有特殊要求,可由供需双方协商确定。

4.2　胶料和成品软管的物理机械性能

应符合表 3 规定。

表 3

项目			指标		
			纯胶管	增强胶管	
				内胶层	外胶层
胶料的物理性能	硬度，邵尔 A，度		70±5		
	拉伸强度，MPa ≥		7.0		8.0
	扯断伸长率，% ≥		250		300
	脆性温度，－30℃（轿车－40℃）		无裂纹		
	耐臭氧，(50±5)mPa，(70±2)h×(40±2)℃		不龟裂		
	热空气老化 110℃×72h（轿车 120℃×72h）	拉伸强度变化率，%	±25		
		扯断伸长率变化率，%	$^{+10}_{-30}$		
		硬度变化	＋20 以下		
软管物理性能	粘合强度，kN/m ≥		1.2		
	爆破压力，MPa ≥		0.2	0.3	
	试验压力，0.1MPa，外径变化率，%		15		

注：① 内径 19mm 及 19mm 以下的软管不做粘合强度试验。

② 在标准大气压（101kPa）和 273K 下，1pphm 的浓度相当于 1.01mPa 的分压，50mPa 相当于 50pphm。

5 试验方法

5.1 外观质量检查，按 HG/T 2185 执行。

5.2 产品的规格尺寸测量，按 GB/T 9573 执行。

5.3 硬度试验，按 GB/T 531 执行。

5.4 拉伸性能试验，按 GB/T 528 执行。

5.5 脆性温度试验，按 GB/T 1682 执行。

5.6 耐臭氧性能试验，按 GB/T 9571 执行。

5.7 热空气老化试验，按 GB/T 3512 执行。

5.8 软管各层间粘附强度试验，按 GB/T 5562 执行。

5.9 液压试验，按 GB/T 5563 及 GB 9574 执行。

6 检验规则

6.1 软管应按本标准 3.3 和 4.1 条规定逐条检查外观尺寸。

6.2 软管应由制造厂的质检部门成批抽验。每批数量不多于 5 000 条。每批产品出厂必须附有质量合格证。

6.3 在每批软管内任选一种规格为代表，并任取其中的一条按表 4 规定检查各项性能，每月做一次。

6.4 如测试的性能不合格时，应在该批软管中另取双倍试样，对不合格项目进行复试后仍有一项或一个试样不合格时，则该批产品为不合格品。

7 标志、包装、运输和贮存

按 GB/T 9576 和 GB/T 9577 执行，如有特殊要求，由供需双方商定。

附加说明：
本标准由化学工业部科技司提出。
本标准由全国橡胶与橡胶制品标准化技术委员会橡胶软管分技术委员会归口。
本标准由吉林化学工业公司橡胶厂负责起草。
本标准起草人马雯勤、王丽洁、王宝珠、孙桂珍、何允吉。
本标准参照采用日本工业标准 JIS D2602—1982《汽车用输水软管》。

中华人民共和国化工行业标准

HG/T 2540—93

内燃机车机油橡胶软管

本标准参照采用 ISO/DIS 2929—1986《油槽车输油橡胶软管——规格》。

1 主题内容与适用范围

本标准规定了内燃机车用以输送润滑油和冷却机油的橡胶连接软管的规格尺寸、结构和技术要求。

本标准适用于国产东风 1.3 型和东风 4 型内燃机车油泵输送润滑油和冷却机油的橡胶连接软管，使用温度不超过 90℃。

2 引用标准

GB/T 528 硫化橡胶和热塑性橡胶拉伸性能的测定
GB/T 1690 硫化橡胶耐液体试验方法
GB/T 3512 橡胶热空气老化试验方法
GB/T 5562 胶管胶层物理试验方法
GB/T 5563 胶管液压试验方法
GB/T 5564 胶管低温弯曲试验方法
GB/T 9571 橡胶、塑料软管静态条件下耐臭氧性能的评定
GB/T 9573 橡胶、塑料软管和软管组合件尺寸测量方法
GB/T 9576 橡胶、塑料软管和软管组合件选择、贮存、使用和维修指南
GB/T 9577 橡胶软管和软管组合件标志、包装和运输规则
HG/T 2185 橡胶软管外观质量

3 结构、规格和工作压力

3.1 结构

软管由内胶层、纤维增强层、金属螺旋线和外胶层组成。

3.2 规格尺寸

软管的规格尺寸应符合表 1 的规定。

中华人民共和国化学工业部1993-09-06批准　　1994-12-01实施

表 1

mm

公称内径		软管长度		管头尺寸		胶层厚度(最小值)	
尺寸	偏差	尺寸	偏差	外径	长度	内胶	外胶
76	+1.5 −1.0	325	±5	97±1	75±5	3.0	1.2
89		255 325		115±2			
102	+2.0 −1.5	260 340		130±2			
127		260 325		155±2			

注:① 其他规格尺寸的软管由供需双方商议确定。

② 软管管头端面应用耐油橡胶覆盖,骨架材料不得外露。

3.3 软管的最大工作压力应符合表 2 的规定。

表 2

公称内径,mm	最大工作压力,MPa
76	0.9
89	
102	0.7
127	

4 技术要求

4.1 外观质量

软管外观质量应符合 HG/T 2185 的规定。

4.2 胶料性能

制造软管的胶料物理机械性能,应符合表 3 的规定。

表 3

项目			指标	
			内胶	外胶
拉伸强度,MPa		≥	7.0	7.0
扯断伸长率,%		≥	250	250
热空气老化(100℃×72h)	拉伸强度变化率,%,降低	≤	15	
耐液体体积变化率,%	液体 c(室温×72h)	≤	50	—
	3 号标准油(100℃×72h)	≤	—	100

4.3 成品性能

软管成品性能应符合表4的规定。

表 4

项目			指标
耐臭氧(40℃×72h),50MPa(50pphm)			外胶层不龟裂
低温弯曲(－25℃×24h)			内外胶层不龟裂
粘附强度,kN/m	≥	胶层与增强层	1.5
		增强层与增强层	2.0
压力要求		静压试验(2倍工作压力)	无异常现象
		爆破	不低于4倍工作压力

4.4 软管的保用期为内燃机车的一个架修期(机车行程18～22万公里)。

4.5 在遵守GB/T 9576和GB/T 9577规定的运输、贮存条件下,自制造之日起一年内,制造厂应保证软管的各项技术性能符合本标准要求。

5 试验方法

5.1 软管的规格尺寸和外观质量检验,按GB/T 9573进行。

5.2 胶料拉伸性能试验,按GB/T 528进行,用1型试样。

5.3 热空气老化试验,按GB/T 3512进行。

5.4 耐液体试验,按GB/T 1690进行。

5.5 软管耐臭氧试验,用相同的材料和生产工艺(不加金属螺旋线)制造一条内径为25mm的试验用软管,约取700mm长度,按GB/T 9571方法1进行。

5.6 低温弯曲试验,切取符合5.5要求的试验用软管,长度约800mm,最小弯曲半径250mm,按GB/T 5564进行。

5.7 粘附强度试验,按GB/T 5562进行。

5.8 液压试验,按GB/T 5563进行。

6 检验规则

6.1 软管应由制造厂的技术检验部门逐批进行检验。合格品应附有质量合格证书才能出厂。

6.2 软管应逐条检查外观和尺寸。

6.3 每批软管不多于1 000条,制造每批软管的胶料应进行物理机械性能检验。

6.4 软管成品性能检验:

6.4.1 每批软管不多于1 000条,以其中任一规格为代表抽取试样。

6.4.2 低温弯曲、粘附强度和液压试验项目,每季检验不少于一次。

6.5 耐臭氧性能试验为型式试验项目,但每年检验不应少于一次。

6.6 胶料软管成品性能进行检验时,如有不合格项目,应在该批胶料或软管中另取双倍试样,对不合格项目进行复试。复试后如其中一个试样仍有一项指标不合格时,则该批胶料或产品为不合格品。

7 标志、包装、运输和贮存

7.1 软管应有不易脱落的下列明显标志:

a. 制造厂名或商标;

b. 产品名称、规格、工作压力；

c. 本国家标准号；

d. 生产日期。

7.2 软管应用包装材料包装封闭好。

7.3 软管贮存时应平直或竖直放置，叠高不得超过 1.5m。

7.4 软管的运输、贮存和其他要求应符合 GB/T 9576 和 GB/T 9577 的规定。

附加说明：

本标准由中华人民共和国化学工业部技术监督司提出。

本标准由全国橡胶与橡胶制品标准化技术委员会橡胶软管分技术委员会归口。

本标准由广州胶管厂负责起草。

本标准主要起草人梁塞班、部铨本、方书英。

中华人民共和国化工行业标准

HG/T 2718—1995

汽车空调用橡胶和塑料软管及软管组合件

1 主题内容与适用范围

本标准规定了供汽车空调系统用的橡胶或塑料软管和软管组合件的类别、尺寸、结构、技术要求和试验方法等内容。

本标准适用于汽车空调系统输送循环液态和气态二氯二氟甲烷(制冷剂R12)的橡胶和塑料软管和软管组合件。

软管可在－30℃～＋125℃的温度范围内使用。

2 引用标准

GB/T 1690 硫化橡胶耐液体试验方法
GB/T 2941 橡胶试样环境调节和试验的标准温度、湿度及时间
GB/T 5563 橡胶、塑料软管及软管组合件 液压试验方法
GB/T 5568 橡胶、塑料软管及软管组合件 无屈挠液压脉冲试验
GB/T 9571 橡胶、塑料软管静态条件下耐臭氧性能的评定
GB/T 9576 橡胶、塑料软管和软管组合件选择、贮存、使用和维修指南
GB/T 9577 橡胶、塑料软管和软管组合件标志、包装和运输规则

3 产品分类

3.1 型别和结构

3.1.1 A1型和A2型 织物增强的橡胶软管

软管应由一层无缝的、耐油的合成橡胶内胶层、与内胶层和外胶层粘合良好的织物增强层、耐热和耐臭氧的合成橡胶外胶层组成。外层可以进行针刺处理。

A1型软管应有一层纤维织物编织增强层。

A2型软管应有两层纤维织物编织增强层。

3.1.2 B1型和B2型 钢丝增强的橡胶软管

软管应由一层无缝的耐油的合成橡胶内胶层、与内胶层粘合的钢丝增强层以及浸渍合成胶液的耐热织物线外层组成。

3.1.3 C型 织物增强的热塑性塑料软管

软管应由一层热塑性材料内层、一层适宜的织物增强层以及一层耐热和耐臭氧的热塑性塑料外层组成。外层可以进行针刺处理。

3.1.4 D型 织物增强外覆橡胶的热塑性塑料软管

软管应由一层热塑性塑料内层、一层能与内层和外层粘合的织物增强层，以及一层耐热、耐臭氧的合成橡胶外胶层组成。外层可以进行针刺处理。

中华人民共和国化学工业部1995-05-09批准 1996-01-01实施

3.2 尺寸

3.2.1 软管的尺寸应符合表1的要求。

表1 软管尺寸

mm

公称尺寸	内径						外径								
	A1、A2、B1型		C型		B2、D型		A1型		A2型		B1型		C型	B2、D型	
	最大值	最小值	最大值	最小值	最大值	最小值	最大值	最小值	最大值	最小值	最大值	最小值	最大值	最大值	最小值
4.8[1)]	—	—	5.1	4.6	5.4	4.8	—	—	—	—	—	—	8.3	13.7	12.7
6.4	7.0	6.2	6.7	6.1	—	—	15.1	13.5	—	—	16.5	15.3	11.4	—	—
8	8.6	7.8	8.3	7.6	8.7	8.0	19.1	17.5	19.8	18.3	18.8	17.7	13.5	17.6	16.7
9.5	—	—	9.9	9.1	—	—	—	—	—	—	—	—	15.2	—	—
10	11.1	10.2	10.7	9.9	11.1	10.3	23.0	21.4	23.8	22.2	21.2	20.0	16.1	20.0	18.9
13	13.6	12.4	13.2	12.2	13.7	12.7	25.4	23.8	26.2	24.6	23.8	22.2	18.8	24.0	22.8
16	16.8	15.6	16.5	15.2	16.9	15.9	28.5	27.0	29.4	27.8	27.0	25.4	23.4	28.0	26.8
22	23.1	22.0	—	—	—	—	34.1	32.5	—	—	—	—	—	—	—
29	29.8	28.2	—	—	—	—	40.9	38.5	—	—	—	—	—	—	—

1）4.8 mm 规格内径最大值、最小值不适用于D型。

3.2.2 软管同轴度：在同一截面不同部位测量管壁厚度，其公差值不得超过表2规定的数值。

表2 软管同轴度

mm

A1、A2、B1、B2和D型		C型	
公称尺寸	最大同轴度	公称尺寸	最大同轴度
4.8～6.4	0.8	4.8～6.4	0.5
8～22	1.0	8～13	0.6
29	1.3	16	0.8

3.3 产品标志

标志内容：制造厂名称（商标）、产品名称、型号、规格、标准号、制造年份、季。

标志示例：

××××（××） 汽车空调软管 A1 10 GB/T××××—×× ×××× ×

× —— 季
×××× —— 年份
GB/T××××—×× —— 标准号
10 —— 规格
A1 —— 型号
汽车空调软管 —— 产品名称
××××（××） —— 制造厂名称（商标）

4 技术要求

4.1 液压性能

4.1.1 所有型别和尺寸规格软管的最小爆破压力均为12 MPa。

4.1.2 在 6 MPa 的试验压力下，保持 30～300 s，软管应无渗漏、鼓泡、龟裂等其他异常现象。

4.1.3 软管在承受 2.4 MPa 的试验压力时，其长度变化不应超过－4％～＋2％。

4.2 耐渗漏性能

充注制冷剂的软管和软管组合件按规定的温度进行渗漏试验时，制冷剂(R12)质量损失速度不得超过表 3 的规定。

表 3 制冷剂质量损失速度

试验温度 ±2℃	参比压力 MPa	制冷剂质量损失速度3) $kg/m^2 \cdot a$，小于	
		A 型、B 型	C 型、D 型
100[1)]	3.24	93	22
80[2)]	2.21	58	14

1) 预定供高压处使用的软管和软管组合件在(100±2)℃试验；

2) 预定供低压处使用的软管和软管组合件在(80±2)℃试验；

3) 以软管内表面积计算。

4.3 整体性能

充注制冷剂的软管在(107±2)℃温度下，调节 24 h 后，软管内胶层应无裂口、损坏等异常现象。

4.4 耐低温性能

充注制冷剂的软管经低温试验后，无裂纹、渗漏现象。

4.5 热空气老化性能

软管经热空气老化试验后，其外表面应无龟裂现象；

再做液压试验，应无液体渗漏现象。

4.6 耐真空性能

软管在承受真空试验时，外径的塌瘪率不得超过 20％。

4.7 耐液体性能

4.7.1 软管内层橡胶在温度为(100±2)℃的 3 号标准油里浸泡 70 h，取出后 5 min 内进行测定，其体积变化率应为－5％～＋35％。

4.7.2 软管内层塑料在温度为(100±2)℃的 3 号标准油里浸泡 70 h，取出后 5 min 内进行测定，其体积变化率应为－35％～＋5％。

4.8 耐臭氧性能

除 B 型软管外，软管在臭氧浓度为$(50 \pm 5) \times 10^{-8}$，温度在(40±2)℃，保持 70 h 后，用两倍放大镜观察软管外层，不得出现龟裂。

4.9 内层耐制冷剂萃取性能

制冷剂 R12 从软管内层萃取的油状物或多脂物的数量不得超过 118 g/m^2。

4.10 内清洁度

软管内表面外来杂质数量不得超过 270 mg/m^2。

4.11 耐脉冲性能

最少试验两根软管试样。软管应在温度为(107±2)℃、压力为(0.17～2.6 MPa)±0.17 MPa 的条件下，介质粘度在(107±2)℃时为 5.0～10.0 cst 的石油基液压油，以 30～40 次循环/min 的频率进行脉冲试验，经 150 000 次脉冲试验后，不得出现渗漏和损坏。

试验时，A 型、B 型和 D 型软管的最小弯曲半径应为软管外径的 5 倍；C 型软管的最小弯曲半径应符合附录 B 表 B1 中的规定。

4.12 拔脱性能

软管与管接头分离所需要的拔脱力不得小于表 4 的规定。

表 4 软管组合件的拔脱力 N

内径/mm	A、C、D 型	B 型
4.8	910	—
6.4	1130	1810
8	1590	2720
9.5	2040	—
10	2270	3290
13	2490	3290
16	2490	3290
22	2490	3290
29	2490	3290

5 试验方法

5.1 液压试验按 GB/T 5563 规定执行。

5.2 渗漏试验，整体试验按附录 A 进行。

整体试验可以单独进行，也可以在渗漏试验时用(107±2)℃进行 24 h 预调节时进行。试样为三个。

5.3 热空气老化试验按如下条件和方法进行。

取 300 mm～1 000 mm 长的软管试样，将其围绕在如下规定尺寸的芯轴上，并将其放在(125±2)℃的空气老化箱里，保持 168 h 后，取出并冷却至室温。然后松开软管成伸直状态，检查该软管试样是否有龟裂、剥裂缝或其他缺陷。然后使该软管试样承受 2.4 MPa 液压，保持 5 min，观察是否有液体渗漏或损失。

芯轴直径：

A 型、B 型、D 型软管：为相应软管外径的 8 倍；

C 型软管：为本标准附录 B 表 B1 中 C 型软管最小弯曲半径的 2 倍。

5.4 耐低温试验按附录 B 规定进行。

5.5 耐真空试验方法按如下方法进行。

取 610 mm～1000 mm 长的软管试样。

将软管试样弯曲成 U 形，U 形底部半圆内侧半径为软管公称内径的 5 倍。

将软管抽真空至 81 kPa，弯曲 2 min。测量 U 形底部软管外径，确定最小处的外径数值，按式(1)计算塌瘪率。

$$\text{外径的塌瘪率} = \frac{\text{初始外径值} - \text{最小处外径值}}{\text{初始外径值}} \quad \cdots\cdots\cdots\cdots(1)$$

5.6 内层耐液体试验按 GB/T 1690 规定执行。

5.7 耐臭氧试验按 GB/T 9571 规定执行。

软管试样应围绕在一个 8 倍于软管外径的芯轴上，试样长度应比芯轴的周长大约长 250 mm。

5.8 内层耐制冷制萃取试验按附录 C 规定执行。

5.9 内清洁度试验按如下方法进行。

将软管试样弯曲成 U 形，两侧长度相等，将其与水平面垂直放置，并向软管内注满三氯三氟乙烷(致冷剂 TF)。然后用一个已称重的古氏坩埚，烧结玻璃坩埚或 0.4 μ 过滤器，将软管内的三氯三氟乙烷过滤。

将过滤器和过滤物在70℃温度下干燥20 min后，称重。用差重法计算软管内表面外来杂质数量。以每平方米软管内表面毫克数表示(mg/m^2)。

5.10 脉冲试验按GB/T 5568规定执行。

5.11 拔脱试验按如下方法进行。

将软管组合件试样两头装上带有螺丝口的专用管头夹具，夹在拉力试验机上下夹持器上，用(25±5)mm/min的牵引速度做拔脱试验，测定软管组合件管接头与软管分离时的拔脱力。软管的自由长度至少为300 mm。

6 检验规则

6.1 软管应由制造厂的检验部门成批检验，每批软管产品出厂时必须有质量合格证。

6.2 同型号的软管划为一批，每批数量不多于50 000 m。

6.3 软管的规格尺寸应逐根检查。

6.4 每批软管任选一种规格进行各项性能检验，不足一批时，每半年检验不应少于一次。

6.5 每批软管，每种规格都需进行渗透性检验和组合件拔脱试验。

经试验若有不合格者，应在该批软管中取双倍试样进行不合格项目的复试，复试后如有一项指标不合格时，该批软管为不合格品。

7 标志、包装、运输、贮存、选择、使用和维修

7.1 软管的标志、包装和运输应符合GB/T 9577的要求。

7.2 软管的贮存、选择、使用和维修应符合GB/T 9576的要求。

附 录 A
制冷剂损耗测定试验
（补充件）

A1 范围

本附录规定了汽车空调软管制冷剂损耗速率的测定方法。

A2 原理

按质量变化的原理，测定制冷剂通过软管管壁的扩散速率。

A3 仪器

A3.1 内容积为475 cm^3～525 cm^3，最小爆破压力为21 MPa的金属容器，并带有连接软管组合件试样的管接头。

A3.2 能保证在软管中处于带压状态的制冷剂在软管和管接头连接处没有任何损失的软管管接头。

A3.3 卤素探测器，灵敏度为每年11 g。

A3.4 能在试验期间保持均匀试验温度的空气烘箱。

A3.5 精确度为0.1 g的称重天平。

A4 取样

取四根自由长度为1 m的软管组合件试样。其中三根用于测定制冷剂损失，第四根用做参比试验，用来单独测定软管管体的质量变化。

A5 操作程序

A5.1 在大气压力下测量每根软管组合件的自由长度(精确至1 mm)。将该四根包括端部管塞的软管组合件分别与金属容器连接,测量每个试验装置的总质量(精确至0.1 g)。

以每1 mm^3 容积充注0.6 mg 制冷剂量的比例向三个试验装置充注制冷剂,公差值为±5 g。用卤素探测器检查充装好的试验装置,以确保不渗漏。

任何一种能够安全地充注制冷剂的方法都可以采用。建议采用A5.2和A5.3中的方法。

A5.2 方法一:

将试验装置放在低于制冷剂沸点温度下的冷柜里,至少调节冷却4 h后,可以向试验装置顺利地充注制冷剂。

根据该调节温度下制冷剂的密度,能够用该温度下的容积计算出制冷剂的相应的充注重量。将制冷剂和软管保持在该调节温度下,用一个带刻度的量筒量出已计算好的液体制冷剂体积进行充装。

仍在该调节温度下盖好已充注制冷剂的试验装置,但是可以从冷柜里取出后拧紧,以保证完全密封。

A5.3 方法二:

可以在室温下,通过适宜的阀门和连接器在压力下传输制冷剂,向试验装置充注制冷剂。为此所需的适当仪器是一个制冷剂钢瓶,一个蓄压型压缩空气系统、一个活塞泵和一个计量控制装置。

A5.4 将三个充装的试验装置和一个参比的试验装置放在规定试验温度的空气烘箱里,保持(30±5)min,以消除表面的湿气。不要在烘箱中将软管弯曲成直径小于软管外径20倍的曲线状,检查充装的试验装置是否渗漏,并从烘箱中移出试验装置,在大于15 min、小于30 min的时间内称重试验装置的质量。记录所称得的质量作为初始质量。

将试验装置放回规定温度空气烘箱里,调节24 h。在这24 h后,取出试验装置,按上述说明称重,然后再放回烘箱。如果出现20 g以上的损失,就中止试验,检查有无渗漏,重做试验。

把最初24 h视为预调节时间,在最后计算时,这一期间的质量损失可以不计,在预调节周期称重后,再在烘箱中调节72 h。移出试验装置,再以上述相同条件称重、为最后质量。

A6 计算

按式(A1)计算充注试验装置的制冷剂质量损失速度:

$$R=\left[\frac{A-B}{L_1}-\frac{C-E}{L_2}\right]\times\frac{\mathrm{K}}{D} \qquad \cdots\cdots\cdots\cdots\cdots\cdots(\mathrm{A1})$$

式中:R——制冷剂质量损失速度,$kg/m^2 \cdot a$;

A——充装的试验装置经预调节后的初始质量,g;

B——充装的试验装置经72 h后的最后质量,g;

C——参比试验装置经预调节后的初始质量,g;

D——软管的公称内径,mm;

E——参比试验装置经72 h后最后质量,g;

L_1——充装试验装置中软管的自由长度,m;

L_2——参比试验装置中软管的自由长度,m;

K——38.7,为常数。

A7 试验报告

试验报告应包括下列内容:

a) 引用本标准号;

b）试验软管的型号规格；

c）获得的试验结果；

d）可能影响试验结果的任何事件。

附 录 B
低 温 试 验
（补充件）

B1 范围

本附录规定了评定汽车空调用软管在低温（－30℃）下性能的测定方法。

B2 原理

一根充注液体制冷剂的软管试样，先经70℃老化48 h，又经－30℃温度下冷冻24 h后，于低温下在一个芯轴上弯曲180°，然后再在环境温度下，承受2.4 MPa液压试验，保持5 min，不得出现制冷剂渗漏。

B3 试样

软管试样的长度应在450 mm～1 000 mm之间。

B4 程序

在室温下向软管试样充注数量为其容量70％的液体制冷剂（为方便起见，可以把软管组合件和制冷剂冷却到制冷剂沸点以下以保证制冷剂在液态下充注）。将软管试样放入70℃的空气烘箱，保持48 h，然后取出冷却至室温。

将软管伸直，放入（－30±2）℃的冷柜中，保持24 h，冷柜中应有均匀的干冷空气或空气和二氧化碳的混合气体，以保证达到规定温度。在不从冷柜中取出软管试样的条件下，在4～8 s的时间内，将软管试样在一适宜直径的芯轴〔芯轴也要预冷冻至（－30±2）℃〕上，弯曲180°。

对A型、B型和D型软管试样，芯轴直径应8倍于该型软管公称外径；对C型软管试样，芯轴直径应2倍于表B1规定的最小弯曲半径。

表B1 C型软管最小弯曲半径 mm

标称内径尺寸	最小弯曲半径
4.8	50
6.4	76
8	90
9.5	102
10	114
13	127
16	165
19	203

将软管试样温度升至环境温度，并倒出液体制冷剂。

再将软管经受2.4 MPa的液压试验，保持5 min，观察有无渗漏或由于龟裂出现的液体损失。

B5 试验报告

试验报告应包括下列内容：

a）引用本标准号；

b）试验软管的型号规格等；

c）获得的试验结果；

d）可能影响本试验结果的任何事件。

附 录 C
液体制冷剂萃取试验
（补充件）

C1 范围

本附录规定了空调用软管组合件内层材料耐液体制冷剂萃取的试验方法。

C2 原理

将液体制冷剂注入软管组合件里，在 70℃温度下保持 24 h，完成萃取试验。

C3 试样

软管组合件试样自由长度在 450 mm～1 000 mm 之间。

C4 程序

向软管试样充注三氯三氟乙烷（制冷剂 TF），然后立即倒出以除掉任何表面杂质。在室温下，向软管试样充注其容量 70%的规定的液体制冷剂。为操作方便，可先将软管组合件和制冷剂都冷却到低于液体制冷剂沸点的温度，以便在液体状态下进行处理。将充注制冷剂的软管组合件放在（70±2）℃温度的空气烘箱内，保持 24 h 后取出。冷却至－34℃或更低的温度，然后将液体制冷剂倒入一已称重的烧杯里，让其在室温下蒸发。在液体制冷剂蒸发后，将该烧杯置于 70℃温度下保持 1 h，以消除冷凝水气，然后称重。

C5 结果表示

试验结果以每平方米软管内表面积的克数来表示，即 g/m^2。

软管内表面积以软管公称内径计算。

附加说明：

本标准由中华人民共和国化学工业部技术监督司提出。

本标准由全国橡胶与橡胶制品标准化技术委员会橡胶软管分技术委员会归口。

本标准由化学工业部沈阳橡胶工业制品研究所负责起草；参加起草单位有上海橡胶总厂、南京七四二五厂、泰州橡胶总厂、郑州橡胶二厂。

本标准起草人：王宝珠、季文才、刘一宪、彭微香、李小雪。

前　言

本标准等效采用国际标准 ISO 6808:1984《吸引和低压排输石油液体用塑料软管　规范》。

本标准与国际标准 ISO 6808:1984 的不同之处：

——增设了前言；

——在引言中删去了第二段“表 1 和表 2 列出的公称内径不是限制性的规定，并且不限制制造优先数范围(表中的基数)以外规格的软管，这类规格可能只是个别国家标准的问题。”因我国的软管内径基本上都采用优先数和优先数系。

——在第 2 章引用标准中增加了“导语”，被引用标准增加了年号；删除了 ISO 6808 正文中未被提及的引用标准 ISO 7751；

——在 4.2 中增加了“除供货长度应满足用户的要求以外”的规定，以使本标准更加完整；

——在第 7 章标志中增加了“示例”，使之更符合我国的习惯，且更易于执行。

本标准于 1996 年 4 月 10 日首次发布，自 1997 年 1 月 1 日起实施。

本标准的附录 A 是标准的附录，附录 B 是提示的附录。

本标准由全国橡胶与橡胶制品标准化技术委员会提出。

本标准由全国橡胶与橡胶制品标准化技术委员会软管分技术委员会归口。

本标准起草单位：化学工业部沈阳橡胶工业制品研究所。

本标准主要起草人：刘惠春、赵景贤。

ISO 前　　言

ISO(国际标准化组织)是各国标准团体(ISO 成员团体)的世界性联合机构。制定国际标准的工作通过 ISO 各技术委员会进行。凡对已建立技术委员会的项目感兴趣的成员团体均有权参加该委员会。凡与 ISO 有联系的政府和非政府的国际组织都可参加此项工作。

各技术委员会所采纳的国际标准草案在由 ISO 理事会批准为国际标准之前寄发各成员团体投票。根据 ISO 程序,要求至少 75%的成员团体投赞成票才能通过。

国际标准 ISO 6808 由 ISO/TC 45“橡胶与橡胶制品”技术委员会制定。

中华人民共和国化工行业标准

HG/T 2799—1996
eqv ISO 6808:1984

吸引和低压排输石油液体用塑料软管

引言

制定本标准旨在对排吸煤油、供暖用油、柴油及润滑油的聚合物增强热塑性塑料软管的合格性能规定最低要求。这类软管不适用于输送机动车用或航空用燃油,也不适用于计量输送液体。

1 范围

本标准规定了在−10℃~+60℃温度范围内排吸煤油、供暖用油、柴油和润滑油用的两种型别的聚合物增强热塑性塑料软管的要求:

1 型——轻型;

2 型——重型。

2 引用标准[1]

下列标准所包含的条文,通过在本标准中引用而构成为本标准的条文。本标准出版时,所示版本均为有效。所有标准都会被修订,使用本标准的各方应探讨使用下列标准最新版本的可能性。

GB/T 1040—1992 塑料拉伸试验方法(neq ISO/R 527:1986)

GB/T 1690—1992 硫化橡胶耐液体试验方法(neq ISO 1817:1985)

GB/T 2411—1980(1989) 塑料邵氏硬度试验方法(neq ISO 868:1978)

GB 2941—1991 橡胶试样环境调节和试验的标准温度、湿度及时间(eqv ISO 471:1983 和 ISO 1826:1981)

GB/T 3512—1983(1989) 橡胶热空气老化试验方法(neq ISO 188:1976)

GB/T 5563—1994 橡胶、塑料胶管及软管组合件液压试验方法

GB/T 5564—1994 橡胶、塑料软管低温曲挠试验(neq ISO 4672:1988)

GB/T 5565—1994 橡胶或塑料软管及纯胶管弯曲试验(neq ISO 1746:1983)

GB/T 5567—1994 橡胶、塑料软管及软管组合件真空性能的测定

GB/T 9572—1988 橡胶、塑料软管和软管组合件电阻的测定(eqv ISO 8031:1987)

GB/T 9575—1988 橡胶、塑料软管内径尺寸和长度公差(idt ISO 1307:1983)

ISO 176:1976 塑料——增塑剂损失的测定——活性炭法

3 材料和结构

软管的颜色、不透明度和其他物理性能应当符合商业惯例。通过缠绕相似分子结构的聚合物材料在体内增强柔性热塑性材料。管壁的增强组份和柔性部份应能熔合,并不应有可见的裂缝、气孔、外来杂质或其他可能造成软管不能使用的缺陷。软管管接头之间应当能导电,沿软管外表面焊接上一条抗静电

采用说明:

1〕增加了导语,所有引用标准都增加了年号;删除了 ISO 6808 正文中未被提及的引用标准 ISO 7751。

中华人民共和国化学工业部 1996-04-10 批准 **1997-01-01 实施**

带，以确保导电连续性。抗静电带应为以适宜塑料材料涂覆的编织镀铜线，并应将其固定在金属管接头上，以保证软管在整个使用过程中有可靠的导电连续性。

保证软管导电连续性的方法由软管制造厂负责，所应用的方法应使用户满意。

4 尺寸和公差

4.1 内径

按 GB/T 9575 规定，软管应符合表 1 和表 2 的要求。

注：如果在特殊情况下，要求其他的尺寸时：

a）如果尺寸较小或较大，则应从优先数系 R10 中选取数值，其公差应符合 GB/T 9575 之规定；

b）如果尺寸是中间的尺寸，则应从优先数系 R20 中选取数值，其公差取相邻较大尺寸的数值。

表 1　1 型软管公称内径和公差　mm

公称内径	公　　差
12.5	±0.75
16	±0.75
20	±0.75
25	±1.25
31.5	±1.25
40	±1.50
50	±1.50
63	±2.00
80	±2.00
100	±2.00
125	±2.00

表 2　2 型软管公称内径和公差　mm

公称内径	公　　差
12.5	±0.75
16	±0.75
20	±0.75
25	±1.25
31.5	±1.25
40	±1.50
50	±1.50

4.2 长度

除供货长度应满足用户需要外[1]，软管切割长度公差应符合表 3 的规定。

表 3　软管切割长度公差

公称内径，mm	切割长度公差，%
40 及 40 以下	±1
40 以上	±2

采用说明：

1] ISO 6808 无此规定。

5 成品软管物理试验

5.1 静液压试验

5.1.1 当按照 GB/T 5563 规定的方法，在 GB 2941 规定的标准试验室温度下试验时，软管应符合表 4 规定的要求。

表 4 在标准试验室温度下的静液压试验

公称内径，mm	工作压力，MPa		最小爆破压力，MPa	
	1 型	2 型	1 型	2 型
12.5～25	0.3	0.55	1.2	2.8
31.5～50	0.3	0.4	1.2	2.0
63[1]～125	0.3	—	1.2	—
注：表中列出的数值系根据下列安全系数：1 型—4∶1；2 型—5∶1				

在试验压力（最小爆破压力的 50%）下检查软管，应无泄漏、龟裂、变形或导电连续性的破坏。

5.1.2 当软管按 GB/T 5563 中规定方法在(55±2)℃温度下进行试验时，应符合表 5 规定的要求。

表 5 在(55±2)℃下所有规格软管的静液压试验

工作压力，MPa		最小爆破压力，MPa	
1 型	2 型	1 型	2 型
0.07	0.15	0.3	0.8
注：表中列出的数值系根据下列安全系数：1 型—4∶1；2 型—5∶1			

5.2 长度变化（仅适用 2 型）

按照 GB/T 5563 规定的方法，在 GB 2941 规定的标准试验室温度下试验时，在试验压力（见 5.1.1）下[2]，软管长度变化不应大于 20%。

注：同时还要试验导电连续性（见 5.7）。

5.3 真空试验

按 GB/T 5567 规定的方法。1 型在 65 kPa、2 型在 80 kPa 内压（低于大气压）下进行试验时，软管在距离管接头大于软管直径的地方不应发生塌瘪或损坏。

如果在靠近管接头处发生损坏，该试验结果无效，应更换试样重新进行试验。

5.4 增强层断裂试验

按照附录 A（标准的附录）规定的方法进行试验时，软管在表 6 列出的相应规格的展开试验块上展开 336 h 后，聚合物增强层应能进行反向弯曲，而不发生断裂。

注：这一时间作为质量控制试验时间，如果是定型试验，时间应为四个月。

采用说明：

1〕ISO 6808 中为 63.5，有误。

2〕ISO 6808 未明确给出试验压力。

表 6　断裂试验展开试验块

mm

公称内径	展开试验块宽度
12.5	10
16	12
20	16
25	19
31.5	23
40	27
50	31
63	34
80	38
100	44
125	49

5.5　最小弯曲直径

按照 GB/T 5565 的要求，在标准试验室温度下，软管以 8 倍于公称内径的最小弯曲直径进行弯曲试验时，不应发生龟裂。

5.6　低温弯曲试验

5.6.1　将软管于(—10±2)℃下调节 5 h，然后按 GB/T 5564 方法 B，在同一温度下以 32 倍于公称内径的最小弯曲直径进行试验，不应发生龟裂。

5.6.2　按 GB/T 1690 的规定，于(100±1)℃下，在 3 号标准油中经 70 h^{+2}_{0} h 老化后。再按 5.6.1 规定试验，软管不应龟裂。

5.7　导电连续性

按 GB/T 9572 规定的方法测量软管管接头之间的电阻，其值不应超过 2.0 MΩ/m。

6　柔性热塑性材料的物理性能

6.1　加热减量

按 ISO 176[1] 方法 B 进行试验，用于制造软管的柔性热塑性材料的质量损失不应大于 4%。

6.2　拉伸强度和扯断伸长率

按照 GB/T 1040 规定的方法进行试验，用于制造软管的柔性热塑性材料的最小拉伸强度和最小扯断伸长率应符合表 7 规定。

表 7　拉伸强度和扯断伸长率

拉伸强度，MPa	拉断伸长率，%
7	200

6.3　耐燃油性能

按 GB 2941 规定的标准试验室温度，将制造软管所用的柔性热塑性材料在标准液体 B 中浸泡 48 h^{+2}_{0} h后，再按 GB/T 1690 的规定进行试验，其性能不应超出表 8 给出的极限值。

表 8　耐燃油性能

性　　能	极 限 值
拉伸强度的最大变化率，%	—30
扯断伸长率的最大变化率，%	—50
体积变化率，%	—5～+25

6.4 耐油性能

将制造软管所用的柔性热塑性材料于(70±1)℃下，在3号标准油中浸泡70 h^{+2}_{0} h后，再按GB/T 1690的规定进行试验，其性能不应超出表9给出的极限值。

表9 耐油性能

性　能	极 限 值
拉伸强度的最大变化率，%	−40
扯断伸长率的最大变化率，%	−40
体积变化率，%	−5～+25

6.5 耐加速老化性能

按GB/T 3512规定的方法将热塑性材料于(100±1)℃下进行3 d的老化后，按GB/T 1040和GB/T 2411规定的方法进行试验，其性能不应超出表10给出的极限值。

表10 老化性能变化

性　能	极 限 值
拉伸强度的最大变化率，%	−20
扯断伸长率的最大变化率，%	−50
最大硬度变化(邵尔A)	+10

7 标志

软管管体上应标有颜色反差大的永久性标志，字符高度至少为5 mm。标志内容包括：

a）制造厂名称或商标；

b）本标准的编号；

c）软管型号；

d）软管公称内径；

e）制造年(标出最后两位数)和季(Q)。

示例：[1)]

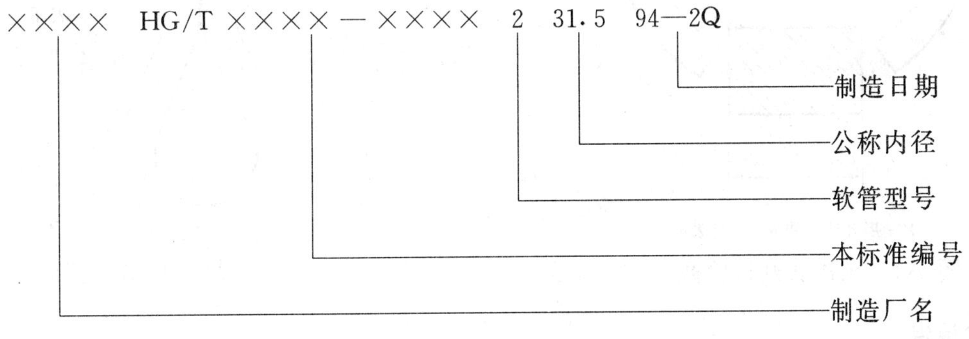

采用说明：

1〕ISO 6808无此示例。

附录 A
（标准的附录）
增强层断裂试验

A1 试验装置

该装置为具有表 6 给出的相应宽度的矩形截面硬木条或金属制成的展开试验块。

A2 试样

试样应含有三个增强螺旋圈，沿试样纵向用干净切刀劈开试样。应取三个试样进行试验。

A3 调节

软管制成后的 24 h 内不应进行试验，试样应在 GB 2941 规定的标准试验室温度下调节 3 h，此 3 h 可以计算在试验前的 24 h 之内。

A4 试验程序

打开试样，将其扣在表 6 所规定的与相应内径对应的展开试验块上（见图 A1）。

然后根据试验型式停放 336 h 或四个月。

将试样反折，直至试样外表面相接触（见图 A2），并检查试样中螺旋线是否断裂。

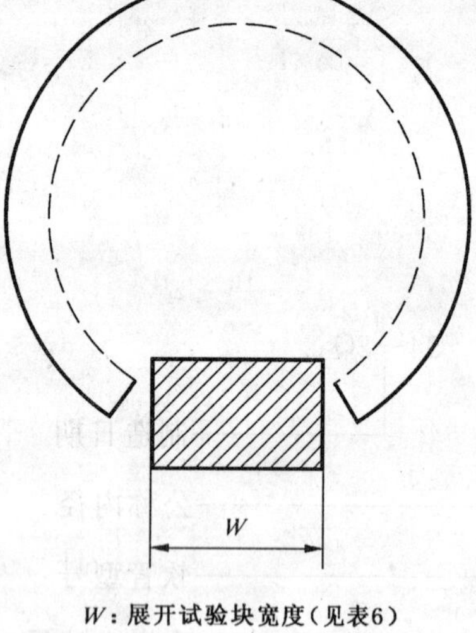

图 A1 试样展开试验截面图

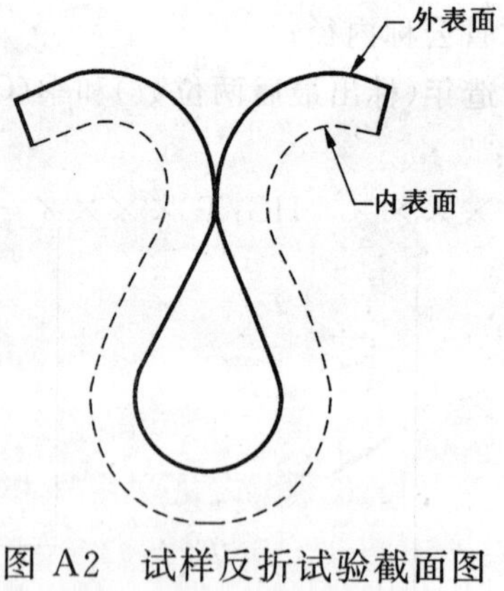

图 A2 试样反折试验截面图

A5 试验报告

试验报告应包括下列内容：

a）试样是否损坏，如果损坏说明损坏的部位和形状；

b）试验温度；

c） 试验时间。

附 录 B
（提示的附录）
参 考 文 献

［1］ 化工部晨光化工研究院一分院编译，塑料工业国际标准——ISO/TC—61，轻工业出版社，1990年7月

前　言

本标准等同采用ISO 7326:1991《橡胶、塑料软管—静态条件下耐臭氧性能的评价》。

自本标准实施之日起,原国家标准GB/T 9571—1988《橡胶、塑料软管静态条件下耐臭氧性能的评定》同时废止。

本标准由中华人民共和国化学工业部技术监督司提出。

本标准由全国橡胶与橡胶制品标准化技术委员会软管分技术委员会归口。

本标准起草单位:化学工业部沈阳橡胶工业制品研究所。

本标准主要起草人:严松枫。

ISO 前　　言

ISO(国际标准化组织)是各国标准团体(ISO 成员单位)的世界性联合机构。制定国际标准的工作通常由 ISO 各技术委员会进行。凡对建立技术委员会的项目感兴趣的成员团体均有权参加该委员会。与 ISO 有联系的政府和非政府的国际组织也可以参加此项工作。在电工技术标准化的所有方面,ISO 与国际电工委员会(IEC)密切的合作。

技术委员会采纳的国际标准草案,要分发给成员团体进行投票。作为国际标准发布时,要求至少有 75%投票的成员团体投赞成票。

国际标准 ISO 7326 由 ISO/TC 45 橡胶与橡胶制品技术委员会制定。

本第二版代替并废止第一版(ISO 7326:1984),其中第一章作了技术修订。

引　　言

本标准中描述的方法提供了一个软管在静态条件下耐大气中臭氧劣化作用性能的评价手段。

中华人民共和国化工行业标准

橡胶和塑料软管　静态条件下耐臭氧性能的评价

HG/T 2869—1997
idt ISO 7326:1991

Rubber and plastics hoses-Assessment of ozone resistance under static conditions

警告:使用本标准的人员应熟悉正规实验室操作规程。本标准无意涉及因使用本标准可能出现的所有安全问题。制定相应的安全和健康制度并确保符合国家法规是使用者的责任。

1　范围

本标准规定了三种测定软管外覆层耐臭氧性能的方法。

方法1:适用于内径25 mm以下(包括25 mm)的软管,用软管本身进行试验;

方法2:适用于内径大于25 mm的软管,用从软管壁上切取的试样进行试验;

方法3:适用于内径大于25 mm的软管,用从软管外覆层上切取的试样进行试验。

通常采用方法1和2。仅当不能按照方法2进行试验时,才采用方法3。

尽管进行试验的软管外覆层材料相同而且硫化程度也相同,按照方法1进行试验的结果可能与按照方法2和3进行试验所获得的结果不同,所采用的试验方法应符合产品标准中的规定。

注:对带有埋入式管接头的不能切取试样的软管,其耐臭氧性能可以根据GB/T 7762采用硫化程度相同的相应的聚合物配料制成的试样进行试验。

2　引用标准

下列标准所包含的条文,通过在本标准中引用而构成为本标准的条文。本标准出版时,所示版本均为有效。所有标准都会被修订,使用本标准的各方应探讨使用下列标准最新版本的可能性。

GB 2491—1991　橡胶试样环境调节和试验的标准温度、湿度及时间(eqv ISO 471:1983 和 ISO 1826:1981)

GB/T 7762—1987　硫化橡胶耐臭氧老化试验静态拉伸试验法(neq ISO 1431-1:1989)

GB 9865—1988　硫化橡胶样品和试样的制备(neq ISO 4661-1:1986)

3　试验装置

3.1　臭氧箱应符合GB/T 7762规定的具有产生臭氧和监测、控制臭氧浓度的装置。

3.2　试样夹具　用于方法1,如图1所示。

中华人民共和国化学工业部1997-04-21批准　　1997-10-01实施

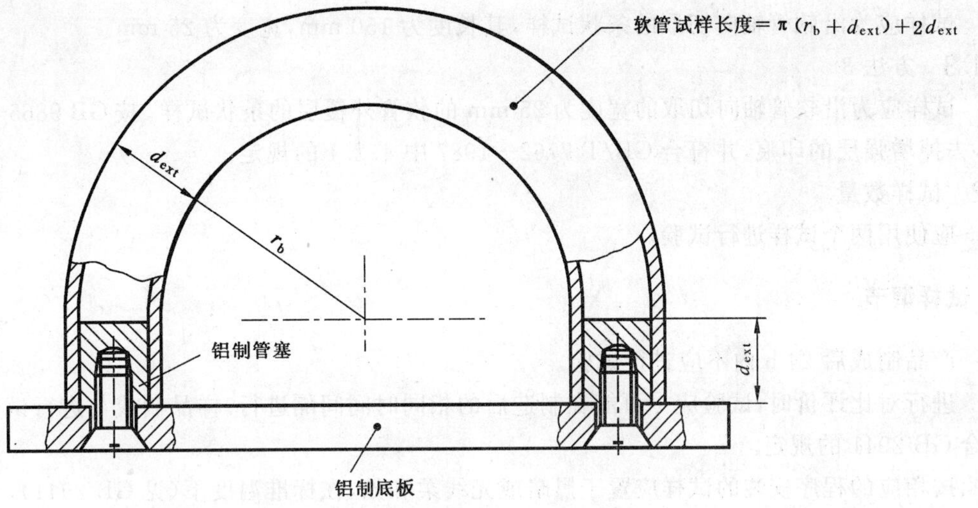

图 1　方法 1 的软管安装装置

3.3　试样夹具，用于方法 2，如图 2 所示，例如用油漆或铝粉喷涂的木料制成。

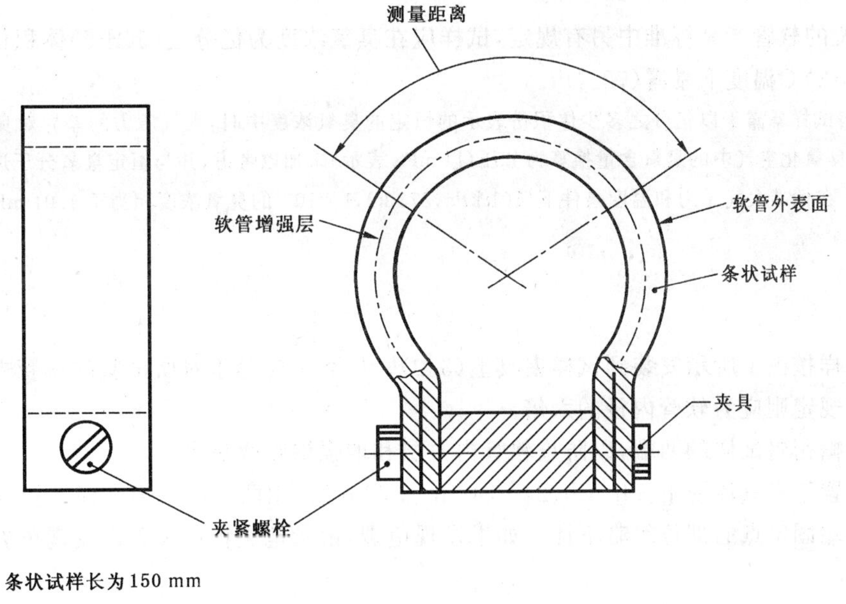

图 2　方法 2 的试样安装夹具

3.4　试样夹具　用于方法 3，用于拉伸试样的夹具应符合 GB/T 7762—1987 中 4.2.1 的规定。

置放在试验箱中的所有装置应采用不吸收或不分解臭氧的材料制成。

4　试样

4.1　试样类型

4.1.1　方法 1

试样为一根软管样品，其长度按式(1)计算：

$$L=\pi(r_b+d_{ext})+2d_{ext} \quad \cdots\cdots(1)$$

式中：L——试样的长度；

r_b——所试验的软管弯曲半径，按 7.1.1 的规定；

d_{ext}——所试验的软管的外径。

4.1.2 方法 2

试样应为沿软管轴向切取的条状试样，其长度为 150 mm，宽度为 25 mm。

4.1.3 方法 3

试样应为沿软管轴向切取的宽度为 25 mm 的软管外覆层的条状试样。按 GB 9865—1988 中 4.8 规定，去掉增强层的印痕，并符合 GB/T 7762—1987 中 4.2.1 的规定。

4.2 试样数量

应使用两个试样进行试验。

5 试样调节

产品制成后 24 h 内不应进行试验。

进行对比评价时，试验应尽可能在制造后的相同时间间隔进行。样品制成与进行试验的时间间隔应符合 GB 2941 的规定。

按相应的程序安装的试样应置于黑暗或光线柔和处，在标准温度下(见 GB 2941)，于基本无臭氧的环境中调节 48 h。

6 试验条件

除非在有关的软管产品标准中另有规定，试样应在臭氧浓度为亿分之(50±5)体积份($\times10^{-8}$)的臭氧箱中，在(40±2)℃温度下暴露($72_{-2}^{\ 0}$)h。

注：已发现当试样暴露于以亿分之多少体积份表示的恒定的臭氧浓度中时，大气压力的差异对臭氧龟裂会产生影响。可将臭氧化空气中的臭氧含量换算为分压(以 mPa 表示)来加以考虑，并与恒定臭氧分压进行对比来分析这种影响。在标准大气压力和温度条件下(101 kPa，273 k)，1×10^{-8}的臭氧浓度相当于 1.01 mPa 分压。

7 程序

7.1 方法 1

7.1.1 每个试样按图 1 所示安装到试样夹具上(3.2)。半径 r_b 应等于对所试验的软管规定的最小弯曲半径；如果没有规定则应为软管内径的六倍。

7.1.2 用防尘帽密封试样的两端，以防止软管内衬层和增强层吸收臭氧。

7.1.3 将试样置于臭氧环境下 2 h、4 h、24 h、48 h 和 72 h 后，用两倍放大镜在保持拉伸状态下检查试样，靠近试样两端固定点的部位忽略不计。如果发现龟裂，记录龟裂特征及首次发现龟裂的时间。

7.2 方法 2

7.2.1 按图 2 所示，将每个试样安装到试样夹具上(3.3)，这样就能达到间距 20 mm 长的软管外覆层所需要的伸长率。如无其他规定，外覆层的伸长率为 20%。每个试样的边缘和内衬层应涂上防臭氧的清漆。

7.2.2 将试样置于臭氧环境下 2 h、4 h、24 h、48 h 和 72 h 后，用两倍放大镜在保持拉伸状态下检查试样，靠近试样两端固定点的地方忽略不计。如果发现龟裂，记录龟裂特征及首次发现龟裂的时间。

7.3 方法 3

7.3.1 将每个试样安装到试样夹具上(3.4)，使其伸长率为 20%。

7.3.2 将试样置于臭氧环境下 2 h、4 h、24 h、48 h 和 72 h 后，用两倍放大镜在保持拉伸状态下检查试样，靠近试样两端固定点的地方忽略不计。如果发现龟裂，记录龟裂特征及首次发现龟裂的时间。

8 试验报告

试验报告应包括下列内容：

a) 本标准编号；

b）进行试验的软管的详细说明；

c）使用的试验方法（1、2 或 3）；

d）试验条件的具体说明，例如臭氧浓度、温度、暴露时间和伸长率；

e）是否出现龟裂，如有，记录其特征及首次发现龟裂的时间；

f）试验日期。

备案号:2799—1999
HG/T 3035—1999

前　言

本标准等同采用 ISO 4641:1991《吸水和排水用橡胶软管》,是对化工行业标准 HG/T 3035—1989《织物增强吸水软管》修订而成。

本标准与 HG/T 3035—1989 的主要差异在于增加了对内径大于 80 mm 的软管真空性能的要求;删去了“检验规则”一章。

本标准自实施之日起,同时代替 HG/T 3035—1989。

本标准由中华人民共和国原化学工业部技术监督司提出。

本标准由全国橡胶与橡胶制品标准化技术委员会软管分技术委员会归口。

本标准主要起草单位:化工部沈阳橡胶研究设计院。参加起草单位:上海橡胶总厂,贵州申一橡胶股份有限公司。

本标准主要起草人:刘惠春、季文才、尚雯。

ISO 前　言

ISO(国际标准化组织)是各国标准团体(ISO 成员团体)的世界性联合机构。制定国际标准的工作通常由 ISO 各技术委员会进行。凡对已建立技术委员会的项目感兴趣的成员团体均有权参加该委员会。与 ISO 有联系的政府和非政府的国际组织,也可参加此项工作。在电工技术标准化的所有方面,ISO 与国际电工技术委员会(IEC)紧密合作。

技术委员会采纳的国际标准草案,要发给成员团体进行投票。作为国际标准发布时,要求至少有 75%投票的成员团体投赞成票。

国际标准 ISO 4641 由 ISO/TC 45 橡胶与橡胶制品技术委员会制定。

本第二版代替并废止第一版(ISO 4641:1979),构成其修订本。

中华人民共和国化工行业标准

HG/T 3035—1999
idt ISO 4641:1991

吸水和排水用橡胶软管

代替 HG/T 3035—1989

Rubber hoses for water suction and discharge

1 范围

本标准规定了织物增强、内壁光滑的吸排水软管的最低要求。

该软管分为两个型别：

——1 型：吸水压力可达－63 kPa(－630 mbar)、排水压力可达 0.3 MPa(3 bar)的温和条件下使用的软管；

——2 型：吸水压力可达－80 kPa(－800 mbar)、排水压力可达 0.5 MPa(5 bar)的苛刻条件下使用的软管。

2 引用标准

下列标准所包含的条文，通过在本标准中引用而构成为本标准的条文。本标准出版时，所示版本均为有效。所有标准都会被修订，使用本标准的各方应探讨使用下列标准最新版本的可能性。

GB/T 5563—1994 橡胶、塑料软管及软管组合件 液压试验方法

GB/T 5565—1994 橡胶或塑料软管及纯胶管 弯曲试验(neq ISO 1747:1983)

GB/T 5567—1994 橡胶、塑料软管及软管组合件 真空性能的测定

GB/T 9575—1988 橡胶、塑料软管内径尺寸和长度公差(idt ISO 1307:1983)

GB/T 14905—1994 橡胶和塑料软管各层间粘合强度测定(eqv ISO 8033:1991)

HG/T 2869—1997 橡胶、塑料软管 静态条件下耐臭氧性能的评价(idt ISO 7326:1991)

3 尺寸和公差

软管内径尺寸范围为 16～315 mm，内径公差应符合 GB/T 9575 的要求。

当要求扩头管接头时，软管的尺寸和公差应由采购方与生产方协商规定。扩头管接头的设计应考虑软管性能要求。

应根据使用条件确定单元长度。除采购方与生产方另有协定外，公差应符合 GB/T 9575 的规定。

4 材料和结构

4.1 内胶层

内胶层应由适当配合的耐水天然或合成橡胶组成。其内表面应光滑，无影响使用的缺陷。

4.2 增强层

增强层应由适当的织物材料组成，可以带有金属或其他适当材料的螺旋线。

4.3 外胶层

外胶层应由适当配合的天然或合成橡胶组成。外表面可以呈波纹状；还可选用外铠螺旋线，螺旋线既可以是金属的，也可以是其他的适当材料的。

国家石油和化学工业局 1999-04-20 批准

2000-04-01 实施

5 性能要求

5.1 耐静液压性能

5.1.1 静压试验

当按 GB/T 5563 中规定的方法在表 1 规定的试验压力下进行试验时，软管不应爆破或出现泄漏、龟裂及表明材料(或加工)不均匀的局部急剧变形，以及其他异常现象。

5.1.2 爆破试验

当按 GB/T 5563 规定的方法进行试验时，软管应符合表 1 的要求。

表 1 压力要求 MPa

型 别	最大工作压力	试验压力	最小爆破压力
1	0.3	0.5	1.0
2	0.5	0.8	1.6

5.2 耐真空性能

耐真空性能试验按 GB/T 5567 进行。试验条件如下：

——1 型软管为－63 kPa(－630 mbar)；

——2 型软管为－80 kPa(－800 mbar)。

持续时间为 10 min。

对于公称内径大于 80 mm 的软管(GB/T 5567，B 法)，测得的塌瘪量不应超过公称内径的 5%。

5.3 耐弯曲性能

当按 GB/T 5565 规定的方法使软管承受表 2 规定的弯曲时，目视检查，软管不应出现扭曲、破裂或脱层。K 值不应低于 0.95。

表 2 最小弯曲半径 mm

公称内径	最小弯曲半径	公称内径	最小弯曲半径
16	50	80	320
20	60	100	500
25	75	125	750
31.5	95	160	960
40	120	200	1 200
50	150	250	1 500
63	250	315	1 900

5.4 层间粘合强度

当按 GB/T 14905 规定的方法进行测定时，层间粘合强度不应低于 2.0 kN/m。

5.5 耐臭氧性能(仅限于外胶层)

当按 HG/T 2869—1997 中的方法 3 进行试验时，试样暴露于臭氧中 48 h 后不应出现龟裂现象。

6 标志

每根软管应按下列内容打印标志。

a) 本标准的编号；

b) 生产厂厂名或商标；

c) 软管的型别；

d) 软管的公称内径；

e) 生产年(最后两位数)和季。

备案号:2800—1999
HG/T 3036—1999

前　言

本标准系等同采用国际标准 ISO 6134:1992《蒸汽橡胶软管及软管组合件　规范》,对化工行业标准 HG/T 3036—1987《蒸汽胶管》的修订。

本标准与 HG/T 3036—1987 的不同之处:

——增设了前言和 ISO 前言;

——第 1 章"范围"规定了两种类型和 5 个型别的蒸汽橡胶软管及软管组合件;

——增加了引用标准;

——直接引用国际标准 ISO 4023:1991《蒸汽橡胶软管　试验方法》译文,作为本标准的附录(提示的附录),取代 HG/T 3036—1987 中的第 3 章"试验方法"。

——本标准的粘合强度由原来的 2.0 kN/m 改为 1.5 kN/m。

——增加了耐蒸汽性能、耐油性能和耐臭氧性能的试验。

本标准自实施之日起,代替 HG/T 3036—1987。

本标准由中华人民共和国原化学工业部技术监督司提出。

本标准由全国橡胶与橡胶制品标准化技术委员会软管分技术委员会归口。

本标准主要起草单位:化学工业部沈阳橡胶研究设计院。参加起草单位:上海橡胶总厂、贵州申一橡胶股份有限公司。

本标准主要起草人:关军、季文才、尚雯。

ISO 前　言

ISO(国际标准化组织)是各国标准团体(ISO 成员团体)的世界性联合机构。制定国际标准的工作通常由 ISO 各技术委员会进行。凡对已建立技术委员会的项目感兴趣的成员团体均有权参加该技术委员会。与 ISO 有联系的政府和非政府的国际组织,也可参加此项工作。在电工技术标准化的所有方面,ISO 与国际电工技术委员会(IEC)紧密合作。

各技术委员会所采纳的国际标准草案,要发给成员团体进行投票。作为国际标准发布,要求至少有 75%投票的成员团体投赞成票。

国际标准 ISO 6134 由 ISO/TC 45 橡胶与橡胶制品技术委员会,SC1 软管(橡胶和塑料)分技术委员会制定。

本第二版代替并废止第一版(ISO 6134:1981),并作了技术修订。

中华人民共和国化工行业标准

HG/T 3036—1999
idt ISO 6134:1992

蒸汽橡胶软管及软管组合件

代替 HG/T 3036—1987

Rubber hoses and hose assemblies for steam

1 范围

本标准规定了以下两种类别和5个型别的蒸汽橡胶软管及软管组合件的最低要求。

a) 类别

——Ⅰ类:外胶层不耐油;

——Ⅱ类:外胶层耐油。

b) 型别

——1型:预定用于最大工作蒸汽压力为0.3 MPa(3 bar),对应蒸汽温度为144℃;

——2型:预定用于最大工作蒸汽压力为0.6 MPa(6 bar),对应蒸汽温度为165℃;

——3型:预定用于最大工作蒸汽压力为1.0 MPa(10 bar),对应蒸汽温度为184℃;

——4型:预定用于最大工作蒸汽压力为1.6 MPa(16 bar),对应蒸汽温度为204℃;

——5型:预定用于最大工作蒸汽压力为1.6 MPa(16 bar),对应蒸汽温度为204℃,并持续使用。

本标准规定的软管不适用于食品加工或某些特殊用途,如蒸汽烹煮、打桩机等。

2 引用标准

下列标准所包含的条文,通过在本标准中引用而构成为本标准的条文。本标准出版时,所示版本均为有效。所有标准都会被修订,使用本标准的各方应探讨使用下列标准最新版本的可能性。

GB 321—1980 优先数和优先数系

GB/T 528—1998 硫化橡胶或热塑性橡胶拉伸应力应变性能的测定(eqv ISO 37:1994)

GB/T 531—1992 橡胶袖珍硬度计压入硬度试验方法(idt ISO 7619:1986)

GB/T 1690—1992 硫化橡胶耐液体试验方法(neq ISO 1817:1985)

GB/T 5563—1994 橡胶、塑料软管及软管组合件 液压试验方法

GB/T 9575—1988 橡胶、塑料软管内径尺寸和长度公差(idt ISO 1307:1983)

GB/T 9865.1—1996 硫化橡胶或热塑性橡胶样品和试样的制备 第一部分:物理试验(idt ISO 4661-1:1993)

GB/T 14905—1994 橡胶和塑料软管各层间粘合强度测定(eqv ISO 8033:1991)

HG/T 2869—1997 橡胶、塑料软管静态条件下耐臭氧性能的评价(idt ISO 7326:1991)

ISO 4023:1991 蒸汽橡胶软管 试验方法

3 结构

软管管接头应能补偿软管在使用过程中橡胶胶层所产生的蠕变变形。

3.1 内胶层

内胶层应耐加压蒸汽老化。

3.2 增强层

国家石油和化学工业局 1999-04-20 批准　　2000-04-01 实施

3.2.1 1型和2型

增强层应由保证软管符合第5章至第7章要求的织物组成。

3.2.2 3型、4型和5型

增强层应由保证软管符合第5章至第7章要求的高强度钢丝组成。

3.3 外胶层

外胶层应符合第9章规定的耐臭氧要求。硫化后的软管外胶层上每米至少要打280个孔，即沿软管圆周以90°间隔成四排径向排列，以减轻内胶层和外胶层之间产生的压力。Ⅱ类软管的外胶层应符合第8章规定的耐油要求。

4 尺寸和公差

4.1 内径尺寸和公差

内径尺寸和公差应符合表1的规定。

注：如特殊情况需另外尺寸时，应从GB 321的R20优先数系中选取，公差应按下一个较大尺寸的规定。

表1 内径和公差 mm

公称内径	公　　差	公称内径	公　　差
12.5	±0.75	38	±1.50
16	±0.75	40	±1.50
19	±0.75	50	±1.50
20	±0.75	51	±1.50
25	±1.25	63	±1.50
31.5	±1.25	80	±2.00

4.2 软管长度公差

长度公差应符合GB/T 9575的规定。

4.3 内胶层和外胶层厚度

内胶层厚度不应小于2.0 mm，外胶层厚度不应小于1.5 mm。

5 静液压要求

当按GB/T 5563的规定试验时，软管在试验压力(见表2)下不应出现局部的极度膨胀或异常变化；软管应能承受表2所规定的最小爆破压力。

表2 最小爆破压力 MPa

软管型别	试验压力	最小爆破压力
1	1.5	3
2	3.0	6
3	5.0	10
4	8.0	16
5	8.0	16

6 粘合强度

当按GB/T 14905的规定试验时，内胶层与增强层、各增强层间及外胶层与增强层的粘合强度不应小于1.5 kN/m。

7 耐蒸汽性能

7.1 保持性能

按GB/T 9865.1规定的方法，从未老化的软管内胶层上裁取试样，按GB/T 528规定的方法测定其扯断伸长率，按 GB/T 531 规定的方法测定其硬度。

取四根软管试样，其中两根按 GB/T 5563 的规定，在室温下用水进行静液压爆破试验。另外两根试样按 ISO 4023 方法 B 的规定暴露于饱和蒸汽流中，所用蒸汽压力及暴露时间规定于表 3。

表 3 蒸汽压力和暴露时间

软管型别	蒸汽压力，MPa	时间，h
1	0.25～0.35	166～168
2	0.55～0.65	166～168
3	0.95～1.05	166～168
4	1.55～1.65	166～168
5	1.55～1.65	334～336

试样完成蒸汽作用后，按表 4 规定的卷筒半径选择相应的卷筒，于室温下将试样沿卷筒弯曲 180°四次，每两次弯曲操作之间，将试样转动 90°。

表 4 卷筒半径

mm

软管内径	卷筒半径		软管内径	卷筒半径	
	1 型和 2 型	3 型、4 型和 5 型		1 型和 2 型	3 型、4 型和 5 型
12.5	80	180	38	300	500
16	100	200	40	300	500
19	135	240	50	375	650
20	135	240	51	375	650
25	170	300	63	500	800
31.5	240	400	80	650	1000

弯曲试验后，在室温下按 GB/T 5563 规定的方法进行爆破试验，然后解剖试样，检查胶层有无龟裂、气泡和“米花”（由于暴露于蒸汽压力下，在软管内胶层上产生的一种破裂现象）等迹象。按 GB/T 9865.1的规定在内胶层上制备试样，按 GB/T 528 和 GB/T 531 的规定测定内胶层的扯断伸长率和硬度。

测定经蒸汽作用后的试样和未经蒸汽作用的试样的各项性能平均值（指爆破压力的降低，扯断伸长率的减小以及硬度的增加），其变化不应超出表 5 规定的范围。

表 5 性能变化的允许范围

性 能	1 型	2 型	3 型	4 型	5 型
实际软管爆破压力的最大降低率，%	30	30	15	15	15
内胶层扯断伸长率的最大降低率，%[1)]	50	50	50	50	50
内胶层蒸汽试验后最小扯断伸长率，%	150	150	150	150	150
内胶层硬度增加最大值 IRHD	10	10	10	10	10
1）即蒸汽作用后的扯断伸长率应不小于蒸汽作用前的扯断伸长率的一半。					

内、外胶层不应出现龟裂、气泡和“米花”现象。

7.2 持续蒸汽暴露（仅适用于 5 型软管）

另外选取一根 5 型软管试样，按 ISO 4023 中的方法 B 将其暴露于饱和蒸汽流中，在试验的 28 d 内，蒸汽压力应保持 1.55～1.65 MPa 范围内。

在试验过程中不应出现蒸汽透过管壁的泄漏。试验后内胶层不应有龟裂、气泡或“米花”现象，外胶层不应出现龟裂或气泡。

8 耐油性能（仅限于Ⅱ类软管）

当按 GB/T 1690 规定的方法试验时，在 100℃的温度下，浸泡于 3 号油中的外胶经 72 h 后，体积变化应不大于100%。

9 耐臭氧性能(仅限于外胶层)

当按HG/T 2869—1997规定的方法1和方法2进行试验时,外胶层不应出现龟裂。

10 标志

每根软管应按下述内容或按供需双方协议打印标记。

a)本标准编号;

b)制造厂名称或商标;

c)制造年份和季度;

d)软管型别和类别;

e)最大工作压力。

附 录 A
（提示的附录）
参 考 文 献

[1]《橡胶软管标准化》,1994(2),P34～43。

备案号:7267—2000
HG/T 3037—2000

前　　言

本标准是等同采用国际标准 ISO 5772:1998《计量分配燃油用橡胶软管及软管组合件　规范》,对化工行业标准 HG/T 3037—1988《输送常规石油基燃油用橡胶软管》修订而成。

本标准与 HG/T 3037—1988 的主要不同之处:

——标准名称作了修订并覆盖到组合件。

——软管的工作压力提高到 1.2 MPa。

——增加了公称内径为 38 mm、40 mm 规格的软管。

——对软管的内衬层、外覆层厚度作了规定。

——软管的容积膨胀率、各层间粘合强度性能指标及其试验方法作了修订。

——规定了软管的内衬层、外覆层可以使用热塑性弹性体。

——修订了软管的内衬层、外覆层的热空气老化条件及其性能指标。

——增加了软管的内衬层耐液体 3、3 号标准油的耐液体性能及抽出可溶物质的性能指标。

——增加了软管的外覆层的耐磨性能指标。

——增加了软管的弯曲性能指标。

——增加了软管组合件的抗拔脱性能指标。

本标准直接引用了 ISO 6801:1983《橡胶或塑料软管　容积膨胀的测定》。

本标准在产品标记中增加了产品名称的内容。

本标准自实施之日起,同时代替 HG/T 3037—1988。

本标准的附录 A、附录 B 是标准的附录。

本标准的附录 C 是提示的附录。

本标准由中华人民共和国原化学工业部技术监督司提出。

本标准由全国橡胶与橡胶制品标准化技术委员会软管分技术委员会归口。

本标准起草单位:广州胶管厂天河分厂。

本标准主要起草人:陈润明、吴长波。

本标准于 1988 年 4 月 8 日首次发布为国家标准 GB/T 9568—1988,1997 年调整为化工行业标准,重新编号为 HG/T 3037—1988。

ISO 前 言

ISO(国际标准化组织)是各国标准团体(ISO 成员团体)的世界性联合机构。制定国际标准的工作通常由 ISO 各技术委员会进行。凡对已建立技术委员会的项目感兴趣的成员团体均有权参加该技术委员会。与 ISO 有联系的政府和非政府的国际组织,也可参加此项工作。在电工技术标准化的所有方面,ISO 与国际电工委员会(IEC)紧密合作。

技术委员会采纳的国际标准草案,要发给成员团体进行投票。作为国际标准发布,要求至少有 75% 投票的成员团体投赞成票。

国际标准 ISO 5772 由 ISO/TC 45 橡胶与橡胶制品技术委员会,SC1 软管(橡胶和塑料)分技术委员会制定。

本标准代替并废止 ISO 5772-1:1986,是其技术修订版。

附录 A 和附录 B 是标准的附录。

中华人民共和国化工行业标准

HG/T 3037—2000
idt ISO 5772:1998
代替 HG/T 3037—1988

计量分配燃油用橡胶软管及软管组合件

Rubber hoses and hose assemblies for measured fuel dispensing

警告：使用本标准的人员应熟悉正规实验室操作规程。本标准无意涉及因使用本标准可能出现的所有安全问题。制定相应的安全和健康的制度并确保符合国家的法规是使用者的责任。

1 范围

本标准规定了计量分配燃油（包括含氧化燃油：最高可混溶15%的含氧化合物）所用的三种型号橡胶软管及软管组合件的技术要求。

这三种橡胶软管型号分类如下：

a）1 型——软管用织物增强。适用于围绕圆筒缠卷或弯曲悬挂。

b）2 型——软管用织物和螺旋金属丝增强，提供扭转曲挠性能。适用于盘卷、围绕圆筒缠卷或弯曲悬挂。

c）3 型——软管用细金属丝增强，提供低膨胀性能。适用于围绕圆筒缠卷或弯曲悬挂。

2 引用标准

下列标准所包含的条文，通过在本标准中引用而构成为本标准的条文。本标准出版时，所示版本均为有效。所有标准都会被修订，使用本标准的各方应探讨使用下列标准最新版本的可能性。

GB/T 528—1998 硫化橡胶或热塑性橡胶拉伸应力应变性能的测定(eqv ISO 37:1994)

GB/T 1690—1992 硫化橡胶耐液体试验方法(neq ISO 1817:1985)

GB/T 3512—1989 橡胶热空气老化试验方法(neq ISO 188:1976)

GB/T 5563—1994 橡胶、塑料软管及软管组合件 液压试验方法(neq ISO 1402:1991)

GB/T 5564—1994 橡胶、塑料软管 低温曲挠试验(neq ISO 4672:1988)

GB/T 5565—1994 橡胶或塑料软管及纯胶管 弯曲试验(neq ISO 1746:1983)

GB/T 9572—1988 橡胶、塑料软管及软管组合件 电阻的测定(eqv ISO 8031:1987)

GB/T 9575—1988 橡胶、塑料软管内径尺寸和长度公差(idt ISO 1307:1983)

GB/T 9867—1988 硫化橡胶耐磨性能的测定(旋转辊筒式磨耗机法)(neq ISO 4649:1985)

GB/T 14905—1994 橡胶、塑料软管各层间粘合强度测定(eqv ISO 8033:1991)

HG/T 2869—1997 橡胶、塑料软管 静态条件下耐臭氧性能的评价(idi ISO 7326:1991)

ISO 6801:1983 橡胶或塑料软管 容积膨胀的测定

3 结构和材料

软管由内衬层、增强层和外覆层组成。

内衬层应由光滑的耐燃油橡胶或热塑性弹性体(TPE)组成。

增强层应由适宜的增强材料组成。

外覆层应由无波纹、耐燃油、耐天候老化的橡胶或 TPE 组成。

软管组合件的管接头之间应具有导电性能。在使用金属导线实现导电性时，应将不少于二根（交叉

国家石油和化学工业局 2000-05-23 批准　　2000-12-01 实施

的)金属导线埋置于软管内。所用金属导线应具有很好的耐疲劳性、耐加工硬化及耐腐蚀的性能。

使用金属导线来解决导电性能的软管,应标上"M"作标志;使用导电胶料来解决导电性能的软管,应标上"Ω"作标志。标志应打印在软管上。

注:在这种使用场合,应当优先地使用防腐蚀的一次性管接头。

4 压力要求

所有规格的软管应符合以下要求:

最大工作压力 1.2 MPa(12 bar)

试验压力 2.4 MPa(24 bar)

最小爆破压力 4.8 MPa(48 bar)

5 尺寸和公差

5.1 内径尺寸

软管内径尺寸应符合表1给出的规定。

5.2 内衬层和外覆层最低厚度

内衬层厚度不应小于1.6 mm;外覆层厚度不应小于1.0 mm。

5.3 切割长度公差

长度公差应符合GB/T 9575的规定。

表1 公称内径、内径尺寸及公差 mm

公称内径	内径尺寸	公　差
12 16 19	12.5 16.0 19.0	±0.8
21 25 32 38 40	21.0 25.0 32.0 38.0 40.0	±1.25

6 物理性能

按表2列出的方法试验时,软管的各项物理性能应符合表2规定的要求。

表2 软管的物理性能

项目	单位	要求	试样	试验方法
静液压性能		无渗漏及其他缺陷	整根软管或软管组合件	GB/T 5563
爆破压力,最小	MPa (bar)	4.8 (48)	从软管或软管组合件上切割下一段软管	GB/T 5563
容积膨胀率,最大 1型和2型 3型	%	 2 1	静液压试样	ISO 6801[见附录C(提示的附录)]试验压力 0.3 MPa(3 bar)
各层间粘合强度 初始值,最小 浸液后,最小	kN/m	 2.4 1.8	从软管上切割下一段软管	GB/T 14905 浸液条件见附录B(标准的附录)
室温弯曲性能 K,最小		0.8	从软管上切割下一段软管	GB/T 5565 $2R=10\times$公称内径

表 2(完)

项目	单位	要求		试样	试验方法
低温曲挠性能		无裂纹或断裂		从软管上切割下一段软管	GB/T 5564 方法 B 测试温度 −25℃(如有要求,−40℃)(见本表注 1)
拉伸强度,最小		橡胶	TPE	从软管上切取或从试片上裁取试样(见本表注 2)	GB/T 528
内衬层	MPa	7	12		
外覆层		7	12		
拉断伸长率,最小		橡胶	TPE	从软管上切取或从试片上裁取试样(见本表注 2)	GB/T 528
内衬层	%	250	350		
外覆层		250	350		
加速老化		橡胶	TPE	从软管上切取或从试片上裁取试样(见本表注 2)	GB/T 3512 在(70±1)℃下 14 d
内衬层、外覆层拉伸强度变化率,最大	%	−20	−10		
内衬层、外覆层拉断伸长变化率,最大	%	−35	−20		
外覆层的耐磨性能,最大	mm^3	500		从外覆层胶料模压的试片上裁取的试样	GB/T 9867
耐液体性能				从软管上切取或从试片上裁取试样(见本表注 2)	GB/T 1690
内衬层溶胀,最大	%	+50 +70 +25			在 23℃的液体 C 中 70 h 在 40℃的液体 3 中 70 h 在 100℃的 3 号油中 70 h
内衬层溶剂抽出物,最大	%	+5 +10			在 23℃的液体 C 中 70 h 在 40℃的液体 3 中 70 h
外覆层溶胀,最大	%	+100			在 23℃的液体 B 中 70 h
外覆层耐臭氧性能		两倍放大无龟裂		一段软管	HG/T 2869 根据软管尺寸采用方法 1 或方法 2
导电性能(还可见第 7 章),最大	Ω/整根	1×10^6		整根软管	GB/T 9572 软管内无液体,处于伸直状态
拔脱性能		管接头无松脱		短根组合件	附录 A(标准的附录)

注:

1 该试验(GB/T 5564—1994 方法 B)不测量软管弯曲所需的力,未来的工作将对该力提出适当的限制,或许包括对此试验的修订。

2 试验报告应注明试样来源。

3 液体的渗透试验及指标待定。

7 组合件的导电性能

当使用 GB/T 9572 规定的方法试验时,管接头至管接头之间组合件的电阻应不大于 10^6 Ω。

8 检验规则

最低检验次数应符合表 3 规定。

定型检验是指为全面考核产品质量而对标准中规定的技术特性全部进行检验。

常规检验是指产品交货时必须进行的各项试验。

表 3　最低检验次数

检　验　项　目	定型检验	常规检验
胶料试验		
拉伸强度和拉断伸长率(内衬层、外覆层)	√	×
加速老化	√	×
内衬层、外覆层耐液体性能	√	×
内衬层溶剂抽出物	√	×
外覆层耐磨性能	√	×
软管试验		
各层间粘合强度	√	×
室温弯曲性能	√	×
内衬层溶剂抽出物	√	×
低温曲挠性能	√	×
内径测定	√	√
内衬层、外覆层厚度测定	√	√
静液压性能	√	√
爆破压力	√	×
外覆层耐臭氧性能	√	×
导电性能	√	√
液体渗透性能	√	×
容积膨胀率	√	×
软管组合件试验		
静液压性能	√	√
导电性能	√	√
拔脱性能	√	×
注:"√"为要检测,"×"为不用检测。		

9　标志

9.1　软管

软管在制造过程中应打上永久性的标志,每根软管应至少每隔 2 米的距离清晰地标出下列内容:

a) 生产厂名或商标,例如:XYZ;

b) 产品名称,例如:计量分配燃油用橡胶软管;

c) 执行标准号,即:HG/T 3037;

d) 软管型号,例如:1;

e) 公称内径,例如:19;

f) 最大工作压力,压力单位 MPa,即:1.2;

g) 导电方式,即:M 或 Ω;

h) 生产年和季,例如:99-3。

示例:

XYZ/计量分配燃油用橡胶软管/HG/T 3037/1/19/1.2/M/99-3

9.2　长度超过 2 米的软管组合件

每个管接头应标出下列内容:

a) 软管组合件生产厂的厂名或商标;

b) 组合件的生产年、月。

9.3　长度少于 2 m 的软管组合件

如 9.1 规定的标记内容不能完整地标记在这一长度的软管上,则在每个管接头上标志出这些内容。

附 录 A
（标准的附录）
端部管接头拔脱试验

试样应当是其长度能安装在试验设备上的软管组合件，其制备应与实际组合件的制造条件和制造工艺相同，并应在每一批组合件的开始和末尾制备试样。如一批的批量大于100根软管组合件，则在制造第100根软管组合件时另制备一根试样。

将试样安装于试验台上，在试样的末端施加2000 N的拉力并保持30 s，通过移动试验夹持器得到拉力。夹持器的移动速度为(75±5) mm/min。

每个试样完成试验后报废。

如试样未通过此项试验，则应认为前100件组合件不符合这一标准，并应对这些组合件做进一步验证。

附 录 B
（标准的附录）
各层间粘合强度测定方法

B1 初始粘合强度

按GB/T 14905的规定对软管进行试验，并取测定的最小粘合强度值。

a) 内衬层与增强层之间；

b) 增强层与外覆层之间；

c) 增强层与增强层之间。

B2 浸液后的粘合强度

取长度约300 mm的一根软管，将其一端密封。注入GB/T 1690规定的液体B并封口。试样在(20±5)℃的条件下，放置(168^{+2}_{0})h后，排空试液，试样按B1规定测定各层间的最小粘合强度值。

附 录 C
（提示的附录）
参 考 文 献

ISO 6801:1983 橡胶与塑料软管 容积膨胀的测定
化学工业部沈阳橡胶工业制品研究所编译，橡胶工业国际标准（Ⅴ～Ⅷ），1988年9月

中华人民共和国国家标准

UDC 621.643.3
:622.692.4

岸上排吸油橡胶软管

GB 9569—88

Rubber hose —On shore
oil suction and discharge

本标准参照采用国际标准 ISO/DP 1823 /1—1984《岸上排吸油橡胶软管——规范》。

1 主题内容与适用范围

本标准规定了岸上排吸油橡胶软管的类型、级别、规格尺寸及承压、耐油、耐臭氧、导电等项性能和技术要求。

本标准适用于港口码头输送石油及石油基产品的排吸橡胶软管。适用温度：－20～80℃。

2 引用标准

GB 528 硫化橡胶拉伸性能的测定
GB 1690 硫化橡胶耐液体试验方法
GB 5562 胶管胶层试验方法
GB 5563 胶管耐压试验方法
GB 5567 胶管耐真空试验方法
GB 9571 橡胶塑料软管静态条件下耐臭氧性能的评定
GB 9572 橡胶、塑料软管和软管组合件 电阻的测定法
GB 9576 橡胶、塑料软管和软管组合件 选择、贮存、使用和维修指南
GB 9577 橡胶软管和软管组合件 标志、包装、运输规则

3 产品分类、结构、尺寸和产品标记

3.1 型别

根据油管内壁的状况分为Ⅰ型和Ⅱ型。

Ⅰ型为无金属螺旋线结构的软管。

Ⅱ型为埋入式或内铠装钢丝结构的软管。

3.2 类别

1类——芳香烃含量不超过50%(用于石油原油及燃料油的输送)。

2类——芳香烃含量50%～100%(用于芳烃类产品的输送)。

3.3 级别

按工作压力要求不同分为四级，见表1。

中华人民共和国化学工业部1988-04-08批准 1989-02-01实施

表 1

工作压力级别	A	B	C	D
MPa (kgf/cm²) 最大值	0.7 (7)	1.0 (10)	1.5 (15)	2.0 (20)

3.4 结构

排吸油管由内胶层、增强层和外胶层构成。增强层采用纤维线绳或胶布结构；也可缠绕钢丝增强。

3.5 规格尺寸

3.5.1 内径及允许偏差应符合表2要求。

表 2

mm

<table>
<tr><th colspan="2">Ⅰ 型</th><th colspan="2">Ⅱ 型</th></tr>
<tr><th>内径公称值</th><th>允许偏差</th><th>内径公称值</th><th>允许偏差</th></tr>
<tr><td>50
63
75</td><td>±1.5</td><td>80
100
125
160</td><td>±2.0</td></tr>
<tr><td rowspan="2">80
100
125
160
180
200</td><td rowspan="2">±2.0</td><td>180
200
250
315</td><td>±3.0</td></tr>
<tr><td>400
500</td><td>±4.0</td></tr>
</table>

注：表中未列入规格，由供需双方协商。

3.5.2 长度及允许偏差

软管的长度由使用方提出，其供货长度的允许偏差为管体长度的＋2.5％～－1.5％。

注：软管长度是指包括接头在内的软管全长，即从法兰外面量至另一端法兰的外面；若无法兰时，则应从胶管螺纹接套端部量至另一端接套的外表面。

3.6 产品标记

标记内容：名称、规格、型号、类别、级别、标准号

标记示例：

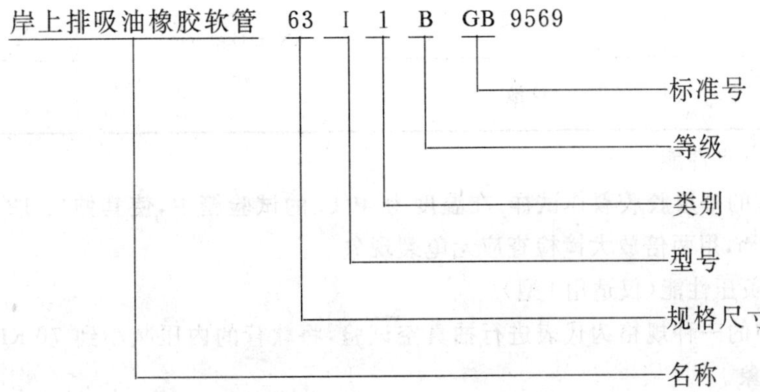

4 技术要求

4.1 外观质量

软管的内径和管壁厚度须均匀,管体应富于曲挠性,不应有气泡、龟裂等影响使用的缺陷。

4.2 胶层物理性能(见表3)

表 3

项 目	单 位	指 标
拉伸强度	MPa(kgf/cm²) 不小于	6.0(60)
扯断伸长率	% 不小于	250

4.3 软管的承压性能

将软管升压至本标准表1规定的工作压力值,保持10 min 应无渗漏、鼓泡现象。

4.4 软管的暂时伸长率和永久伸长率

暂时伸长率:不大于7.5%;

永久伸长率:不大于2.5%。

4.5 耐液体性能

制造胶管用胶料耐液体性能应符合表4规定。

表 4

胶 料		试验条件	试验液体	体积膨胀率,% 不大于
内 胶	1 类	标准室温×70h	C液	50
	2 类	标准室温×70h	D液	25
外 胶	1 类	标准室温×70h	B液	80
	2 类	100℃×70h	3号油	100

4.6 软管层间的粘附强度

用生产软管使用的胶料、织物增强层并采用相同的工艺和硫化条件,制造长度为 300±5mm 的试样进行试验。

4.6.1 内胶层与织物层间的粘附强度:不小于 2.0 kN/m。

4.6.2 浸液后粘附强度:

取长度为 300±5 mm 的软管试样,充满规定试验液体,在标准试验条件下停放 48 h 后,将液体倒出,再测试其粘附强度,应符合表5规定。

表 5

芳烃含量类别	充注液体	单 位	指 标
1 类	C 液	kN/m(kgf/cm) 不小于	1.5(1.5)
2 类	D液		1.0(1.0)

4.7 软管的耐臭氧性能

取待测软管的外层胶胶料作试样,在温度为 40℃ 的试验箱中,使其伸长 12.5%,臭氧浓度为 50±5 pphm,暴露 72 h,用两倍放大镜检查应无龟裂现象。

4.8 软管的耐负压性能(仅适用Ⅰ型)

抽取同批中的一种规格为代表进行抽真空试验,将软管的内压减小到 70 KPa(—540 mmHg),保持5 min 无异常现象。

4.9 软管的导电性

软管两端管接头之间，应保持电的连续性(即应导电)。允许最大电阻为 $2\times10^{6}\Omega$。

注：导电性试验应根据使用方要求的性能，按 GB 9572 中方法之一进行检验。

4.10 软管的低温弯曲性能

用生产软管所用的胶料、织物增强层并采用相同的工艺和硫化条件，制造内径为25±1.2 mm，最小弯曲半径为150 mm 的软管试样，在－25℃下放置5 h，经弯曲，试样的内外胶层应无龟裂现象。

4.11 爆破压力

软管的爆破压力为工作压力(最大值)的四倍。

5 试验方法

5.1 软管的外观质量按 GB 1189规定检查。

5.2 软管胶料拉伸性能的测定按 GB 528进行。

5.3 软管的承压性能试验和爆破压力试验按 GB 5563进行。

5.4 软管的暂时伸长率和永久伸长率按附录 A 方法测定和计算。

5.5 软管胶料的耐液体性能试验按 GB 5562进行。

5.6 软管层间粘附强度的测定按 GB 5562进行。

5.7 软管的耐臭氧性能试验按 GB 9571中方法3进行。

5.8 软管的耐真空试验按 GB 5567进行。

5.9 软管的导电性能试验按 GB 9572进行。

5.10 软管的低温弯曲性能试验按 GB 5564进行。

6 检验规则

6.1 产品出厂前应由生产厂技术检验部门验收合格，每批产品应附有质量合格证。

6.2 软管的规格尺寸和外观质量应逐条检验。

6.3 同一品种的软管，取一种规格为代表抽取试样，以不多于2000条为一批，在不能集中生产时，每月不少于一次。

6.4 导电性试验每批不少于一次，如使用方有要求时，应逐条检查。

6.5 胶层的拉伸性能和耐油性能试验，按批量取样进行检验。

6.6 软管的粘附强度和承压性能试验，每季度不应少于一次。

6.7 软管的耐臭氧性能试验和抽真空试验，应定期抽查，但每半年不少于一次。

6.8 软管的低温弯曲性能试验和爆破试验，在认证和仲裁试验时进行。

6.9 在进行胶层物理性能试验时，如有一项指标不合格，应在该批产品中另取双倍试样对不合格项目复试，复试后如其中仍有一项指标不合格，则该批产品为不合格。

7 标志、包装、贮运和使用规则

7.1 软管的端部应有以下标志：

a. 制造厂名或商标；

b. 产品名称、规格；

c. 产品的型、类、级别；

d. 生产年月或批号；

7.2 软管出厂时应按要求包装牢固；存放不许积压。

7.3 软管应在规定范围和条件下使用，不能代用或混用。

7.4 其他内容应符合国家标准 GB 9576和 GB 9577的有关规定。

附 录 A
软管暂时伸长率和永久伸长率的试验与计算
（补充件）

A1　将软管升压至0.07 MPa，保持至少1 min，测量软管长度为L_0。

A2　将软管升压至规定工作压力，保持至少10 min，测量软管长度为L_1。

A3　将压力降至零，间隔至少15 min，再将压力升至 0.07 MPa，测量软管长度为L_2。

A4　结果计算：

$$暂时伸长率(\%)=\frac{L_1-L_0}{L_0}\times 100 \quad \cdots\cdots (A_1)$$

$$永久伸长率(\%)=\frac{L_2-L_0}{L_0}\times 100 \quad \cdots\cdots (A_2)$$

附 录 B
软 管 接 头 长 度
（参考件）

mm

内径标称值	无法兰连接型（最低值）	有法兰连接型（最低值）
50 64 75	127	102
100 160	152	103
180 200	165	127
250 300	178	127 140
390 490	203	152

注：① 软管接头长度是指螺纹接套或软管外面法兰盘端部连接的长度。

② 软管出厂时，软管端部是否带有金属接头（法兰）和接头连接形式是否采用预埋式或装配式，应由需方提出，供需双方协商确定。

附加说明：

本标准由全国橡胶与橡胶制品标准化技术委员会橡胶软管分技术委员会归口。

本标准由青岛第六橡胶厂、沈阳橡胶工业制品研究所负责起草。

本标准主要起草人曹其忠、王宝珠、严松枫、王维相。

中华人民共和国国家标准

UDC 621.643.3
:622.692.4

海岸输油用橡胶软管

GB 9570—88

Rubber hose—On shore oil discharge hose—Specification

本标准参照采用ISO/DP 1823/2—1985《海岸输油用橡胶软管规范》。

1 主题内容和适用范围

本标准规定了海岸输油用的两种类别橡胶软管的技术要求。

本标准适用于油轮与码头输送原油、汽油、煤油、柴油以及其他矿物油类的橡胶软管。适用温度为－20～＋80℃。

本标准不适用软金属制成的软管组件或近海应用的橡胶软管。

2 引用标准

GB 527 硫化橡胶物理试验方法的一般要求

GB 528 硫化橡胶拉伸性能的测定

GB 532 硫化橡胶与织物粘着强度的测定

GB 1690 硫化橡胶耐液体试验方法

GB 2941 橡胶试样停放和试验的标准温度、湿度及时间

GB 5562 胶管胶层物理试验方法

GB 5563 胶管液压试验方法

GB 5564 胶管低温弯曲试验方法

GB 9571 橡胶、塑料软管 静态条件下耐臭氧性能的评定

GB 9572 橡胶、塑料软管和软管组合件 电阻的测定

GB 9576 橡胶、塑料软管和软管组合件 选择、贮存、使用和维修指南

GB 9577 橡胶、塑料软管和软管组合件 标志、包装、运输和验收规范

3 产品结构、分类、尺寸和产品标记

3.1 结构

软管由内胶层、增强层、外胶层和金属接头组成。

有关金属接头有预埋式或装配式等，可根据供需双方商定解决。

3.2 分类及工作压力等级

3.2.1 类别

1类——适用输送石油和汽油(芳香烃含量不超过50％)。

2类——适用输送芳香烃介质(芳香烃含量达100％)。

3.2.2 工作压力等级(见表1)

中华人民共和国化学工业部1988-04-08批准 **1989-02-01实施**

表 1

等　　级	最大工作压力,MPa
A	0.7
B	1.0
C	1.5

3.3　尺寸和公差

3.3.1　内径尺寸及公差应符合表2规定。

表 2　　mm

公 称 内 径	允 许 最 大 公 差
80	±2.0
100	
125	
150	
200	
250	±3.0

3.3.2　长度

软管长度由使用方提出,供需双方商定;长度公差为软管全长(包括管端金属接头)的±1.5%。

3.4　产品标记

标记内容:名称、规格、类别、级别、标准号。

标记示例:

海岸输油用橡胶软管 80 1 A GB 9570

标准号

级别

类别

规格

名称

4　**技术要求**

4.1　软管的液压性能

4.1.1　软管在承受规定的最大工作压力下,保持10 min,应无渗漏、鼓泡现象。

4.1.2　软管爆破压力为最大工作压力的四倍。

4.1.3　软管在承受最大工作压力下,保持10 min,其暂时伸长率和永久伸长率,应符合表3规定。

表 3

性　能　项　目		指　　标
暂时伸长率,%	不大于	7.5
永久伸长率,%	不大于	2.5

4.2　软管的导电性能

软管两端管接头之间连续导电率,应小于$2\times10^{6}\Omega/m$。

4.3　低温弯曲性能

用生产软管所使用的胶料、织物并采用相同制造工艺、相同硫化条件制造试样（软管内径为25±1.2mm，最小弯曲半径为150 mm）。在－25℃下放置5 h，经弯曲，试样的内外胶层应无龟裂现象。

4.4　粘附强度

用生产软管所用的胶料、织物并采用相同的制造工艺、相同硫化条件制造内径为25 mm（或大于25 mm），长度为300±5 mm 的软管试样，进行试验。

4.4.1　初始粘附强度

胶层与增强层间、增强层与增强层间粘附强度不小于3 kN/m。

4.4.2　充渍后粘附强度

截取一段长度为300±5 mm 的软管试样，充满规定试验液体，在标准试验条件下停放48 h 后，将液体倒出，再进行试验。其要求应符合表4规定。

表 4

性能项目	软管类别	试验液体	指标	
			胶层与增强层间	增强层与增强层间
充渍后粘附强度 kN/m 不小于	1类	C	1.5	1.5
	2类	D	1.5	1.5

4.5　耐液体性能

制造软管用的胶料耐液体性能试验，应符合表5规定。

表 5

软管类别	胶料名称	试验液体	试验条件	体积膨胀率，% 不大于
1类	内胶	C	常温 70h	50
2类		D		30
1类	外胶	3号标准油	100℃ 70h	100
2类				

4.6　耐臭氧性能

用生产软管用的外胶（胶料）试样，使其伸长12.5%，在臭氧浓度50±5 pphm、温度40℃试验箱中保持72 h，用2倍放大镜检查表面，应无龟裂现象。

4.7　最小弯曲半径

软管在工作压力下工作时，其最小弯曲半径不小于表6规定。

表 6　　mm

公称内径	最小弯曲半径
80	480
100	600
125	750
150	900
200	1 400
250	2 000

注：软管所规定的弯曲半径，供用户使用时参考。

5 试验方法

5.1 软管规格尺寸用游标卡尺或适当量具检查，长度用米尺测量。

5.2 软管的液压试验按 GB 5563规定进行。

5.3 软管的暂时伸长率和永久伸长率试验按附录 A 规定。

5.4 软管的导电性能试验按 GB 9572规定进行。

5.5 软管的低温弯曲性能试验按 GB 5564规定进行。

5.6 软管的粘附强度试验按 GB 5562规定进行。

5.7 软管耐液体性能试验按 GB 5562规定进行。

5.8 软管耐臭氧性能试验按 GB 9571规定进行。

6 检验规则

6.1 软管应由制造厂技术检验部门成批验收，每批数量不多于200根，每批产品出厂应附有产品合格证。

6.2 软管的规格尺寸应逐根进行检验。

6.3 软管应逐根检查非破坏性(定压)试验。

6.4 在同批软管中任选一种规格为代表，任取其中一根检查物理机械性能。

6.5 软管爆破压力、低温弯曲、臭氧老化性能试验，每半年进行一次。

6.6 软管的暂时伸长率、永久伸长率、导电性能、粘附强度试验，每季进行一次。

6.7 软管规定的最小弯曲半径不作例行检查。

6.8 制造软管用的胶料耐液体性能试验，每月进行一次。

6.9 如物理机械性能检查有一项指标不合格时，应在同批产品中另取双倍试样，对不合格项目进行复试，复试后仍有一项指标不合格时，则该批产品为不合格。

7 标志、包装、运输、贮存和使用

如使用方无特殊要求，按 GB 9577及 GB 9576规定。

附 录 A
软管暂时伸长率和永久伸长率试验方法
（补充件）

A1 试验程序

a. 将软管平直放置。

b. 排出管内空气，加压到0.07 MPa保持1 min。

c. 测量软管全长(L_0)。

d. 从0.07 MPa的压力升到工作压力保持10 min，检查软管应无渗漏。

e. 在卸压前测量软管全长(L_1)。

f. 将压力降到0。

g. 在间隔至少15 min后，将压力再升到0.07 MPa，测量软管全长(L_2)。

A2 试验结果与表示

A2.1 暂时伸长率按式(A1)计算：

$$\text{暂时伸长率}(\%) = \frac{L_1 - L_0}{L_0} \times 100 \qquad \cdots\cdots(A1)$$

A2.2 永久伸长率按式(A2)计算：

$$\text{永久伸长率}(\%) = \frac{L_2 - L_0}{L_0} \times 100 \qquad \cdots\cdots(A2)$$

附加说明：

本标准由全国橡胶与橡胶制品标准化技术委员会橡胶软管分技术委员会归口。

本标准由上海橡胶厂、化学工业部沈阳橡胶工业制品研究所负责起草。

本标准主要起草人汪安甫、赵祖成、王宝珠、严松枫、王维相。

备案号:2801—1999
HG/T 3041—1999

前　　言

本标准是等同采用 ISO 2929:1991《油槽车输油用橡胶软管　规范》,对化工行业标准 HG/T 3041—1989《油槽车输油用橡胶软管》修订而成。

本标准自实施之日起,代替 HG/T 3041—1989。

本标准由中华人民共和国原化学工业部技术监督司提出。

本标准由全国橡胶与橡胶制品标准化技术委员会软管分技术委员会归口。

本标准主要起草单位:化学工业部沈阳橡胶研究设计院。参加起草单位:上海橡胶总厂、广州胶管厂、青岛第六橡胶厂。

本标准主要起草人:严松枫、季文才、廖来旭、王剑志。

ISO 前　　言

国际标准化组织(ISO)是各国标准团体(ISO 成员团体)的世界性联合机构。制定国际标准的工作通常通过 ISO 各技术委员会进行。凡对建立技术委员会的项目感兴趣的成员团体均有权参加该委员会。凡与 ISO 有联系的政府和非政府的国际组织也可以参加此项工作,在所有电工标准化方面,ISO 与国际电工委员会(IEC)进行密切的合作。

技术委员会采纳的国际标准草案,要分发给各成员团体进行投票。作为国际标准出版时,要求至少有 75%投票的成员团体投赞成票。

国际标准 ISO 2929 由 TC 45 橡胶与橡胶制品技术委员会制定。本第二版取代了第一版(ISO 2929:1975)构成其技术修订版。

中华人民共和国化工行业标准

HG/T 3041—1999
idt ISO 2929:1991
代替 HG/T 3041—1989

油槽车输油用橡胶软管

Rubber hoses for bulk fuel truck delivery

1 范围

本标准规定了油槽车排输液体烃类燃油用的两个类别和三个型别的橡胶软管的要求。

类别：

A 类：可折叠式的。

B 类：不可折叠式的；通常是螺旋钢丝增强的。

型别：

1 型：最大工作压力为 0.3 MPa。

2 型：最大工作压力为 0.7 MPa。

3 型：最大工作压力为 1.0 MPa。

本标准适用于－40℃～＋55℃温度范围内排输芳香烃含量体积分数占 50％以下的燃油软管。

不适用于燃油计量装置、液化石油气和航空燃油系统用软管。

2 引用标准

下列标准所包含的条文，通过在本标准中引用而构成为本标准的条文。本标准出版时，所示版本均为有效。所有标准都会被修订，使用本标准的各方应探讨使用下列标准最新版本的可能性。

GB/T 1690—1992 硫化橡胶耐液体试验方法(neq ISO 1817:1985)

GB 2941—1991 橡胶试样环境调节和试验的标准温度、湿度及时间(eqv ISO 471:1983 和 ISO 1826:1981)

GB/T 5563—1994 橡胶、塑料软管及软管组合件 液压试验方法

GB/T 5564—1994 橡胶、塑料软管 低温曲挠试验(neq ISO 4672:1988)

GB/T 5565—1994 橡胶或塑料软管及纯胶管 弯曲试验(neq ISO 1747:1983)

GB/T 9572—1988 橡胶、塑料软管和软管组合件 电阻的测定(eqv ISO 8031:1987)

GB/T 9575—1988 橡胶、塑料软管 内径尺寸和长度公差(idt ISO 1307:1983)

GB/T 14905—1994 橡胶和塑料软管 各层间粘合强度测定(eqv ISO 8033:1991)

HG/T 2869—1997 橡胶、塑料软管静态条件下耐臭氧性能的评价(idt ISO 7326:1991)

3 尺寸和公差

3.1 内径

软管内径尺寸和公差，应符合表 1 的规定。

3.2 长度

软管长度公差应符合 GB/T 9575—1988 中表 3 的规定。

国家石油和化学工业局 1999-04-20 批准　　　　2000-04-01 实施

表 1　软管公称内径和公差　mm

公称内径	公　差
25	±1.25
31.5	±1.25
38	±1.50
40	±1.50
50	±1.50
63	±1.50
75	±2.00
80	±2.00
100	±2.00
注：除公称内径 38 mm 和 75 mm 的公差外都应符合 GB/T 9575 的规定。	

4　静液压试验

4.1　压力要求

按照 GB/T 5563 试验时，在试验压力下，软管不得出现过量的膨胀或破损变化并应符合表 2 列出的最小爆破压力。

表 2　压力要求　MPa

型别	试验压力	最小爆破压力
1	0.6	1.2
2	1.4	2.8
3	2.0	4.0

4.2　长度变化和扭转

按照 GB/T 5563 试验和承受最大工作压力时，软管的长度变化和扭转不得超过表 3 列出的值。

表 3　长度变化和扭转

项　　目	A 类	B 类
长度变化，最大	−5.0%	+10.0%
在压力降至 0.07 MPa 后 5 min 的长度变化，最大	−2.5%	+2.5%
扭转变化，最大	20°/m	20°/m

5　软管试验

5.1　屈挠性

按照 GB/T 5565—1994 方法 A，在标准温度(GB 2941)下试验时，最小弯曲半径为 10 倍于公称内径时软管的最大允许变形系数为 0.8。

5.2　低温试验

按照 GB/T 5564—1994 方法 B，在 −40℃ 下试验时，软管应不得出现龟裂。

5.3　导电性

如用户要求，按照 GB/T 9572 进行试验时，电阻值应小于 2 MΩ/m。

6　从软管上截取试样试验

6.1　耐臭氧

按照 HG/T 2869—1997 方法 2，在下列条件试验时，外胶层用两倍放大镜检查不应有龟裂现象。

臭氧浓度：50 mPa；

暴露时间：72 h；

伸长率：20%。

6.2 粘合强度

6.2.1 初始粘合强度

按照 GB/T 14905 规定进行试验时，内胶层与增强层、增强层与增强层、增强层与外胶层之间的粘合强度不得低于 1.5 kN/m。

6.2.2 充注燃油后的粘合强度

将软管一端封住，向 300 mm 长的软管内充满液体 C（见 GB/T 1690）。在标准试验温度下经 72 h（见 GB 2941）后，将软管中液体 C 排空。按照 GB/T 14905 规定进行粘合强度试验。内胶层与增强层、增强层与增强层以及增强层与外胶层的粘合强度不应低于 1.5 kN/m。

6.3 耐液体性

按照 GB/T 1690 规定试验时，在标准试验室温度（GB 2941）下，经 70 h 后，最大体积变化不应大于表 4 列出的值。

表 4 体积变化 %

试验液体	内胶层	外胶层
液体 B	—	100
液体 C	50	—

7 标志

软管应标志出下列内容：

a）本标准编号；

b）生产厂厂名或商标；

c）软管类型代号和公称内径；

d）最大工作压力；

e）生产年、季。

中华人民共和国国家标准

内燃机燃油系统输送常规液体燃油用纯胶管和橡胶软管

GB 10542—89

Rubber tubing and hoses for fuel circuits for internal combustion engines using conventional liquid fuels

本标准等效采用国际标准ISO 4639.1—1987《内燃机燃油系统用橡胶纯胶管和软管规范——第1部分：常规液体燃油》。

1 主题内容与适用范围

本标准规定了输送常规液体燃油(含非氧化化合物)的橡胶纯胶管和橡胶软管的技术要求和试验方法。

本标准适用于内燃机燃油系统输送常规液体燃油(含非氧化化合物)的橡胶纯胶管和橡胶软管。

2 引用标准

GB 528 硫化橡胶拉伸性能测定
GB 1189 胶管外观质量
GB 1683 硫化橡胶恒定形变压缩永久变形的测定方法
GB 1690 硫化橡胶耐液体试验方法
GB 1804 公差与配合 未注公差尺寸的极限偏差
GB 2941 橡胶试样停放和试验的标准温度、湿度及时间
GB 3512 橡胶热空气老化试验方法
GB 3672 固体橡胶模压和压出的尺寸公差
GB 5562 胶管胶层物埋试验方法
GB 5563 胶管液压试验方法
GB 5564 胶管低温弯曲试验方法
GB 5567 胶管耐真空试验方法
GB 6031 硫化橡胶国际硬度的测定(30～85 IRHD) 常规试验法
GB 9571 橡胶、塑料软管 静态条件下耐臭氧性能的评定
GB 9573 橡胶、塑料软管和软管组合件 尺寸测量方法
GB 9576 橡胶、塑料软管和软管组合件 选择、贮存、使用和维修指南
GB 9577 橡胶、塑料软管和软管组合件 标志、包装和运输规则

3 产品类型、尺寸

3.1 类型

本标准规定的纯胶管和橡胶软管分为三种类型：

中华人民共和国化学工业部1989-02-10批准 1989-12-01实施

1型　工作压力最高为0.12 MPa的纯胶管；

2型　工作压力从0.00～0.12 MPa(含0.12 MPa)的橡胶软管；

3型　工作压力从0.00～0.30 MPa(含0.30 MPa)的橡胶软管。

3.2　等级

1型纯胶管和2型、3型橡胶软管又分为两个等级：

A级　在温度最高达100℃的环境下使用的纯胶管和橡胶软管；

B级　在温度最高达125℃的环境下使用的纯胶管和橡胶软管。

3.3　尺寸

3.3.1　纯胶管

纯胶管的内径和壁厚应当符合表1的规定。公差值应在GB 3672中指定的合适范围内选取。

表1　内径和壁厚

mm

公称内径	公称壁厚
3.5 4	3.5
5	4
7 9 11 13	4.5

注：纯胶管安装于其上的联接件的参考直径4,4.5,6,8,10,12,14 mm。

3.3.2　橡胶软管

橡胶软管的尺寸、公差和同心度应当符合表2和表3的要求。

表2　软管尺寸

mm

内径		壁厚	外径	
公称内径	公差		公称外径	公差
3.5	±0.3	3	9.5	±0.4
4			10	
5			11	
6			12	
7			13	
7.5			13.5	
8			14	
9			15	
11		3.5	18	
12			19	
13	±0.4		20	±0.6
16		4	24	
21			29	
31.5	+0.5 −1	4.25	40	±1
40		5	50	

表 3 软管同心度

mm

内 径	最大同心度偏差
3.5以下(含3.5)	0.4
3.5以上	0.8

4 技术要求

4.1 胶料

胶料性能要求见表4。

表 4 胶料性能要求

性 能 项 目	单 位	性能指标 纯胶管	橡胶软管 内层胶	橡胶软管 外层胶
硬度	IRHD	70^{+10}_{-5}	70^{+10}_{-5}	70^{+10}_{-5}
拉伸强度 最小值	MPa	10	10	10
扯断伸长率 最小值	%	200	250	250
热空气老化 A级 $100℃\times70^{+2}_{0}h$ B级 $125℃\times70^{+2}_{0}h$				
硬度变化[1]	IRHD	$^{+10}_{0}$	$^{+10}_{0}$	$^{+10}_{0}$
拉伸强度变化率 最小值	%	−20	−20	−20
扯断伸长率变化率 最小值	%	−40	−40	−40
压缩变形 最大值				
1型 100℃×24 h	%	65	—	—
2型和3型 A级 $100℃\times70^{+2}_{0}h$	%	—	50	50
B级 $125℃\times70^{+2}_{0}h$	%	—	50	50
耐C液体积变化率 最大值	%	30	30	—
耐C液体积变化率 最小值	%	0	0	
耐3号标准油体积变化率 最大值	%	30	30	60
耐3号标准油体积变化率 最小值	%	−5	−5	−5

注：1）老化后，硬度绝对值最大为85 IRHD。

4.2 纯胶管和橡胶软管

纯胶管和橡胶软管性能见表5。

表 5　纯胶管和橡胶软管性能要求

性能项目	单位	性能要求 纯胶管	性能要求 橡胶软管
泄漏试验		无泄漏	
拉伸试验		不断裂(不得滑脱)	
最小爆破压力 1型	MPa	0.5	—
最小爆破压力 2型	MPa	—	1.2
最小爆破压力 3型	MPa	—	3.0
粘附强度　最小值	kN/m	—	1.5
萃取后耐臭氧试验		放大两倍观察，不得出现龟裂	
低温曲挠试验		放大两倍观察无龟裂	
净度试验			
不溶性杂质　最大值	g/m²	5	5
燃油可溶物　最大值	g/m²	10	10
蜡状物萃取　最大值			
纯胶管和A级橡胶软管	g/m²	10	10
B级橡胶软管	g/m²	—	5
拉伸永久变形　最大值 A级　100±1℃ B级　125±1℃	%	50	内层胶 50 外层胶 50
液体C渗透量　最大值	g/(m²24 h)	350	350
撕裂强度　最小值	kN/m	8	—
耐真空性能		球可自由通过	

5　试验方法

5.1　试样可以从纯胶管和橡胶软管上切取，也可以用制作纯胶管和橡胶软管的胶料在与纯胶管和橡胶软管相同的硫化条件下硫化制得。

5.2　胶料硬度测定按 GB 6031执行。

5.3　胶料的拉伸强度和扯断伸长率的测定按 GB 528执行。

5.4　胶料耐老化性能试验按 GB 3512执行。

5.5　胶料的压缩变形试验按 GB 1683执行。

5.6　胶料的耐液体性能试验按 GB 1690执行。

5.6.1　对于纯胶管胶料和橡胶软管的内层胶均采用试验液体 C 液，浸渍温度为试验室温度，浸渍时间为70 h。

5.6.2　对于纯胶管胶料和橡胶软管内层胶、外层胶用3号标准油，浸渍温度为100℃，浸渍时间为70 h。

5.7　泄漏试验方法(仅适用于纯胶管)：

将一段纯胶管试样两端分别套置到两个按 GB 1804规定的公差 H 14加工、直径相当于表1注中所示数值的金属导管的抛光端部上，套置长度为纯胶管公称内径的三倍，制成一个纯胶管组合件。按 GB 5563的试验方法进行气密试验，纯胶管应无泄漏。

试验条件要求为：

试验介质：液体 C；

压力：0.12 MPa；

持续时间：2 min。

5.8 拉伸试验(仅适用于纯胶管)：

将一段纯胶管按5.7所述的方法套置在一段金属导管的端部上，然后，将该组合件升举到垂直位置，并使被塞住的另一端承受10 N施加负荷。

用一压力计，逐渐将软管内空气压力升至0.25 MPa，保持2 min，纯胶管不得破裂和滑脱。

5.9 最小爆破压力试验按GB 5563执行。

5.10 粘附强度试验按GB 5562执行。这项试验只适用于橡胶软管。

5.11 在C液体浸渍后的耐臭氧性能试验，取一段适合长度的橡胶软管或纯胶管，将其两端塞住，但不得将管体伸长，然后将试样在室温下浸渍在足够量的C液中，经72 h后取出，在40℃下干燥72 h后，按GB 9571在下列条件下进行试验，试验后放大两倍观察应无龟裂。

试验条件：

臭氧浓度：50±5 pphm；

持续试验时间：70^{+2}_{0} h；

伸长率：20%；

温度：40℃。

5.12 低温弯曲试验按GB 5564执行。

试验条件：

空的纯胶管或橡胶软管：在－25±2℃下停放24 h；

充C液的纯胶管或橡胶软管：在－40±2℃下停放70^{+2}_{0}h。

纯胶管或橡胶软管充注C液和开始冷却之间不得超过30 min。

弯曲半径应为公称内径的12倍(橡胶软管)，或25倍(纯胶管)。试验后，放大两倍观察应无龟裂。

5.13 不溶性杂质含量、燃油可溶物含量及萃取蜡状物含量按附录A规定的方法测定。

5.14 拉伸永久变形

该试验适用于纯胶管、软管的内层胶和外层胶。试验按附录B执行。

试样拉伸到原标线间长度的1.5倍，在相应于各级软管工作温度的温度下，保持24 h。

5.15 液体C的渗透量按附录C规定的方法测定。

5.16 纯胶管的撕裂强度按附录D规定的方法测定。

5.17 纯胶管和橡胶软管的耐真空试验按GB 5567执行。试验条件：

试验压力：80 kPa；

持续时间：15～60 s；

球真径：公称内径的0.8倍。

6 检验规则[1]

6.1 橡胶软管应按GB 1189规定逐条检查外观质量。

6.2 橡胶软管尺寸和同心度按GB 9573执行。

6.3 同一型号、同一等级但不同规格的橡胶软管产品为一批。

每批数量不多于2000条。

每批纯胶管或橡胶软管中选一种规格为代表。

6.4 任取样一条检查各项物理机械性能，并进行泄漏试验和爆破压力试验。

采用说明：

1] ISO 4639.1中无此内容。

6.5 如试验项目有一项指标不合格时，应在同批产品中另取双倍试样，对不合格项目进行复试，复试后如仍有一项指标不合格时，则该批产品为不合格品。

6.6 橡胶软管和纯胶管应由制造方的技术检验部门成批验收，每批产品出厂必须附有质量合格证书。

7 标志、包装、使用和其他

7.1 纯胶管和橡胶软管的标志、包装和运输按 GB 9577执行。

7.2 纯胶管和橡胶软管的选择、贮存、使用和维修按 GB 9576执行。

附 录 A
净度和萃取试验
（补充件）

A1 范围

本附录对用于液体燃油系统的纯胶管和橡胶软管所产生的不溶性杂质、C液可溶物和萃取蜡状物的数量规定了测定方法。

A2 测定方法

取一段纯胶管或橡胶软管试样，注入C液，在常温下停放24 h，然后将试样倒空并用C液洗净内壁。

收集注入和冲洗的C液，将不溶性杂质过滤出来并干燥称重，得出不溶性杂质重量；再将滤得的溶液蒸发、干燥称重，得出C液可溶物重量，再以甲醇从上述滤液蒸发干燥所得物中萃取蜡状物，将所得甲醇萃取液蒸发、干燥、称重得蜡状萃取物重量。

A3 试验仪器和试剂

A3.1 玻璃漏斗(已称重的)；
A3.2 两个蒸发皿(已称重的)；
A3.3 烧杯；
A3.4 带罩的燃油蒸发器；
A3.5 85±5℃可调通风干燥烘箱；
A3.6 精确到0.1 mg的天平；
A3.7 三级(G3)孔隙度的烧结玻璃漏斗；
A3.8 规定于GB 1690中的C液；
A3.9 纯度至少为99%的甲醇；
A3.10 金属塞。

A4 操作程序

A4.1 取一段300～500 mm长的纯胶管或橡胶软管试样并测定内径。

将试样垂直悬挂，在试样的下端塞上金属塞，往试样里注入C液体，然后在试样的顶端塞上金属塞。

计算试样内表面面积，减去金属塞占去部分的面积，求得试样接触C液的内壁总面积。

A4.2 将组件在标准试验室温度下停放24 h，然后，拔出试样一端的金属塞，将管内C液倒入一个烧杯中；再拔出另一端的金属塞，将试样垂直悬挂，每次取20 mL的C液注入试样淋洗内壁，共淋洗5次，将所有的淋洗液都收集到前面所述的同一烧杯中；用烧结玻璃漏斗过滤烧杯中全部液体，另用少量新鲜C液淋洗漏斗中残留物，淋洗液也倒入前述烧杯中。

将有残留物的烧结玻璃漏斗放入85±5℃的干燥箱中干燥直至恒重，减去漏斗重量，即为不溶性杂质总重量。

A4.3 将前述烧杯中全部液体倒入蒸发皿中，置于带罩的蒸发器中，蒸发掉绝大部分的C液，再将蒸发皿和其中的剩余物置于85±5℃干燥箱中干燥，直至恒重，减去蒸发皿重量，即为由C液萃取出的可溶性物质的总重量。

A4.4 将蒸发皿和其中的剩余物放在防护罩下，在标准试验室温度下放置至少16 h后，在标准试验室温度下，将剩余物溶入30 mL 的甲醇中。

用烧结玻璃漏斗将甲醇溶液过滤到另一个（第二个）蒸发皿里，用10 mL 新鲜甲醇漂洗前一个蒸发皿，也用烧结玻璃漏斗过滤到第二个蒸发皿中。

将第二个蒸发皿中的甲醇溶液置于带罩的蒸发器下，蒸发掉绝大部分的甲醇，再将剩余物置于85±5℃下干燥，直至恒重，减去蒸发皿重量，即为蜡状萃取物的总重量。

A5 结果表示

分别将不溶性杂质总量、C 液可溶物总量、蜡状萃取物总量除以试样接触 C 液的内壁面积，所得数值即为试样每平方米内壁的不溶性杂质含量、C 液可溶物含量和蜡状萃取物含量。

A6 试验报告

试验报告应当包括下列内容：

a. 本试验方法的国家标准号；

b. 进行这项试验的纯胶管或橡胶软管的国家标准号；

c. 获得的试验结果。

附 录 B
拉伸永久变形测定方法
（补充件）

本附录参照采用国际标准 ISO 2285—1981《硫化橡胶—— 常温和高温下拉伸永久变形的测定》。

B1 范围

本附录规定了硫化橡胶在常温和高温下的拉伸永久变形的测定方法。

B2 试验设备

B2.1 拉伸装置

由金属导杆和一组上下夹具组成。一端夹具固定，另一端夹具可以移动。

B2.2 高温箱

B3 试样

采用 GB 528规定的1型试样。

B4 试验步骤

B4.1 试验前在1型试样上打印出间距为25±0.05 mm 的标线，将试样夹到拉伸装置上。

B4.2 用2～10 mm/s 的拉伸速度将试样拉伸到试样标线间距为原标线间长度的1.5倍，在标准实验室温度下放置20～30 min 后，放入规定温度的高温箱中，经24 h 后取出，冷却30～50 min 后，以2～10 mm/s的速度除去应变，取下试样，自由放置在木质平板上，经30 min 后，测量标线间长度，精度为0.5 mm。

B5 结果表示

用式(B1)计算：

$$拉伸永久变形\ \% = \frac{L_2 - L_0}{L_1 - L_0} \times 100 \quad \cdots\cdots\cdots\cdots (B1)$$

式中：L_0——拉伸前原标线间长度，mm；

L_1——拉伸后标线间长度，mm；

L_2——恢复后标线间长度，mm。

应计算三个试样试验结果的平均值为测定结果。

附　录　C
液体C的渗透试验
（补充件）

本附录参照采用国际标准ISO 8308—1978《橡胶、塑料软管和纯胶管——液体渗透软管和纯胶管管壁性能的测定》。

C1　范围

本附录规定了纯胶管和橡胶软管管壁耐液体C渗透性能的测定方法。

C2　试验装置（如图C1所示）

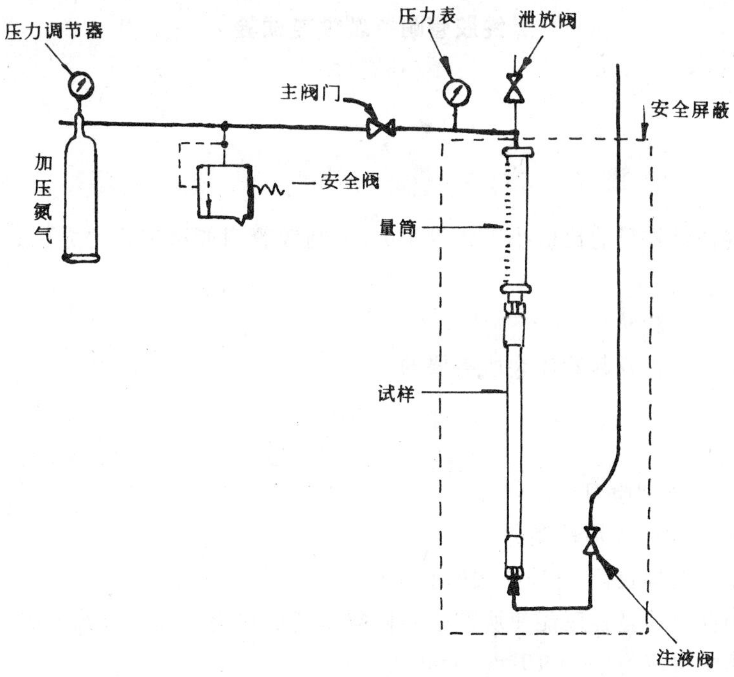

图 C1　液体渗透试验用仪器

C3　试验原理

在恒定的试验压力下（本试验规定50±5 kPa）保持24 h后，撤去压力，测量加压前后软管顶端量筒中液体的体积变化，从而计算得出每平方米软管管壁每24 h被渗透的C液重量。

C4 试验方法

C4.1 测量纯胶管或橡胶软管试样的内径 D、以及两端管接头之间的净长 L。

C4.2 将试样装到试验装置上(见图 C1),向试样和量筒里充注试验液体,直至量筒顶部的满刻度后关闭注液阀。

C4.3 向量筒和试样加压至50±5 kPa,关闭主阀,保持5 min 后,开泄压阀卸压,记录量筒中液面高度,为初始读数 V_0。此步骤目的,为排除溶解在液体中的气体。

C4.4 再向量筒和试样加压至50±5 kPa,待24 h 后关闭主阀,泄放压力,5 min 后记录量筒中液面高度 V_{24h}。

C5 结果表示

$$P=\frac{(V_0-V_{24h})\cdot d}{\pi\cdot D\cdot L}\times 10^6 \quad\cdots\cdots\cdots\cdots(C1)$$

式中:P—— 液体 C 渗透量,g/(m²24h);

D—— 内径,m;

L—— 净长,m;

d—— C 液密度,Mg/m³;

V_{24}h—— 加压24 h,卸压后量筒中液体体积,m³;

V_0—— 初始量筒中液体体积,m³。

附 录 D
纯胶管耐撕裂性能试验
(补充件)

D1 范围

本附录规定了内径对外径的比值小于或等于0.5的纯胶管耐撕裂试验的方法。

D2 测试原理

使用测力机测量试样扩延起始撕裂所需要的力。

D3 试验设备

D3.1 细心磨快的小刀或刮脸刀片。

D3.2 一个符合下列条件的无惯性测力机。

a. 可记录移动的夹具负荷-行程曲线的装置。

b. 所选择的刻度负荷量程应能使所产生的撕裂负荷值在满量程的15%～85%刻度范围内。

c. 夹具移动速度恒定为100±10 mm/min。

d. 可将试样夹紧在适当的位置的夹具头(试样不得损伤和滑脱)。

D3.3 测厚仪。

D3.4 具有标准试验室温度和湿度的停放封闭罩。

D4 试样

D4.1 形状和尺寸

试样的形状和尺寸应符合图D1的规定。

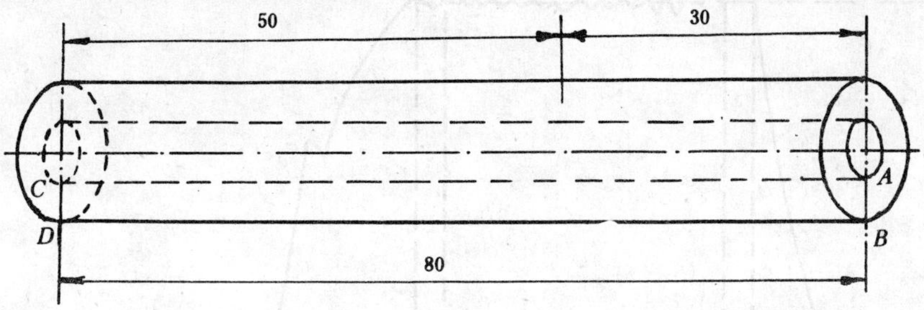

图 D1 试样的形状和尺寸

从纯胶管上截取一段长度为80±1 mm的试样，一端截面必须与轴向垂直，用小刀从该垂直断面的任一直径位置的一侧沿纯胶管轴向切割30±1 mm，再从该直径位置的另一侧沿轴向将纯胶管完全切开，即得试样。

D4.2 试样数量

最少应测三个试样。

D4.3 试样的停放

试样应按GB 2941的规定停放。

D5 操作程序

先测量试样的厚度，然后将试样夹在仪器夹具上(见图D2)，定好负荷刻度，开始拉伸试样，直至试样沿全长撕裂为止。

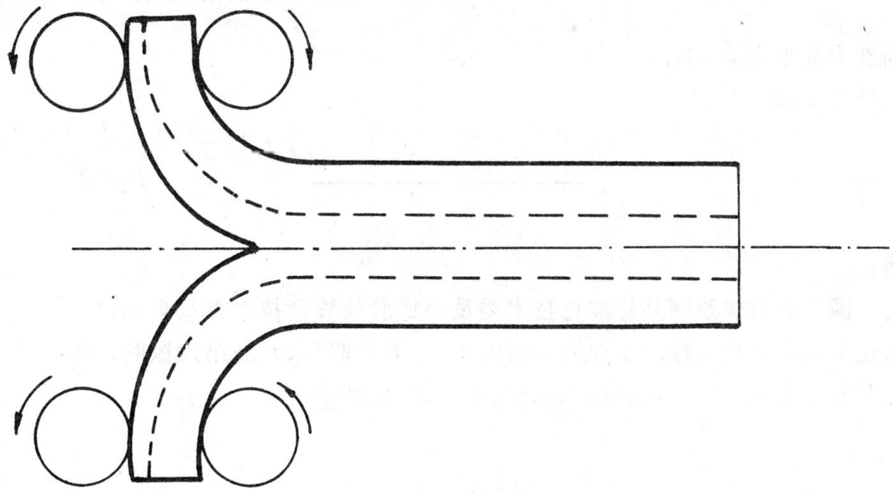

图 D2 试样在夹具中的位置

D6 结果计算和表示

撕裂强力的平均值，以kN表示，取值方法如下：

a. 将测绘得的曲线(如图D3)*AB*部分头尾负荷各除去10%，得*CD*部分。

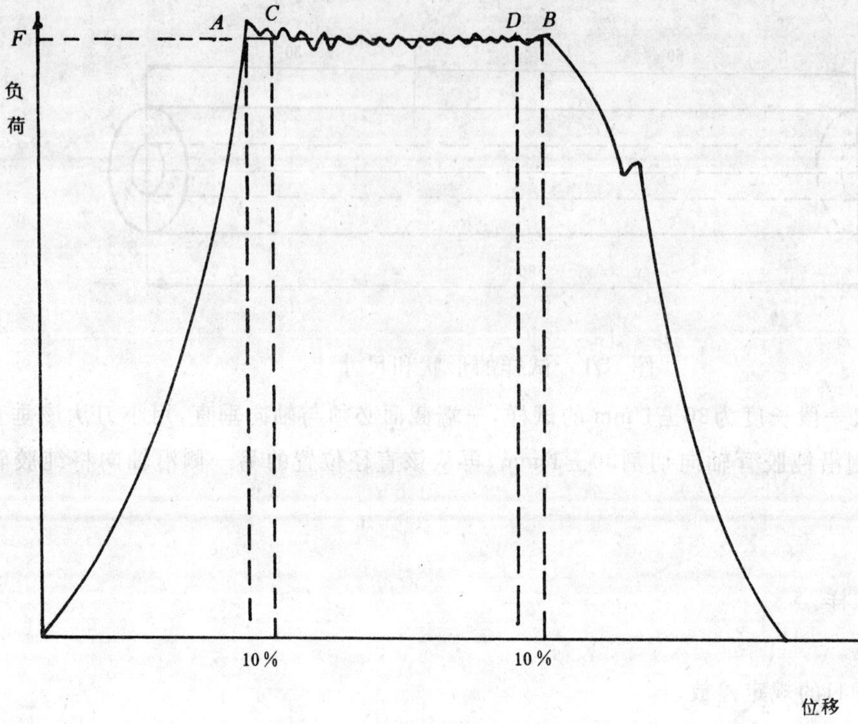

图 D3 纯胶管试样撕裂试验时所得记录图形

b. 在 *CD* 曲线中间划一条与横坐标平行的直线，中和曲线上的波峰和波谷。这条线和纵坐标轴线的交叉点即为撕裂力的平均值 *F*。

c. 将撕裂强力除以纯胶管壁厚(m)，所得商值即为撕裂强度 R_a(kN/m)。

$$R_a = \frac{F}{e} \qquad \cdots\cdots\cdots\cdots (D1)$$

式中：*F*—— 撕裂力的平均值，kN；

e—— 试样厚度，m。

附加说明：

本标准由全国橡胶与橡胶制品标准化技术委员会橡胶软管分技术委员会归口。

本标准由化学工业部沈阳橡胶工业制品研究所、上海橡胶厂、青岛第六橡胶厂负责起草。

本标准主要起草人王宝珠、严松枫、王维相、汪安甫、曹其中。

备案号:2802—1999
HG/T 3043—1999

前　　言

本标准是等效采用 ISO 1401:1987《农业喷雾用橡胶软管》,对化工行业标准 HG/T 3043—1989《农业喷雾用橡胶软管》进行修订而成。

本标准与 HG/T 3043—1989 的主要技术差异如下:

将 HG/T 3043—1989 中规定的 A、B、C 型外胶层拉伸强度指标最小值 7.0 MPa 提高到10 MPa,使本标准与 ISO 1401:1987 技术要求保持一致;对检验规则、标志、包装、运输、贮存等章节根据国情作了必要的修改和补充。

本标准自实施之日起,代替 HG/T 3043—1989。

本标准由中华人民共和国原化学工业部技术监督司提出。

本标准由全国橡胶与橡胶制品标准化技术委员会软管分技术委员会归口。

本标准起草单位:上海橡胶总厂、上海市化工标准计量管理所。

本标准主要起草人:季文才、陈启宇、俞美玲。

ISO 前　言

国际标准化组织(ISO)是各国标准团体(ISO 成员团体)的世界性联合机构。制定国际标准的工作通常由 ISO 各技术委员会进行。凡对已建立技术委员会的项目感兴趣的成员团体均有权参加该委员会。与 ISO 有联系的政府和非政府的国际组织,也可参加此项工作。

技术委员会采纳的国际标准草案,在由 ISO 理事会批准为国际标准之前,要发给成员团体进行投票。根据 ISO 的程序,要求至少有 75%投票的成员团体投赞成票。

国际标准 ISO 1401 由 ISO/TC 45 橡胶和橡胶制品技术委员会制定。

本标准撤销和代替了 1970 年发布的作为技术修正案的 R1401 推荐报告。

中华人民共和国化工行业标准

HG/T 3043—1999
eqv ISO 1401:1987

农业喷雾用橡胶软管

代替 HG/T 3043—1989

Rubber hoses for agricultural spraying

1 范围

本标准规定了农业喷雾用橡胶软管(以下简称软管)的要求、试验方法、检验规则、标志、包装、运输和贮存。

本标准适用于安装在农业、林业、果园等使用喷雾器械上作输送农药、化肥用软管。适用温度为－10℃～＋60℃。

2 引用标准

下列标准所包含的条文,通过在本标准中引用而构成为本标准的条文。本标准出版时,所示版本均为有效。所有标准都会被修订,使用本标准的各方应探讨使用下列标准最新版本的可能性。

GB/T 528—1992 硫化橡胶和热塑性橡胶拉伸性能测定

GB/T 1690—1992 硫化橡胶耐液体试验方法(neq ISO 1817:1985)

GB/T 2941—1991 橡胶试样环境调节和试验的标准温度、湿度及时间(eqv ISO 471:1983 和 ISO 1826:1981)

GB/T 5563—1994 橡胶、塑料软管及软管组合件 液压试验方法

GB/T 5565—1994 橡胶或塑料软管及纯胶管 弯曲试验(neq ISO 1746:1983)

GB/T 9575—1988 橡胶、塑料软管内径尺寸和长度公差(idt ISO 1307:1983)

GB/T 9577—1988 橡胶、塑料软管和软管组合件标志、包装和运输规则

GB/T 14905—1994 橡胶和塑料软管各层间粘合强度测定(eqv ISO 8033:1991)

HG/T 2185—1991 橡胶软管外观质量

HG/T 2869—1997 橡胶和塑料软管 静态条件下耐臭氧性能的评价(idt ISO 7326:1991)

HG/T 3040—1988(1999) 橡胶、塑料软管和软管组合件选择、贮存、使用和维修指南

3 软管型号、结构、尺寸及公差

3.1 软管型号

软管型号按最大设计工作压力,确定 5 种型号:

A 型 软管设计工作压力为 1 MPa;

B 型 软管设计工作压力为 2 MPa;

C 型 软管设计工作压力为 4 MPa;

D 型 软管设计工作压力为 6 MPa;

E 型 软管设计工作压力为 8 MPa。

3.2 结构

软管应由下列组分组成:

内胶层由符合 4.2 和 4.7 要求的天然或合成橡胶组成。

国家石油和化学工业局 1999-04-20 批准　　2000-04-01 实施

增强层由一层或多层纤维组成。

外胶层由符合4.2和4.6要求的天然或合成橡胶组成。

3.3 尺寸及公差

3.3.1 内径

软管的内径及公差应符合GB/T 9575的规定(见表1)。

表1 软管公称内径及公差 mm

软管公称内径	公　差
6.3	±0.75
8	±0.75
10	±0.75
12.5	±0.75
16	±0.75
20	±0.75
25	±1.25

3.3.2 长度公差

软管的长度公差应符合GB/T 9575规定。

4 技术要求

4.1 外观

软管的外观质量应符合HG/T 2185规定。

4.2 拉伸强度和扯断伸长率

按GB/T 528的规定进行试验时,软管内胶层、外胶层的拉伸强度及扯断伸长率不应低于表2的规定。

表2 拉伸强度和扯断伸长率要求

性能项目		指标	
		内胶层	外胶层
拉伸强度,MPa	≥	7.0	10.0
扯断伸长率,%	≥	200	250

4.3 液压性能

4.3.1 压力要求

按GB/T 5563的规定进行试验,软管耐压性能应符合表3规定。

表3 压力要求

软管型号	设计工作压力		试验压力		最小爆破压力	
	MPa	bar	MPa	bar	MPa	bar
A	1	10	1.6	16	3.15	31.5
B	2	20	3.2	32	6.3	63
C	4	40	6.4	64	12.6	126
D	6	60	9.6	96	18.9	189
E	8	80	12.8	128	25.2	252

4.3.2 软管外径和长度变化率

按GB/T 5563规定,以试验压力进行试验时,软管的外径、长度变化率不应大于±7%,并不得出现泄漏或其他损坏现象。

4.4 粘合强度

按 GB/T 14905 规定进行试验时，软管各层间的粘合强度不应小于 1.5 kN/m。

4.5 耐弯曲性能

按 GB/T 5565 规定，将软管按弯曲半径(10 倍于该软管外径)进行弯曲试验时，其软管变形系数不应小于 0.8。

4.6 耐臭氧性能

按 HG/T 2869 规定进行试验时，软管外胶层不应出现龟裂现象。

4.7 耐液体性能

按 GB/T 1690 规定试验时，根据软管设计输送的农药或化肥，并在订货方和制造厂双方同意的适宜的参照液里，在标准试验室温度下，经 72 h±2 h 的浸渍试验后，软管的内胶层应符合表 4 规定。

表 4 内胶层浸渍后的要求

性能项目		指 标
体积变化率，%	≤	55
拉伸强度变化率，%	≥	−50
扯断伸长率变化率，%	≥	−40

5 检验规则[1]

5.1 软管应由制造厂质量检查部门成批检验，同规格型号软管为一批，每批数量应不多于 120 000 m，每批产品出厂必须附有产品合格证。

5.2 软管的外观质量、规格尺寸应逐根进行检验，耐臭氧性能、耐液体性能要求每季分别选一种有代表性的规格型号进行检验，其他项目每批检验不少于一次。如成品不宜作试验，可用胶料代替。

5.3 如性能检验有一项指标不合格时，应在该批产品中另取双倍试样，对不合格项目进行复试，复试后如仍有一项指标不合格时，则该批产品为不合格品。

6 标志、包装、运输和贮存[1]

6.1 每根软管每隔 3 m 应有不易脱落下列明显标记：

a) 软管生产厂名称或商标；

b) 产品名称和本标准编号；

c) 软管型号或设计工作压力；

d) 软管公称内径；

e) 软管制造日期(年、季)。

6.2 软管应盘卷捆扎包装，盘卷内径不得小于软管内径的 15 倍。

6.3 软管在运输和贮存中，应避免阳光照射，雨雪浸淋，禁止与酸、碱油类及有机溶剂等有害于橡胶质量的物质接触，并距发热装置 1 m 以外。

6.4 软管贮存时，应盘卷平放，堆放高度不宜超过 1.5 m。

6.5 软管贮存时，库房内的温度宜保持−15℃～+40℃，相对湿度在 50%～80%之间。

6.6 其他内容按 HG/T 3040 和 GB/T 9577 的规定。

采用说明：

1) ISO 1401 中无此内容。

前　言

本标准是等同采用国际标准 ISO 6224:1995《普通输水用织物增强塑料软管　规范》,对推荐性化工行业标准 HG/T 3044—1989《织物增强输水软管》修订而成。

本标准与 HG/T 3044—1989 的主要技术差异为:

——规定了使用范围中的最低温度,将最高使用温度提高了 5℃。

——增加了内衬层和外覆层的物理性能的测定。

——增加了最高使用温度条件下的静液压试验。

——增加了常温及低温下的弯曲性能。

本标准的附录 A 是提示的附录。

本标准自实施之日起,代替 HG/T 3044—1989。

本标准由中华人民共和国原化学工业部技术监督司提出。

本标准由全国橡胶与橡胶制品标准化技术委员会软管分技术委员会归口。

本标准起草单位:沈阳胶管总厂。

本标准主要起草人:高焕、施恩明。

本标准于 1989 年首次发布为国家标准 GB/T 10547—89《织物增强输水软管》,1997 年调整为推荐性化工行业标准,原 GB/T 10547—89 废止并重新编号为 HG/T 3044—1989。

ISO 前 言

国际标准化组织(ISO)是各国标准团体(ISO 成员团体)的世界性联合机构。制定国际标准的工作通常由 ISO 各技术委员会进行。凡对已建立技术委员会的项目感兴趣的成员团体均有权参加该委员会。与 ISO 有联系的政府和非政府的国际组织也可参加此项工作。在电工技术标准化的所有方面,ISO 与国际电工委员会(IEC)紧密合作。

技术委员会采纳的国际标准草案,要发给成员团体进行投票。作为国际标准发布,要求至少有 75% 投票的成员团体投赞成票。

国际标准 ISO 6224 由 ISO/TC 45“橡胶与橡胶制品”技术委员会,SC 1“软管(橡胶与塑料)”分技术委员会制定。

本标准第二版撤销并代替了第一版(ISO 6224:1981),并作了技术修订。

中华人民共和国化工行业标准

普通输水用织物增强塑料软管

HG/T 3044—1999
idt ISO 6224:1995

Plastics hoses, textile—Reinforced, for general—Purpose water applications

代替 HG/T 3044—1989

1 范围

本标准规定了使用温度在−10℃～＋60℃范围内的三种型别不可折叠的织物增强热塑性塑料排水软管的要求。不适用于某些特殊应用领域的软管。如：

——输送饮用水软管；
——洗衣机注水软管；
——消防软管；
——农业机械专用软管；
——园艺软管。

2 引用标准

下列标准所包含的条文，通过在本标准中引用而构成为本标准的条文。本标准出版时，所示版本均为有效。所有标准都会被修订，使用本标准的各方应探讨使用下列标准最新版本的可能性。

GB/T 321—1980 优先数和优先数系
GB/T 528—1998 硫化橡胶或热塑性橡胶拉伸应力应变性能的测定(eqv ISO 37:1994)
GB/T 3512—1983 橡胶热空气老化试验方法
GB/T 5563—1994 橡胶、塑料软管及软管组合件 液压试验方法(neq ISO/DIS 1402:1991)
GB/T 5564—1994 橡胶、塑料软管低温曲挠试验(neq ISO 4672:1988)
GB/T 5565—1994 橡胶或塑料软管及纯胶管 弯曲试验(neq ISO 1746:1983)
GB/T 9574—1988 橡胶、塑料软管和软管组合件 试验压力、爆破压力与设计工作压力的比率(idt ISO 7751:1983)
GB/T 9575—1988 橡胶、塑料软管内径尺寸和长度公差(idt ISO 1307:1983)
GB/T 14905—1994 橡胶和塑料软管各层间粘合强度测定(eqv ISO 8033:1991)
ISO 176:1976 塑料 增塑剂损失量的测定 活性炭法
ISO 11758:1995 橡胶和塑料软管 曝露于氙弧灯 颜色及外观变化的测定

3 软管的型别

软管的型别分为：

1 型：在 23℃下最大工作压力为 0.6 MPa(轻型)。
2 型：在 23℃下最大工作压力为 1.0 MPa(普通型)。
3 型：在 23℃下最大工作压力为 2.5 MPa(重型)。

国家石油和化学工业局 1999-08-12 批准　　2000-10-01 实施

4 结构和材料

软管的颜色、不透明度及其他物理性能应均匀一致。其结构为：
——柔性热塑性塑料内衬层。
——织物增强层。
——柔性热塑性外覆层，表面可以是平滑的，也可以是有条纹的。

外覆层的颜色可以不同于内衬层。

外覆层和内衬层应是完全凝胶化的，不应有可见裂纹、砂眼、外来杂质和其他可能影响软管使用的缺陷。

5 尺寸

5.1 内径尺寸和壁厚

软管的公称内径尺寸、公差和最小壁厚应符合表1的规定。

表1 公称内径、公差和最小壁厚 mm

公称内径	公　差	最小壁厚		
		1型	2型	3型
10	±0.75	2.00	2.00	2.80
12.5	±0.75	2.00	2.50	3.00
16	±0.75	2.00	2.80	3.00
19	±0.75	2.20	3.00	3.50
25	±1.25	2.70	3.50	4.00
31.5	±1.25	3.40	4.00	
38	±1.50	4.00	4.50	
50	±1.50	5.00	5.50	

注：如果小于或大于表中所列尺寸，则应从R10优先数系中取值(见GB/T 321)，其公差应符合GB/T 9575规定。
如果尺寸介于表中所列尺寸之间，则应从R20优先数系中取值(见GB/T 321)，其公差取相邻较大尺寸的数值。

5.2 软管的切割长度公差

应符合表2的规定。

表2 长度公差 mm

长　度	公　差
300以下	±3
300～600	±4.5
600～900	±6
900～1200	±9
1200～1800	±12
1800以上	±1%

6 内衬层和外覆层的物理性能

6.1 拉伸强度和拉断伸长率

当按GB/T 528测定时，内衬层和外覆层的拉伸强度和拉断伸长率不应小于表3给出的值。

表 3 拉伸强度和拉断伸长率的最小值

性 能	内衬层	外覆层
拉伸强度,MPa	10	10
拉断伸长率,%	250	250

6.2 老化性能

按 GB/T 3512 规定在(70±1)℃下老化 3 d 后,按 GB/T 528 测定内衬层和外覆层的拉伸强度和拉断伸长率与初始值的偏差,不应大于表 4 给出的值。

表 4 老化后拉伸强度和拉断伸长率的最大变化率

性 能	内衬层	外覆层
拉伸强度,%	10	10
拉断伸长率,%	25	25

6.3 加热减量

当按 ISO 176:1976 的方法 B 进行试验时,内衬层和外覆层材料的质量损失不应大于 4%。

7 成品软管的性能要求

7.1 静液压要求

当按 GB/T 5563 试验时,软管耐压性能应符合表 5 和表 6 的要求。

表 5 23℃下静液压要求

型别	最大工作压力 MPa	试验压力 MPa	最小爆破压力 MPa	在试验压力下最大尺寸变化,%	
				长度	直径
1 型	0.6	0.9	1.8	±8	±10
2 型	1.0	1.5	3.0	±8	±10
3 型	2.5	5.0	10.0	±8	±10

表 6 60℃下静液压要求

型别	最大工作压力 MPa	最小爆破压力 MPa
1 型	0.36	1.1
2 型	0.65	1.95
3 型	1.25	5.0

在试验压力保持期间和之后,检查软管不应有泄漏、龟裂、显示材料或加工不均匀性的扭曲变形以及其他失效现象。

7.2 粘合强度

当按 GB/T 14905 试验时,三种型别软管的内衬层和外覆层的粘合强度不应小于 1.5 kN/m。

7.3 耐紫外线(氙弧灯)性能

当按 ISO 11758 试验时,外覆层不应出现龟裂。试验后,将试样与灰色标度进行比较时,颜色变化最小接收对比度应为 4 级。

7.4 23℃温度下的弯曲性能

当按 GB/T 5565 进行测定时,用 10 倍于公称内径(见表 1)的最小弯曲直径 C 弯曲时,软管外径 T 与未弯曲时软管外径 D 的比值不应小于 0.8。

7.5 (−10±2)℃温度下的弯曲性能

当按 GB/T 5564 方法 B 试验时，软管在(－10±2)℃温度下，绕半径为软管公称内径 10 倍的芯轴上弯曲，不应有龟裂现象，并且软管应通过表 5 规定的试验压力试验。

8 标志

软管应有不易脱落的下列明显标记：

a）本标准编号；

b）制造厂名称或商标；

c）软管型别；

d）公称内径；

e）生产年、季。

附 录 A
（提示的附录）
参 考 文 献

1 ISO 176:1976《塑料——增塑剂损失量的测定——活性炭法》(可参见:化工部晨光化工研究院一分院编译.塑料工业国际标准 ISO/TC 61.轻工业出版社,1990)

2 ISO 11758:1995《橡胶和塑料软管——曝露于氙弧灯——颜色及外观变化的测定》(可从全国橡标委软管分技术委员会处获得)

中华人民共和国国家标准

聚合物增强 热塑性材料排吸软管

GB 10548—89

Hose of polymer reinforced thermoplastics for suction and discharge

本标准等效采用国际标准ISO 3994—1977《聚合物增强热塑性材料排吸软管》。

1 主题内容与适用范围

本标准规定了聚合物增强热塑性排吸软管亦称螺旋树脂软管（以下简称软管）的技术要求和试验方法等。

本标准适用于排吸水、部分化学溶液、粉状物和泥浆等物料。使用温度为-10～55℃的软管。

本标准不适用于输送可燃和易燃物料或芳烃溶剂的软管。如对软管提出抗有害的化学药品等特殊要求时，须经制造方和使用方商订。

本软管分三种类型：

1型　轻型使用条件；

2型　正常使用条件（或一般使用条件）；

3型　重型使用条件。

2 引用标准

GB 5563　胶管液压试验方法

GB 5564　胶管低温弯曲试验方法

GB 5565　胶管弯曲试验方法

GB 5567　胶管耐真空试验方法

GB 9576　橡胶、塑料软管和软管组合件　选择、贮存和维修指南

GB 9577　橡胶、塑料软管和软管组合件　标志、包装和运输规则

3 结构、材料及规格、公差

3.1 结构、材料

软管由可挠的热塑性材料组成，并以类似分子结构的聚合物材料为螺旋增强骨架。上述的可挠性材料和螺旋构成管壁时，应熔合在一起，并且没有可见的裂纹、气孔或其他影响使用性能等缺陷。

3.2 规格

3.2.1 软管的内径尺寸和允许公差

软管的内径尺寸和允许公差应符合表1规定，超出表1范围者由使用方和制造方协商确定。

中华人民共和国化学工业部1989-02-10批准　　1989-12-01实施

表 1

mm

公称内径		允许公差
1型和2型	3 型	
12.5 16 20	— — —	±0.75
25 31.5	25 31.5	±1.25
40 50	40 50	±1.50
63 80 100 125 160 —	63 80 100 125 160 200	±2.00
— —	250 315	±3.00

3.2.2 切割长度和公差

软管的切割长度和公差应符合表 2 规定，超出表 2 范围者由使用方和制造方协商确定。

表 2

mm

切割长度	公差
小于300	±3
300～600	±4.5
600～900	±6
900～1200	±9
1200～1800	±12
大于1800	±1%

4 技术要求

4.1 静液压性能

软管在23±2℃条件下进行试验时，应符合表 3 规定的要求；在55±2℃条件下进行试验时，应符合表 4 规定的要求。

表3、表4中的数值是基于以下安全比：

1型　2.5∶1

2型　3.15∶1

3型　4∶1

在试验压力（即最小爆破压力的50%）下检查软管是否有泄漏、龟裂或其他异常现象。

表3　液压试验（23±2℃）

公称内径范围 mm	设计工作压力 MPa	最小爆破压力 MPa		
		1型	2型	3型
12.5～25（含25）	0.70	1.70	2.20	2.8
31.5～63（含63）	0.50	1.25	1.60	2.0
80	0.40	1.00	1.25	1.6
100～125（含125）	0.30	0.75	0.95	1.2
160～250（含250）	0.25	0.60	0.80	1.0
315	0.20	—	—	0.8

表4　液压试验（55±2℃）

公称内径范围 mm	设计工作压力 MPa	最小爆破压力 MPa		
		1型	2型	3型
12.5～25（含25）	0.20	0.50	0.65	0.80
31.5～63（含63）	0.15	0.40	0.45	0.60
80	0.13	0.30	0.40	0.50
100～125（含125）	0.10	0.25	0.30	0.40
160～250（含250）	0.08	0.20	0.25	0.30
315	0.06	—	—	0.25

4.2　脉冲性能

软管至少应能承受10 000次脉冲周期而无泄漏、破裂现象。脉冲周期的最大压力应为设计工作压力的120%。

4.3　真空性能

按照表5所规定的绝对压力试验时，软管不得折叠或破裂。

表5　真空试验压力（软管绝对压力）

公称内径，mm	1型和2型，kPa	3型，kPa
12.5～160（含160）	35	—
25～315（含315）	—	20

4.4　增强螺旋折断性能

软管在相应尺寸（见附录B表B1）的扩张块上经过336h扩张后进行反向弯曲，聚合物增强层应无龟裂现象。

4.5　最小弯曲半径性能

1型和2型软管用5倍于公称内径、3型软管用8倍于公称内径为最小弯曲半径进行试验时软管应无裂纹。

4.6　低温弯曲性能

软管在－10±2℃条件下置放5h后，用4倍于4.5节中的规定值为最小弯曲半径进行试验时软管应无裂纹。

4.7　加热损失性能

软管结构中的热塑性材料加热后，重量损失应不大于4％。

5　试验方法

5.1　静液压试验，按GB　5563执行。

5.2　脉冲试验，按附录C所规定的方法进行。

5.3　耐真空试验，符合GB　5567的规定。

5.3.1　试样两接头间净长不应少于软管公称内径的5倍。

5.3.2　在23±2℃条件下在1min内达到规定真空度并保持10min，在此期间检查试样情况。

5.3.3　软管如在接头附近（距接头一个直径距离内）损坏时，即为试验无效，应更换试样重试。

5.4　增强螺旋折断试验，按附录B所规定的方法进行。

5.5　最小弯曲半径试验，按GB　5565执行。

5.6　低温弯曲试验，按GB　5564执行。

5.7　加热损失试验，按附录A所规定的方法进行。

6　检验规则[1]

6.1　任选软管的一种规格为代表，并任取其中一段，对脉冲性能、增强螺旋折断性能每年检验一次。

6.2　对软管的低温弯曲性能、加热损失每季度检验一次。

6.3　对软管的耐真空性能、液压性能则应每批检验一次。

6.4　应逐段检查软管的外观和尺寸。

7　标志、包装、运输、使用和贮存

按GB　9577和GB　9576执行。

采用说明：

1〕ISO 3994—1977中无此项规定。

附 录 A
增塑剂损失量的测定
(补充件)

本附录等效采用国际标准ISO 176—1976《塑料—— 增塑剂损失的测定—— 活性炭法》。

A1 适用范围

A1.1 本标准规定了在一定时间和温度下,活性炭存在时定量测定塑料中增塑剂损失量的方法。

A1.2 这种方法适用于在增塑的塑料中,且没有大量的其他挥发物质存在时,定量测定受热时增塑剂的损失量。

A1.3 仅适合对不同塑料中增塑剂的损失量或通常在不同塑料中挥发性化合物的损失量作快速的比较。

A1.4 这种方法也可以用来比较不同类型的增塑剂,这时要用完全知道特性的树脂,按一定的比例和增塑剂混合,制备标准混合样。

A1.5 这个方法也适用于必须在比较低的温度下测试的材料,因为这些材料在高温下要流动。

A2 原理

利用活性炭的强吸附作用,将塑料试样埋入活性炭之中,让其吸附塑料试样中的增塑剂测定试样重量的变化,从而计算出塑料中增塑剂的损失量。

A3 仪器和材料

A3.1 分析天平:精确到0.001g。

A3.2 百分表:精确到0.01mm。

A3.3 恒温浴或烘箱:在50~150℃范围内,保持试验温度±1℃之内。

A3.4 容器:带盖的圆柱形金属罐,罐的直径为100mm,高度为120mm,盖上开有直径为3mm的通风孔。

A3.5 活性炭:准备颗粒大小约为4~6mm的活性炭,使用前先过筛,并在70℃干燥至恒重,贮存在干燥密封的容器中。每次试验使用新鲜的材料。

A4 试样

A4.1 在没有应力和取向以及没有气泡的压塑好的塑料试片上切取直径为50±1mm,厚度为1±0.1mm圆形试样。

A4.2 试样的个数不得少于3个。

A5 操作步骤

A5.1 将试样在室内环境下停放2h后进行试验。

A5.2 称量每一个试样,准确到0.001g,用百分表测其平均厚度精确到0.01mm。

A5.3 在金属容器底上铺上约120cm³的活性炭,将试样放在活性炭上面,再用120cm³的活性炭盖住试样,最后用盖盖住容器。

A5.4 将金属容器放入温度控制在70±1℃的烘箱或恒温浴中,24h后取出容器,在室温下冷却,从容器中取出试样,仔细刷去试样上面的活性炭颗粒,在室内环境停放2h。

A5.5 称量每个试样,精确到0.001g。

A6 结果表示

试样的增塑剂损失量用式（A1）表示：

$$\Delta m = \frac{m_0 - m_1}{m_0} \times 100 \quad \cdots\cdots (A1)$$

式中：Δm —— 试样中增塑剂的损失量，%；

m_0 —— 试样在室内环境中的原重量，g；

m_1 —— 试样埋入活性炭中经热处理后取出，停放 2 h 后的重量，g。

记下测试中由 3 个试样所得到的算术平均值作为塑料中增塑剂的损失量。

A7 测试报告

a．对样品所需做的全面鉴定；

b．每个试样的厚度（精确到0.01mm）；

c．写明室内环境中的损失量（用百分比表示）；

d．测试日期；

e．测试人员。

附 录 B
增强螺旋折断试验
（补充件）

B1 设备

一条截面尺寸如表B 1所示的矩形截面的硬木条或金属条。

表 B1 折断试验的扩张块 mm

公称内径	扩张块宽度	公称内径	扩张块宽度
12.5	10	80	38
16	12	100	44
20	16	125	49
25	19	160	53
31.5	23	200	59
40	27	250	66
50	31	315	75
63	34		

B2 试样

试样应包括 3 个增强螺旋，试样应为沿软管长度方向切开的条状。应测试 3 个试样。

B3　试样保存条件

软管在制造后24h内不应进行试验。试验前，试样应在23±2℃条件下至少停放3h，该3h可以是上述24h的一部分。

B4　试验方法

将试样展开，置于与其内径相应的扩张块上（见表B1），如图B1所示。

在这样的条件下，对于控制质量试验须放置336h，对于常规试验须放置4个月。

将试样仅折直到外表面互相接触并检查螺纹有无裂纹（参见图B1）。

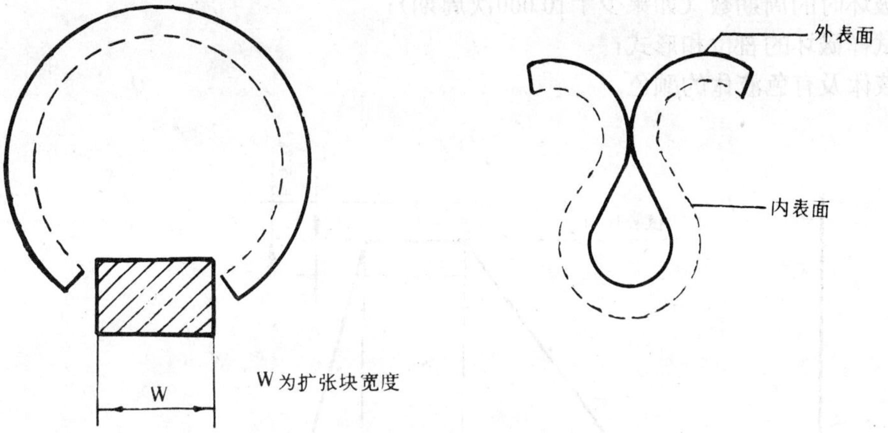

图 B1　增强螺旋折断试验示意图

B5　试验报告

试验报告应说明试验进行情况及试样损坏的位置与形式。

附　录　C
脉冲压力试验
（补充件）

C1　试验仪器

本装置包括一个可施加内液压的循环系统，这种内液压可按预先确定的程度放出，经过固定的周期而下降并可反复循环。每个脉冲周期应符合图C1的压力－时间要求。

适用的循环系统如图C2所示。

C2　试验液体

试验液体应为水，并可适当着色。如经供需双方商定亦可用其他液体。

C3　试样

至少应测试3根带管接头的试样。管接头之间的试样净长应为公称内径的5倍。

C4 试样保存条件

在软管制造后的24 h内不应进行试验。试验前，试样应在23 ± 2 ℃条件下至少放置3 h，这3 h也可包括在上述24 h之内。

C5 试验方法

将试样以伸直状态连接到试验装置上，并确保试验液体和环境的温度为23 ± 2 ℃。排空试样内的空气。试样须经受10 000次脉冲周期。

C6 试验报告

a. 试样破坏时的周期数（如果少于10 000次周期）；

b. 每个试样破坏的部位和形式；

c. 试验液体及有色液体的颜色。

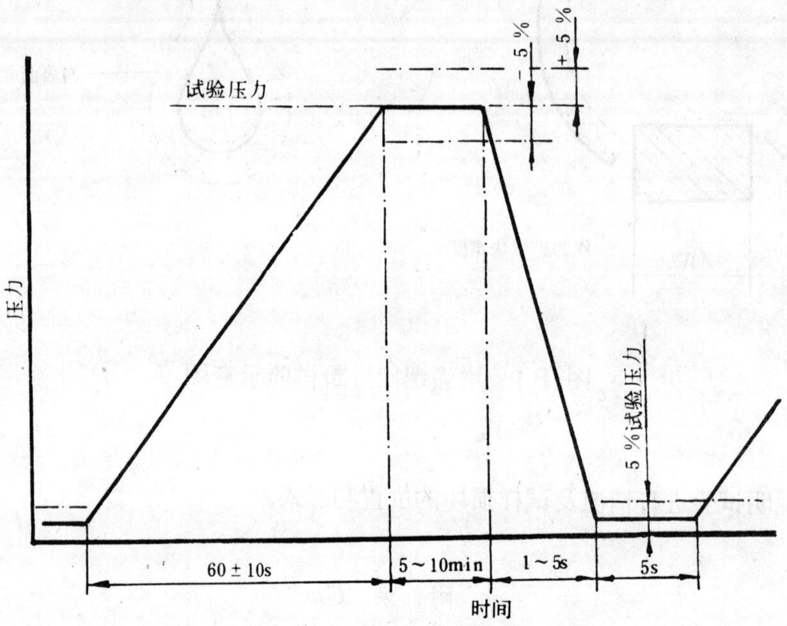

图 C1 压力脉冲周期

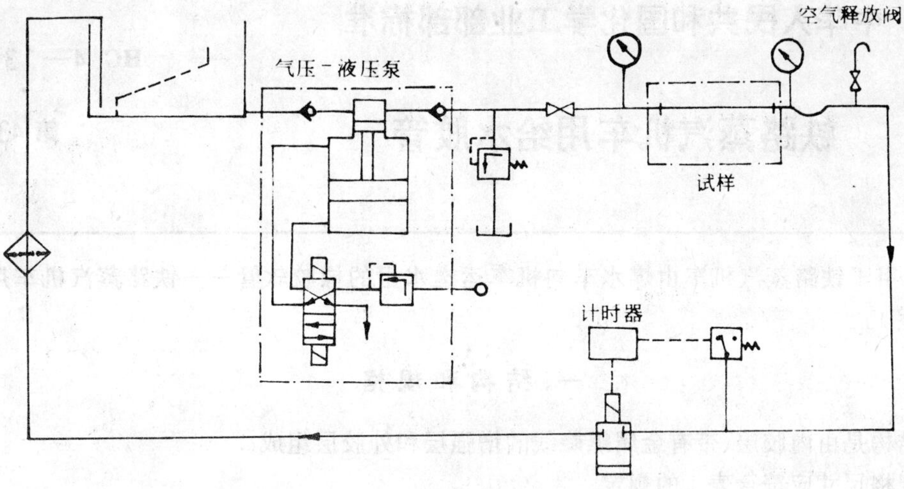

图 C2 脉冲试验循环系统

附加说明：

本标准由全国橡胶与橡胶制品标准化技术委员会橡胶软管分技术委员会归口。

本标准由天津市橡胶工业研究所负责起草。

本标准主要起草人王士敏、侯月华、陈军、刘宝翠、芦翰轩。

中华人民共和国化学工业部部标准

HG 4—1399—81

铁路蒸汽机车用给水胶管

第43组

本标准适用于铁路蒸汽机车由煤水车向机车运送水用的橡胶软管——铁路蒸汽机车用给水胶管（以下简称胶管）。

一、结构和规格

1. 胶管结构是由内胶层、带有金属螺旋线的增强层和外胶层组成。

2. 胶管规格尺寸应符合表1的规定。

表1　　单位：mm

内径		管头外径		胶层厚度　不小于		管头长度	
尺寸	公差	尺寸	公差	内胶层	外胶层	尺寸	公差
64	±1.5	83	$^{+2}_{-1}$	1.8	0.8	90	±15
76	±1.5	95	$^{+2}_{-1}$	1.8	0.8	90	±15
89	±1.5	108	$^{+2}_{-1}$	1.8	0.8	90	±15

注：① 长度由使用方提出，经制造方同意。长度公差为胶管全长的±1%。

② 如有特殊要求及需要其他规格时，可由供需双方协商制造。

③ 胶管的胶层和增强层搭接处允许外径相应增大。

二、技术条件

3. 胶管的物理机械性能应符合表2规定。

中华人民共和国化学工业部　发布　　1981年5月1日　实施
天津市橡胶工业公司　提出　　天津市胶管厂等单位　起草

表 2

性能项目			指标	
			内胶	外胶
胶层扯断强度,kg/cm²		不小于	53	60
胶层扯断伸长率,%		不小于	250	300
部件间附着强度,kg/cm	内胶层与增强层	不小于	1.5	
	增强层与增强层	不小于	1.5	
胶层蒸汽老化性能 [120℃(1kg/cm² 气压)×14h]	扯断强度变化率,%		+25～−25	—
	扯断伸长率变化率,%		+10～−30	—
脆性温度,℃		不高于	—	−35

注:① 外胶层不适合作物理机械性能试验时,以制造胶管的外层胶料的物理机械性能来代替。

② 附着强度以各层间试验结果的最低值判断。

4. 胶管在 12kg/cm² 的水压试验时,保持 10min,应不渗水、局部鼓起、局部膨胀及其他异常现象。胶管爆破压力不低于 20kg/cm²。

5. 胶管在承受真空度 600mmHg 的抽空试验下,不得有抽扁、脱层和其他异常现象。

6. 胶管应能运送 90℃和浓度为 2%的碱性水。

7. 在遵守本标准第 18、19、20 条的情况下,制造方保证产品自制造日起,在不超过一年的贮存期内,其物理机械性能仍符合本标准的规定。

8. 胶管胶层不应有海绵状、内胶层裂口、起泡等缺陷。在不影响使用寿命的条件下,允许胶管外观缺陷按表 3 的规定检查。

表 3 胶管外观质量

缺陷名称	一级品	二级品
外胶层起泡脱层	不允许有	不多于 3 处,须经一次修理完善
增强层脱层	不允许有	外层允许不多于 2 处,但须经一次修理完善
外胶层搭缝痕迹和裂口	允许有痕迹但不得裂口	允许有痕迹。外胶裂口累计长度不得超过胶管全长的 5%,但须经一次修理完善
外界损伤	不允许有	外部允许有,但增强层不多于 3 处,须经一次修理完善
缠绳乱档	不允许有	不允许有

注:① 胶层或增强层搭接处相应的胶层厚度,允许减薄其搭接层的厚度。

② 表中未规定的外观缺陷,由制造厂技术检查部门按本标准中类似缺陷判定等级。

③ 外观缺陷超出二级品标准者为不合格品,无使用价值者为废品。

三、验收规则

9. 制造厂保证出厂的胶管应符合本标准的各项规定,并附有质量合格证。

10. 胶管应逐根进行外观质量和规格尺寸的检查。

11. 每批胶管不多于 5000 根。

12. 每批任选一种规格为代表,从中任取一根胶管,检查各项物理机械性能和水压、抽空试验,但每月不得少于一次。

13. 如物理机械性能和各项压力试验检查有不合格时,应在该批产品中另取双倍试样进行不合格项目的复试，复试后仍有一个试样不合格时，则该批产品为不合格品。

四、检 验 方 法

14. 胶管外观质量用目测和量具进行检验。其规格尺寸用卷尺和卡尺检查，应分别精确到 2mm 和 0.1mm。

15. 胶管的各项物理机械性能和水压试验，抽空试验按HG 4—1201—79《胶管试验方法》的规定进行。制造胶管的胶料的各项物理机械性能分别按 GB 528—76《橡胶扯断强度试验方法》和 HG 4—841—76《橡胶脆性温度试验方法(多试样)》的规定进行。蒸汽老化性能试验结果按本标准附录规定计算。

五、标志、包装、贮存和运输

16. 胶管的一端部应有水洗不掉的下列明显标志：

(1) 制造厂名称或商标；

(2) 产品名称；

(3) 制造日期(年、月)。

17. 胶管以 5 根为一捆，应平直用布条或草绳捆紧。

18. 胶管在贮存和运输中，应避免阳光直射、雨雪浸淋，保持清洁。禁止与酸、碱、油类和有机溶剂等影响橡胶质量的物质接触，并距热源 1m 以外。

19. 贮存时，库房内温度应保持在－15～＋35℃，相对湿度在 50％～80％。

20. 贮存时，胶管应平放，堆放高度不得超过 1m，贮存期间，每半年应倒翻一次。

21. 胶管在使用中应避免受外界挤压、过度弯曲、机械创伤。

附　录

蒸汽老化性能试验结果按下式计算：

(1) 用扯断强度变化百分率 A_C(%)表示老化性能：

$$A_C=\frac{\delta_2-\delta_1}{\delta_1}\times 100$$

式中：δ_1——老化前扯断强度，kg/cm^2；

δ_2——老化后扯断强度，kg/cm^2。

(2) 用扯断伸长率变化百分率 A_E(%)表示老化性能：

$$A_E=\frac{\Sigma_2-\Sigma_1}{\Sigma_1}\times 100$$

式中：Σ_1——老化前扯断伸长率，%；

Σ_2——老化后扯断伸长率，%。

备案号:7265—2000

前　　言

本标准是等同采用国际标准 ISO 4639-2:1995《内燃机燃油系统用纯胶管及橡胶软管　第二部分:含氧燃油》制定的。

《内燃机燃油系统纯胶管及橡胶软管》系列标准包括下列三个标准:

HG/T 3042—1989　《内燃机燃油系统输送常规液体燃油用纯胶管和橡胶软管》(eqv ISO 4639-1:1987)

HG/T 3665—2000　《内燃机燃油系统输送含氧燃油用纯胶管及橡胶软管》(idt ISO 4639-2:1995)

HG/T 3666—2000　《内燃机燃油系统输送氧化燃油用纯胶管及橡胶软管》(idt ISO 4639-3:1995)

本标准的附录 A、附录 B、附录 C 和附录 D 是标准的附录。附录 E 是提示的附录。

本标准由中华人民共和国原化学工业部技术监督司提出。

本标准由全国橡胶与橡胶制品标准化技术委员会软管分技术委员会归口。

本标准负责起草单位:化工部沈阳橡胶研究设计院。

本标准主要起草人:李春明、程宏玉。

ISO 前　言

国际标准化组织(ISO)是各国标准团体(ISO 成员团体)的世界性联合机构。制定国际标准的工作通常由 ISO 各技术委员会进行。凡对已建立技术委员会的项目感兴趣的成员团体均有权参加该委员会。与 ISO 有联系的政府和非政府的国际组织,也可参加此项工作。在电工技术标准化的所有方面,ISO 与国际电工委员会(IEC)紧密合作。

技术委员会采纳的国际标准草案,要发给成员团体进行投票。作为国际标准发布时,要求至少有 75%投票的成员团体投赞成票。

国际标准 ISO 4639-2 由 ISO/TC 45 橡胶与橡胶制品技术委员会 SC1 软管(橡胶和塑料)分技术委员会制定。

ISO 4639 的总标题是《内燃机燃油系统用纯胶管和橡胶软管　规范》,由下列三部分组成:

第一部分:常规液体燃油

第二部分:含氧燃油

第三部分:氧化燃油

附录 A、B、C 和 D 是构成 ISO 4639 本部分的标准的附录。

中华人民共和国化工行业标准

内燃机燃油系统输送含氧燃油用纯胶管及橡胶软管

HG/T 3665—2000
idt ISO 4639-2:1995

Rubber tubing and hoses for fuel circuits for internal—Combustion engines using oxygenated fuels

1 范围

本标准规定了在使用加有含氧化合物如乙醇的液体燃油的燃油系统中使用的纯胶管及橡胶软管的要求(不包括用于液体燃油配给的装备)。这些软管和纯胶管用于燃油不可能被氧化的常规汽化器系统，并具有适中的耐氧化(酸性)燃油性能。

2 引用标准

下列标准所包含的条文，通过在本标准中引用而构成为本标准的条文。本标准出版时，所示版本均为有效。所有标准都会被修订，使用本标准的各方应探讨使用下列标准最新版本的可能性。

GB/T 528—1998　硫化橡胶或热塑性橡胶拉伸应力应变性能的测定(eqv ISO 37:1994)

GB/T 1690—1992　硫化橡胶耐液体试验方法(neq ISO 1817:1985)

GB 1800.2—1998　极限与配合　基础　第2部分:公差、偏差和配合的基本规定(eqv ISO 286-1:1988)

GB 2941—1991　橡胶试样环境调节和试验的标准温度、湿度及时间(eqv ISO 471:1983)

GB/T 3512—1983(1989)　橡胶热空气老化试验方法(neq ISO 188:1976)

GB/T 3672—1992　模压、压出和压延实心橡胶制品的尺寸公差(eqv ISO 3302:1988)

GB/T 5563—1994　橡胶、塑料软管及软管组合件液压试验方法

GB/T 5564—1994　橡胶、塑料软管低温曲挠试验(neq ISO 4672:1988)

GB/T 5565—1994　橡胶或塑料软管及纯胶管弯曲试验(neq ISO 1747:1973)

GB/T 5567—1994　橡胶、塑料软管及软管组合件真空性能的测定

GB/T 6031—1998　硫化橡胶或热塑性橡胶硬度的测定(10～100IRHD)(idt ISO 48:1994)

GB/T 7759—1996　硫化橡胶、热塑性橡胶　在常温、高温和低温下压缩永久变形的测定(eqv ISO 815:1991)

GB/T 9573—1988　橡胶、塑料软管和软管组合件尺寸测量方法(idt ISO 4671:1984)

GB/T 12833—1991　橡胶和塑料撕裂强度及粘合强度多峰曲线的分析方法(eqv ISO 6133:1981)

GB/T 14905—1994　橡胶和塑料软管各层间粘合强度测定(eqv ISO 8033:1991)

HG/T 2869—1997　橡胶、塑料软管静态条件下耐臭氧性能的评定(idt ISO 7326:1991)

ISO 8308:1993　橡胶和塑料软管及非增强软管液体壁透性测定

3 纯胶管及软管的型别

纯胶管及软管分为下列三种不同的型别:

国家石油和化学工业局 2000-05-23 批准　　　　2000-12-01 实施

1 型：纯胶管，最大工作压力为 0.12 MPa；

2 型：软管，工作压力为 0～0.12 MPa；

3 型：软管，工作压力为 0～0.3 MPa。

此外，上述 1 型、2 型和 3 型三种型别可进一步分成两个级别：

A 级：在最高 120℃的环境温度下工作；

B 级：在最高 140℃的环境温度下工作。

B 级纯胶管可带有外覆层。

4 纯胶管和软管的内壁

全部纯胶管及软管的内壁应是清洁的，目视检查时不应有任何杂质。

5 尺寸

5.1 纯胶管

当按 GB/T 9573 规定的方法测量时，内径和壁厚应符合表 1 的规定。

公差应根据 GB/T 3672 规定的相应类别进行选取：模压管为 M3，挤出管为 E2。

注：作为信息，与纯胶管相配的接头应具有下列直径：4 mm，4.5 mm，6 mm 或 6.35 mm，8 mm，10 mm，12 mm 和 14 mm。

表 1 纯胶管内径和壁厚　mm

公称内径	公称壁厚
3.5	3.5
4	3.5
5	4
7	4.5
9	4.5
11	4.5
13	4.5

5.2 软管

当按 GB/T 9573 规定的方法进行测量时，软管的尺寸、公差及同心度应符合表 2 和表 3 的规定。

表 2 软管尺寸　mm

<table>
<tr><th>公称内径</th><th>公　差</th><th>壁　厚</th><th>外　径</th><th>公　差</th></tr>
<tr><td>3.5</td><td rowspan="10">±0.3</td><td rowspan="8">3</td><td>9.5</td><td rowspan="10">±0.4</td></tr>
<tr><td>4</td><td>10</td></tr>
<tr><td>5</td><td>11</td></tr>
<tr><td>6</td><td>12</td></tr>
<tr><td>7</td><td>13</td></tr>
<tr><td>7.5</td><td>13.5</td></tr>
<tr><td>8</td><td>14</td></tr>
<tr><td>9</td><td>15</td></tr>
<tr><td>11</td><td rowspan="3">3.5</td><td>18</td></tr>
<tr><td>12</td><td>19</td></tr>
<tr><td>13</td><td rowspan="3">±0.4</td><td>20</td><td rowspan="3">±0.6</td></tr>
<tr><td>16</td><td rowspan="2">4</td><td>24</td></tr>
<tr><td>21</td><td>29</td></tr>
<tr><td>31.5</td><td>+0.5</td><td>4.25</td><td>40</td><td rowspan="2">±1.0</td></tr>
<tr><td>40</td><td>−1.0</td><td>5</td><td>50</td></tr>
</table>

表 3　软管同心度

mm

内　径	最大同心度误差 内径到外径
3.5 以下(包括(3.5)	0.4
3.5 以上	0.8

6　物理试验和规范

6.1　对材料的要求

只要可能，应使用从产品上裁取的试样进行试验。如不可能，则试样应从与产品相同硫化程度的标准试验胶片上裁取。压缩永久变形的测定应使用标准试样。

6.1.1　硬度

当按 GB/T 6031(微型试验)规定的程序测定时，硬度应符合表 4 的规定。

6.1.2　拉伸强度和拉断伸长率

当按 GB/T 528 规定的程序使用 2 号哑铃状试样进行测定时，拉伸强度和拉断伸长率应符合表 4 的规定。

表 4　对材料的要求

章条号	特　征	单　位	对 A 级和 B 级的要求			
			纯胶管	外覆层，如要求	软管内衬层	软管外覆层
6.1.1	公称硬度	IRHD	70	70	70	70
6.1.1	公差	IRHD	±10	±10	+5 −10	±10
6.1.2	拉伸强度，最小	MPa	10	10	8	7
6.1.2	拉断伸长率，最小	%	250	150	200	200
6.1.3	加速老化					
	硬度变化					
	最大增加[1)]	IRHD	15	15	15	15
	最大降低	IRHD	0	0	0	0
	拉伸强度下降，最大	%	20	20	20	20
	拉断伸长率下降，最大	%	50	50	50	50
6.1.4	耐臭氧性能		放大 2 倍观察无龟裂			
6.1.5	压缩永久变形，最大(100±1)℃ $\times(72_{-2}^{\ 0})$h	%	50	50	50	50
6.1.6.1	耐烃类性能					
	硬度下降，最大	IRHD	25	—	25	—
	拉伸强度下降，最大	%	40	—	40	—
	拉断伸长率下降，最大	%	30	—	30	—
	体积膨胀，最大	%	30	—	30	—
6.1.6.2	耐含氧燃油性能					
	硬度下降，最大	IRHD	25	—	25	—
	拉伸强度下降，最大	%	50	—	50	—
	拉断伸长率下降，最大	%	40	—	40	—
	体积膨胀，最大	%	45	—	45	—
6.1.6.3	耐氧化燃油性能					
	硬度下降，最大	IRHD	25	—	25	—
	拉伸强度下降，最大	%	50	—	50	—
	拉断伸长率下降，最大	%	40	—	40	—
	体积膨胀，最大	%	45	—	45	—

表 4(完)

章条号	特　征	单　位	对 A 级和 B 级的要求			
			纯胶管	外覆层，如要求	软管内衬层	软管外覆层
6.1.7	耐 3 号油性能					
	拉伸强度下降，最大	%	25	50	—	50
	拉断伸长率下降，最大	%	50	50	—	50
	体积变化					
	增加，最大	%	15	75	—	75
	减少，最大	%	15	5	—	5
1) 最大绝对值不应超过 90 IRHD。						

6.1.3　加速老化后性能的变化

加速老化试验应根据 GB/T 3512 的规定，在通风干燥箱中，使用 6.1.1 和 6.1.2 规定的试样，在下列条件下进行：

——A 级的纯胶管、软管外覆层和软管外覆层，以及 B 级的软管内衬层：(120±2)℃×(72_{-2}^{0})h。

——B 级纯胶管、纯胶管外覆层和软管外覆层：(140±2)℃×(72_{-2}^{0})h。

硬度、拉伸强度和拉断伸长率的变化应符合表 4 的规定。

6.1.4　耐臭氧性能

根据 6.1.3 的规定进行加速老化后，按 HG/T 2869 中规定的相应方法进行试验。在下列条件下用两倍放大镜检查，试样不应出现龟裂现象(见表 4)。

臭氧分压：(50±3)mPa；

周期：(72_{-2}^{0})h；

伸长率：

软管外覆层和内衬层为 20%；

纯胶管(包括镶衬层)为 50%；

温度：(40±2)℃。

6.1.5　压缩永久变形

当按 GB/T 7759 规定使用大试样(A 型)在表 4 规定的条件下测定时，压缩永久变形应符合表 4 的规定。

6.1.6　耐燃油性能

警告：在高温下燃油是极其危险的。试验应在防爆柜中于回流状态下进行。

6.1.6.1　耐烃类性能(GB/T 1690 规定的液体 C)

本要求仅适用于纯胶管和软管的内衬层。

在(60±1)℃下于液体 C 中浸渍(72_{-2}^{0})h 后，按 GB/T 1690 规定的程序进行测定，硬度(6.1.1)、拉伸强度(6.1.2)、拉断伸长率(6.1.2)以及体积的任何变化均应符合表 4 的规定。

6.1.6.2　耐含氧燃油性能

本要求仅适用于纯胶管和软管的内衬层。

在(60±1)℃下于体积比为 85%的液体 C(GB/T 1690)和 15%的甲醇的混合液中浸渍(72_{-2}^{0})h 后，按 GB/T 1690 规定的程序进行测定，硬度(6.1.1)、拉伸强度(6.1.2)、拉断伸长率(6.1.2)以及体积的任何变化均应符合表 4 的规定。

6.1.6.3　耐氧化燃油性能

本要求仅适用于纯胶管和软管内衬层。

在(60±1)℃下于附录 A 规定的试验液体中浸渍(140±2)h 后，按 GB/T 1690 规定的程序进行测定，硬度(6.1.1)、拉伸强度(6.1.2)、拉断伸长率(6.1.2)以及体积的任何变化均应符合表4的规定。

6.1.7 耐3号油性能

本要求仅适用于纯胶管和软管的外覆层。

A级产品试样在(120±2)℃下，B级产品试样在(140±2)℃下，于3号油中浸渍(72_{-2}^{0})h后，按GB/T 1690规定程序进行测定，拉伸强度(6.1.2)、拉断伸长率(6.1.2)以及体积的任何变化均应符合表4的规定。

6.2 对成品的要求

6.2.1 泄漏试验

本要求仅适用于纯胶管。

将纯胶管套在一段金属管的经抛光的端头上，该金属管的机械加工公差按GB 1800.2定义为H14，其直径应等于5.1中注给出的相应值。将该纯胶管沿金属管向里推进的距离应为纯胶管公称内径的3倍。金属管的另一端应封闭，纯胶管的另一端则应接在气压源上。

然后，使该组合件承受0.12 MPa的内压，并保持2 min，介质为液体C。在试验期间不应出现泄漏(见表5)。

6.2.2 拉伸试验

本要求仅适用于纯胶管。

按6.2.1所述方法将一段纯胶管套在金属管的一端，然后将该组合件沿金属管垂直悬挂下来，并使纯胶管承受施加于用塞子塞住的另一端上的10 N载荷。

该纯胶管不应断裂或滑脱(见表5)。

6.2.3 最小爆破压力

按GB/T 5563规定的程序测得的最小爆破压力应符合表5的规定。

6.2.4 粘合强度

本要求仅适用于软管。

按GB/T 14905中规定的相应方法测得的外覆层与增强层及内衬层与增强层之间的粘合强度应符合表5的规定。

表5 对成品的要求

章条号	特性	单位	要求	
			纯胶管	软管
6.2.1	泄漏试验	—	不泄漏	—
6.2.2	拉伸试验	—	不断裂无滑脱	—
6.2.3	最小爆破压力	MPa	0.5	3.0
6.2.4	粘合强度(外覆层和内衬层对增强层) 剥离力，最小	kN/m	—	1.5
6.2.5	低温屈挠性	—	2倍放大，无龟裂迹象	
6.2.6	清洁度 不溶杂质，最大 溶于燃油的固体，最大	 g/m^2 g/m^2	 5 3	 5 3
6.2.7	可抽出蜡制品，最大	g/m^2	1.5	1.5
6.2.8	液体C的渗透性，最大	cm^3/m^2	25	25
6.2.9	抗撕性，最小	kN/m^2	6	—
6.2.10	耐吸扁性	—	球应能在整根软管内通过	
6.2.11	耐弯曲性 变形系数 D'/D	—	0.7	0.7

表 5(完)

章条号	特　性	单　位	要　求	
			纯胶管	软管
6.2.12 和	长期耐含氧燃油性能		球应能在整根软管内通过	
6.2.12.1	耐吸扁性	—		
6.2.12.2	耐弯曲性 变形系数 D'/D,最小	—	0.7	0.7
6.2.12.3	耐臭氧性能	—	2 倍放大,无龟裂迹象	
6.2.12.4	最小爆破压力	MPa	—	1.2
6.2.12.5	粘合强度(外覆层和内衬层对增强层) 剥离力,最小	kN/m	—	0.8
6.2.12.6	低温屈挠性	—	2 倍放大,无龟裂迹象	
6.2.14	加速老化	—	2 倍放大,内外无龟裂或剥蚀	

6.2.5　低温屈挠性能

本试验应在下列条件下按 GB/T 5564 规定的方法 B 进行。

空的纯胶管或软管:(-25 ± 2)℃×$(24_{-2}^{\ 0})$h。

充注液体 C 的纯胶管或软管:(-40 ± 2)℃×$(72_{-2}^{\ 0})$h。

从给纯胶管或软管充注液体至冷冻开始之间的时间间隔不应多于 30 min。

软管的弯曲半径应为其公称内径的 12 倍,纯胶管的弯曲半径应为其公称内径的 25 倍。

屈挠之后,用 2 倍放大镜检查,纯胶管或软管不应有龟裂迹象(见表 5)。

注:工业上广泛使用的"空的"试验仅用于仲裁试验。

6.2.6　清洁度

按附录 B 测得的杂质含量应符合表 5 的规定。

6.2.7　用液体 C 抽出的蜡制品的测定

按附录 B 测得的可抽出的蜡制品的含量应符合表 5 的规定。

6.2.8　液体 C 的渗透性

按 ISO 8308(见附录 E)规定的方法 A,在(40 ± 1)℃下经(100 ± 2)h,测定的液体 C 渗透值应符合表 5 的规定。

6.2.9　抗撕性

本要求仅适用于纯胶管。

按附录 C 测定的抗撕性应符合表 5 的规定。

6.2.10　耐吸扁性

本试验应在下列条件下,按 GB/T 5567 规定的方法 A 仅在直的软管上进行测试:

真空度:80 kPa;

周期:15～60 s;

球直径:公称内径×0.8。

该球应能在整根软管内通过(见表 5)。

6.2.11　耐弯曲性

本要求仅适用于内径不大于 16 mm 的直的纯胶管和软管。

试验应根据 GB/T 5565 进行,所用的卷筒直径如下:

——对于直径为 7～11 mm(含 11 mm)的纯胶管和软管为 140 mm。

——对于直径为 12～16 mm(含 16 mm)的纯胶管和软管为 220 mm。

变形系数 D'/D 应符合表 5 规定的值。

6.2.12 长期耐含氧燃油性能

纯胶管或软管试样应按附录D的规定，在(60±1)℃下进行1 000 h含氧燃油的长期循环试验。

第一个试样接着进行6.2.12.1至6.2.12.4规定的试验。

第二个试样进行6.2.12.5规定的试验。

第三个试样进行6.2.12.6规定的试验。

6.2.12.1 耐吸扁性：当按6.2.10规定的方法试验时，球应在整根软管内通过(见表5)。

6.2.12.2 耐弯曲性：按6.2.11测定的变形系数D'/D应符合表5规定的数值。

6.2.12.3 耐臭氧性能：在下列条件下按HG/T 2869规定的方法1进行试验，用2倍放大镜检查，试样不应出现龟裂迹象(见表5)。

臭氧分压：(50±3)mPa。

周期：$(72_{-2}^{\ 0})$h。

伸长率：软管外覆层、内衬层和镶衬层为20%；纯胶管(包括镶衬层)为50%。

温度：(40±2)℃。

6.2.12.4 最小爆破压力：按6.2.3测定的最小爆破压力应符合表5的规定。

6.2.12.5 粘合强度：使用6.2.12中规定的第二个试样按6.2.4测得的外覆层和内衬层两者与增强层之间的粘合强度应符合表5的规定。

6.2.12.6 低温屈挠性能：按6.2.5的规定，用6.2.12中规定的第三个试样进行试验，在2倍放大镜下检查，不应出现龟裂现象(见表5)。

6.2.13 加速老化后性能的变化

将一根适当长度的纯胶管或软管试样弯曲成直径大约为250 mm的两端相接的环，并置于(150±3)℃的通风烘箱内老化$(72_{-2}^{\ 0})$h。在老化周期结束时，将试样伸直4～8 s。伸直后，用2倍放大镜检查，试样内外均不应有龟裂或剥蚀迹象(见表5)。

7 标志

除非组件太小不能加标记，纯胶管和软管均应印上含有下列内容的标志：

a）燃油；

b）制造厂名或商标；

c）本标准的编号；

d）型别和级别；

e）制造年月；

f）内径。

附　录　A
（标准的附录）
氧化燃油试验液体的制备

A1　范围

本附录规定了制备氧化（“酸性”）汽油试验溶液的方法，这些溶液用于测定它们对弹性体、塑料和金属材料及各组件的影响。本附录适用于利用叔-丁基过氧化氢（70%水溶液），可溶性铜离子（0.01 mg/dm^3）和含有体积分数为80%的液体C、15%甲醇和5% 2-甲基丙-2-醇（叔-丁基醇）的基础燃油制备的过氧化物数为*PN* 90的溶液。当工程制图或规范要求时，可使用其他基础燃油和过氧化物数，但应注意的是某些基础燃油可能产生过氧化物溶液的水相分离。

本附录还描述了燃油过氧化物数的测定。

A2　试剂

除非另有说明，在分析过程中，只使用分析纯试剂以及蒸馏水或等纯度水。

A2.1　叔-丁基过氧化氢：70%水溶液，$\rho=0.935\ g/cm^3$。

A2.2　铜离子浓缩液：以适当的烃类作溶剂，按质量计，含铜量为6%～12%的环烷酸铜溶液。

A2.3　2,2,4-三甲基戊烷（异辛烷）。

警告：低闪点。

A2.4　甲苯。

警告：低闪点。

A2.5　甲醇。

警告：低闪点。

A2.6　2-甲基丙-2-醇（叔丁基醇）。

警告：低闪点。

A3　仪器

A3.1　聚乙烯瓶：容积为1000 mL，广口带螺纹盖。

A3.2　玻璃容量瓶：容积为1000 cm^3。

A3.3　刻度移液管：容积为10 cm^3。

A3.4　刻度玻璃量筒：容积为100 cm^3和1000 cm^3。

A4　制备步骤

警告：本制备步骤必须在通风厨内进行，必须配戴防护镜和一次性塑料手套。

A4.1　试验液体的制备

A4.1.1　基础燃油混合物

将等体积的2,2,4-三甲基戊烷和甲苯混合而制备GB/T 1690液体C，并贮存在深色玻璃瓶内。

将GB/T 1690规定液体C、甲醇和2-甲基丙-2-醇按80：15：5的体积比混合制备基础燃油，并贮存于深色玻璃瓶内。

A4.1.2　铜离子储备溶液（1 mg/dm^3）

将适当体积的铜离子浓缩液加入基础燃油中制成浓度为1.140 mg/dm^3的1000 cm^3铜离子溶液（Cu-1）。贮存于深色玻璃瓶内。

将 100 cm^3 的 Cu-1 加入 1040 cm^3 的基础燃油中制成 0.1 mg/cm^3 铜离子溶液(Cu-2)。贮存于深色玻璃瓶内。

将 100 cm^3 的 Cu-2 加入到 990 cm^3 的基础燃油中制成 1.0 mg/cm^3 铜离子储备溶液(CSS)。贮存于深色玻璃瓶内。

A4.1.3 氧化燃油试验液体的制备

用表 A1 中规定的混合液制成所需工作强度的氧化汽油试验液体。在聚乙烯瓶中于暗处贮存不超过四星期。混合后和其后使用前应立即以 A5 所述滴定试验方法检查过氧化物指数。

用 1000 cm^3 容量瓶盛 500 cm^3 基础燃油，加入叔丁基过氧化氢溶液和铜离子储备溶液(CSS)，然后用基础燃油补充至 1000 cm^3，充分摇动以溶解基础燃油乙醇相中过氧化氢溶液中的水。

表 A1　氧化燃油试验液体的制备

期望的过氧化物数	70%叔丁基过氧化氢溶液	铜离子储备溶液(CSS)	基础燃油
90 *PN*	12.39 cm^3	10 cm^3	至 1 000 cm^3

注：1 过氧化物数(*PN*)=1 mmol/dm^3。

每使用 70 h 后重新检查一次试验液体的 *PN*。如降到 80 *PN* 以下，则应用新的试验液体换掉旧的试验液体。

A5 氧化燃油试验液体过氧化物数的滴定测定

A5.1 范围

本章规定了测定氧化(“酸化”)汽油试验液体的过氧化物数的滴定法，该试验液体用 A4 规定的步骤制备。

本方法能在浸渍试验过程中用来测定氧化汽油试验液体的过氧化物数。然后应注意观察下列现象：

a) 大多数涉及弹性体的浸渍试验都会因橡胶中配合剂的抽出而导致试验液体变黄。这一点应在确定滴定终点时予以考虑。

b) 试验时从材料中抽出的配合剂自身具有使碘化物溶液释放游离碘的能力。因此，应使用不含过氧化氢物的基础燃油在重复浸渍试验中进行空白试验。

本方法也可用于(采取某些措施)测定浸渍试验过程中所用试验液体过氧化物数的损耗，以便确定需要补充的试验液体量。

A5.2 试剂

除非另有说明，在分析过程中，只使用分析纯试剂以及蒸馏水或等纯度水。

A5.2.1 碘化钾：100 g/dm^3 溶液，贮存于深色试剂瓶里。如果进行空白滴定时，该溶液给出的过氧化物数为 2，则废弃。

A5.2.2 硫代硫酸钠标准滴定溶液：$c(Na_2S_2O_3)=0.1$ mol/dm^3。

A5.2.3 乙酸/丙-2-醇混合液：将 100 mL 冰醋酸和 1150 mL 丙-2-醇混合，贮存于玻璃瓶里。

A5.3 仪器

A5.3.1 锥形瓶(依氏烧瓶)：磨口，容积为 250 cm^3。

A5.3.2 冷凝器：Allihn 或 Liebig 水冷式，带磨口接头以便与锥形瓶(A5.3.1)连接。

A5.3.3 玻璃量筒：容积为 100 cm^3。

A5.3.4 热板或其他加热工具：应适于加热装配有冷凝管的锥形瓶，以便回流试剂。

A5.3.5 玻璃移液管：容量 10 cm^3。

A5.4 步骤

A5.4.1 将 25 m^3 乙酸/丙-2-醇混合液加到 250 cm^3 的锥形瓶中。

A5.4.2 将 10 cm^3 碘化钾溶液加到该锥形瓶中。

A5.4.3 用移液管精确地把 2 cm^3 按 A4.1.3 制备的氧化汽油试验液体移到该锥形瓶中。

A5.4.4 将冷凝器安装到该锥形瓶上，并在热板上温和地回流 5 min 以释放游离碘。

A5.4.5 在冷水浴中将该瓶冷却，并以 5 cm^3 水向下冲洗冷凝器。

A5.4.6 拆去冷凝器后，用硫代硫酸钠标准滴定溶液滴定，直到黄颜色恰好消失。记录所消耗的硫代硫酸钠标准滴定溶液的体积 V_1。

A5.4.7 重复 A5.4.1 至 A5.4.6 的步骤进行空白试验，但要省略加氧化汽油试验液体(步骤A5.4.3)。记录所消耗的硫代硫酸钠标准滴定溶液的体积 V_2。该体积不应超过 0.1 cm^3。

A5.5 分析结果的表述

氧化汽油试验液体的过氧化物数(PN)按式(A1)计算：

$$PN = \frac{1000c(V_1 - V_2)}{2V_0} \qquad \text{(A1)}$$

式中：V_0——A5.4.3 中所取用于测定的氧化汽油试验液体的体积，cm^3；

V_1——A5.4.6 中用于真正滴定的硫代硫酸钠标准滴定溶液的体积，cm^3；

V_2——A5.4.7 中用于空白滴定的硫代硫酸钠标准滴定溶液的体积，cm^3；

c——所用硫代硫酸钠标准滴定溶液的实际浓度，mol/cm^3。

附 录 B
(标准的附录)
清洁度与萃取物试验

B1 范围

本附录规定了定量测定液体燃油系统所用纯胶管和软管中不溶性杂质(“夹杂”)、液体 C 溶解物，以及蜡状萃取物的方法。

B2 原理

将一定量的液体 C 充注至纯胶管或软管试样中于常温下放置 24 h。随后，将试样倒空，再用液体 C 以重力流动方式冲洗其内侧。

收集全部溶液，过滤出不溶性杂质，干燥、称量，将剩余溶液蒸发至于，由此可计算出全部液体 C 溶解物。将蜡状萃取物用甲醇从残余物中溶出。由此得到的溶液经蒸发干燥后称量蜡状萃取物。

B3 仪器和材料

B3.1 玻璃漏斗。

B3.2 蒸发皿。

B3.3 烧杯。

B3.4 燃油蒸发器材：与通风橱相连接。

B3.5 通风干燥箱：能将温度保持在(85±5)℃。

B3.6 天平：精确至 0.1 mg。

B3.7 烧结玻璃过滤器：孔隙度为 P3。

B3.8 液体 C：按 GB/T 1690 规定。

B3.9 甲醇：最低纯度为 99%。

B3.10 金属塞。

B4　步骤

取一段 300～500 mm 长的纯胶管或软管，测量其内径。将试样垂直悬挂，用金属塞将其下端塞住。充注液体 C 后，将其顶端亦用金属塞塞住。计算试样内表面积。同时要扣除被塞子遮住部分，推导出接触液体 C 的总面积。在标准温度(见 GB 2941)下将装液体的试样停放 24 h。

在此周期结束时，除掉一个金属塞，将试样内盛物倒入烧杯中。除掉另一个金属塞，将这段纯胶管或软管试样垂直悬挂，借助于玻璃漏斗用液体 C 冲洗 5 次，每次 20 cm^3。将所有这些冲洗液收集在同一烧杯里。

通过已称量烧结玻璃过滤器过滤烧杯中的全部内容物，如果必要，用少量新液体 C 冲洗出任何剩余固体物。将滤出液收集在已称量的蒸发皿中。在干燥箱中干燥该过滤器，控制温度为(85±5)℃，直至质量恒定。

然后，计算存在的不溶性杂质总量。

将蒸发器皿及其内容物置于通风橱内，蒸发掉全部液体 C。在(85±5)℃下干燥剩余物直到质量恒定。

然后计算液体 C 萃取出的溶解物总质量。

将经干燥的剩余物留在通风橱内至少 16 h，并保持最初选定的标准温度。在同一标准温度下将剩余物溶于 30 cm^3 的甲醇中。将该溶液用烧结玻璃过滤器过滤到第二个已称量的蒸发皿中。用 10 cm^3 新鲜的甲醇冲洗第一个蒸发皿，并过滤，再重复一次冲洗过程。

将第二个蒸发皿及内容物放在通风橱内，蒸发掉全部甲醇。在(85±5)℃下干燥剩余物直至质量恒定。

然后，计算被甲醇溶解的蜡状萃取物的质量。

B5　分析结果的表述

不溶性杂质(“夹杂”)总量、液体 C 萃取的溶解物总量，以及蜡状萃取物总量分别表示为：g/m^2(被试纯胶管或软管内表面积)。

B6　试验报告

试验报告应包括下列内容：

a) 本标准的编号；

b) 被试纯胶管或软管的详细说明；

c) 所用的标准温度；

d) 所得结果。

附　录　C
(标准的附录)
均匀纯胶管抗撕裂性

C1　范围

本附录规定了控制抗撕性的条件。所用的试样取自于均匀的纯胶管，其内径到外径的同心度误差不大于 0.5。

C2 原理

借助于拉力试验机测量扩展试样预切口的撕裂所需要的力。

C3 仪器

C3.1 刀:仔细磨光的刀片或剃刀片。

C3.2 无惯性拉力试验机,应具有下列特点:

a) 可动夹具带有一个可用来记录负荷/位移曲线的记录装置;

b) 选用的标定负荷能确保撕裂发生在负荷介于所用最大量程的 15%～85%之间;

c) 可移动夹具恒定速度为(100±10)mm/min;

d) 夹具能保证将试样夹持在正确位置且不损坏或滑脱。

C3.3 壁厚计:例如比较仪或螺纹测量器。

C3.4 调节箱:能保持在标准温度和湿度。

C4 试样

C4.1 形状和尺寸

每个试样的形状和尺寸如图 C1 所示。

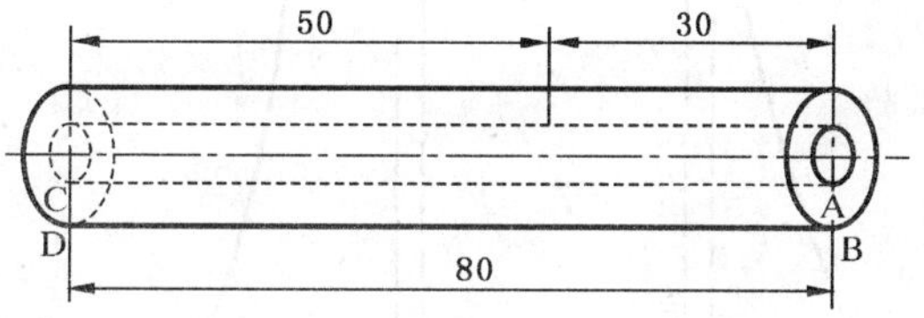

图 C1 试样的形状和尺寸(单位:mm)

C4.2 制备

用刀片或剃刀片从纯胶管上切取长(80±1)mm 的一段。

从一端开始,将试样沿轴向切分(30±1)mm。

继续沿图 C1 中 A、B、C 和 D 四点标记的截面切开一侧管壁。

C4.3 数量

最少试验三个试样。

C4.4 调节

按 GB 2941 调节每个试样。

C5 步骤

用壁厚计测量每个试样的壁厚。

将试样安装在夹具上(见图 C2)。

调整负荷量程,并施加张力直到试样沿长度方向撕开。

如上测量其余试样。

C6 结果表示

负荷/时间图通常与图 C3 所示相似。

根据 GB/T 12833 从每个图中测量出相关试样撕裂所需的峰值力中值。

计算每个试样的撕裂强度(kN/m),方法是用一试样的峰值力中值(N)除以该试样的壁厚(m)。

计算全部被试样的撕裂强度平均值。

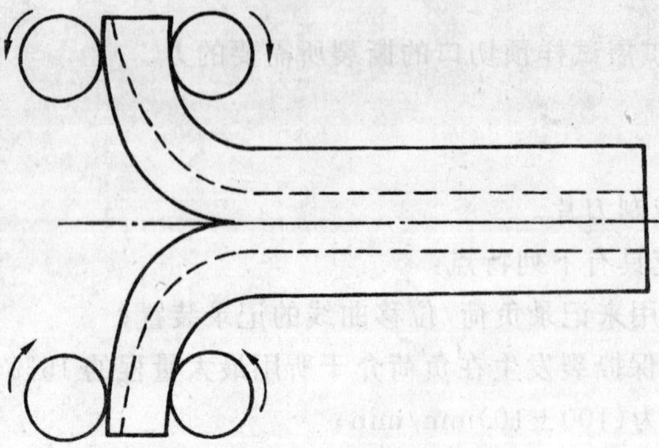

图 C2 试样在夹具中的位置

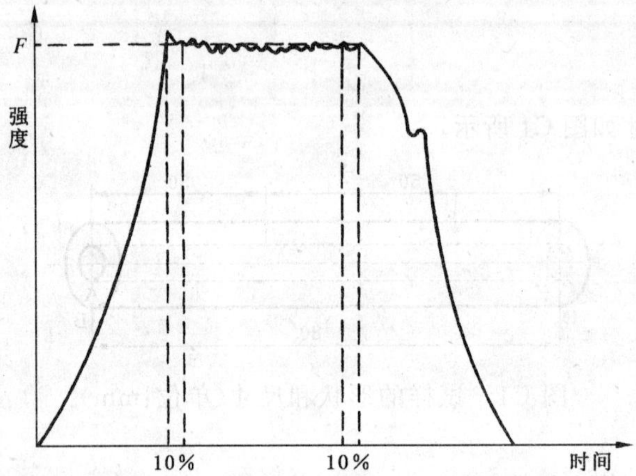

图 C3 纯胶管抗撕裂试验得到的典型的记录曲线

附 录 D
(标准的附录)
长期重复循环燃油试验

D1 范围

本附录规定了评价重复循环试验燃油对纯胶管和软管长期影响的程序。

D2 装置

D2.1 热源:即加热套,能保持规定的试验温度,误差不超过±2℃。

D2.2 适用的深色玻璃三颈瓶:如图 D1 所示,装配有冷凝器并装有燃油输入、输出口。

D2.3 带塞子的深色玻璃储藏容器:容量 20 dm^3。

D2.4 热电偶监视器。

D2.5 流量计:监控流量为 800 cm^3/min。

D2.6 燃油泵:能控制在规定流速。

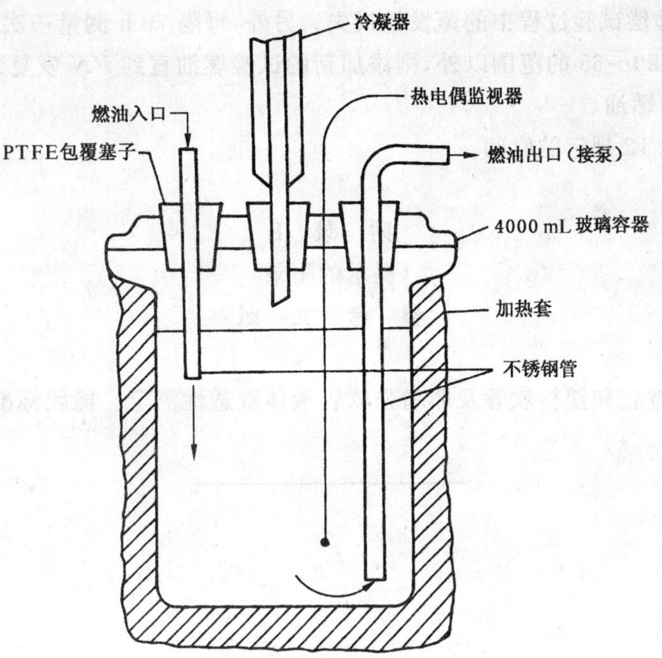

图 D1　燃油储罐

D2.7　压力表。

D2.8　控制阀：可调节流速。

D2.9　适用的连接管：用不锈钢或聚四氟乙烯(PTFE)制造。

那些与循环试验燃油相接触的部件不应用铜或铜合金制造。

D3　试验燃油

D3.1　按体积比用 85%液体 C 和 15%甲醇制备成混合液，立即进行试验。

D3.2　剩余的试验燃油应贮存于适当塞紧的深色玻璃容器中，并用作试验期间的储备液。

D4　步骤

D4.1　按图 D2 所示草图组装试验台。

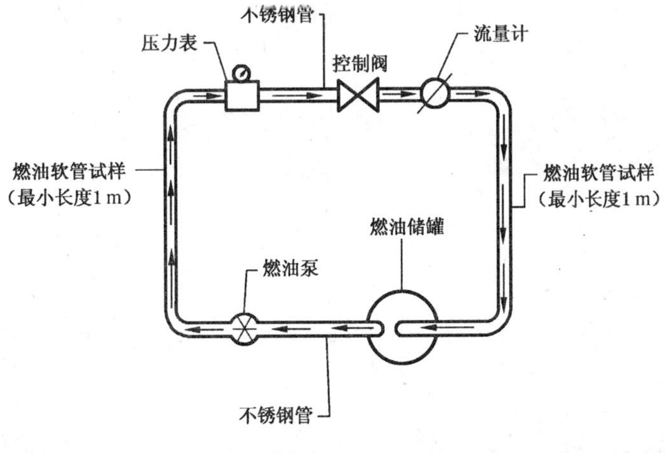

图 D2　燃油循环试验台

D4.2　将按 D3.1 规定制备的试验燃油充装试验台，并按 D3.2 储存剩余的燃油。

D4.3　打开加热器(D2.1)，将试验燃油升温到规定温度(见 6.2.12)。

D4.4　打开燃油泵(D2.6)，设定流速为(700±70)cm^3/min。

D4.5 添加储备溶液补偿试验过程中的蒸发性损失。另外，每隔 70 h 测量一次试验燃油的过氧化物数(PN)。如果 PN 落在 50～65 的范围以外，则添加新的试验燃油直到 PN 恢复到该范围以内。

每周更换一次试验燃油。

继续试验直到 6.2.12 规定的时间。

附 录 E
（提示的附录）
参 考 文 献

ISO 8308:1993 橡胶和塑料软管及非增强软管液体壁透性测定 橡胶标准化与技术，1994，6:43

备案号:7266—2000

前　言

本标准是等同采用国际标准 ISO 4639-3:1995《内燃机燃油系统用纯胶管及橡胶软管　第三部分:氧化燃油》制定的。

《内燃机燃油系统纯胶管及橡胶软管》系列标准包括下列三个标准:

HG/T 3042—1989 《内燃机燃油系统输送常规液体燃油用纯胶管和橡胶软管》(eqv ISO 4639-1:1987)

HG/T 3665—2000 《内燃机燃油系统输送含氧燃油用纯胶管及橡胶软管》(idt ISO 4639-2:1995)

HG/T 3666—2000 《内燃机燃油系统输送氧化燃油用纯胶管及橡胶软管》(idt ISO 4639-3:1995)

本标准的附录 A、附录 B、附录 C 和附录 D 是标准的附录。附录 E 是提示的附录。

本标准由中华人民共和国原化学工业部技术监督司提出。

本标准由全国橡胶与橡胶制品标准化技术委员会软管分技术委员会归口。

本标准负责起草单位:原化学工业部沈阳橡胶研究设计院。

本标准主要起草人:李春明、张敬之。

ISO 前　　言

ISO(国际标准化组织)是各国标准团体(ISO 成员团体)的世界性联合机构。制定国际标准的工作通常由 ISO 各技术委员会进行。凡对已建立技术委员会的项目感兴趣的成员团体均有权参加该委员会。与 ISO 有联系的政府和非政府的国际组织,也可参加此项工作。在电工技术标准化的所有方面,ISO 与国际电工委员会(IEC)紧密合作。

技术委员会采纳的国际标准草案,要发给成员团体进行投票。作为国际标准发布时,要求至少有 75%投票的成员团体投赞成票。

国际标准 ISO 4639-3 由 ISO/TC 45 橡胶与橡胶制品技术委员会 SC1 软管(橡胶和塑料)分技术委员会制定。

ISO 4639 的总标题是《内燃机燃油系统用纯胶管和橡胶软管　规范》,由下列三部分组成:

第一部分:常规液体燃油

第二部分:含氧燃油

第三部分:氧化燃油

附录 A、B、C 和 D 是构成 ISO 4639 本部分的标准的附录。

中华人民共和国化工行业标准

内燃机燃油系统输送氧化燃油用纯胶管及橡胶软管

HG/T 3666—2000
idt ISO 4639-3:1995

Rubber tubing and hoses for fuel circuits for internal—Combustion engines using oxidized fuels

1 范围

本标准规定了用于燃油循环系统的纯胶管和橡胶软管的要求。在该系统中燃油能被氧化或"酸化"。这些燃油可能含有,也可能不含如乙醇那样的化合物。本标准不包括用于液体燃油配给装备,也不适用于完全浸泡在燃油箱中的纯胶管。

这些软管和纯胶管用于重复循环燃油的注入系统及充油后还可能在高的环境温度下进行特殊存放的其他系统。这样的软管和纯胶管一般具有特种弹性体材料制作的内镶衬层(见图1)。

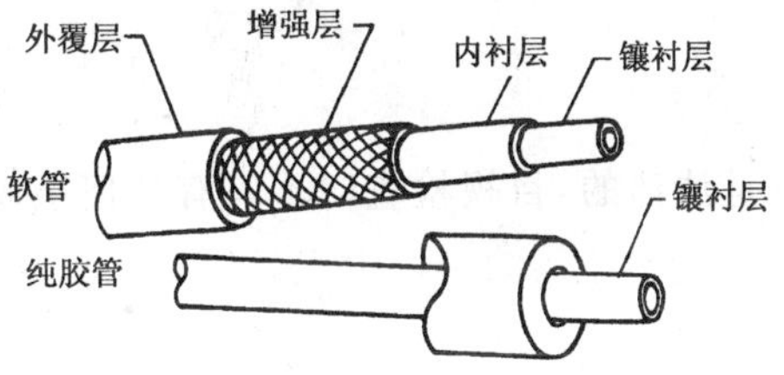

图1 典型的结构图

2 引用标准

下列标准所包含的条文,通过在本标准中引用而构成为木标准的条文。本标准出版时,所示版本均为有效。所有标准都会被修订,使用本标准的各方应探讨使用下列标准最新版本的可能性。

GB/T 528—1992 硫化橡胶或热塑性橡胶拉伸应力应变性能的测定(eqv ISO 37:1994)

GB/T 1690—1992 硫化橡胶耐液体试验方法(neq ISO 1817:1985)

GB 1800.2—1998 极限与配合 基础 第2部分:公差、偏差和配合的基本规定(eqv ISO 286-1:1988)

GB 2941—1991 橡胶试样环境调节和试验的标准温度、湿度及时间(eqv ISO 471:1983)

GB/T 3512—1983(1989) 橡胶热空气老化试验方法(neq ISO 188:1976)

GB/T 3672—1992 模压、压出和压延实心橡胶制品的尺寸公差(eqv ISO 3302:1988)

GB/T 5563—1994 橡胶、塑料软管及软管组合件液压试验方法

GB/T 5564—1994 橡胶、塑料软管低温曲挠试验(neq ISO 4672:1988)

GB/T 5565—1994 橡胶或塑料软管及纯胶管弯曲试验(neq ISO 1747:1973)

GB/T 5567—1994 橡胶、塑料软管及软管组合件真空性能的测定

国家石油和化学工业局 2000-05-23 批准 2000-12-01 实施

GB/T 6031—1998 硫化橡胶或热塑性橡胶硬度的测定(10～100IRHD)(idt ISO 48:1994)

GB/T 7759—1996 硫化橡胶、热塑性橡胶 在常温、高温和低温下压缩永久变形的测定(eqv ISO 815:1991)

GB/T 9573—1988 橡胶、塑料软管和软管组合件尺寸测量方法(idt ISO 4671:1984)

GB/T 12833—1991 橡胶和塑料撕裂强度及粘合强度多峰曲线的分析方法(eqv ISO 6133:1981)

GB/T 14905—1994 橡胶和塑料软管各层间粘合强度测定(eqv ISO 8033:1991)

HG/T 2869—1997 橡胶、塑料软管静态条件下耐臭氧性能的评定(idt ISO 7326:1991)

ISO 8308:1993 橡胶和塑料软管及非增强软管液体壁透性测定

3 纯胶管及软管的型别

纯胶管及软管分为下列三种不同的型别:

1 型:纯胶管,最大工作压力为 0.12 MPa;

2 型:软管,工作压力为 0～0.12 MPa;

3 型:软管,工作压力为 0～0.3 MPa。

此外,上述 1 型、2 型和 3 型三种型别可进一步分成两个级别:

A 级:在最高 120℃的环境温度下工作;

B 级:在最高 140℃的环境温度下工作。

B 级纯胶管可带有外覆层。

4 纯胶管和软管的内壁

全部纯胶管及软管的内壁应是清洁的,目视检查时不应有任何杂质。

5 尺寸

5.1 纯胶管

当按 GB/T 9573 规定的方法测量时,内径和壁厚应符合表 1 的规定。

公差应根据 GB/T3672 规定的相应类别进行选取:模压管为 M3,挤出管为 E2。

当使用镶衬层时,其厚度应为(0.6±0.1)mm,该厚度值应包括在表 1 所示的所有公称壁厚中。

表 1 纯胶管内径和壁厚 mm

公称内径	公称壁厚
3.5	3.5
4	3.5
5	4
7	4.5
9	4.5
11	4.5
13	4.5

5.2 软管

当按 GB/T 9573 规定的方法进行测量时,软管的尺寸、公差及同心度应符合表 2 和表 3 的规定。

当使用镶衬层时,其厚度应为(0.6±0.1)mm,该厚度值应包括在表 2 所示的所有公称壁厚中。

表 2　软管尺寸　　mm

公称内径	公　差	壁　厚	外　径	公　差
3.5	±0.3	3	9.5	±0.4
4			10	
5			11	
6			12	
7			13	
7.5			13.5	
8			14	
9			15	
11		3.5	18	
12			19	
13	±0.4		20	±0.6
16		4	24	
21			29	
31.5	+0.5 −1.0	4.25	40	±1.0
40		5	50	

表 3　软管同心度　　mm

内　径	最大同心度误差
	内径到外径
3.5 以下(包括 3.5)	0.4
3.5 以上	0.8

注：作为信息，与纯胶管相配的接头应具有下列直径：4 mm，4.5 mm，6 mm 或 6.35 mm，8 mm，10 mm，12 mm 和 14 mm。

6　物理试验和规范

6.1　对材料的要求

只要可能，应使用从产品上裁取的试样进行试验。如不可能，则试样应从与产品相同硫化程度的标准试验胶片上裁取。压缩永久变形的测定应使用标准试样。

6.1.1　硬度

当按 GB/T 6031(微型试验)规定的程序测定时，硬度应符合表 4 的规定。

表 4　对材料的要求

章条号	特　征	单　位	对 A 级和 B 级的要求			
			镶衬层	软管内衬层	软管外覆层	纯胶管
6.1.1	公称硬度	IRHD	80	70	70	70
6.1.1	公差	IRHD	+5 −10	±10	±10	±10
6.1.2	拉伸强度，最小	MPa	8	8.5	10	10
6.1.2	拉断伸长率，最小	%	200	200	250	250

表 4(完)

章条号	特　征	单　位	对A级和B级的要求			
			镶衬层	软管内衬层	软管外覆层	纯胶管
6.1.3	加速老化					
	硬度的增加，最大[1]	IRHD	5	15	15	15
	拉伸强度下降，最大	%	10	20	20	20
	拉断伸长率下降，最大	%	20	50	50	50
6.1.4	耐臭氧性能	放大2倍观察无龟裂				
6.1.5	压缩永久变形，最大(100±1)℃×(24_{-2}^{0})h	%	50	50	50	50
6.1.6.1	耐烃类性能					
	硬度下降，最大	IRHD	20	—	—	25
	拉伸强度下降，最大	%	40	40	—	40
	拉断伸长率下降，最大	%	30	30	—	30
	体积膨胀，最大	%	25	30	—	30
6.1.6.2	耐含氧燃油性能					
	硬度下降，最大	IRHD	25	—	—	25
	拉伸强度下降，最大	%	40	50	—	50
	拉断伸长率下降，最大	%	30	40	—	40
	体积膨胀，最大	%	30	45	—	45
6.1.6.3	耐氧化燃油性能					
	硬度下降，最大	IRHD	25	—	—	25
	拉伸强度下降，最大	%	40	50	—	50
	拉断伸长率下降，最大	%	30	40	—	40
	体积膨胀，最大	%	30	40	—	45
6.1.7	耐3号油性能					
	拉伸强度下降，最大	%	—	—	50	50
	拉断伸长率下降，最大	%	—	—	50	50
	体积变化					
	增加，最大	%	—	—	75	75
	减少，最大	%	—	—	5	5
1) 最大绝对值不应超过90 IRHD。						

6.1.2　拉伸强度和拉断伸长率

当按GB/T 528规定的程序使用2号哑铃状试样进行测定时，拉伸强度和拉断伸长率应符合表4的规定。

6.1.3　加速老化后性能的变化

加速老化试验应根据GB/T 3512的规定，在通风干燥箱中，使用6.1.1和6.1.2规定的试样，在下列条件下进行：

——A级的镶衬层、纯胶管、软管外覆层和软管内衬层，以及B级的镶衬层和软管内衬层：(120±2)℃×(72_{-2}^{0})h。

——B级纯胶管和软管外覆层：(140±2)℃×(72_{-2}^{0})h。

硬度、拉伸强度和拉断伸长率的变化应符合表4的规定。

6.1.4　耐臭氧性能

根据6.1.3的规定进行加速老化后，按HG/T 2869中规定的相应方法进行试验。在下列条件下用2倍放大镜检查，试样不应出现龟裂现象(见表4)。

臭氧分压：(50±3)mPa。

周期：(72_{-2}^{0})h。

伸长率：

软管外覆层、内衬层和镶衬层为20%；

纯胶管(包括镶衬层)为50%。

温度：(40±2)℃。

6.1.5 压缩永久变形

当按GB/T 7759规定使用大试样(A型)在表4规定的条件下测定时，压缩永久变形应符合表4的规定。

6.1.6 耐燃油性能

警告：在高温下燃油是极其危险的。试验应在防爆柜中于回流状态下进行。

6.1.6.1 耐烃类性能(GB/T 1690规定的液体C)

本要求仅适用于纯胶管和软管的内衬层及镶衬层。

在(60±1)℃下于液体C中浸泡(72_{-2}^{0})h后，按GB/T 1690规定的程序进行测定，硬度(6.1.1)、拉伸强度(6.1.2)、拉断伸长率(6.1.2)以及体积的任何变化均应符合表4的规定。

6.1.6.2 耐含氧燃油性能

本要求仅适用于纯胶管和软管的镶衬层及内衬层。

在(60±1)℃下于体积比为85%的液体C和15%的甲醇的混合液中浸渍(72_{-2}^{0})h后，按GB/T 1690规定的程序进行测定，硬度(6.1.1)、拉伸强度(6.1.2)、拉断伸长率(6.1.2)以及体积的任何变化均应符合表4的规定。

6.1.6.3 耐氧化燃油性能

本要求仅适用于纯胶管和软管的镶衬层及内衬层。

在(60±1)℃下于附录A中规定的试验液体中浸渍(140±2)h后，按GB/T 1690规定的程序进行测定，硬度(6.1.1)、拉伸强度(6.1.2)、拉断伸长率(6.1.2)以及体积的任何变化均应符合表4的规定。

6.1.7 耐3号油性能

本要求仅适用于纯胶管和软管的外覆层。

A级产品试样在(120±2)℃下，B级产品试样在(140±2)℃下，于3号油中浸渍(72_{-2}^{0})h后，按GB/T 1690规定程序进行测定，拉伸强度(6.1.2)、拉断伸长率(6.1.2)以及体积的任何变化均应符合表4的规定。

6.2 对成品的要求

6.2.1 泄漏试验

本要求仅适用于纯胶管。

将纯胶管套在一段金属管的经抛光的端头上，该金属管的机械加工公差按GB 1800.2定义为H14，其直径应等于5.2中注给出的相应值。将该纯胶管沿金属管向里推进的距离应为纯胶管公称内径的3倍。金属管的另一端应封闭，纯胶管的另一端则应接在气压源上。

然后，使该组合件承受0.12 MPa的内压，并保持2 min，介质为液体C。在试验期间不应出现泄漏(见表5)。

表5 对成品的要求

章条号	特　性	单　位	要　求	
			纯胶管	软管
6.2.1	泄漏试验	—	不泄漏	—
6.2.2	拉伸试验	—	不断裂无滑脱	—
6.2.3	最小爆破压力	MPa	0.5	3.0

表 5(完)

章条号	特　　性	单　位	要　求	
			纯胶管	软管
6.2.4	粘合强度 最小分离力 ——外覆层和内衬层对增强层 ——镶衬层对内衬层	 kN/m kN/m	 — 1.5	 1.5 1.5
6.2.5	低温屈挠性	—	2 倍放大,无龟裂迹象	
6.2.6	清洁度 不溶杂质,最大 溶于燃油的固体,最大	 g/m^2 g/m^2	 5 3	 5 3
6.2.7	可抽出蜡制品,最大	g/m^2	1.5	1.5
6.2.8	液体 C 的渗透性,最大	cm^3/m^2	25	25
6.2.9	抗撕性,最小	kN/m^2	4.5	—
6.2.10	耐吸扁性	—	球应能在整根软管内通过	
6.2.11	耐弯曲性 变形系数 D'/D	 —	 0.7	 0.7
6.2.12 和 6.2.13	长期耐含氧燃油和氧化燃油性能			
6.2.12.1	耐吸扁性	—	球应能在整根软管内通过	
6.2.12.2	耐弯曲性 变形系数 D'/D,最小	 —	 0.7	 0.7
6.2.12.3	耐臭氧性能	—	2 倍放大,无龟裂迹象	
6.2.12.4	最小爆破压力	MPa	—	1.2
6.2.12.5	粘合强度 最小分离力 ——外覆层和内衬层对增强层 ——镶衬层对内衬层	 kN/m kN/m	 — 0.8	 0.8 0.8
6.2.12.6	低温屈挠性		2 倍放大,无龟裂迹象	
6.2.14	加速老化	—	2 倍放大,内外无龟裂或剥蚀	

6.2.2　拉伸试验

本要求仅适用于纯胶管。

按 6.2.1 所述方法将一段纯胶管套在金属管的一端,然后将该组合件沿金属管垂直悬挂下来,并使纯胶管承受施加于用塞子塞住的另一端上的 10 N 载荷。

该纯胶管不应断裂或滑脱(见表 5)。

6.2.3　最小爆破压力

按 GB/T 5563 规定的程序测得的最小爆破压力应符合表 5 的规定。

6.2.4　粘合强度

本要求仅适用于软管和有内镶衬层的纯胶管。

按 GB/T 14905 中规定的相应方法测得的各层间的粘合强度应符合表 5 的规定。

6.2.5　低温屈挠性能

本试验应在下列条件下按 GB/T 5564 规定的方法 B 进行。

空的纯胶管或软管:(−25±2)℃下($24_{-2}^{\ 0}$)h。

充注液体 C 的纯胶管:(−40±2)℃下($72_{-2}^{\ 0}$)h。

从给纯胶管或软管充注液体至冷冻开始之间的时间间隔不应多于 30 min。

软管的弯曲半径应为其公称内径的 12 倍，纯胶管的弯曲半径应为其公称内径的 25 倍。

屈挠之后，用 2 倍放大镜检查，纯胶管或软管不应有龟裂迹象(见表 5)。

注：工业上广泛使用的“空的”试验仅用于仲裁试验。

6.2.6　清洁度

按附录 B 测得的杂质含量应符合表 5 的规定。

6.2.7　用液体 C 抽出的蜡制品的测定

按附录 B 测得的可抽出的蜡制品的含量应符合表 5 的规定。

6.2.8　液体 C 的渗透性

按 ISO 8308(见附录 E)规定的方法 A，在(40±1)℃下经(100±2)h，测定的液体 C 渗透值应符合表 5 的规定。

6.2.9　抗撕性

本要求仅适用于纯胶管。

按附录 C 测定的抗撕性应符合表 5 的规定。

6.2.10　耐吸扁性

本试验应在下列条件下，按 GB/T 5567 规定的方法 A 仅在直的软管上进行测试：

真空度：80 kPa；

周期：15～60 s；

球直径：公称内径×0.8。

该球应能在整根软管内通过(见表 5)。

6.2.11　耐弯曲性

本要求仅适用于内径不大于 16 mm 的直的纯胶管和软管。

试验应根据 GB/T 5565 进行，所用的卷筒直径如下：

——对于直径为 7～11 mm(含 11 mm)的纯胶管和软管为 140 mm。

——对于直径为 12～16 mm(含 16 mm)的纯胶管和软管为 220 mm。

变形系数 D'/D 应符合表 5 规定的值。

6.2.12　长期耐含氧燃油性能

纯胶管或软管试样应按附录 D 的规定，在(60±1)℃下进行 1 000 h 含氧燃油的长期循环试验。

第一个试样接着进行 6.2.12.1 至 6.2.12.4 规定的试验。

第二个试样进行 6.2.12.5 规定的试验。

第三个试样进行 6.2.12.6 规定的试验。

6.2.12.1　耐吸扁性：当按 6.2.10 规定的方法试验时，球应在整根软管内通过(见表 5)。

6.2.12.2　耐弯曲性：按 6.2.11 测定的变形系数 D'/D 应符合表 5 规定的数值

6.2.12.3　耐臭氧性能：在下列条件下按 HG/T 2869 规定的方法 1 进行试验，用 2 倍放大镜检查，试样不应出现龟裂迹象(见表 5)。

臭氧分压：(50±3)mPa。

周期：$(72_{-2}^{\ 0})$h。

伸长率：

软管外覆层、内衬层和镶衬层为 20%；

纯胶管(包括镶衬层)为 50%。

温度：(40±2)℃。

6.2.12.4　最小爆破压力：按 6.2.3 测定的最小爆破压力应符合表 5 的规定。

6.2.12.5　粘合强度：使用 6.2.12 中规定的第二个试样按 6.2.4 测得的外覆层和内衬层两者与增强层

之间的粘合强度应符合表5的规定。

6.2.12.6 低温屈挠性能：按6.2.5的规定，用6.2.12中的第三个试样进行试验，在2倍放大镜下检查，不应出现龟裂现象(见表5)。

6.2.13 长期耐氧化燃油性能

纯胶管或软管试样应按附录A所述制备的氧化燃油，按附录D的规定在(60±1)℃下进行1000 h的长期循环试验。然后用一个试样接着进行6.2.12.1至6.2.12.4规定的试验。再取两个试样分别进行6.2.12.5和6.2.12.6的试验。

试验结果应分别符合6.2.12.1到6.2.12.6所规定的要求(见表5)。

6.2.14 加速老化后性能的变化

将一根适当长度的纯胶管或软管试样弯曲成直径大约为250 mm的两端相接的环，并置于(150±3)℃的通风烘箱内老化(72_{-2}^{0})h。在老化周期结束时，将试样伸直4～8 s。伸直后，用2倍放大镜检查，试样内外均不应有龟裂或剥蚀迹象(见表5)。

7 标志

除非组件太小不能加标记，纯胶管和软管均应印上含有下列内容的标志：

a）燃油；

b）制造厂名或商标；

c）本标准的编号；

d）型别和级别；

e）制造年月；

f）内径。

附 录 A
（标准的附录）
氧化燃油试验液体的制备

A1 范围

本附录规定了制备氧化（“酸性”）汽油试验溶液的方法，这些溶液用于测定它们对弹性体、塑料和金属材料及各组件的影响。本附录适用于利用叔-丁基过氧化氢（70%水溶液），可溶性铜离子（0.01 mg/dm^3）和含有体积分数为80%的液体C、15%甲醇和5% 2-甲基丙-2-醇（叔-丁基醇）的基础燃油制备的过氧化物数为*PN* 90的溶液。当工程制图或规范要求时，可使用其他基础燃油和过氧化物数，但应注意的是某些基础燃油可能产生过氧化物溶液的水相分离。

本附录还描述了燃油过氧化物数的测定。

A2 试剂

除非另有说明，在分析过程中，只使用分析纯试剂以及蒸馏水或等纯度水。

A2.1 叔-丁基过氧化氢：70%水溶液，$\rho=0.935\ g/cm^3$。

A2.2 铜离子浓缩液：以适当的烃类作溶剂，按质量计，含铜量为6%～12%的环烷酸铜溶液。

A2.3 2,2,4-三甲基戊烷（异辛烷）。

警告：低闪点。

A2.4 甲苯。

警告：低闪点。

A2.5 甲醇。

警告：低闪点。

A2.6 2-甲基丙-2-醇（叔丁基醇）。

警告：低闪点。

A3 仪器

A3.1 聚乙烯瓶：容积为1000 mL，广口带螺纹盖。

A3.2 玻璃容量瓶：容积为1000 cm^3。

A3.3 刻度移液管：容积为10 cm^3。

A3.4 刻度玻璃量筒：容积为100 cm^3 和1000 cm^3。

A4 制备步骤

警告：制备步骤必须在通风厨内进行，必须配戴防护镜和一次性塑料手套。

A4.1 试验液体的制备

A4.1.1 基础燃油混合物

将等体积的2,2,4-三甲基戊烷和甲苯混合而制备GB/T 1690液体C，并贮存在深色玻璃瓶内。

将GB/T 1690规定液体C、甲醇和2-甲基丙-2-醇按80∶15∶5的体积比混合制备基础燃油，并贮存于深色玻璃瓶内。

A4.1.2 铜离子储备溶液（1 mg/dm^3）

将适当体积的铜离子浓缩液加入基础燃油中制成浓度为1.140 mg/dm^3 的1 000 cm^3 铜离子溶液（Cu-1）。贮存于深色玻璃瓶内。

将 100 cm^3 的 Cu-1 加入 1040 cm^3 的基础燃油中制成 0.1 mg/cm^3 铜离子溶液(Cu-2)。贮存于深色玻璃瓶内。

将 100 cm^3 的 Cu-2 加入到 990 cm^3 的基础燃油中制成 1.0 mg/cm^3 铜离子储备溶液(CSS)。贮存于深色玻璃瓶内。

A4.1.3 氧化燃油试验液体的制备

用表 A1 中规定的混合液制成所需工作强度的氧化汽油试验液体。在聚乙烯瓶中于暗处贮存不超过四星期。混合后和其后使用前应立即以 A5 所述滴定试验方法检查过氧化物指数。

用 1 000 cm^3 容量瓶盛 500 cm^3 基础燃油，加入叔丁基过氧化氢溶液和铜离子储备溶液(CSS)，然后用基础燃油补充至 1000 cm^3，充分摇动以溶解基础燃油乙醇相中过氧化氢溶液中的水。

表 A1 氧化燃油试验液体的制备

期望的过氧化物数	70%叔丁基过氧化氢溶液	铜离子储备溶液(CSS)	基础燃油
90 *PN*	12.39 cm^3	10 cm^3	至 1 000 cm^3

注：1 过氧化物数(*PN*)=1 $mmol/dm^3$。

每使用 70 h 后重新检查一次试验液体的 *PN*。如降到 80 *PN* 以下，则应用新的试验液体换掉旧的试验液体。

A5 氧化燃油试验液体过氧化物数的滴定测定

A5.1 范围

本章规定了测定氧化(“酸化”)汽油试验液体的过氧化物数的滴定法，该试验液体用 A4 规定的步骤制备。

本方法能在浸渍试验过程中用来测定氧化汽油试验液体的过氧化物数。然后应注意观察下列现象：

a) 大多数涉及弹性体的浸渍试验都会因橡胶中配合剂的抽出而导致试验液体变黄。这一点应在确定滴定终点时予以考虑。

b) 试验时从材料中抽出的配合剂自身具有使碘化物溶液释放游离碘的能力。因此，应使用不含过氧化氢物的基础燃油在重复浸渍试验中进行空白试验。

本方法也可用于(采取某些措施)测定浸渍试验过程中所用试验液体过氧化物数的损耗，以便确定需要补充的试验液体量。

A5.2 试剂

除非另有说明，在分析过程中，只使用分析纯试剂以及蒸馏水或等纯度水。

A5.2.1 碘化钾：100 g/dm^3 溶液，贮存于深色试剂瓶里。如果进行空白滴定时，该溶液给出的过氧化物数为 2，则废弃。

A5.2.2 硫代硫酸钠标准滴定溶液：$c(Na_2S_2O_3)=0.1\ mol/dm^3$。

A5.2.3 乙酸/丙-2-醇混合液：将 100 mL 冰醋酸和 1 150 mL 丙-2-醇混合，贮存于玻璃瓶里。

A5.3 仪器

A5.3.1 锥形瓶(依氏烧瓶)：磨口，容积为 250 cm^3。

A5.3.2 冷凝器：Allihn 或 Liebig 水冷式，带磨口接头以便与锥形瓶(A5.3.1)连接。

A5.3.3 玻璃量筒：容积为 100 cm^3。

A5.3.4 热板或其他加热工具：应适于加热装配有冷凝管的锥形瓶，以便回流试剂。

A5.3.5 玻璃移液管：容量 10 cm^3。

A5.4 步骤

A5.4.1 将 25 m^3 乙酸/丙-2-醇混合液加到 250 cm^3 的锥形瓶中。

A5.4.2 将 10 cm^3 碘化钾溶液加到该锥形瓶中。

A5.4.3 用移液管精确地把 2 cm^3 按 A4.1.3 制备的氧化汽油试验液体移到该锥形瓶中。

A5.4.4 将冷凝器安装到该锥形瓶上，并在热板上温和地回流 5 min 以释放游离碘。

A5.4.5 在冷水浴中将该瓶冷却，并以 5 cm^3 水向下冲洗冷凝器。

A5.4.6 拆去冷凝器后，用硫代硫酸钠标准滴定溶液滴定，直到黄颜色恰好消失。记录所消耗的硫代硫酸钠标准滴定溶液的体积 V_1。

A5.4.7 重复 A5.4.1 至 A5.4.6 的步骤进行空白试验，但要省略加氧化汽油试验液体(步骤A5.4.3)。记录所消耗的硫代硫酸钠标准滴定溶液的体积 V_2。该体积不应超过 0.1 cm^3。

A5.5 分析结果的表述

氧化汽油试验液体的过氧化物数(PN)按式(A1)计算：

$$PN = \frac{1000c(V_1 - V_2)}{2V_0} \qquad \text{(A1)}$$

式中：V_0——A5.4.3 中所取用于测定的氧化汽油试验液体的体积，cm^3；

V_1——A5.4.6 中用于真正滴定的硫代硫酸钠标准滴定溶液的体积，cm^3；

V_2——A5.4.7 中用于空白滴定的硫代硫酸钠标准滴定溶液的体积，cm^3；

c——所用硫代硫酸钠溶液的真实浓度，mol/cm^3。

附 录 B
(标准的附录)
清洁度与萃取物试验

B1 范围

本附录规定了定量测定液体燃油系统所用纯胶管和软管中不溶性杂质(“夹杂”)、液体 C 溶解物，以及蜡状萃取物的方法。

B2 原理

将一定量的液体 C 充注至纯胶管或软管试样中于常温下放置 24 h。随后，将试样倒空，再用液体 C 以重力流动方式冲洗其内侧。

收集全部溶液，过滤出不溶性杂质，干燥、称量，将剩余溶液蒸发至于，由此可计算出全部液体 C 溶解物。将蜡状萃取物用甲醇从残余物中溶出。由此得到的溶液经蒸发干燥后称量蜡状萃取物。

B3 仪器和材料

B3.1 玻璃漏斗。

B3.2 蒸发皿。

B3.3 烧杯。

B3.4 燃油蒸发器材：与通风橱相连接。

B3.5 通风干燥箱：能将温度保持在(85±5)℃。

B3.6 天平：精确至 0.1 mg。

B3.7 烧结玻璃过滤器：孔隙度为 P3。

B3.8 液体 C：按 GB/T 1690 规定。

B3.9 甲醇：最低纯度为 99%。

B3.10 金属塞。

B4 步骤

取一段 300～500 mm 长的纯胶管或软管，测量其内径。将试样垂直悬挂，用金属塞将其下端塞住。充注液体 C 后，将其顶端亦用金属塞塞住。计算试样内表面积。同时要扣除被塞子遮住部分，推导出接触液体 C 的总面积。在标准温度(见 GB 2941)下将装液体的试样停放 24 h。

在此周期结束时，除掉一个金属塞，将试样内盛物倒入烧杯中。除掉另一个金属塞，将这段纯胶管或软管试样垂直悬挂，借助于玻璃漏斗用液体 C 冲洗 5 次，每次 20 cm^3。将所有这些冲洗液收集在同一烧杯里。

通过已称量烧结玻璃过滤器过滤烧杯中的全部内容，如果必要，用少量新液体 C 冲洗出任何剩余固体物。将滤出液收集在已称量的蒸发皿中。在干燥箱中干燥该过滤器，控制温度为(85±5)℃，直至质量恒定。

然后，计算存在的不溶性杂质总量。将蒸发器皿及其内容物置于通风橱内，蒸发掉全部液体 C。在(85±5)℃下干燥剩余物直到质量恒定。

然后计算液体 C 萃取出的溶解物总质量。

将经干燥的剩余物留在通风橱内至少 16 h，并保持最初选定的标准温度。在同一标准温度下将剩余物溶于 30 cm^3 的甲醇中。将该溶液用烧结玻璃过滤器过滤到第二个已称量的蒸发皿中。用 10 cm^3 新鲜的甲醇冲洗第一个蒸发皿，并过滤，再重复一次冲洗过程。

将第二个蒸发皿及内容物放在通风橱内，蒸发掉全部甲醇。在(85±5)℃下干燥剩余物直至质量恒定。

然后，计算被甲醇溶解的蜡状萃取物的质量。

B5 分析结果的表述

不溶性杂质(“夹杂”)总量、液体 C 萃取的溶解物总量，以及蜡状萃取物总量分别表示为：g/m^2(被试纯胶管或软管内表面积)。

B6 试验报告

试验报告应包括下列内容：

a) 本标准的编号；

b) 被试纯胶管或软管的详细说明；

c) 所用的标准温度；

d) 所得结果。

附 录 C

(标准的附录)

均匀纯胶管抗撕裂性

C1 范围

本附录规定了控制抗撕裂性的条件。所用的试样取自于均匀的纯胶管，其内径到外径的同心度误差不大于 0.5。

C2 原理

借助于拉力试验机测量扩展试样预切口的撕裂所需要的力。

C3 仪器

C3.1 刀：仔细磨光的刀片或剃刀片。

C3.2 无惯性拉力试验机，应具有下列特点：

a) 可动夹具带有一个可用来记录负荷/位移曲线的记录装置；

b) 选用的标定负荷能确保撕裂发生在负荷介于所用最大量程的15%～85%之间；

c) 可移动夹具恒定速度为(100±10)mm/min；

d) 夹具能保证将试样夹持在正确位置且不损坏或滑脱。

C3.3 壁厚计：例如比较仪或螺纹测量器。

C3.4 调节箱：能保持在标准温度和湿度。

C4 试样

C4.1 形状和尺寸

每个试样的形状和尺寸如图C1所示。

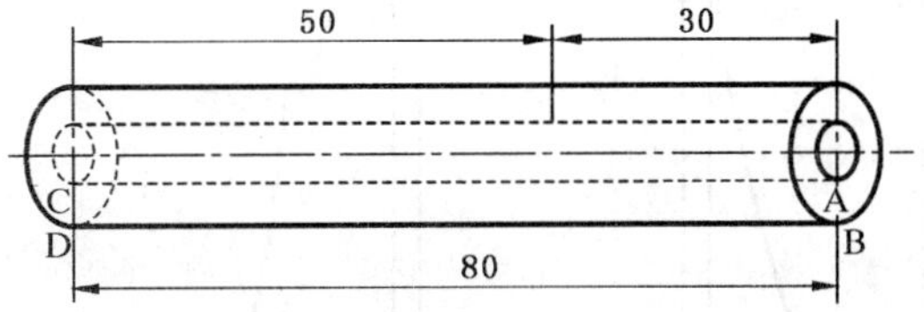

图C1 试样的形状和尺寸(单位：mm)

C4.2 制备

用刀片或剃刀片从纯胶管上切取长(80±1)mm的一段。

从一端开始，将试样沿轴向切分(30±1)mm。

继续沿图C1中A、B、C和D四点标记的截面切开一侧管壁。

C4.3 数量

最少试验三个试样。

C4.4 调节

按GB 2941调节每个试样。

C5 步骤

用壁厚计测量每个试样的壁厚。

将试样安装在夹具上(见图C2)。

调整负荷量程，并施加张力直到试样沿长度方向撕开。

如上测量其余试样。

C6 结果表示

负荷/时间图通常与图C3所示相似。

根据GB/T 12833从每个图中测量出相关试样撕裂所需的峰值力中值。

计算每个试样的撕裂强度(kN/m)，方法是用一试样的峰值力中值(N)除以该试样的壁厚(m)。

计算全部被试样的撕裂强度平均值。

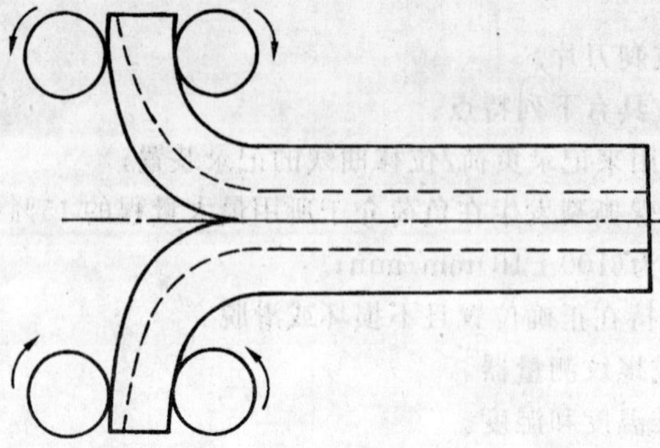

图 C2　试样在夹具中的位置

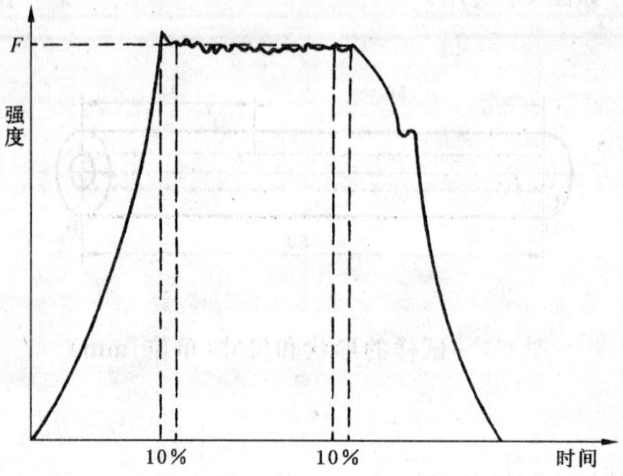

图 C3　纯胶管抗撕裂试验得到的典型的记录曲线

附　录　D

（标准的附录）

长期重复循环燃油试验

D1　范围

本附录规定了评价重复循环试验燃油对纯胶管和软管长期影响的程序。

D2　装置

D2.1　热源：即加热套，能保持规定的试验温度，误差不超过±2℃。

D2.2　适用的深色玻璃三颈瓶：如图 D1 所示，装配有冷凝器并装有燃油输入、输出口。

D2.3　带塞子的深色玻璃储藏容器：容量 20 dm^3。

D2.4　热电偶监视器。

D2.5　流量计：监控流量为 800 cm^3/min。

D2.6　燃油泵：能控制在规定流速。

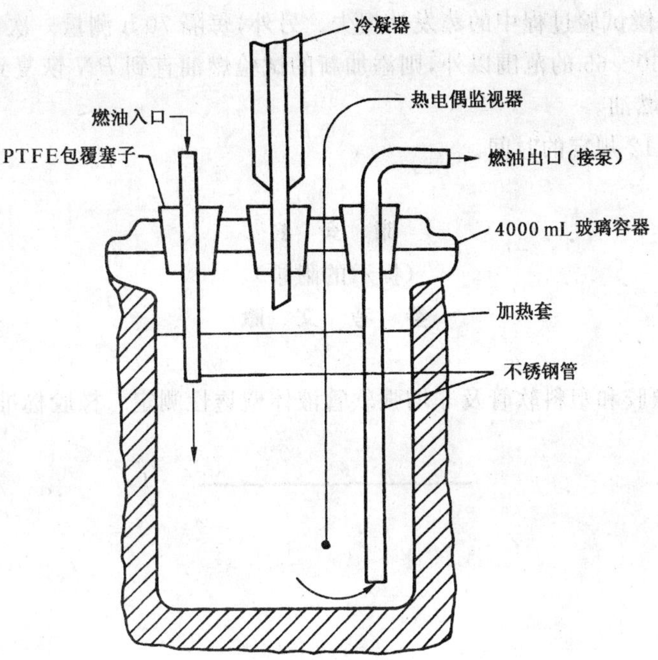

图 D1　燃油储罐

D2.7　压力表。

D2.8　控制阀:可调节流速。

D2.9　适用的连接管:用不锈钢或聚四氟乙烯(PTFE)制造。

那些与循环试验燃油相接触的部件不应用铜或铜合金制造。

D3　试验燃油

D3.1　按体积比用85%液体C(见GB/T 1690)和15%甲醇制备成混合液,立即进行试验。

D3.2　剩余的试验燃油应贮存于适当塞紧的深色玻璃容器中,并用作试验期间的储备液。

D4　步骤

D4.1　按图D2所示草图组装试验台。

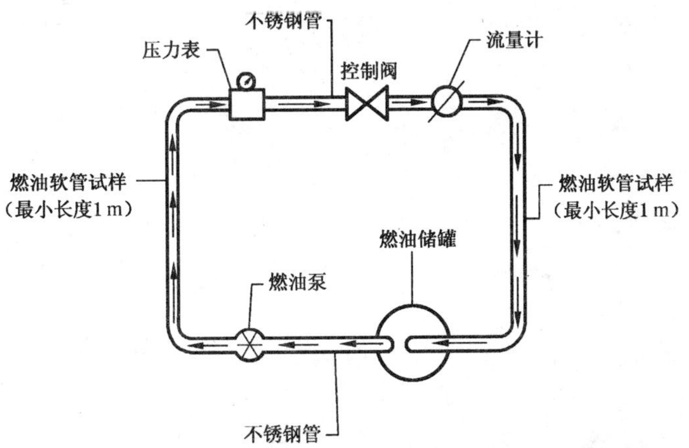

图 D2　燃油循环试验台

D4.2　将按D3.1规定制备的试验燃油充装试验台,并按D3.2储存剩余的燃油。

D4.3　打开加热器(D2.1),将试验燃油升温到规定温度(见6.2.12)。

D4.4　打开燃油泵(D2.6),设定流速为(700±70)cm^3/min。

D4.5 添加储备溶液补偿试验过程中的蒸发性损失。另外,每隔 70 h 测量一次试验燃油的过氧化物数(*PN*)。如果 *PN* 落在 50～65 的范围以外,则添加新的试验燃油直到 *PN* 恢复到该范围以内。

每周更换一次试验燃油。

继续试验直到 6.2.12 规定的时间。

附 录 E
(提示的附录)
参 考 文 献

ISO 8308:1993 橡胶和塑料软管及非增强软管液体壁透性测定 橡胶标准化与技术,1994,6:43